갈등 공화국과 국제이주민

한국인은 국제이주민을 이웃처럼 사랑할 수 있을까

정영태 지음

도서출판
다인아트

프롤로그

한국인은 이런 사람이다. 100미터 달리기 시합을 태어나자마자 시작해서 죽을 때까지 해야 하고, 매 시합에서 1등을 해야 대접받고 떵떵거리며 살 수 있다고 믿는 사람이다. 남보다 먼저 부자가 되어 으스대며 살고 싶은 사람. 끊임없이 남과 비교하면서 성적, 학별, 직업, 직장, 월급, 재산, 학군, 거주지, 아파트, 자가용, 고가 사치품, 성형, 다이어트 중에서 어느 하나라도 남들보다 많이 갖거나 남들이 갖지 못한 것을 가져야 주눅 들지 않고 살 수 있다고 믿는다. 그래서 한국인은 이런 기준으로 자신과 다른 사람의 인생을 평가한다. 누가 봐도 시비를 걸지 않는 기준인 돈의 많고 적음과 상품·서비스의 희소성에 의해 남들보다 높은 자리를 차지하려는 지위경쟁에서 승자와 패자를 결정해야 한다. 남들이 갖지 않은 귀한 물건이나 서비스를 소유해야 승자로 인정받을 수 있다. 그러려면 남들이 갖지 못한 귀한 지위재(positional goods)를 많이 소유해야 한다.

생산·디자인 기술과 교통·통신 수단이 빠르게 발달함에 따라 자동차든 스마트폰이든 제품수명 주기도 짧아져 새로운 제품이나 서비스가 끊임없이 시장으로 쏟아져 들어오는데, 이것을 남보다 먼저 구하지 않으면 우위를 유지할 수 없고, 새로운 상품과 서비스를 구하려면 소득이 높아야 하고, 그러려면 남들이 생각하지 못하는 아이디어를 개발하든지 남보다 노력을 많이 해야 한다. 죽을 때까지 이래야 대접받으며 살 수 있다. 한국인 대부분은 이렇게 생각한다.

마르크스 등 많은 사상가들이 현실에서는 실현될 수 없는 유토피아를 추구하라고 했듯이, 한국인은 '자신이 남보다 앞선 사회'라는 게 사실은 실현 불가능한 '유-토피아'인데도 죽을 때까지 추구하고, 자식들에게도 그렇게 살아야 한다고 가르친다. 그러니 남보다 앞서가도 불만이고 불안하다. 뒤처지면 생존 자체가 위협받을까 불안하고 이웃이나 나라가 도와주지 않아 불만이다. 그래서 한국인은 오늘도 내일도 불만에 차 있고, 항상 불안하다. 이런 한국인들이 모여 사는 곳이 한국사회다. 그래서 갈등도 많고, 갈등공화국도 그렇게 탄생하게 되었다.

국민에 의해 선출된 대통령, 단체장, 의원은 시민사회의 다양한 이해관계를 골고루 잘 대변하고 대다수에게 도움이 되는 정책을 만들고 개인이나 집단 간 갈등을 생산적으로 관리하고 해결해야 할 역할을 부여받았다. 그러나 대다수를 만족시키는 정책을 개발하고 갈등을 생산적으로 해결하는 방법과 기술을 몰라서, 아니면 국민의 이해관계가 너무 복잡하게 얽혀 있기도 하고 충돌하기도 해서 국민의 대표 역할은 적당히 하고 자기 몫이나 챙기려고 한다. 그러다 보니 정치생명을 연장하기 위해 시민사회의 대립과 갈등을 이용하기도 하고 심지어는 부추기기도 한다, 이렇게 해서 시민사회의 갈등과 정치사회의 갈등이 합쳐지는 갈등공화국이 완성된다.

88서울올림픽을 계기로 정치적으로 경제적으로 발전한 한국의 모습이 세계 곳곳 특히 중국과 중앙아시아지역에서 살고 있던 동포와 동남아시아의 개발도상국 국민에게 널리 알려지면서, 기회의 땅 한국으로 외국인들이 이주해오기 시작하였다. 20년이 채 되기 전에 국제이주민 100만 명을 넘어섰고, 2010년대 중반 무렵에는 전체 인구의 3%가 넘어 다문화사회로 진입하게 되었다.

수천 년, 적어도 수백 년 동안 단일민족으로 살아온 한국인이 하루아침에 피부색, 골격, 언어, 관습, 문화가 다른 외국인을 이웃처럼 대하기를 기대하는 것은 불가능에 가깝다. 못 사는 나라에서 온, 피부색도 까무잡잡하고 한국말도 잘 몰라 더듬거리는 동남아 사람이나 같은 민족이지만 오래 보지 못했고 어떻게 살아왔는지 잘 모르는 사회주의권에서 온 동포에 대한 한국인의 편견과 차별은 심할 수밖에 없었다. 끼니를 굶어가면서 일해서 선진국이 되었고 목숨을 걸고 투쟁해서 정치민주화를 이루어냈으니, 그리고 세계가 기적의 나라라고 칭송을 하니 우리가 세계 최고라는 생각에 가난하고 비민주적인 나라에서 온 국제이주민을 대등하게 대하기 어려웠을 것이다.

때로는 달랑 남편 하나 믿고 이국땅으로 온 결혼이주여성 중에는 남편에게 죽임을 당하거나 시어머니에게 밥 먹듯 구박당하는 일이 적지 않았다. 이주노동자들은 직장상사나 동료들에게 예의가 없다, 말을 잘못 알아듣는다 등 각가지 이유로 구타를 당하기도 하고 험한 욕설을 듣기도 하면서 고국의 부모님이나 가족에게 한푼이라도 더 송금하려고 온갖 수모를 참고 견뎠다. 물론 한국의 국제이주민이 겪는 차별과 고통은 미국 남부의 극우 인종주의자에게 공공연하게 죽임을 당하고 집이 불살라졌던 흑인과 비교하면 약과라 할 수 있지만.

이런 사건들로 말미암아 한국은 정치적, 경제적 선진국의 이미지가 크게 손상되었다. 남에게 밉보이는 걸 싫어하는 한국 정부는 2000년대 접어들어 국제이주민의 적응 지원과 통합을 기치로 국제이주민 사회통합정책을 추진했다. 즉 2007년 재한외국인 처우기본법, 2008년 다문화가족 지원법 등 주한 외국인의 인권 보호와 사회통합을 위한 법적 기반을 마련하고, '(재한)외국인이 대한민국 사회에 적응하여 개인의 능력을 충분히 발휘할 수 있도록 하고, 대한민국 국민과 (재한)외국인이 서로를 이해하고 존중하는 사회 환경'을 만들기 위해 2008년부터 외국인정책 기본계획을 수립하여 시행했다.

국제이주민이 들어온 지 25년, 외국인정책을 체계적으로 추진한 지 15

년이 지난 2022년, 한국인의 편견과 차별은 별로 줄어든 것 같지 않고, 국제이주민의 어려움과 고통도 크게 줄어든 것 같지 않다. 초기부터 이민자사회통합포로그램(교육)에 참여하고 있는 한국인 실무자(교사)의 말대로 국제이주민이 입국 직전과 직후에 가졌던 기대를 한국의 현실에 맞추어 크게 낮추었기 때문에 국제이주민의 불만이 줄어들었는지 모른다. 국내외의 여러 가지 조사 결과를 볼 때, 한국 정부와 한국 사람의 외국인에 대한 편견과 차별이 줄어든 게 아니라는 것 또한 분명하다.

왜 그럴까. 법 자체의 결함인가, 아니면 시행상의 문제인가. 아니면 법을 만들고 집행하는 정치인, 관료, 국민의 편견과 차별이 문제인가. 서구의 선발다문화사회의 경험이 말해주듯이, 법률과 같은 공식제도(formal institutions)는 디자인을 잘하고 의식적으로 노력하면 비교적 쉽게 만들 수 있지만, 과거로부터 물려받은 관습이나 무의식 속에 녹아 들어가 있는 가치와 규범, 즉 비공식제도가 강한 사회에서는 공식제도는 제대로 작동하지 않는다. 이 책을 펴내기로 결심한 것은 바로 이런 문제의식에서다. 즉 한국사회에서 국제이주민을 괄시하고 차별하게 하는 국제이주민에 대한 편견은 무엇이고, 어디서 오는 것일까. 한국 정부와 사회는 국제이주민에 대한 편견을 극복할 수 있을까. 한국은 이미 세계적으로 알려진 갈등공화국인데, 이제는 국제이주민에 대한 편견과 차별, 그리고 이로 인한 국제이주민의 불만과 반발로 말미암아 '초갈등' 공화국이 되지 않을까 심히 우려된다. 더구나 몇 년 전에 있었던 인천지역에서의 종교갈등이 최근에는 대구, 경기도 연천 등지에서도 터지고, 지역주민의 편견과 혐오 표현이 갈수록 심해지는 것을 보면 한국이 '초갈등' 공화국으로 전락하는 것은 시간문제라는 생각을 하지 않을 수 없다. 빈부, 노사, 정규직-비정규직, 남녀, 노소, 정상-비정상, 개신교-불교 등 사람과 사람, 집단과 집단을 구분할 수 있는 것이면 무엇이든 그것을 기준으로 대립관계를 형성하고 죽기살기로 경쟁하고 지배하려는 갈등공화국이 인종, 국적, 이슬람-비이슬람을 축으로 하는 '정체성'의 갈등이 더해지는 초갈등공화국이 되지 않을까 우려하지 않을 수 없다. 그렇게 된다면, 그동안 '서구가 삼백 년에 이룩한 것을 삼십 년에 이룩한' 경제적, 정치적 성과를 한순간에 날려버릴 수 있다는 위기의식이 발동한다.

이 책은 다음과 같은 순서로 구성되어 있다. 제1장에서는 갈등공화국의 상황과 근원, 그리고 다문화사회로의 발전과정을 살펴볼 것이다. 제2장에서는 국제이주민의 적응과 사회통합을 지원하기 위한 정책과 (부록에서) 한국인의 편견을 줄이기 위한 정책(프로그램)을 개략적으로 살펴볼 것이다. 제3장에서는 2010년대 초반에 발생한 이슬람사원 건축을 둘러싼 이슬람단체-지역주민-지방자치단체의 대응과 갈등을 분석한다. 부록에서는 최근 대구와 경기도 연천에서 발생한 이슬람단체와 지역주민 간 갈등의 원인과 전개과정을 언론기사를 인용하여 소개한다. 제4장에서는 한국보다 100년에서 반세기 먼저 다문화사회가 된 서유럽 국가의 경험을 통해서 국제이주민의 체류국 적응과 통합에 가장 중요한 요소를 알아본다. 제5장에서는 국제이주민의 사회통합을 촉진하는 요인을 찾아보기 위해 사회통합의 개념과 구성요소 그리고 영향요인을 이론적으로 살펴보고, 제6장에서는 제5장에서 수립한 분석틀과 가설을 통계학적으로 분석하여 국제이주민의 사회통합에 영향을 미치는 요인이 무엇인지 파악할 것이다.

이 책은 인하대학교에서 지원하는 2018년도 교내연구비(과제번호: 58251-1)로 연구되었다. 제1장은 이 책을 위해 새로 작성한 것이고, 제2장은 법무부 출입국·외국인정책본부 정책연구과제 보고서인 '이민자 맞춤형 사회통합교육 및 사회정착지원을 위한 연구'(연구책임자: 한국이민정책연구원 조영희, 공동연구원: 정영태 외 4인) 보고서 제3장에 실린 글(중앙부처 및 자자체

사회통합교육과 정착지원 현황분석)을 재구성하고 국민 대상 다문화수용성 제고 교육 프로그램을 부록에 담았으며, 제3장은 김상섭박사와 공동으로 작성하여 〈한국학연구〉 제47집(2017년 11월)에 수록한 것에 외국 사례와 최근 한국사회에서 발생한 종교갈등(대구와 경기도 연천) 사례를 부록에 추가하여 재구성하였다. 제4장은 〈한국학연구〉 제20집(2009)에 실린 "서구다문화사회의 국제이주민 정책과 실태"를 일부 수정한 것이다. 마지막으로 제5장은 2018년에 인하대학교 연구비로 작성하였으나 개인 사정으로 발표하지 못하고 있다가 최근에 사회통합 관련 법령과 국내연구를 정리한 것을 포함하는 등 대폭 수정한 것이다. 제6장은 제5장에서 제시한 분석틀과 가설을 경험적으로 증명하기 위해 통계학적으로 분석한 것으로 인하대학교 사회과학대학 논문집에 게재된 것이다.

이 책이 나오는 데는 무엇보다도 공동으로 논문작업도 하고 출판될 수 있도록 물심양면으로 도와준 김상섭 박사의 지지와 지원이 결정적인 역할을 했다. 다인아트 윤미경 대표는 시간적으로 촉박해서 무리함에도 불구하고 출판을 선뜻 승낙해 주었다. 이 두 분이 아니었다면, 이 책은 세상의 빛을 보지 못했을 것이다. 큰 감사를 드린다. 초고를 읽고 꼼꼼하게 수정해 준 고미선 박사, 외국인의 한국 경험 부분을 검토해준 최미령 석사, 2012년부터 인하대학교 사회과학연구소 간사로서 이민자 사회통합프로그램을 운영한 경험을 공유해 준 허숙 박사에게도 감사드린다. 바쁜 가운데 긴 초고를 읽고 독자들에게 도움이 될 귀중한 코멘트를 해 준 고려대학교 윤인진 교수, 정의당 국회의원 심상정 의원, 노르웨이 오슬로대학 박노자 교수에게도 깊은 감사의 뜻을 전하고자 한다. 마지막으로, 연구와 강의로 바쁜 남편, 아버지를 잘 이해하고 격려를 해준 아내 세레나와 두 아들(준혁, 민혁) 그리고 귀여운 손녀 소윤에게 감사와 사랑의 마음을 전한다.

목 차

제1장

갈등공화국의 한국인과 국제이주민

갈등지수 산출에서 나타난 한국 사회 갈등의 특징은 한번 커진 뒤 그것이 줄지 않고 계속 누적되는 악순환을 갖는다는 데 있다. 하나의 갈등 이슈가 물러간다 해도 갈등 주체들이 화해 모드로 가는 것이 아니고 서로에 대한 감정, 원한을 쌓아두고 있다가 어떤 사건으로 불씨가 당겨지면 또 폭발하고 다시 서로에 대한 증오의 감정을 갖는 과정이 되풀이된다는 것이다. … 이는 한국 사회에서 갈등이 해결의 실마리를 찾지 못하고 있다는 뜻이기도 하다. 국민을 통합하고 갈등을 조정해야 할 정치가 오히려 분열을 조장하고 있다는 비판이 틀린 말이 아니라는 얘기다(박상휘 2022).

현대의 거의 모든 국가는 다문화사회이며, 문화적 다양성은 세계화, 전통적인 도덕에 대한 사회적 합의의 붕괴, 개인의 자유로운 선택을 강조하는 자유주의, 국제이민 등과 같은 여러 가지 요인에서 기인한다. 이러한 요인 중 그 어느 것도 가까운 장래에 사라질 것 같지 않으므로 현대사회는 한동안은 다문화사회로 남아있을 것이다(Parekh 2005).

갈등공화국의 기원

갈등공화국의 실제

대한민국은 갈등공화국이다(이재기 2021; 전준홍 2022; 박상휘 2022).[1] 헌법 제1조에서 대한민국은 민주공화국이라고 규정하고 있다. 하지만 현실은 갈등공화국이라고 하는 게 더 적절하다는 생각이 들 정도로 대한민국은 선진국의 클럽인 OECD 회원국 중 사회갈등이 아주 심한 나라에 속한다. 대한민국 사회에는 개인이나 집단 간 갈등이 넘쳐나고, 그것도 오래전부터 그랬다.

먼저, 사회갈등 정도를 살펴보기로 한다. 삼성경제연구소가 2005년 기준 27개국 OECD회원국의 사회갈등지수를 비교한 결과, 한국의 사회갈등지수는 0.71로 OECD 평균(0.44)보다 훨씬 크고, 조사대상 27개 회원국 중에서 네 번째로, 터키, 폴란드, 슬로바키아 다음으로 높았다(박준 2009).[2] 다음, 전국경제인연합회가 2013년 8월 21일 개최한 제2차 국민대통합 심포지움(주제: 한국사회 갈등의 현주소와 관리방안)에서 박준 삼성경제연구소 수석연구원이 분석한 2010년 기준으로 한국의 사회갈등 수준(사회갈등지수 = 0.72)은 OECD 27개국 중 2번째로 높고, 종교분쟁을 겪고 있는 터키(1.27)를 제외하고는 가장 심각한 수준이었다(전경련 2013).[3] 마지막으로, 전국경제인연합회가 2016년 기준 OECD 30개 회원국을 대상으로 정치·경제·사회분야를 종합해 갈등지수를 산출한 결과 한국의 갈등지수는 3위를 기록했으며, 정부의 갈등관리능력은 27위를 기록했다(전경련 2021; 전준홍 2022).[4] 갈등은 많이 발생하는 데 반해, 갈등관리능력은 훨씬 떨어진다는 것이다.

다음, 대한민국 사회에서 계층, 지역, 세대, 이념 등 다양한 영역에서 사회갈등이 동시다발적으로 발생하고 있으며,[5] 그 결과 거의 모든 국민은

1년에 최소 한번은 사회갈등을 경험하고 있다. 한국행정연구원이 2013년부터 2021년까지 매년 실시하는 사회통합실태조사에 의하면, 국민의 과반이 거의 모든 유형의 갈등(빈곤층과 중·상층, 근로자와 고용주, 노인층과 젊은 층, 남자와 여자, 종교 간, 내국인과 외국인, 보수와 진보 간의 갈등)이 (약간 + 매우) 심각하다고 인식하고 있다.6) 또한 공공갈등 건수나 집회 시위 참여자 수,7) 국가소송·행정소송 건수,8) 민사소송 등 각종 소송사건 건수,9) 가정폭력 등 각종 폭력사건 건수10) 등을 보아도 거의 모든 국민이 1년에 한 번 이상 갈등을 경험하고 있다는 것을 알 수 있다. 예를 들면, 2021년 한 해 동안 발생한 집회·시위와 소송 건수 등 갈등 건수는 총 6,435,377건에 이르는데,11) 각 건당 관련된 사람이 2인이라 하더라도 전체적으로 약 1,300만 명이 연관되어 있다. 2021년 총인구가 51,638,000명이었기 때문에 전체 국민 중 약 25%가 당사자로서 갈등에 직접에 연루되었고, 목격자나 가족 또는 친구로서 갈등을 간접적으로 경험한 사람까지 포함한다면, 전 국민이 1년에 한 번 이상 갈등을 겪고 있다고 할 수 있다.

　방금 살펴본 실태조사나 통계자료를 통해서 알 수 있는 것은 대한민국 사회에서는 하루라도 갈등이나 사건·사고가 터지지 않는 날이 없고, 본인이 직접 또는 간접으로 갈등을 겪지 않는 대한민국 국민은 별로 없다는 것이다. 물론 다른 나라들도 한국과 마찬가지로 매일 갈등을 겪는다. 그러나 한국만큼은 아니다. 앞에서 보았듯이, 2005년 이후 각종 조사에서 한국은 OECD 회원국 중에서 갈등을 많이 그것도 지난 10여년 동안 계속적으로 겪었던 것으로 나타나고 있다. 2005년 자료로는 27개국 중 4위, 2010년 자료로는 27개국 중 2위, 2016년 자료로는 30개국 중 3위를 기록했다.12)

　한국사회의 갈등이 심각하다는 것은 한국사회갈등해소센터가 2013년부터 한국리서치와 함께 국민 1천명을 대상으로 매년 조사해온 '한국인의 공공갈등 인식' 결과를 통해서도 확인할 수 있다. 거의 매 조사에서 국민

10명 중 9명 이상이 우리 사회의 갈등이 '심각하다'고 인식하고 있으며, 갈등의 심각성에 대한 전반적인 인식은 증가-감소-증가의 추세를 보이나, 4개 연도 모두 심각하다는 응답이 전체의 90% 이상을 차지하였다(한국사회갈등해소센터 2021).

더욱 우려스러운 것은 대다수 국민이 앞으로 우리 사회의 갈등은 더욱 심해질 것이라고 믿는다는 점이다. 한국보건사회연구원의 사회통합 국민인식 조사에 의하면, 응답자 대다수가 10년 후 우리나라의 유형별 사회갈등에 대한 전망은 현재보다 심각해질 것으로 예상한다는 점이다. 향후 10년 후 현재보다 격화될 것이라고 예상된다고 예상하는 응답의 비율은 가난한 사람과 부유한 사람 간의 갈등(63.5%), 정규직과 비정규직 간의 갈등(57.6%), 경영자와 노동자 간의 갈등(55.2%), 진보와 보수 간의 갈등(54.0%), 고령자와 젊은이 간의 갈등(49.9%) 등의 순으로 나타났다. 대체로 현재 심각하다고 인식하는 갈등 유형들이 미래에 더 악화할 것으로 전망하고 있는 것이다(김문길 2017).

마지막으로, 한국의 사회갈등이 보여주는 또 다른 특징은 특정한 시점에서 다른 어느 나라보다 많을 뿐만 아니라 시간이 갈수록 더 심해지고, 일단 갈등이 발생하여 격해지면 그 이후에도 줄지 않고 계속 누적되어 이후에 발생하는 갈등을 더욱 격화시킨다는 점이다.[13] 〈뉴스1〉이 빅데이터 분석업체 타파크로스(Tapacross)에 의뢰해 언론 기사와 소셜미디어(SNS)에서 2018년 이후 갈등 관련 언급량 데이터를 추출하여 사회갈등지수를 산출한 결과, 2022년 한국사회의 갈등은 2018년에 비해 두 배로 심해졌다.[14] 하나의 갈등 이슈가 물러간다 해도 갈등 주체들이 화해 모드로 가는 것이 아니고 서로에 대한 감정, 원한을 쌓아두고 있다가 어떤 사건으로 불씨가 당겨지면 또 폭발하고 다시 서로에 대한 증오의 감정을 갖는 과정이 되풀이되기 때문이다. 이는 한국사회에서 갈등이 해결의 실마리를 찾지 못하고 있다는 뜻이기도 하다(News1 2022).[15]

갈등공화국의 뿌리

경제발전 수준도 높고 민주주의가 제도화된 나라 중에서 한국보다 사회갈등이 심한 나라는 없다. 삼성경제연구소 박준 연구위원의 분석(2009)에서는 터키, 폴란드, 슬로바키아 등 한국보다 경제발전 수준이 낮거나 민주주의를 도입한지 얼마 되지 않는 나라만이 한국보다 사회갈등지수가 높았고, 한국행정연구원의 박준·정동채의 연구(2018)에서는 러시아, 멕시코, 남아프리카공화국, 브라질, 터키 등 5개국만이 한국보다 사회갈등지수가 높았다.16) 대한민국은 왜 다른 어느 선진국보다 사회갈등이 심할까?

이를 이해하기 위해서 먼저, 인간의 기본적인 욕구와 사회갈등의 관계에 대해서 간략히 살펴보기로 하자. 인간은 생존과 번영을 위해서는 의식주와 같은 생리적 욕구와 안전, 사랑과 소속, 인정과 존중, 자아실현과 같은 사회심리적 욕구를 충족시켜야 한다. 이러한 기본적인 욕구를 충족시키기 위해 자연환경과 사회환경으로부터 오는 도전과 위험을 극복해야 한다. 이 중에서 여기서 분석하고자 하는 갈등은 주로 사회환경 특히 인간관계에서 발생한다.17) 즉 자신의 기본 욕구를 충족할 수 있는 대상18)을 확보하기 위해 다양한 활동을 하는 과정에서 자신이 갖고자 하는 대상을 추구하는 사람이 자신 이외의 다른 사람(한 명 또는 둘 이상)이 있으면, 그 사람(들)과 그 대상을 놓고 경쟁(즉 갈등)할 수밖에 없다. 이것이 갈등 발생의 근본적인 요인이다.

갈등은 욕구 충족을 위한 대상을 서로 (많이) 차지하려고 해서 발생하는 것만은 아니다. 그런 상황이 나타나더라도 대화와 협상을 통해 파괴적인 갈등을 피할 수도 있기 때문이다. 그 이유는 다음과 같다. 경쟁에서 이겨서 자신에게 중요한 가치 즉 기본 욕구를 충족시켜주는 대상을 확보하기 위해서는 효과적인 수단과 방법이 있어야 한다. 그리고 자신과 상대 그리고 환경의 특성을 파악해야만 자신에게 중요한 가치 즉 기본 욕구를 충족시켜주는 대상을 확보할 수 있는 적절한 수단과 방법을 찾을 수 있다. 즉 강제적 수단을 동원해서 상대를 제압하고 자신이 모두 차지하는 방법도 있고, 상대와 대화와 협상을 통해 서로에게 득이 되는 대안을 찾는 방법도 있다. 자신이 가장 우선 또는 적극적으로 충족시키려고 하는 욕구의 종류와 강도는 사회화를 포함한 자신이 살아온 경험이나 현재 처한 환경의 영향을 받는 것처럼,19) 갈등 상황에서 주체들이 대처하는 방식(수단과 방법)도 과거의 경험과 현재 상황에 의해 영향을 받는다. 왜냐하면, 갈등 상황 대처방식은 자신과 상대 그리고 환경을 어떻게 이해하느냐에 따라 달라지고, 이는 다시 프레임20)이 어떤 것이냐에 따라 달라지기 때문이다.21) 또한 프레임의 내용과 성격은 사회화과정을 포함한 과거의 경험과 현재의 환경에 영향을 받기 때문이다(Kesebir, Uttal and Gardner 2010).

이러한 과정과 방법으로 자신과 상대를 포함한 갈등 상황의 중요한 특징을 파악한 뒤에는, 자신의 목표(가치를 실현하는 대상)를 달성하는 데 가장 효과적이라고 여기는 수단과 방법을 택하게 된다. 이렇게 마련한 수단과 방법에는 상대를 완전히 제압하는 것일 수도 있고 대화와 타협을 통해 서로에게 혜택을 가져다주는 대안을 찾는 것일 수도 있다.22) 이상의 논의를 염두에 두고, 갈등의 요인에 대해서 알아보기로 한다.

갈등의 요인에는 직접적인 요인(immediate causes) 즉 촉발요인(catalysts)과, 배경적 요인(background factors) 즉 구조적 요인(structural factors)이 있다.23) 직접적인 요인은 대립 또는 분규를 직접 촉발하는 요인이고, 구조적 요인은 갈등이 쉽게 표출되게 하거나 어렵게 하는 요인을 의미한다, 성냥에 비유하자면, 직접적 요인은 화약으로 입힌 성냥개비와 열을 나게 하는 거친 표면의 마찰이고, 구조적 요인은 마찰의 결과 불이 붙게 하는 화약성분과 산소라고 할 수 있다.

직접적인 요인은 상황에 따라 다양한 종류나 형태가 있으며 이 중에서 어느 것이 갈등을 촉발하는 요인으로 작용할지를 미리 알기 어렵다. 우발적으로 발생한 사건이 갈등을 촉발할 수 있기 때문이다. 구조적 요인24)은 종교적 신념이나 사회제도처럼 오랜 기간 사회화나 실천 과정을 통해 형성되거나, 트라우마처럼 짧은 시간이지만 강한 충격을 통해 형성되기 때문에 좀처럼 잘 바뀌지 않는다. 신념이나 가치관 또는 트라우마는 세상을 바라보고 해석하고 평가하는 기준(또는 관점)이 되고, 제도는 사물이나 사건이 일정한 방향으로 가게 하거나 가기 어렵게 하는 제약조건으로 작용한다. 이런 특성 때문에, 구조적 요인을 파악할 수 있다면, 사전에 갈등의 발생 가능성을 어느 정도 알 수 있다.25) 이러한 점들을 염두에 두고, 각각에 대해서 좀더 알아보기로 하자.

먼저, 갈등의 직접적인 요인을 보면, '사실관계의 옳고 그름'에 대한 판단, 이해관계 또는 '희소 자원의 배분에서 각자가 차지할 몫', 법·제도·관습 등과 같은 사회적 규범의 도입이나 변경, 자신이 상대방에게 해주어야 할 역할 또는 그 반대로 상대방이 나에게 해주어야 할 역할에 대한 기대, 생각·신념·사상 등 오랫동안 형성된 생각 체계에서 연유되는 가치관, 마지막으로, 정체성 즉 개인이나 집단의 변하기 어려운 본질 혹은 속성26) 등이 포함된다(박태순 2010: 18-22).27) 갈등의 직접적인 요인은 갈등 당사자 간의 다툼을 촉발하는 사건이 된다.28) 왜냐하면 이러한 사건은 갈등 당사자가 중요시하는 가치(예, 정체성, 종교적·정치적 신념, 취향)를 직접 공격하거나 자신이 중요시하는 다른 가치에 영향을 미치기 때문에,29) 당사자는 그것을 지키기 위해서 아니면 증식시키기 위해 상대와 다툼을 시작하는 것이다.

예를 들면, 냉장고에 넣어둔 아이스크림이 사라진 것을 알게 된 형제가 누가 먹었느냐는 사실관계를 놓고 다투기도 하고(사실관계의 옳고그름),30) 임금인상율을 둘러싸고 노사가 대립하고 아이스크림을 많이 먹기 위해 아이들이 다투기도 하며(배분의 몫), 통금시간을 몇 시로 할 것인지를 둘러싼 부모와 자식 간의 다툼이 생기기도 한다(규범의 내용). 결혼기념일을 잊어버린 남편에 대한 아내의 실망과 불만으로 갈등이 시작되기도 하고(상대에 대한 기대), 개신교를 강요하는 부모와 그것을 거부하는 자녀 간의 충돌이 발생하기도 하며(신념의 차이), 성소수자의 정체성을 인정하지 않는 보수정치인과 그것을 인정하라는 성소수자 간의 충돌이 있을 수 있다(정체성).

여기서 주의할 점은 사실관계, 자원 배분, 규범의 내용, 인간관계 내 상대방에 대한 기대, 종교적 신념을 포함한 가치관이나 취향, 정체성 등이 모두 갈등의 직접적인 요인으로 작용하기도 하지만, 구조적 요인으로 작용할 수도 있다는 점이다. 특히, 규범, 신념, 정체성 등은 사실관계를 해석하거나 희소자원의 배분에서 각자가 차지할 몫을 정하는 기준이 되기 때문에, 이 경우에는 구조적 조건으로 작용하는 것이다.

이제, 구조적 요인에 대해서 알아보자. 한국사회에 초점을 맞춘 연구에서는 압축성장이 수반한 압축적 갈등(박길성 2008),[31] '비동시성의 동시성' 즉 한 세대가 겪은 전근대/근대/탈근대, 독재/민주화 등 상이한 역사적 경험(박준·정동채 2018), 소득불평등(빈부격차) 정도,[32] 인종 다양성 등과 같은 사회적 상황 또는 상태(박준 2009),[33] 사회적 단위 간 세분된 분업구조와 상호의존적인 상태(김문길 2017)[34] 등을 갈등의 구조적 요인으로 언급하고 있다. 이러한 것들은 사회구조나 역사적 경험과 관련된 것으로 갈등이 쉽게 발생하게 만드는 환경적 요인으로 한국사회가 갈등공화국이 될 수밖에 없는 구조적 조건으로 작용하고 있다는 것이다.

사회갈등이 쉽게 또는 어렵게 해서 한국이 여러 가지 갈등이 동시에 중첩적으로 발생하게 만드는 조건에는 객관적 환경만이 있는 것은 아니다. 갈등 당사자의 가치, 규범, 성격 등과 같은 갈등 당사자의 주체적 조건도 있다(박길성 2008; 박준 2009; 윤인진 2015; 김문길 2017; 박준·정동채 2018). 예를 들면, 개인, 시민사회조직, 국가 등의 갈등관리능력 또는 갈등관리시스템이 그것이다. 갈등관리능력 또는 갈등관리시스템의 구체적인 내용은 연구자에 따라 차이가 있다. 대체로 갈등관리 방식이나 기술 등과 관련된 규범이나 제도, 갈등에 대한 태도, 타인(특히 낯선 이, 이방인)에 대한 평가나 태도가 언급되고 있다. 예를 들면, 박길성(2008)은 개인, 조직, 국가의 갈등관리능력에 초점을 맞추어 갈등을 조정하거나 관리할 수 있는 제도적 역량과 문화규범적 공간을 제시하고 있으며,[35] 박준(2009)은 민주주의의 성숙도와 정부의 정책수행능력을 중심으로 설명하고 있다. 김문길(2017)은 사회 내의 다양성을 인정하고 격차와 차별을 줄이는 것에 대한 규범적 합의와 이미 발생한 사회갈등을 효과적으로 관리하고 조정할 수 있는 능력이 갈등관리에 중요한 요소임을 강조하고 있다.

지금까지 살펴본 것은 한국 사회의 갈등을 분석하는 연구였다. 이들은 한국사회에 갈등이 빈번해지는 이유를 살펴보는 데 유용하지만, 한국 국민 간 갈등에 초점을 맞춘 것이라 국민과 외국인 간 갈등은 제대로 설명할 수 없다. 그것은 다음과 같은 이유에서다. 거의 모든 나라 국민은 자국민과 다른 인종이나 민족인 외국인에 대해서 고정관념과 그에 따른 편견을 가지고 있다. 그리고 단지 자국민과 다른 외국인이라는 이유만으로 내국인은 자원(예, 일자리, 소득, 교육, 의료 등)의 배분에서 차별하고, 사실관계나 법·제도의 해석을 불리하게 하며 외국인의 이념·가치관·취향을 경멸하고 배척한다. 내국인과 외국인 간 갈등은 대부분 이런 이유에서 발생한다.[36] 이에 대한 자세한 설명은 집단갈등의 구조적 요인을 다루는 부분에서 다루도록 하고, 국민과 외국인 간 갈등을 분석하기 위해서는 자기 정체성 특히 사회 정체성 문제로부터 시작해야 한다는 점만 강조하고자 한다. 이제 사회갈등에 대한 일반이론을 두 가지만 골라 살펴보기로 한다.

먼저, 박태순(2010)은 갈등의 구조적 요인으로 차이, 욕구, 지각, 가치 등을 들고 있다. 자세히 보면, 첫째, '차이'(difference)는 빈부 간의 차이나 성적(成績) 차이와 같은 양적인 차이뿐만 아니라, 정규직과 비정규직의 차이, 남성과 여성의 차이, 이슬람교와 기독교의 차이, 신념이나 성격의 차이 등과 같은 질적인 차이도 포함한다. 이러한 차이는 한 개인이나 집단의 힘으로 하루아침에 쉽게 바꿀 수 있는 것이 아니라는 점에서 구조적 조건이다. 이러한 차이가 다른 영역에서의 혜택이나 보상의 차이를 만들고 (갈등의) 어느 한 당사자가 후자에서의 차이는 정당하지 않다고 여길 때 갈등이 발생하는 것이다.

둘째, '욕구'(needs)는 생리적, 정신적 부족을 충족시키려는 정신 작용을 의미하는데, 여기에는 음식물 섭취, 수면, 성욕 등과 같이 생명을 유지하고 종족을 보존하기 위한 선천적인 것(생리적 욕구)과, 안전·소속감·인정·자아실현에 대한 욕구와 같은 후천적인 경험을 통해 심리적으로 각인된 것(사회심리적 욕구)도 있다. 기본 욕구가 충족되지 않으면 불만이 생기고 공격적으로 행동하게 되어 갈등을 유발할 수 있다. 이러한 욕구는 인간의 본능이고, 하루아침에 쉽게 바꾸거나 웬만해서는 억제하기 어렵다는 점에서 구조적 조건이다.

셋째, '지각'(perceptions)은 감각기관을 통해 다른 사람이나 외부의 사물 또는 자극을 인식하는 과정 또는 방식을 말하는데,37) 우리의 의식을 형성하는 기초가 된다.38) 바깥 사물을 인식하는 과정과 방식은 신체적 특성이나 과거의 경험이나 학습에 영향을 받기 때문에 같은 상황에 대해서도 사람마다 지각하는 것이 다를 수 있다. 같은 이유에서 하루아침에 쉽게 바꿀 수 없고, 따라서 구조적 조건에 해당한다. 같은 음식을 먹고서도 만족하는 정도가 다르고, 같은 영화를 보고서도 다른 것을 기억한다. 이처럼 인식 과정과 방식이 다르면 같은 상황에서 다르게 지각하고 대응하기 때문에 갈등이 생길 소지가 있는 것이다.

넷째, '가치'(value)는 사물이나 사람이 가지고 있는 쓸모로서,39) 인간의 욕구나 관심의 대상 또는 추구하고자 하는 목표의 대상이 된다. 어떤 '사물'이 나에게 갖는 가치일 수도 있고, '나'라는 사람이 다른 사람에게 또는 다른 '사람'이 나에게 갖는 가치일 수도 있다. 가치가 클수록 소유하고 싶은 욕망은 더 크고, 가치 있는 사람은 친하게 지내고 싶은 욕망이 생긴다. 같은 사물이나 사람에 대해 사람마다 각기 다른 가치를 부여하기 때문에 갈등이 생길 수도 있고, 두 사람 이상이 어떤 사람이나 사물을 중요한 가치를 부여하면 이를 둘러싼 경쟁과 갈등이 생길 수도 있다(박태순, 2010: 15-17). 어떤 사람이 대상에 부여하는 가치는 결국 자신의 욕구가 무엇이며 얼마나 강한가에 달려 있으며,40) 그런 이유에서 구조적 조건이다.

박태순(2010)은 대인갈등에 초점을 맞추었다면, Pruitt and Kim (2004)은 대인갈등과 집단갈등을 함께 살펴보고 있다. 이들은 먼저, 대인갈등과 집단갈등에 모두 해당하는 구조적 요인으로, ①희소한 자원, 희소성에 대한 인식과 희소한 자원을 둘러싼 갈등, 경쟁으로 인한 시간적 압박감, 상황의 급속한 호전에 따른 기대감 상승과 급속한 상황 악화로 인한 좌절감(상황적 조건); ②상황 인식 방식으로서의 영합게임적 사고(zero-sum thinking)(갈등 당사자의 특성 관련 조건); ③갈등 상대방의 힘 크기를 정확히 알 수 없는 상황, 상대가 가치나 업적에 비해 과도한 대가를 받고 있다는 인식(불공평한 분배), 사회적 지위의 비일관성,41) 상대에 대한 불신,42) (갈등 당사자의 상대방에 대한 인식 내지 양자 간 관계의 성격 관련 조건); ④마지막으로, 집단의 안전에 대한 위협에 따르는 불안감,43) 구성원의 행동과 관계를 규제하는 합의된 규범의 부재(공동체 내지 소속 집단/단체/조직의 특성 관련 조건) 등을 들고 있다.

다음으로, Pruitt and Kim(2004)은 집단갈등에만 적용되는 구조적 요인인 사회정체성에 대해서 설명한다. Taifel and Turner(1979, 1986)의 사회정체성이론에 입각하여, 자신이 속한 집단 이외의 집단이 존재한다는 사실 그 자체가 상대방 집단구성원에 대한 경쟁심, 심지어는 적대적인 감정과 행동 즉 갈등을 유발한다고 주장한다. 즉 사회정체성(social identity)

을 사회갈등의 중요한 구조적 요인으로 보는 것이다(Tajfel and Turner 1979; Tajfel and Turner 1979, 1986). 다시 말하면, 상대 집단의 존재 자체가 적개심을 유발하고 따라서 그 집단과 갈등을 유발한다는 것인데, 그 이유는 다음과 같다. 특정 개인이 속한 집단은 자기에 대한 개념(self-concept) 즉 자기정체성(self-identitry)의 일부분을 이루기 때문에 자기가 속한 집단(내집단, ingroup)과 구성원을 긍정적으로 평가함으로써 자아존중감을 느끼려고 한다. 그 결과 내가 속한 내집단은 호의적이고 긍정적으로 높게 평가하는 반면, 다른 집단(외집단, outgroup)은 낮게 평가하고 차별하게 된다는 것이다.44) 이러한 사회정체성이론은 사람들은 종종 자기 자신이 직접 당하지 않고 내집단의 다른 구성원이 겪은 고통(동지애적 박탈감, fraternalistic deprivation)에 대해서 그렇게 격하게 반응하고 분노하는지를 잘 설명할 수 있다고 주장한다. 즉 내가 속한 집단(내집단)과 일체화하는 심리적 특성 때문에 내집단 구성원에 대한 공격을 자기 자신(의 가치)에 대한 침해로 본다는 것이다.

사회정체성이론에서는 개별 국민과 개별 외국인 간의 갈등은 방금 설명한 논리로 설명하고, 국민과 외국인 개인 간 갈등이 집단갈등으로 전화하는 과정을 설명하기 위해서는 다음과 같은 조건을 추가로 제시하고 있다. 내집단에 속한 다른 구성원의 차별을 철폐하고 차별로 인한 고통을 덜기 위해 집단행동을 할때 개인 간 갈등이 집단갈등으로 발전하는 것이다. 즉 내집단의 다른 구성원에 대한 동지애와 그에 상응하는 행동이 있어야 한다. 이러한 집단행동이 현실에서 나타나기 위해서는 첫째, 일체감을 느끼는 특정한 하나의 집단에 대한 소속감이 다른 집단에 대한 소속감보다 강해야 한다. 사람들은 최소 하나 이상의 집단에 속하기 때문에 사회정체성도 하나 이상인 경우가 많다. 예를 들면, 한국인, 개신교도, 인천시민, 인하인 등과 같은 다양한 정체성을 가지고 있다고 가정할 때, 이 중에서 가장 강한 소속감 내지 애착심을 가진 집단(예, 인천시민)이 관련된 갈등에 대해서 더 쉽게 더 강하게 개입하여 도움을 준다. 둘째, 이름만 가지고 있는 집단의 구성원들이 다른 집단 또는 공동의 문제에 대한 공동 대응에 적극적으로 참여하는 집단으로 결집하기 위해서는 공동의 (잠재적) 이익을 침해하는 (또는 증진하는) 사건이 발생하여 상호소통을 통해 공동의 목표와 적에 대한 인식을 공유하고 이 과정에서 지도자 특히 카리스마 있는 지도자가 나타나야 한다. 이때 지도자의 가장 중요한 역할은 공동의 이익을 가지고 있는 구성원들을 조직하고 공동의 목표를 달성하기 위한 지침을 만들어 구성원들을 이끌고 가는 것이다. 셋째, 새로이 조직된 집단이 전체 공동체 구성원들이 정당한 명분을 가지고 있다고 인식하여야 하고, 국가나 다른 집단으로부터 심한 억압을 받지 않아야 한다. 동시에, 새로이 조직되는 집단의 잠재적 구성원이 달리 자신의 처지(사회적 지위)를 바꿀 수 없다고 인식해야 하고, 공동체의 지배집단(또는 상층집단)이 정당성을 상실했거나 약해야 한다. 다시 말하면, 공동체의 기득권 상층집단이 불공정한 방식으로 희소 자원을 독점하고 있다고 인식하면 새로운 (도전) 집단에 참여하고 일체감을 느낄 가능성이 크다는 것이다(Pruitt and Kim 2004: 30-35). 지금까지 살펴본 갈등의 요인에 대한 논의는 정리하면 〈표 1-1〉과 같다.

〈표 1-1〉에서 위의 네 개는 한국사회에서 갈등이 격심할 수밖에 없는 구조적 조건을 살펴보고 있다. 이들이 제시한 구조적 조건은 객관적 조건과 갈등 당사자의 주체적 조건으로 구분해 볼 수 있다. 객관적 조건은 갈등 주체의 외부에서 나타나는 것으로 갈등의 물리적 환경, 갈등 주체의 외형적 특성(예, 각자 보유하고 있는 자원의 종류와 양)과 갈등 주체 간의 관계에 관련된 특성이며, 갈등 주체의 인식과 행동에 영향을 미친다. 반면 주체적 조건은 갈등 상대자를 포함한 외부의 사건이나 현상에 대한 인식과 의사결정의 순서와 방법 그리고 결과를 포함한다.

객관적인 조건을 보면, '압축성장'과 그로 인한 '비동시성의 동시성'으로 다양한 성격의 갈등이 동시다발적으로 발생하고 있으며, 사회적 분업

〈표 1-1〉 갈등의 요인

	직접적 요인(촉발요인)	구조적 요인(배경적 조건)
박길성 (2008)		- 압축성장, - 개인-조직-국가의 갈등관리능력(제도, 문화규범)
박준·정동채 (2018)		- 비동시성의 동시성(상이한 역사적 경험:전근대-근대-탈근대, 독재-민주화 등의 한 세대 내 공존)
박준 (2009)		- 사회적 상황(소득불평등, 인종다양성) - 갈등관리능력(민주주의 성숙도와 정부의 정책수행능력)
김문길 (2017)		- 사회적 단위 간 분업구조와 상호의존, - 갈등관리능력(다양성 인정과 격차와 차별 축소를 위한 규범, 갈등 관리 및 조정 능력)
윤인진 (2015)		- 대화와 타협으로 갈등을 해결하려는 시민의식(자신과 자기가 속한 집단의 사익 추구), - 갈등관리시스템(전문적인 갈등관리 기구와 제도, 갈등조정 인력)
박태순 (2010)	- 사실관계의 옳고그름, - 이해관계 또는 희소자원 배분에서 각자 차지할 몫의 크기 - 사회적 규범의 도입과 변경 - 조직 또는 집단 내 역할에 대한 기대 - 생각·신념·취향·선호에 기초한 가치관의 차이 - 자기 정체성	- 차이(빈부격차, 성적 차이, 남성과 여성의 차이, 정규직과 비정규직의 차이, 기독교와 이슬람교의 차이 등에 근거한 보상의 부당한 차이) - 욕구(의식주에 대한 생리적 욕구, 안전·소속감·사랑·인정·존중 등 사회심리적 욕구의 좌절) - 지각(대상을 인식하는 과정과 방식, 관점, 기준의 차이) - 가치(사물이나 사람이 가지고 있는 쓸모-쓰임새와 이의 획득을 둘러싼 경쟁)
Pruitt and Kim (2004)		- 상황적 조건(희소한 자원, 희소성에 대한 인식과 경쟁, 경쟁으로 인한 시간적 압박감, 급속한 상황 호전에 따른 기대 상승과 급속한 악화로 인한 좌절감) - 갈등당사자의 상황과 상대(와의 관계)에 대한 인식(영합게임이라는 인식, 불공정한 분배와 대적 박탈감, 상대의 힘 크기에 대한 불확실성) - 사회정체성 - 소속집단의 특성(집단의 안전에 대한 확신, 합의된 규범)

※ 필자가 정리한 것임.

과 구성요소 간 상호의존도가 높아져 사회구성원 간에 서로 영향을 미칠 가능성이 커지고 그에 따라 갈등이 발생할 소지도 커졌다. 또한 소득불평등으로 말미암아 분배를 둘러싼 갈등이 심해지고 있으며, 1990년대초부터 본격적으로 유입되기 시작한 외국인이 급증함에 따라 한국사회가 빠른 속도로 다인종사회로 변모함에 따라 국민과 외국인 간의 갈등이 발생할 가능성이 커졌다. 이 모든 조건과 그로 인한 사회적 변화들이 한국을 갈등공화국으로 변화시키는데 기여했다. 간단히 말하면 압축성장, 분업구조의 고도화와 구성단위 간 상호의존도 심화, 소득불평등, 인종적 다양성의 빠른 진전 등이 한국사회의 갈등을 급격히 증가시켰다는 것이다.

갈등 당사자의 주체적 조건 중 가장 중요한 것은 갈등 당사자 즉 개인이나 조직 또는 국가의 갈등관리능력이다. 갈등관리능력에는 민주주의 정신, 다양성 인정과 다양한 집단 간 격차와 차별 축소 그리고 이러한 목표를 실현하는 방법(정책)에 대한 사회적 합의, 갈등을 효과적으로 관리·조정할 수 있는 절차와 방법을 제도화하고 집행하는 능력, 공동체 전체의 이익을 고려하여 사익을 자제하고 양보하는 마음가짐 등을 포함하고 있다. 주체적 조건에서 가장 중요한 것은 사회갈등이 발생한 환경과 갈등 상대자에 대한 갈등 주체들의 인식과 태도다. 갈등 자체와 상대방 그리고 환경에 대한 인식의 방식과 내용에 따라 갈등에 대한 대응방식과 그것의 효과가 달라진다. 이런 이유에서 갈등관리능력, 또는 갈등관리시스템을 주체적 조건의 가장 중요한 요소로 보는 것이다.

다음으로, 박태순(2010)과 Pruitt and Kim(2004)은 구체적인 사례보다는 갈등의 발생이나 지속 또는 격화 요인을 일반이론의 관점에서 설명하고 있다. 이 둘을 비교하면, 다음과 같다. Pruitt and Kim(2004)은 객관적인 조건보다는 주관적인 인식 또는 심리상태에 초점을 맞추고 있어 박태순(2010)이 언급한 구조적 조건과 일대일로 대비시킬 수는 없지만, 대체로 Pruitt and Kim의 ①, 그 중에서 특히 '희소한 자원'은 박태순이 말하는 '차이' 즉 빈부격차 등의 양적 차이와 남성-여성 차이 등의 질적 차이에 대응한다고 볼 수 있다. Pruitt and Kim의 ②와 ③, 그 중에서 특히 '힘의 크기 인식'과 '상대에 대한 불신'과 '상대가 가치나 업적에 비해 과도한 대가를 받고 있다는 인식'(불공평한 분배), '사회적 지위의 비일관성', 그리고 ④, 그 중에서 특히 '안전에 대한 위협 평가' 등은 박태순의 '지각' 즉 사람, 사물, 현상을 바라보고 인식하는 과정과 방식에 해당한다고 할 수 있다. Pruitt and Kim의 ④ 특히 '구성원의 행동과 관계를 규제하는 규범'은 박태순의 '가치'에 해당한다.

그런데, 박태순이 제시한 네 가지 구조적 조건은 객관적 조건 그 자체보다는 객관적 조건에 대한 갈등 당사자의 인식 즉 주관적 평가라고 할 수 있다는 점에서 Pruitt and Kim(2004)에서 언급한 '사람, 사물, 상황에 대한 인식' 즉 주관적 평가와 크게 다르지 않다. 이런 점에서 박태순(2010)과 Pruitt and Kim(2004)이 제시한 구조적 조건은 별 차이가 없지만, 한국사회의 갈등을 분석하는 데 있어서 전자(박태순, 2010)보다 후자(Pruitt and Kim, 2004)가 더 유용하다. 그 이유는, 한편으로는 갈등의 구조적 요인을 더 구체적으로 세분화해서 정리하고 있기 때문이고, 다른 한편으로는 한국사회에서 외국인 또는 이민자와 국민 간의 갈등은 개인 간 갈등(대인갈등)이라는 측면도 있지만, 집단갈등의 측면이 더 강하고, 이를 분석하기 위해서는 사회정체성이론을 적용해야 하기 때문이다.[45]

마지막으로, 한국사례를 분석한 연구들과 이 둘을 비교하면, 전자의 객관적 조건은 박태순(2010)의 '차이'와 Pruitt and Kim(2004)의 '희소한 자원'에 해당하고, 전자의 주체적 조건은 박태순(2010)의 '욕구', '가치', 그리고 '지각'과 Pruitt and Kim(2004)의 거의 모든 조건('희소한 자원' 제외)에 대응한다.

지금까지 사회갈등의 요인(직접적, 구조적)에 대한 국내외 논의를 살펴보왔다. 앞에서 언급했듯이, 국민과 외국인 간 갈등을 설명하기 위해서는 사회정체성이론을 활용해야 한다. 왜냐하면, 거의 모든 나라 국민은 자국민과 다른 인종이나 민족 또는 국적의 외국인에 대해서 고정관념과 그에 따른 편견을 가지고 있기 때문이다. 그리고 내국인은 외국인이라는 이유만으로 그들을 각종 자원(예, 일자리, 소득, 교육, 의료 등)의 배분에서 차별하고, 사실관계나 법·제도의 해석에 있어서도 외국인에게 불리하게 적용하며, 외국인이 가지고 있는 이념·가치관·취향을 경멸하고 배척하기 때문이다. 내국인과 외국인 간 갈등은 대부분 이런 이유에서 발생한다. 따라서 한국사회에서 나타나는 국민과 외국인 간의 갈등을 해석하고 해결책을 제시하기 위해서는 사회정체성이론에 입각하여, 한국 국민이 자신과 외국인을 어떻게 인식하는지, 즉 자신과 외국인에 대한 고정관념과 편견은 무엇이고, 외국인을 어떤 측면에서 얼마나 수용(관용)하는지를 살펴봐야 한다.

한국인은 누구인가? 한국인의 가치와 규범

한국인은 누구인가. 여기서는 갈등의 구조적 조건 중에서도 주체적 조건인 갈등관리능력, 정확하게는 자신을 포함한 갈등 주체와 환경에 대한 인식 방식(관점과 결과)과 갈등상황에서 자신의 욕구와 가치를 충족시키는 수단과 방법에 대해서 살펴보기로 한다. 최근에 한국인과 한국 사회에 대해 깊이 있는 연구가 많이 이루어지고 있다. 지금까지의 연구를 종합해서 정리하면 다음과 같다.

남보다 앞서기 위한 평등주의

한국인은 자신보다 지위가 높거나 앞선 사람을 따라잡기 위한 평등주의를 지향한다.46) 한국인이 가지고 있는 평등주의 심성은 가진 것이 얼마나 되든 연대와 협력에 기반을 두고 다른 구성원과 함께 조화롭게 잘사는 공동체를 지향하는 평등주의가 아니다.47) 일상적으로 흔히 사용하는 '남부럽지 않게 살고 싶다'는 표현은 상향적 평등을 지향하는 한국인의 정서를 잘 나타내고 있다.

한국인의 마음 속에 내재된 평등의식을 분석한 송호근(2006)은 한국인의 평등주의를 '성공한 너와 평범한 나', '잘된 너와 못된 나', 사이에 존재하는 격차를 좁히려는 심성이라고 규정하고, 한국인들이 사회성원으로 성장하면서 치열한 경쟁의식을 갖게 되고 경쟁이 격화되면 될수록 평등주의적 심성을 키워가는 경향이 있다고 보았다. 남을 헐뜯고 성공한 사람이 선택한 파행적 수단을 비난하고 자신은 몰랐던 기회를 다른 사람들이 잡았다는 피해의식과 상실감을 표출하는 것도 한국인의 독특한 평등주의 심성에서 나오는 것이라 보았다(송호근 2006).

한국인의 평등주의가 갖는 상충되는 두 가지 성격을 분석한 정태석

(2020)은 한국인이 가진 평등주의, 민족주의, 집단주의, 가족주의 실용주의 가운데서 평등주의야말로 한국인을 움직이는 가장 강한 힘이라고 하면서, 그 이유를 다음과 같이 설명했다. 남에게 뒤처지거나 차별당하지 않으려는 우리 민족 모두의 공통적인 생각은 어떤 때는 사회적 평등을 추구하는 거대한 사회운동으로, 어떤 때는 개인의 지위 상승을 통한 평등 추구로 나타나면서 제도를 바꾸고 심성을 바꾸었다. 이 두 가지 지향은 세계에서 유례없이 빠른 민주화와 산업화를 이루어 낸 동력이었지만, 현실에서는 평등주의와 서열주의의 모순적 공존으로 나타나고 있다. 간단히 말하면, 한국인의 평등주의는 사회경제적으로 불평등한 사회에서 자신보다 지위가 높은 사람과 동등해져야 한다는 생각으로 개인적으로 지위상승을 추구한다는 의미의 '상향적 평등'을 지향하는 평등주의의 성격이 강하다(정태석 2020: 20). 김태형(2020)도 한국은 계층 간 위계뿐 아니라 같은 계층 내에서도 차별이 촘촘하게 나뉘는 다층적 위계구조를 이루고 있다면서 평등주의의 이름으로 위계의 사다리를 올라가는 경쟁을 하는 것이 한국인의 평등주의가 갖는 특성으로 파악했다.

세계가치조사(World Value Survey)의 문항 중에는 '소득 평등(income equality)'에 대한 선호를 묻는 문항이 있다: '소득이 평등해야 한다고 생각하는가, 아니면 (노력 등에 따라) 더 차이가 나야 한다고 생각하는가?' '소득에 더 많은 차이가 나야 한다'는 답변자의 경계심을 고려해 완곡하게 표현됐지만, 결국 소득불평등을 가리킨다. 평등해야 한다는 생각이 강할수록 1점에 가까운 숫자에 체크하고, 불평등해야한다는 생각이 강할수록 10점에 가까운 숫자에 체크하도록 되어 있다. 결론부터 말하면, 한국은 6차 조사와 7차 조사, 두 차례의 조사에서 걸쳐 일관된 경향을 보였다. 소득불평등에 대해서 압도적인 다수가 찬성했다. 6차 세계가치조사(2010~2014년) 결과를 보면, 중국은 평등 52.7%, 불평등 25.8%; 일본은 평등 28.6%, 불평등 25.1%; 독일은 평등 57.7%, 불평등 14.6%; 스웨덴은 평등 42.7%, 불평등 30.6%였다. 미국은 평등 29.6%, 불평등은 36.2%로 평등에 찬성한 비율보다 불평등에 찬성한 비율이 높게 나왔다. 한국의 경우 평등에 찬성한 비율은 23.5%였고 불평등에 찬성한 비율은 58.7%였다. 불평등을 찬성한 비율이 압도적으로 높다. 최근 조사인 7차 자료(2017~2020)는 더 극단적이다. 한국인의 64.8%가 불평등에 찬성했고, 12.4%만 평등에 찬성했다.48)

간단히 말하면, 한국인의 삶에서 가장 중요한 가치(목표)는 남부럽지 않게 다른 사람에게 (사람) 대접받으면서 사는 것으로, 실제로는 평등주의를 위장한 지배욕 내지 '불평등주의' 성향이다. 이것은 남보다 높은 사회적 지위를 차지하여 괄시받지 않고 더 나아가 인정받고 존경받으면서 살겠다는 욕망이다.49)

밑 빠진 독인 물질주의

한국인은 물질주의 성향이 강하다. 이것은 몇 가지 여론조사를 통해서 확인할 수 있다. 우선, 세계가치조사(World Value Survey)의 시계열 자료를 분석한 결과를 보면, 경제발전 수준이 높은 나라들은 대부분 물질주의자(materialists)는 줄어들고 대신 탈물질주의자(post-materialists)는 늘어나지만, 선진국만큼 경제가 발전한 한국에서는 탈물질주의는 10% 내외로 1980년대 말 이후 2020년대 초반까지 큰 변화가 없고, 대신 물질주의자는 1991년 25%, 1996년 47.2%, 2001년 46.3%, 2006년 53.9%, 2010년 44.2%, 혼합형(mixed)은 각 연도 70.3%, 45.7%, 47.7%, 43.7%, 48.5%로 물질주의자와 혼합형을 합치면 90%가 넘는 것으로 나타났다(Steven Denny 2014).50)

두 번째로, 제일기획이 발표한 전국의 6대 도시(서울, 인천, 부산, 대구, 광주, 대전)에 거주하는 13~59세 남녀 소비자 3,800명 대상 조사 결과인 '2013 대한민국 소비자 라이프스타일 데이터 보고서'에 의하면, '돈이 인생에서 중요하다'는 질문에 대해서 84%의 응답자가 동의했으며, '사회적 지위는 조금 낮더라도 돈을 많이 벌면 성공한 것'이라는 질문에 대해서 68%가 '그렇다'고 답했다(김용석 2014).

세 번째로, 2021년 11월 미국의 여론조사기관 퓨 리서치(Pew Research) 센터가 주요 17개국 성인을 대상으로 조사한 '삶을 가치 있게 만드는 것' 설문 조사에 따르면, "삶을 의미 있게 만드는 원천 중 한 가지가 압도적으로 우세하다는 사실은 분명했다"며 "조사대상 17개국 가운데 14개국에서 가족과 아이들을 가장 많이 꼽았다"고 밝혔다. 가족을 1순위로 꼽지 않은 나라는 3개국이다. 스페인, 대만, 한국이 해당한다. 스페인은 건강, 대만은 사회, 한국은 물질적 풍요를 1위로 꼽았다.51)

마지막으로, 2021년 6월 8일 시장조사기업 칸타가 발표한 '칸타 글로벌 모니터 2020' 조사 결과를 보면, 가장 중요하게 생각하는 자산에 대해 한국인은 돈(53%), 시간(20%), 열정(19%), 정보(7%), 공간(1%)의 순으로 응답했다. 응답자 절반 이상이 돈을 가장 중요한 자산이라고 선택한 것이다.52) 한국인들이 다른 나라 사람들보다 물질에 가치를 더 부여한다는 뜻이다.

이상에서 본 것처럼 경제가 선진국 수준으로 넘어섰는데도 불구하고, 한국인은 가난했던 시절과 다르지 않게 물질주의자가 많다. 왜 그럴까. 21세기 한국인의 물질에 대한 욕망은 과거의 가난한 시절과는 성격과 배경이 다르다. 끼니조차 채우기 어려웠던 시절에는 의식주의 기본 욕구를 채우기 위한 생필품을 구입해야 했고, 그것을 직접 생산할 수 없는 사람들은 시장에서 그것을 구입하기 위한 돈이 필요했고 그래서 돈을 중시했다. 마슬로우의 인간 욕구 5단계설(Maslow's hierarchy of needs)에 따르면, 생리적 욕구를 제대로 채우지 못하면 생존 자체가 위협을 받을 때 생리적 욕구를 채우는 데 필요한 물건이 필요하니 당연히 물질주의자가 될 수밖에 없으며, 생리적 욕구가 어느 정도 충족시켜야 다음 단계의 욕구를 추구하게 된다.53) 이것은 Inglehart-Welzel Cultural Map(2020)에서도 확인할 수 있다.54) 이에 따르면, 생존에 대한 위협이 크고 사회규범 등에 의해 개인의 자율성이 크게 제약을 받는 사회에서는 무엇보다도 경제적·물리적 안전이 우선시 된다.55) 한국은 경제가 급속히 성장하기 전인 1980년대 말까지는 물질주의자가 많았다는 것은 이런 관점에서 이해할 수 있다.

그러나 국민 대부분 끼니 걱정은 하지 않아도 되는 21세기의 한국사회에서도 물질주의자가 많은 것은 다른 선진국과 비교하면 매우 특이한 현상이다. 이 문제를 심층적으로 분석한 양해만·조영호(2018)에 의하면, 한국인의 특수성은 전통적인 가치관인 '현세적 물질주의',56) 다른 사람·집단과 구분하고자 하는 욕망과 이를 만족하기 위한 수단,57) IMF 경제위기와 이후 신자유주의로의 전환에 따른 사회경제적 불안정 증대의 세 가지 요인 때문으로 설명할 수 있다고 한다(양해만·조영호 2018). '전통적 가치'라는 관점은 시기, 장소, 사람에 따른 차이를 설명하기 어렵다고 생각되기 때문에, 여기서는 타인과 구분하려는 집단주의 성향과 사회경제적 변화를 중심으로 살펴보고자 한다.

한국인의 평등주의가 실제로는 불평등한 사회구조는 그대로 두고 그 속에서 상위계층으로 올라가려는 심성이듯이, 한국인의 물질주의는 상위계층으로 올라가기 위한 수단이면서 다른 사람으로부터 인정받고 존경받는 수단으로서의 경제적 부(돈)를 가장 가치 있는 것으로 추구하는 심성이다. 간단히 말하면, 한국인이 물질(돈)을 중시하는 것은 다른 사람에게 괄시당하지 않고 대접받고 살려면 다른 사람과 뭔가 달라야 하고, 그 다름이 희소한 가치를 가져야 한다고 생각하기 때문이다.

가난했던 시절에는 물질이 풍부해야 생존에 유리하기도 하고 남과 다르고 우월해 보이기 때문에 물질(부, 돈)을 중시하였지만, 물질적으로 풍요로운 21세기에는 다른 사람에게 같은 인간으로서 대우를 받고 싶거나 자신이 다른 사람보다 우월하다는 것을 입증하기 위해 돈을 중시한다.58) 다른 사람으로부터 괄시받지 않고 대우를 받으려면 이전에는 돈 이외에도 나이, 성별, 출신학교, 출신지역, 직업 등이 중요한 기준이 되었지만,59) 민주화 이후에는 이러한 연고주의적 잣대의 용도는 크게 줄어들고, 대신 언제 어디서든지 누구에게나 가치를 인정받을 수 있는 돈이 가장 중요한 기준으로 자리잡게 되었다(황상민 2011: 45). 한국이 1980년대 중반 이후 선진국 수준으로 발전함에 따라 자본주의 시장이 일상생활에 미치는 영향력이 압도적으로 강해졌고, 돈만 있으면 우리가 필요로 하는 거의 모든 상품이나 서비스를 구입할 수 있게 되었기 때문이다. 게다가 돈만 있으며 의식주에 대한 생리적 욕구를 채우는 데 필요한 생필품을 구할 수 있음은 물론, 다른 사람의 인정과 존경, 심지어는 사랑까지도 얻을 수 있게 되었기 때문이다.60) 그야말로 돈이 사회적 지위이고, 모든 욕구를 채울 수 있는 수단이 된 것이다.61)

특히 1997년 외환위기 이후 한국 경제의 질적 변화가 생겨 계층구조 특히 중산층의 분화가 이루어졌고,62) 중산층의 상층에게는 자신들이 남들보다 다르고 우월해 보이게 하는, 자신의 사회적 지위를 나타내주는 새로운 지위재(positional goods)가 더욱 중요하게 되었다.63) 이들은 능력주의를 앞세워 자신의 지위와 특권을 공고히 하였고, 자신의 특권적 지위를 과시하기 위해 다른 계층이 감히 넘보기 어려운 지위재를 사용하였다. 이들은 주로 강남지역(고가의 아파트)에 살면서 외제 차를 선호하고 쇼핑도 고급 백화점에서 하며 가능한 한 무공해 음식을 주문해서 먹는다. 또한 가족과 일주일에 한두 번씩은 좋은 식당에서 외식하고, 해외여행도 1년에 한두 번씩은 한다. 무엇보다도 자녀교육에 신경을 써 사교육비 지출을 아끼지 않는다. 특권 중산층의 이러한 생활방식이 모두 지위재이고, 그 아래에 있는 여타 중산층도 이들이 누리는 지위재를 하나라도 갖기 위해 더욱 열심히 돈을 벌려고 한다. 그 결과 사회 전체가 '특권중산층'의 지위재를 구하기 위해 안달이고, 더욱 돈을 추구하게 된다. 그러니 전 사회가 물질주

의에 물들 수밖에 없다.[64]

'특권 중산층'은 상대적으로 여유가 많지만, 그 이하의 중산층은 '특권 중산층'이 소유하거나 누리는 지위재를 하나라도 소유하려면 돈을 더 벌어야 하는데, IMF 경제위기, 그 이후의 신자유주의적 구조개혁, 최근의 AI와 로봇을 비롯한 4차산업혁명 등으로 이전같이 쉽지 않다. 사회경제적 불안정은 하류층과 중산층 대부분에게도 안정적인 삶의 재생산에 심각한 위협이 되었고, 그만큼 물질(돈)을 안정적으로 확보하고자 하는 욕구가 강해진 것이다.[65]

'공정한' 경쟁과 능력주의로 지위 상승을 꾀하는 한국인

생존에 필요한 물품이나 자신의 지위를 과시하기 위한 지위재를 가지려면 돈을 많이 벌어야 하는데, 돈을 많이 벌려면 교육(특히 대학입시 경쟁), 취업, 사업, 업무 등에서 남보다 뛰어난 능력을 발휘하여 모든 수단과 방법을 동원해서 다른 사람과의 경쟁에서 이겨야 한다.[66] 한국사회에서 작동하는 경쟁시스템을 이해하는 데는 마강래(2016)의 저서가 도움이 된다. 그는 자신의 〈지위경쟁사회〉라는 책에서, 한국만큼 의료보험도 잘되어 있고, 대중교통도 세계 최고 수준이며, 전기료와 상수도료도 싸고, 잘 발달된 배달문화 덕에 매우 편리한 생활을 누릴 수 있는 나라가 없는데 한국인은 왜 자신이 사는 곳을 지옥에 빗대며 푸념한다고 비아냥거리는 외국인에게 한국 사회의 경쟁시스템이 얼마나 잔인한지를 살펴볼 것을 충고한다.

> 한국은 풍요로운 사회가 지옥 같은 곳이 될 수 있음을 보여주는 전형적인 예다...... 세계인이 감탄하는 음식배달과 제품 애프터서비스 문화의 뒤에는 시간에 쫓기며 고객의 비위를 맞춰야 하는 감정 노동자의 고통이 자리하고 있다. 한국 중고생의 학업성취도는 전세계에서 으뜸이다. 하지만 그 대가로 우리나라 중고생들은 하루 10시간 이상을 학교와 학원에서 보내며 극심한 스

트레스와 우울증에 시달리고 있잖은가. 이렇게 겉보기에는 풍요로운 사회지만 그 이면에는 힘들고 지친 자들의 푸념, 쫓기며 압박받는 자들의 불안이 존재한다. 이들의 마음속은 지금보다 더 나아져야 한다는 강박과 남들에게 뒤쳐져서는 안된다는 위기의식으로 가득하다. 일터에서, 학교에서, 시장에서 그 풍요로움 뒤의 어두운 그림자에 조금 더 관심을 기울여보면 '겉은 아름답지만 속은 고통스런 경쟁의 지옥'을 목도하게 된다. … 풍요로운 사회에서도 지속적인 성과 압박에 시달리는 우리 현대인들, 물질이 차고 넘치는 사회임에도 더 많은 성과를 이루어야 한다는 강박증, 또 그 모든 성과에 기어코 우열을 가리는 세상, 이런 세상에서는 모두가 서로 상대를 뛰어넘으려 한다. 을이 갑을 뛰어넘으려 하고, 병도 을보다 나아지기 위해 노력하며, 갑고 을과 병에 따라잡힐까 밤잠을 설친다(마강래 2016: 9-10).

한국 사회의 경쟁시스템은 한국인들이 물질적으로 부족함이 없는데도 남보다 앞서기 위해 더 많은 성과를 내지 않으면 현재의 위치조차 지키지 못하고 나락으로 떨어질지도 모른다는 불안감 내지 강박감을 가지고 하루하루를 살아가게 한다는 것이다. 이러한 한국 사회의 경쟁시스템은 승자독식과 같은 차등보상의 시스템이고,[67] 패자부활전도 없고 사회안전망도 허술하기 짝이 없다.[68] 앞서가는 사람의 몫이 점점 커지니, 뒤처지는 사람의 몫은 점점 줄어들게 된다. 그래서 빈부격차, 소비격차, 학력 격차가 생겨나고, 이것들이 다시 경쟁을 격화시키는 조건으로 작용한다.

모든 사람은 실패한다. 수준과 정도의 차이가 있을 뿐이다. 그래서 '건전한' 경쟁시스템을 유지하기 위해 국가가 반드시 제공해야 할 것이 있다면 '패자부활전'이고 '사회적 안전망'이다. 전자는 실패했을 때 기회를 제공하고,[69] 후자는 나락으로 떨어질 때 잡아준다.[70] 그러나 한국사회에서 패자부활전은 매우 드물고, 사회안전망도 허술하기 짝이 없다.[71] 그러니 경쟁에서 패하지 않도록 가능한 한 모든 수단과 방법을 동원하여 투쟁할 수밖에 없다. 시민사회, 정치영역, 국가의 사회 모든 영역에서 경쟁의 방식으로 자원이나 보상의 배분에 대한 의사결정이 이루어지는데, 사인(私人)이든 공인(公人)이든 경쟁에서 이기기 위해 자신이 동원 가능한 모든 수단과 방법을 사용한다.72) 심지어는 시민사회와 정치영역의 경쟁(갈등)과정에서 공정한 규칙을 만들고 엄격하게 집행해야 할 공공기관(검경찰, 법원, 일반행정기관)을 책임지고 있는 정치인과 관료도 자신과 가족의 이익을 위해 편법, 불법을 저지른다.73) 그러니 국민 대다수는 경쟁 규칙이 공정하게 지켜지지 않는다고 생각하고, 그 결과 공공기관에 대한 신뢰가 바닥을 친다.74)

이처럼 한국 사회의 경쟁시스템이 그 속에 살아가는 사람들을 고통 속으로 몰아넣는데도 불구하고, 절대다수의 한국인들은 경쟁시스템을 지지한다. 한국리서치가 2018년 2월 23일부터 28일까지 전국의 만 19세 이상 성인남녀 1,000명을 대상으로 실시한 '한국사회의 공정성 인식조사' 결과를 보면, 응답자의 62%가 '한국에서 경쟁의 부작용이 심각하다'고 하면서도, 79%가 '우리 사회에서 경쟁은 생산성 향상에 도움이 된다'고 답했다. 또한 응답자의 66%가 경쟁의 승자 그래서 분배를 결정하는 기준으로 기여도이어야 하고, '개인의 기여와 성취(능력이나 노력의 차이)에 따른 보수의 차이가 클수록 좋다'고 답했다. 보수의 차이를 두는 기준으로 근무태도(43%), 능력(23%), 성과(22%), 근속연수(16%) 등의 순으로 응답했다. 보수 차이를 가져오는 기준으로 학력에 반대하는 응답자가 69%로 압도적이고, 부양가족이나 가정형편에 따른 보수 차이에 대해서도 압도적인 다수(각각 58%, 69%)가 반대했다.

이처럼, 대다수의 한국인은 능력에 따른 차등 보상(임금)이 불평등을 초래한다는 것을 알면서도 경쟁과 능력주의를 지지하고 있다(정한울 2018).75) 그래서 한국인들이 생각하는 한국의 사회문제는 경쟁시스템 그 자체가 아니라 경쟁의 규칙이 불공정하고 엄정하게 준수되지 않는다는 점이라고 생각한다. 실제로 국민 대다수는 '법 집행이 불공정하다'(74%), '소득/재산 분배가 불공정하다'(71%), '취업기회가 불공정하다'(71%), '승진과 진급 기회가 불공정하다'(67%) 등 경쟁 규칙이 공정하게 지켜지지 않는다고 생각한다. 그 이유라고 생각하는 요인을 보면, 인생의 성공과 실패를 가르는 요인으로 첫 번째는 부모배경(68%),76) 두 번째는 연줄(60%)로 압도적인 다수를 이루고 있다. 그 다음으로 역량개발(39%, 가정배경 일정 정도 반영된 것), 개인의 노력(36%), 운(32%), 타고난 재능(28%)의 순이다(정한울 2018).77)

지금까지 본 것처럼, 대다수 한국인은 경쟁시스템의 부작용(예, 빈부격차)을 인정하면서도 제도 자체는 지지한다. 문제가 있다면 그것은 부모배경이나 연줄이 경쟁과정에 작용하기 때문이지, 개인의 능력이나 노력 또는 타고난 재능에 따른 보수의 차등지급, 즉 보수의 불평등과 그에 따른 사회경제적 불평등은 문제가 아니거나 어쩔 수 없다는 사고방식을 가지고 있다.

경쟁과 능력을 기준으로 한 보수의 차등(과 그로 인한 사회경제적 불평등)은 정당하다는 사고방식을 직장이나 대학에 다니는 성인만 가지고 있는 게 아니라는 게 사실은 더 큰 문제다. 학교에서 사회진출을 준비하고 있는 청소년도 학교 현장에서 경쟁시스템을 체험하고 있으며 내면화하고 있다. 2011년부터 2016년까지 11명의 카이스트 학생들이 잇따라 자살을 하자, 여러 가지 진단이 나왔는데,78) 그중에서 양기민(2011)의 글이 한국 사회의 경쟁시스템의 특징과 문제점을 가장 잘 정리한 것으로 보인다.

요즘 아이들은 생각보다 더 경쟁을 당연하게 생각한다. 최근 인기 있는 오디션 프로그램들을 보면 특히 그렇다. 이러한 프로그램의 특성상 승자와 패자가 있다는 것을 당연하게 여긴다. 그리고 승자가 모든 것을 독식하는 것을 당연하게 여기며, 패자가 생기는 것은 안타깝지만 어쩔 수 없는 일이라고 여긴다. 경쟁 상태에서 발생하는 스트레스와 모욕감을 당연하게 받아들이며, 경쟁에서 진 것을 자신의 능력의 부족으로 돌려버린다. … 요즘 아이들은 이러한 경쟁의 제도가 문제가 있다고 생각하기보다는 오히려 그것이 공정한지 아닌지가 더욱 관심이다. 최근 MBC의 예능프로그램 '나는 가수다'에서 한 가수가 재도전 기회를 받아 물의가 일었던 사건처럼 공정한 룰인지 아닌지가 더욱 중요하다. 공정한 룰이 있다고 믿으면 경쟁의 결과에 대한 실패는 당연한 것처럼 받아들이고 개인의 문제라는 것이 일반적인 생각이다. 객관적이고 확률적으로 자신이 실패할 가능성이 더 크다는 것을 알고 있음에도 불구하고, 직면하고 있는 경쟁상태 속에서 그러한 실패확률을 애써 무시하면서 살아간다. … 아이들은 경쟁상황의 모욕을 잘 참아주고 있다. … 그래서 아이들은 주변에 경쟁자들과 경쟁하고 있다고 생각하지 않고, 스스로 내면의 자신과 경쟁하고 있다는 생각을 주입하면서 경쟁적 상황을 잘 버텨가고 있다. … 1등만 살아남는다는 것을 자연스럽게 받아들인다. 오히려 '평균'은 탈락의 척도가 된다. 카이스트에서 제시한 B학점은 3.0은 고등학교로 치면 '우'에 가까운 점수이다. 그래도 '중간은 갔다'라고 격려해 줄 있는 성적이다. 하지만 평균은 노력의 결과가 아니라, 오히려 탈락을 의미하게 된다. 중간만 가도 된다는 말은 옛말이 되어버린 것이다. 그래서 내가 1등을 할 수 있다는 환상을 쉽게 버리지 못한다. 그것은 1등이 될 수 있다는 자신감이 아니라, 1등이 아니면 안 된다는 것을 알기 때문이다. 하지만 어려서부터 1등을 해 온 카이스트 학생들의 자살을 보고, 1등을 해도 행복하지 않다는 것을 느끼며, 끊임없이 경쟁할 수밖에 없는 현실을 지켜보면서 느낄 자괴감은 더욱 크다. 그래서 오히려 아이들은 자신이 승리할 수 있다는 자신감보다는 경쟁하면서 살 수밖에 없음을 간파하여 살아가려 한다. 실제 경쟁은 자신의 존재를 증명하는 행위이다. 학교에서 성적이 자신의 가치를 드러내는 지표이다. 대학생들이 스펙을 쌓는 것은 좋은 회사에 취직하려는 도구적인 목적이라기보다는 이러한 스펙들을 통해서 자신을 구성하고 설명하고자 하는 눈물겨운 노력인 것이다. 이러한 객관적인 지표가 아니면, 자신을 사회에 설명할 수 없다는 것을 누구보다 잘 안다. 그래서 경쟁을 하는 것이 편하다고 이야기한다. … 이미 우리 사회의 젊은이들은 경쟁을 지나치게 내면화하면서 어쩌면 중독에 가까울 정도로 경쟁을 안 하면 더 불안한 상태가 되었다(양기민 2011).

경쟁에서 이긴다는 보장도 확신도 없고, 경쟁이 행복을 보장하지 않는데도 불구하고 한국인은 보상을 배분할 때 다른 방식보다 경쟁방식을 선호하는 이유는 무엇인가? 그것은 아마도 과거의 권위주의 시대처럼 결정권자(즉 권력자)가 임의로 자기 방식(예, 연줄이나 뇌물)대로 보상을 배분하는 방식보다는 경쟁이 공정하기만 하면 보상을 받을 가능성이 더 클 것이라고 믿기 때문이 아닌가 싶다. 앞에서 살펴본 공정성에 대한 의식조사(정한울 2018)에서 대다수 응답자가 불공정이 초래되는 원인으로 부모 배경이나 연줄을 언급한 것도 바로 이런 이유일 것이다. 대부분의 사람은 부모배경이나 연줄을 갖지 못하기 때문에 이에 의해 보상이 배분되면 경쟁에 참여할 기회조차 갖지 못할 것이다.

경쟁에서의 승리가 주는 특권

능력주의 이데올로기가 불평등을 정당화하는 핵심적인 논리는 경쟁에서 승리한 사람은 능력도 있고 부지런해서 승리한 것이고, 경쟁에서 패배한 사람은 능력이 없거나 게을러서 패배한 것이라는 논리다. 따라서 승자가 '특혜'를 누리고 패자를 괄시와 차별로 대하는 것은 당연하고 정당하기도 하다고 본다. 패자를 동정할 필요도 없고, 국가나 사회가 그들을 지원해줄 필요도 없고 지원해도 안된다. 이러한 논리에서 사회적 약자나 소수자의 구조적 불리함을 조금이라도 교정하여 실질적인 기회균등 구조를 만들려는 차별시정조치(affirmative actions)들은 모두 자신의 능력과 노력으로 성공을 이룬 정상적인 사람(예, 남성, 비장애인, 외국인에 대비한 국민, 정규직 노동자)에 대한 '역차별'이고 '불공정'이다(박권일 2021: 25; 이명호 2021).[79]

능력주의의 논리에 기반을 둔 경쟁 사회인 한국사회에서는 치열한 경쟁에서 승리하여 보상을 독식하거나 많이 받은 사람은 사회적 위계에서 윗자리를 차지하여 다른 사람들로부터 부러움과 존경의 대상이 된다. 또한 자기보다 사회적 지위가 낮거나 약하거나 (외모나 언어 등이) 다른 사람에게 우월의식을 가지거나 정상적인 존재라는 인식을 하여 위세를 부리며 갑질을 하는 등 사회적 지위가 자기보다 낮은 사람을 멸시하고 비하하며 차별하고 배제한다.[80] 반면 경쟁에서 진 사람은 아무런 보상도 받지 못해 생계조차 위협을 받으며 살아가야 하고, 인간 대접도 제대로 못 받고 사회적 지위가 높은 사람(경쟁의 승자, 가진 자, 사회적 지위가 높은 사람)에게 차별받고 배제되어 괄시받으며 살아야 한다(박권일 2021).

경쟁사회에서 승자가 된 사람이 어떻게 위세를 부리는지를 잘 보여주는 사건이 빈번하게 발생하고 있다. '갑질'이 대표적이다. '갑질'은 특정한 조직(예, 기업)이나 관계(예, 아파트 주민과 경비원 같은 장기적 관계와 고객과 점원 같은 일시적 관계 포함)에서 '갑'(고용주, 고객)의 위치에 있어 우위에 있는 사람이 '을'(근로자, 점원)의 위치에 있어 열세에 놓인 사람에게 무조건적인 복종을 기대하는데, '을'로부터 기대한 만큼의 대우를 받지 못하고 있다고 여기면 '갑'은 '을'에게 윽박지르고 심지어는 폭력을 사용하여 순종을 강요하는 것을 말한다. 이러한 '갑질'은 사회적으로 성공하여 우위를 점한 사람의 우월의식 내지 특권의식을 잘 보여준다는 점에서 전형적인 능력주의의 한 표현이라고 할 수 있다. 대표적인 갑을 관계는 회사 간부와 하급 직원(대표적인 예, 운전기사), 백화점 VIP 고객과 주차원/점원, 마트 고객과 계산원, 아파트 주민과 경비원 사이에서 찾아볼 수 있다. 전자는 자신이 성공한 사람이기 때문에 후자의 존경과 대우를 받아야 하고, 그래서 후자는 전자가 시키는 대로 해야 한다고 생각한다.

한국 사회는 이미 오래 전부터 지배층의 갑질을 경험해왔다. 2015년 항공사 1등석에 탑승한 그 항공사 부사장은 땅콩 견과류 제공을 문제 삼아 이륙을 위해 활주로로 나아가고 있는 비행기를 탑승구로 돌아가라고 지시를 내리고, 비행기가 탑승구에 도착하자 사무장을 강제로 비행기에서 내리게 했다. 여기에 더하여 여승무원에게 욕설하고 사무장을 무릎 꿇게 한 이 갑질은 한국 사회에 큰 파장을 일으켰고 국제적 조롱거리가 되었다. 이보다 앞서 2013년에는 한 대기업의 상무가 비행기에서 '밥이 설익었으니 라면을 가져와', '라면이 덜 익었다', '라면이 너무 짜다' 등 온갖 불평불만을 터뜨리면서 승무원에게 폭언을 하고 잡지로 승무원에게 폭력을 가한 갑질 사실이 밝혀지기도 했다.81)

그런데, 최근 들어서는 빈부격차가 심해지고 계층 간의 벽이 두꺼워지면서 이러한 '갑질'이 지배층에서 일반인에게로 확대되었다. 2015년 한 백화점 주차장에서 일반인의 일반인에 대한 갑질이 이루어졌다. 한 모녀가 지하 주차창에 2대가 주차해야 할 공간에 자신들의 차량을 주차하자 주차요원은 차량을 이동해줄 것으로 요구했으나 두 모녀는 이에 반응하지 않았고 주차요원이 이를 비난하자 모녀는 주차요원을 불러 욕설을 하며 무릎을 꿇게 했다. 다른 3명의 주차요원들도 불러서 무릎을 꿇게 만들었고 사건이 일어난 후 주차요원은 오히려 사표를 내고 일을 그만두어야 했다. 이외에도 이와 유사한 사건이 터졌다.82) 간호사,83) 아파트 관리직원(경비원 포함),84) 택배직원, 전화상담원, 마트직원 등 서비스업종 종사자는 물론 공무원을 대상으로85) 한 일반 국민의 갑질도 끊임없이 발생하고 있다.86)

갑질 그 자체보다 더 심각한 것은 고객의 직원에 대한 갑질을 목격한 백화점이나 식당 관리자는 '갑질' 고객에게 사과를 요구하지 않고 오히려 자신의 종업원이 그들 요구대로 하도록 하거나 해고를 했다는 사실이다. 이런 상황이다 보니, 국민 간에도 사회적 지위가 상대적으로 높은 사람이 자신보다 낮은 사람에게 갑질을 하는 사례가 끊이질 않는다.87) 비슷한 시기에 큰 사회적 반향을 불러일으켰던 '미투' 사건도 조직 내 '갑'에 해당하는 상관인 남성의 '갑질'에 대해서 '을'에 해당하는 부하직원 여성이 상관인 남성의 '갑질'을 세상에 폭로하는 것이라고 할 수 있다.[88] 가부장제가 지배적인 사회에서 남성이 강요하는 여성에 대한 우월적 지위와 특권에 대한 저항이라는 의미를 가졌다(이정옥 2019).

　특정한 조직이나 관계에 놓여있는 두 사람이 힘의 우열 관계에 놓여있는 경우 나타나는 현상이 갑질이라고 한다면, 그러한 특수한 관계가 없는 일반적인 타자(자기가 속한 집단보다 열등한 집단성원)에 대한 고정관념과 그에 따른 혐오표현과 행동도 우리 사회에서 광범하게 나타나고 있다.

　특히 자신과 직접 관계가 없는 특정 집단의 사람에 대한 고정관념이나 편견에 호소하는 혐오표현과 행동은 1997년 외환위기와 그 이후의 신자유주의적 구조개혁으로 빈부격차가 확대되는 등 사회경제적 불안이 확산됨에 따라 급격히 증가하였다. 국가인권위원회는 혐오표현(hate speech)에 대한 보고서에서 '최근 한국에서는 사회경제적 지위나 경제적 상황 등에서 열등하다고 생각되는 집단을 멸시하고 사회에서 배제하는 식의 혐오가 문제가 되고 있다'고 지적하였다.[89] 일베(일간베스트저장소) 등 넷우익 담론들, 이를테면 이주노동자, 여성, 호남사람, 민주화 운동세력을 향한 갖가지 혐오표현의 심층에 담겨있는 정당화 논리 역시 능력주의였다. 한 마디로 '자격과 능력도 없는 것들이 무임승차를 통해 과도하게 많은 자원을 가져가고 있다'는 논리다. 이 논리회로 속에서는 약자·소수자의 구조적 불리함을 조금이나마 교정하려는 실질적 기회균등 조치들이 모두 '역차별'이고 '불공정'이다. '된장녀'와 '김치녀' 등의 유행어에는 '분수를 모르는 탐욕스런 여자들'이라는 의미가 있다. 이러한 여성혐오의 근저에는 가부장제 이데올로기와 함께 능력주의가 작동하고 있다. 타자를 향한 혐오와 차별의 바탕에는 자신이 '우월한 존재' 혹은 '정상적인 사람'이라는 인식이 있다. 이와 같은 이분법, 즉 내집단과 외집단의 구분을 통해 인간은 자신이 우월한 집단에 속해 있다는 생각을 가지는 순간, 쉽게 타자를 차별하고 혐오할 수 있으며 심지어 학대하고 죽일 수도 있다. 게다가 그런 행동에 아무 거리낌이 없을 뿐 아니라 정의를 실현했다는 만족감까지 느끼기도 한다(박권일 2021: 24-25).

자신보다 지위가 낮다고 여기는 집단에 대한 고정관념은 도덕적 압력을 낮추고 가난한 사람에 대한 혐오의 고삐를 푼다. '빌거' '휴거' '이백충' 같은 신조어가 그 산물이다. '빌거'는 '빌라에 사는 거지'의 줄임말이고, '휴거'는 임대아파트인 '휴먼시아'에 사는 거지를 뜻한다(손석희, JTBC 2016년 3월 15일 보도). '이백충'도 있다. 월수입 200만 원인 사람을 비하하는 말이다. 이러한 혐오표현은 모두 자신보다 상대적으로 빈곤한 사람을 대상으로 하는것이다.90)

지금까지 살펴본 '갑질'과 자신보다 열등하다고 여기는 집단성원에 대한 혐오 표현과 행동은 치열한 경쟁을 뚫고 성공한, 그래서 경제적으로 부유한 사람의 우월의식이 표현된 것이라 할 수 있다. 이것은 다시 빈곤에 대한 대표적인 고정관념/편견에 입각해 있다. 빈곤층에 대한 전형적인 고정관념은 가난한 사람은 무능력하고 게을러서 그런 것이고, 부유한 사람은 능력도 있고 부지런해서 그렇다는 것이다. 이는 능력주의의 전형적인 논리다. 이러한 능력주의의 논리에 기반을 둔 빈곤층이나 하층민 심지어는 자신보다 상대적으로 낮은 지위에 있는 사람에 대한 비하, 멸시, 혐오는 우월한 자의 권력에 대한 자각에서 비롯된다.

사회적으로 성공하여 지위가 높고 그래서 사회적 영향력도 큰 사람들은 왜 자신보다 사회적 지위가 낮은 사람 특히 경제적으로 빈곤한 사람을 괄시하고, 혐오하는 걸까. 경쟁에서 승리한 자는 그러지 못한 사람보다 상대적으로 우위에 있으면서 사회적인 인정과 사랑을 더 많이 받기 때문에 강자의 입장이 된다. 미국의 심리학자 아처 캘트너(Archer Keltner)에 의하면, 강자의 입장이 되면 사람들은 누구나 '권력의 독설'을 겪게 되어 있다.

즉 켈트너는 아무리 선한 목적과 도덕적인 수단-방법으로 잡은 권력이라고 하더라도, 일단 권력을 손에 쥐게 된 사람은 누구든지 권력의 독설(the power paradox)을 피하기 어렵다고 주장한다. 권력을 갖는 순간 권좌에 오를 때까지 그렇게 열심히 했던, 다른 사람들로부터 존경받고 명성도 얻고 영향력도 행사할 수 있게 해 주었던 행동(예, 공감하기, 남에게 주기, 감사하는 마음 표현, 사람을 뭉치고 협력하게 하는 말) 대신 자신의 이익과 목표를 앞세우는 생각과 행동을 하게 된다는 것이다. 그것은 권력, 즉 다른 사람에 대한 영향력을 가지게 되면, (힘이 약해 다른 사람의 방해를 겪을 때 느끼는) 스트레스가 줄어들어 기분이 매우 좋아지기 때문이다. 그 기분은 고통이 사라질 때 느끼는 (긴장이 풀릴 때 느끼는) 그런 가벼운 감정이나 평온함 또는 행복감이 아니라 열광(enthusiasm), 영감(inspiration), 희망(hope)과 같은 적극적인 감정이다. 뇌과학적 증거를 보면, 권력을 행사하면 쾌락을 주는 도파민이 왕성하게 분비된다고 한다. 그래서 마약처럼 권력에도 쉽게 중독이 된다. 그래서 권력에 취한다는 표현이 있는 것이다.

마키아벨리적인 권모술수로 권력을 얻은 사람은 물론이고, 다른 많은 사람의 행복을 위해 세상에 좋은 변화를 가져다주기 위해 노력하여 권력을 얻은 사람조차도 일단 권력이 주는 쾌락에 심취되게 되면 바깥세상과 다른 사람을 있는 그대로 보지 못하고 자신의 이익과 목표를 우선하려는 유혹을 피하기 어렵고, 그 결과 권력을 오남용할 가능성이 크다. 권력을 가진 사람은 공감 능력이 떨어지고 준법정신과 도덕적 감정도 약해지며 (그래서 교통법규도 자주 위반한다), 충동적인 언행을 쉽게 하고, 다른 사람을 무례하게 대한다. 또한 권력을 가진 사람은 자신은 높은 자리에서 중요한 일을 하는 특별한 사람이기 때문에 잘못을 저지르고서도 용서받을 수도 있다(아니면 용서를 받아야 한다)는 착각을 하면서 자신의 행동을 정당화하려고 한다(Keltner 2016).91) 그만큼 경제적으로 성공하여 부유하고 사회적 지위가 높아지면 다른 사람에 대한 영향력이 커지고, 그만큼 권력이 주는 쾌락을 맛볼 수 있게 되는 것이다.

다른 한편, 권력이 있는 자는 약한 자에 대한 고정관념에 더 많이 의존하고 활용하기 때문에 괄시하고 혐오할 가능성이 크다. 사회적 약자는 자신과 관련된 의사결정과정에 영향력을 가진 강자의 행동을 정확하게 예측하여 그것에 효과적으로 대처하는 방안을 찾아야 자신에게 유리한 결정을 기대할 수 있다. 왜냐하면, 강자에 대한 고정관념에 근거한 대응책은 효과적이지 않고 어떨 때는 역효과이어서 고정관념을 넘어선 강자의 상세한 특징을 알아야 한다. 반면, 강자는 고정관념에 의존하여 약자의 특성을 파악하고 대처방식을 모색하는 편이 효율적일 수 있다. 상대방이 약자이기 때문에 자신에게 영향을 미치기 어렵고, 자신이 관리·감독해야 할 약자의 수가 많아서 개개인에 대해서 주의를 기울여 개별적 특성을 일일이 파악할 정신적, 물리적, 시간적 여유가 적기 때문이다. 게다가, 약자를 반드시 지배해야겠다는 의사가 분명하고 의지가 강하면, 약자의 처지를 고려할 필요성은 더욱 줄어든다(Fiske 1993).

경쟁에서 승리한 사람은 각종 혜택과 특권을 누리고 다른 사람으로부터의 위협도 상대적으로 적기 때문에 열광(enthusiasm), 영감(inspiration), 희망(hope)과 같은 긍정적인 감정을 느끼기 때문에 스트레스에 대한 내성도 강하고 정신적으로나 육체적으로 건강한 삶을 살 가능성이 크다(Keltner 2016).[92] 반면, 경쟁에서 패하거나 경쟁에 끼이지도 못해 부도 권력도 없어 사회적 지위가 낮은 사람은 타인을 움직일 만한 영향력도 갖지 못하기 때문에 다른 사람으로부터 언제든지 위협을 받을 수 있다는 두려움과 그로 인한 스트레스, 다른 사람에게 해줄 수 있는 게 없다는 무력감[93] 등과 같은 여러 가지 요인이 복합적으로 작용하여 정신적 육체적 질병으로 시달릴 가능성도 커진다.[94]

경쟁에서 패하거나 아예 참여하지도 못해 부도 권력도 없어 사회적 지위가 낮은 사람에게 부과된 부정적인 스테레오타입(stereotypes)으로 인해95) '스테레오타입의 위협'(stereotype threat)이 가해지기 때문에 자신보다 우월한 집단성원과 경쟁을 하거나 실적(성적, 기록)에 대한 강한 압박이 가해지는 상황에서는 과도한 스트레스를 받게 되고 그 결과 제 능력을 제대로 발휘하지 못한다.96) 그렇다고 해서 자신이 절대적으로 불리하고 자신에게 부정적인 이미지(정체성)를 덮어씌우는 지금의 경쟁시스템을 바꿀 의사도 능력도 없다. 빈곤층을 포함한 중하층 이하 피지배층은 무한경쟁의 자본주의 시장경제 체제를 대체할 다른 체제에 대한 구상과 의사도 능력도 없다. 그리고, 아래에서 살펴보겠지만, '헬조선'을 떠나 해외로 이민이라도 가고 싶지만, 여건이 되지 않아 실천하기 어렵다. 그래서 이도 저도 할 수 없는 상황에 놓여 있는 대다수는 현 체제가 제공하는 기회가 있다면 그것이라도 최대한 활용하여 살아갈 수밖에 없다고 생각한다.97)

국민 모두 불안한, 그래서 이민 가고 싶은 대한민국

한국 사회에서는 가진 자 그래서 사회적 지위가 높은 사람, 갖지 못한 자 그래서 사회적 지위가 낮은 사람, 그 사이에 끼어 있는 중간층 사람, 모두 불안하게 살아야 한다. 경쟁이 워낙 치열하고 뒤처진 사람은 생존조차 위협을 받는 사회이기 때문에 사회적 지위가 높고 낮음에 관계없이 모두가 불안하게 하루하루를 살아간다. 높은 사람 특히 중간계층의 상위 10%는 아차 실수하면 (투자-사업-재산관리 실패, 자식 농사 실패, 사고가 발생하면) 지금의 지위가 주는 특권과 혜택을 누릴 수 없게 될까 불안하고, 사회적 지위가 낮은 사람은 생계는 어떻게 꾸릴지, 언제 어디서 '잘난 사람'의 멸시와 차별을 받게 될지 불안하고, 중간계층의 상위 10% 이하에 해당하는 사람은 한편으로는 지위 상승을 위해, 다른 한편으로 노력을 게을리하거나 실수하면 하층으로 추락할까 불안해 안절부절이다. 한국인 대부분은 재벌을 포함한 최상층을 제외한 나머지 사람들은 모두 불안한 마음으로 하루하루를 살아 가는 것이다(김태형 2010; 구해근 2022). 마강래(2016)는 이러한 한국인의 처지를 다음과 같이 묘사하고 있다.

> 풍요로운 사회에서도 지속적인 성과 압박에 시달리는 우리 현대인들, 물질이 차고 넘치는 사회임에도 더 많은 성과를 이루어야 한다는 강박증, 또 그 모든 성과에 기어코 우열을 가리는 세상, 이런 세상에서는 모두가 서로 상대를 뛰어넘으려 한다. (중략) 물질적 희소성이 줄어든 풍요의 시대에서 사람들은 사회적 영역인 '지위'로 관심을 돌린다. 이제 지위는 그 자체가 목적이다. 그리고 획득한 자원은 그 지위를 증명하기 위한 수단이다. 더 높은 지위로 오르기 위한 다툼은 더 특별한 자원을 획득하기 위한 경쟁이 형태로 나타난다. 사람들은 남들이 가지지 못한 것을 얼마나 더 가졌는지에 관심을 기울이며, 남의 눈에 더 띄도록 자신의 위치를 차별화하는 경쟁에 참여한다. 이러한 '지위경쟁'에서 타인에게 존재감을 확실히 인식시키는 방법은 최고가 되는 것이다. 그래서 풍요로운 시대에 벌어지는 상대평가는 최고에 오르지 못한 대다수를 '부족한 자'로 몰아넣는다. '뒤쳐져 버림 받은 것 같은 불안(다른 이들로부터 인정-사랑받지 못할 것 같은 느낌)'는 상대평가 문화의 내재적 논리로서, 이로 인해 우리는 지친 심신을 가질 수밖에 없는 운명에 처하게 되었다. 승자독식사회의 차등보상 시스템에서 자라나는 불안은 경쟁에 무한동력을 제공함으로써 악순환의 고리를 만들어내고 있다.(마강래 2016: 10-11)

격차에 기반을 둔 시스템은 그 속에서 낙오되는 사람들의 아픔을 보듬지 못한다. 시스템은 자신이 살아남기 위한 조건만을 알고 있을 뿐 사회와 개인이 어떻게 되는지 아무 상관하지 않기 때문이다. 시스템은 앞서가는 사람들에게 후한 보상을 해서 사람들의 부러움을 유발한다. 그리고 뒤처진 사람들에게 벌칙을 가하거나 도태되도록 내버려 두어 위기의식을 조장한다. 앞서가는 사람은 자신이 가진 우월적 지위를 뺏기지 않기 위해 노력하고, 뒤처진 사람들은 앞사람을 쫓아가기 위해 사력을 다한다. 아무리 큰 성취를 이루어도 "이만하면 되겠지"라고 말할 수 없는 것은 우리 사회가 상대평가가 만드는 경쟁의 무한 루프, 즉 쳇바퀴 상황에 처해 있기 때문이다.(마강래 2016: 205-206)

한국 사회가 과도한 경쟁으로 인한 스트레스가 워낙 심하다 보니, 여건만 되면 행복해질 수 있는 나라로 이민 가려는 사람이 한둘이 아니다. 취업 포털 사람인에이치알(saraminHR)이 2016년 전국의 성인남녀 1655명을 대상으로 '이민의향'을 조사한 결과에 의하면, 78.6%가 '이민을 갈 수 있다면 가고 싶다'고 답했다. 대한민국을 떠나 이민 가려는 이유(복수응답)로 '일에 쫓기는 것보다 삶의 여유가 필요해서' 56.4%, '근로조건이 열악해서'(52.7%), '소득의 불평등 문제가 심해서'(47.4%), '직업 및 노후에 대한 불안감이 커서'(47.4%), '경쟁을 강요하는 분위기가 싫어서'(46.3%), '국가가 국민을 보호해주지 않는 것 같아서'(44.4%), '해외의 선진 복지제도를 누리고 싶어서'(30.7%) 등과 같다.[98] 다른 한편, 현재 우리 사회가 안고 있는 가장 큰 문제점으로는 '부의 양극화'(31.2%)를 1순위로 꼽았고, 다음으로 '청년 취업난'(14.5%), '경쟁을 부추기는 사회 분위기'(13.2%), '청년의 사회정착 어려움'(12.3%), '노후 대비 어려움'(9%), '학벌 중심 분위기'(8%), '정치적 갈등'(4.5%), '자녀양육 어려움'(4.1%) 등의 순이다. 이러한 조사 결과가 시사하는 바는 명확하다. 취업도 어렵고, 지나친 경쟁으로 삶의 여유도 없으며, 근로조건도 좋지 않고, 게다가 빈부격차는 점차로 커지는데, 국가가 경쟁에서 뒤처진 사람을 배려해주지도 않아서 특히 결혼 전인 20-30대 청년들에게는 한국이 살기 힘들다는 것이다(사람In 2016).

사람인이 성인남녀 4,229명을 대상으로 '해외 이민'에 대한 설문을 진행한 결과, 60.2%가 한국을 떠나 이민을 '가고 싶다'고 답했다.[99] 해외로 이민을 떠나고 싶은 이유로 '삶의 여유가 없어서'(43.3%, 복수응답)를 첫 번째로 꼽았다. 이는 치열한 경쟁 사회에 지친 나머지 해외로 눈을 돌리는 것으로 풀이된다. 다음으로, 새로운 경험을 해보고 싶어서'(43%), '복지제도가 잘 갖춰진 나라에서 살고 싶어서'(41%), '한국에서 상대적 박탈감을 느껴서'(34.1%), '자녀 양육 환경 때문에'(18.6%), '해외에서 해보고픈 일이 있어서'(17.2%) 등을 이유로 들었다. 이러한 조사 결과는 한국 사회의 척박한 환 경에 대한 불안과 불만을 표현한 것이라고 볼 수 있다.

60~80%의 응답자가 이민 가고 싶다 하지만, 실제로 갈 수 있는 사람은 그리 많지 않다. 2016년 조사에서는 47.9%가 현재 이민을 위해 준비하고 있는 것이 있다고 밝혔고,[100] 2020년 조사에서는 10명 중 7명(66.6%)는 해외로 이민 갈 수 없을 것이라고 답했다. 1/3에서 1/2 정도 실제로 이민 갈 여건이 된다는 의미다. 대다수가 실제로는 이민을 갈 수 없는 이유가 무엇일까. 이는 2020년 조사 결과를 통해 추측할 수 있다. 가장 많은 48.2%(복수응답)가 '해당 지역에서 직장을 구할 수 없을 것 같아서'라고 했고, 다음으로 '해당 지역에 아는 사람이 없어서'(32%), '주거비용이 비싸서'(25.5%), '가족들이 한국에서 살기를 원해서'(25.1%), '물가가 비싸서'(19.8%), '다니고 있는 직장을 그만둘 수 없어서'(17.1%), '자녀들의 교육 문제 때문에'(3.8%) 등의 순이다(사람In 2020). 아무리 삶의 여유가 있고 복지가 잘 되어 있어도 그 나라에서 살기 위한 조건(일자리, 소득, 친인척이나 이웃이나 친구 등)을 갖추기 쉽지 않기 때문이다. 이상적으로는 이민이 대안이지만, 현실적인 조건을 따지면, '헬조선'이지만, 여기서 살 수밖에 없다는 일종의 자포자기 상태라 할 수 있다.

간단히 말하면, 중상층 이하의 대부분은 자신에게 절대적으로 불리하고 자신에게 부정적인 이미지(정체성)를 덮어씌우는 지금의 경쟁시스템을 바꿀 의사도 능력도 없다.[101] 빈곤층을 포함한 중하층 이하 피지배층은 무한경쟁의 자본주의 시장경제 체제를 대체할 다른 체제에 대한 구상과

의사나 의지도 없다. 그렇다고 해서 '헬조선'을 떠날 수도 없다. 그러고 싶
지만, 여건이 되지 않아 실천하기 어렵다. 그래서 이도 저도 할 수 없는 상
황에 놓여있는 대다수는 현 체제가 제공하는 기회가 있다면 그것이라도
최대한 활용하여 살아갈 수밖에 없다고 생각한다. 그래서 현 체제 속에서
현재의 위치라도 지키면서 무한경쟁으로 인한 스트레스와 그로 인한 분노
는 자기보다 못살거나 '비정상적인' - 그래서 사회적 지위가 낮은 - 사람
에게 향해서 '화풀이'(갑질)라도 하여 위로를 받으며 살아간다. 단순화시켜
말하자면, 한국인은 모두가 갑이 되고 싶어 한다.

비공식제도로서 한국인의 정체성
지금까지 살펴본 한국인의 특성, 즉 정체성은 다음과 같이 정리할 수 있
다.

한국인의 정체성

- 압축성장으로 물질적으로 급속히 성장하였으나 삶의 목표나 자신과 세상을 바라보는 관점
  과 태도(가치와 지각-세상 보는 눈)는 근본적으로 달라진 것이 없다. 즉 삶의 가장 중요한
  목표는 물질적-외형적 성장을 통해 의식주, 안전, 사랑·소속, 인정·존중, 심지어는 자아실
  현의 욕구를 채우려고 한다.
- 삶에서 가장 중요한 가치는 물질적 성장과 외형적 화려함을 통해서 남부럽지 않게 괄시·차
  별당하지 않고, 나아가 남보다 한발이라도 앞서서 사람대접받으면서 (사랑, 소속감, 인정,
  존중에 대한 욕구 충족시켜) 사는 것이다. '남보다 앞서기 위한 평등주의', 실제로는 서열주
  의를 추구한다. 추상적인 원칙으로는 '법 앞의 평등', '기회균등'과 같은 헌법적 가치에 동
  의하지만, 구체적인 현실에서 이 원칙을 적용할 때 다른 사람 특히 자신이 속한 집단과 경
  쟁 관계(또는 자원 배분의 대상)에 있거나 아무런 이해관계나 관심이 없는 집단에 대해서는
  왜곡해서 적용하거나 적용 자체를 거부한다.[102]
- 물질적 성장과 외형적 화려함을 추구하는 것이 또한 자아실현이라고 생각하기 때문에 내면
  의 진정한 자아를 찾으려고 하지도 않고, 찾아도 성장·개발하려고 하지 않는다. 자신의 재
  능이 그림 잘 그리는 것, 노래 잘하는 것, 춤 잘 추는 것, 사진 잘 찍고 동영상을 잘 만드는
  것이라 해도 이런 재능에 대한 평가(인정)는 다른 사람이 어떻게 평가하느냐 하는 것, 그래

서 누구나 동의하는 기준인 돈을 많이 벌었느냐 하는 것이다. 즉 성공의 판단기준은 누가 봐도 시비를 걸지 않는 객관적인 기준이어야 한다. 예를 들면, 우승컵, 금메달, 상금, 수입-소득-월급, 상품이나 서비스의 가격 등이다. 남부럽지 않게 사람 대접 받으면서 살고자 하는 욕구를 충족하기 위해서는 다른 사람과 다른 나라와 경쟁해서 이겨야 했다. 이러한 물질주의적 성공에 대한 욕구가 국가나 개인에게 성장의 동력이 되었다.

- 삶의 목표를 달성하기 위해서는 즉 물질적 가치를 최대한 축적하기 위해서는 다른 사람/조직/나라와 모든 수단과 방법을 동원하여 치열하게 경쟁해야 한다. 경쟁은 공정해야 한다. 누가 봐도 시비를 걸지 못하는 객관적인 기준으로 능력·실적을 평가하고, 그에 따라 차등적인 보상이 주어져야 한다.
- 성공하면 으스대며, 남을 부리면서 살고, 실패하면 멸시당하고 차별당해도 어쩔 수 없거나 아니면 당연하다.
- 갈등(공화국)은 경쟁(공화국)의 다른 표현이다. 패자에게 '패자부활전'의 기회도 없고 인간다운 삶을 살기 위한 최소한의 조건도 자신 이외 그 누구도 제공하지 않는 무한경쟁 시스템이 사회작동의 주된 원리인 '경쟁' 사회에서는 갈등이 빈발할 수밖에 없다.

이러한 한국인의 특성은 사실상 한국 사회의 지배적인 가치와 규범이다. 가치와 규범은 법이나 규칙 등의 공식제도로 명문화될 수도 있고, 법이나 규칙으로 명확히 규정되지 않은 비공식제도로 남아있을 수 있다. 공식제도와 비공식제도 모두 사회 구성원의 생각과 행동을 일정한 방향이나 형태로 표현하게 한다. 이 둘은 여러 가지 측면에서 차이가 있지만, 여기서 주목하는 것은 의식과의 관계다. 공식제도는 법이나 규칙으로 명문화되어 있어서 누구든지 그 존재와 내용을 인지하고 따라서 제대로 지켜졌는지를 확인할 수 있다. 반면 비공식제도는 그 존재를 파악하기도 어렵고 그것을 실행하는 당사자도 명확히 의식하지 못하는 경우가 있다(정태석 2020). 공식적으로는 평등주의를 외치지만 비공식적으로는 서열주의를 실천하는 한국인의 행태에 대해서 정태석(2020)은 아래와 같이 설명 하고 있다.

오늘날 공식적인 관계에서 인격적 차별은 존재하지 않는다. 하지만 비공식적, 사적 영역에서는 여전히 인격적 차별행위가 나타나고 있으며, 지위 서열을 따지는 문화는 쉽게 사라지지 않고 있다. 앞에서 언급한 '갑질'이 바로 그

생생한 예이다. 물론 겉으로 개인의 지위를 확인할 수 있는 징표는 없다. 하지만 사람들은 인간관계에서 일상적으로 서로 나이, 직업과 직위, 학력과 학벌 (외국인의 경우, 모국)을 묻고 이를 통해 암묵적인 지위 서열을 확인하는 행위를 한다. 그래서 상대방이 자신의 나이나 지위에 걸맞은 호칭을 사용하고 대우를 해줄 것을 암묵적으로 요구한다. 그리고 서로 이렇게 하는 것이 당연한 예의로 여긴다. '형님', '언니', '선생님', '차장님', '교수님', '이사장님', '의사 선생님' 등등의 호칭이 일상화되었으며, '-씨'라는 표현은 이제 낮춤말이 되어버렸다. 이처럼 일상적으로 지위 서열을 확인하고 싶어 하는 이러한 위계 서열 문화를 자연스럽게 받아들이고 살아가는 사람들이 어떻게 (실질적인) 평등주의 심성을 지니고 있다고 생각할 수 있을까? (중략) 이러한 문화는 일종의 '아비투스'라고 말할 수 있을 텐데, 자연스럽게 내면화되어 있어서 성찰이 어려운 무의식적 실천과 같다. 그러니 이것이 평등주의 심성과 모순된다는 점조차도 잘 인식하기 어려운 것이다(정태석 2020: 22-23).

인간은 자신의 의식적 능력을 이용하여 주변 세계를 이해하고 대응하며 살아가는 일상의 과정에서 주변 세계에 대한 인식과 대응 방식을 배우고 축적하여 궁극적으로는 내면화하고 습관화하는 능력도 있고, 내면화하고 습관화한 인지 방식이나 행동 방식을 거의 자동적, 무의식적으로 행할 수 있는 능력도 있다. 지식과 경험을 내면화하고 습관화하게 되고, 이렇게 내면화되고 습관화된 지식과 기술은 당사자 자신도 모르는 사이 주변 세계에 대해 해석하고 대응하는데 동원되기도 하고, 자신도 잘 인식하지 못하는 사이에 내면화되고 습관화된 지식과 기술이 생각과 행동을 제약하는 일도 발생한다(사공영호 2014). 이런 특성 때문에 공식제도보다 비공식제도를 바꾸기가 더 힘든 경우가 많다(Theurl and Wicher 2012).[103]

비공식제도가 잘 바뀌지 않는 다른 이유는 공식제도와 나란히 작동하면서 공식제도의 빈 곳을 채워주는 기능을 하기 때문이다. 이러한 기능은 비공식 네트워크를 통해서 수행된다. 예를 들면, 정당은 공식제도로 유권자와 선출직 공직자나 정치인을 연결해 주는 전동벨트 기능을 하게 되어 있지만, 혈연, 학연, 지연 등과 같은 전통적인 비공식적인 네트워크를 통한 소통에 익숙한 유권자는 여러 가지 정책대안을 놓고 각 대안의 혜택과 비용을 비교하여 전자가 후자보다 큰 대안을 제시하는 정당을 지지하는 민주적이고 합리적인 선택을 하지 않는다. 이런 상황에서 공직자나 정치인과 유권자를 연결하기 위해서는 정당은 전통적인 연결망(인맥)을 활용하는 편이 효율적일 수 있다(Minbaeva et al. 2022).

따라서, 한국인의 정체성을 규정하는 '남보다 앞서기 위한 평등주의', '사회적 성공의 척도인 물질적 성장', '공정한 경쟁을 통한 능력-업적 평가에 근거한 보상의 차등배분', '승자의 특권과 패자의 고통은 당연하다는 인식'은 쉽사리 바꾸지 않을 것이다. 한편으로는 공식제도(헌법이나 법률 규정)와 충돌하기도 하지만 보완하는 측면도 있고, 다른 한편으로는 무의식 속에 자기성찰이 어려운 형태로 저장되어 의식의 과정을 거치지 않고 곧바로 행동으로 옮겨지기 때문이다.

한국인의 이민자에 대한 태도

이민자 급증과 다문화사회 진입

전 세계적 차원에서는 1965년 이후 줄곧 인구의 2% 이상이 국제이주를 한 것으로 보고되지만, 한국은 1980년대 말 1990년대 초까지도 전체 인구 중 국제이주민 비중이 0.1%에 불과할 정도로 세계적인 이주의 연결망에서 제외되어 있었다. 이처럼, 한국은 서구 선발다문화사회에 비해 늦게 국내에 체류할 외국인을 받아들이기 시작했지만, 일단 받아들인 이후에는 국내 체류 외국인이 급속도로 증가하면서 짧은 시간에 다문화사회로 진입하였다.

우리 사회에 장기 체류하는 외국인이 1980년대만 해도 4만 명 수준으로 전체 인구의 0.1%에 불과했으나, 1990년대 들어서면서 국제결혼과104) 이주노동자가 급격히 증가하여105) 1995년에 이미 10만 명(전체 인구의 0.24%)을 넘어섰고, 2000년에는 21만여 명(전체 인구의 0.44%)에 이르게 되었다. 2000년대에는 체류 외국인이 더욱 가파르게 증가하여 2006년 66만여 명(전체 인구의 1.4%), 2007년 80만 명(전체 인구의 1.64%), 2008년 89만5천 명(전체 인구의 1.83%), 2009년 92만 명(1.87%)을 넘어섰고, 2010년에는 100만 명(전체 인구의 2%)을 돌파했으며, 2017년에는 1,583,009명으로 전체 인구의 3%를 넘어섰다. 전체 인구 중 외국인 또는 이민배경 인구가 적게는 3%, 많게는 5%를 차지하면 다문화사회로 규정하는 것이 통례인 점에 비추어 보면, 우리 사회는 2017년에 명실공히 다문화사회가 되었다. 90일 이하 단기 체류 외국인을 포함할 경우, 2013년의 장단기 체류 외국인이 1,576,034명이었고, 전체 인구 대비 비율도 3.14%를 차지하여, 이때부터 다문화사회가 되었다고 할 수도 있다. 이후에도 외국인은 계속 늘어나 코로나 사태로 외국인 입국자가 급격히 줄어들기 직전인 2019

년에는 장기체류 외국인은 1,731,803명으로 전체 인구의 3.35%를 차지하였고, 단기체류 외국인을 포함할 경우, 국내 체류외국인은 2,524,656명으로 전체 인구 중에서 차지하는 비중을 보면 5%에 가까운 4.88%를 기록하여 이제는 누구도 부정할 수 없는 다문화사회가 되었다(〈표 1-2〉). 한국은 외국인을 본격적으로 받아들이기 시작한 1990년부터 20여 년 만에 다문화사회가 된 것이다.

서구의 선발다문화사회의 경우 19세기 중반 무렵 시작된 (자본주의) 산업화와 제국주의적 식민지 지배로 우리나라보다 훨씬 먼저 외국인(주로 노동자)들이 유입되기 시작했으나 스위스, 벨기에, 룩셈부르그 등 일부 국가를

〈표 1-2〉 국내 체류 외국인 추이

	1990	2000	2005	2007	2010	2017
체류외국인 (단기+장기)	-	-	747,467	1,066,273	1,261,415	2,180,498
장기체류	49,507	210,249	510,509	800,262	1,002,742	1,583,099
전문취업	902	15,634	24,785	33,502	42,781	44,903
결혼이민자[1]	-	11,605	75,011	110,362	141,654	155,457
다문화가정자녀	-	-	25,246[9]	44,258	121,935	201,333[10]
비전문취업[2]	2,784	107,039	173,549	213,991	227,035	295,196
방문취업[3]	-	-	36,118	242,784	286,586	238,880
재외동포	-	2,419[4]	25,525	34,695	84,912	415,121
유학[5]	803	5,628	24,797	33,502	107,409	136,814
영주자격	-	-	11,239	16,460	45,475	136,334
난민인정자[6]	-		41(27)	65(49)	216(120)	792(1,474)
귀화자(1)[7]	49[8]	199	12,290	8,536	16,312	10,086
귀화자(2)[7]	110	1,338	29,453	45,032	97,873	178,197

주: [1] 결혼이민자: 동거(F-1-3: 2001년부터) + 배우자(F-2-1: 2002년부터) + 결혼이민(F-6: 2011년부터); 1993년~2000년은 국제결혼건수이고, 2003년부터는 누적인원(단 귀화자와 영주자 제외). [2] 비전문취업: 산업연수(D-3) + 연수취업(E-8) + 고용허가제(E-9) + 선원취업(E-10); 1990은 취업연수, 1993년은 산업연수임. [3] 방문취업(2007년부터): 선원취업(E-10)-연수취업(E-8)-비전문취업(E-9) 중 동포 + 방문취업(H-2). [4] 재외동포(F-4, 1999년부터): 동포연장(F-1-1) + 동포변경(F-1-2) + 재외동포(F-4). [5] 유학: 유학(D-2) + 일반연수(한국어연수, D-4). [6] 난민: 누적인원임; ( )속은 인도적 체류허가자임. 난민은 1994년 최초의 난민인정자와 인도적체류자가 받아들였으며, 관련 국내법은 2012년 2월 10일 제정, 2013년 7월 1일부터 시행함. [7] 귀화자: (1) 당해 연도, (2) 상기 연도까지의 누적인원. [8] 1991년도. [9] 2006년도. [10] 2016년도.
자료: 법무부, 법무연감 1990; 출입국외국인정책본부, 각 년도 출입국·외국인정책 통계연보

제외하고 나머지는 1970년 전후에 이르러서야 전체 인구의 3%가 넘게 된다. 즉 서구의 경우 대부분 국가는 다문화주의사회로 진입하는데 한 세기 정도 걸렸다. 이에 반해 우리나라는 불과 20여년 만에 다문화주의사회로 변모했다. 리히텐스타인, 룩셈부르그, 스위스 (이상 전체 인구 대비 외국인주민 비중 5% 이상), 오스트리아, 벨기에 (이상 3% 이상) 등 서유럽의 소국들은 1950년대에 이미 다문화사회로 진입해 있었고, 프랑스와 같은 대국도 다문화사회가 되었다. 1980년대가 되면 이들 국가에는 더 많은 외국인 주민들이 거주하였으며, 영국, 서독, 네덜란드, 스웨덴 등 다른 서유럽 국가들도 다문화사회로 진입했다(〈표 1-3〉).

이러한 과정을 거친 서유럽의 선발다문화사회와 비교하면, 한국은 30년에서 50년 정도 뒤늦게 다문화사회가 되었지만, 이민자가 본격적으로 유입되기 시작한 시점(1990년)부터 다문화사회가 된 시점(장단기체류 2013년; 장기체류만 2017년)까지 걸린 시간은 23년 내지 27년 정도 걸려, 서유럽 국가들이 다문화사회로 변모하는 데 걸린 시간(19세기 중반부터 1950년대와 1970년대 사이의 기간, 즉 100년 내지 120년)과 비교하면, 한국은 4배 이상 빠른 속도로 다문화사회로 바뀌게 된 것이다. 서구가 300년 걸린 근대화를 한국이 30년 만에 이룩한 것처럼, 즉 경제가 압축적으로 성장한 것처럼 다문화사회로의 발전도 압축적으로 이루어진 것이다.

한국에 체류하는 외국인은 체류자격, 출신국, 종교 등의 측면에서 다양하다. 먼저, 1만 명이 넘는 체류자격을 보면, 1990년에는 방문동거(F-1), 거주(F-2), 동반(F-3)의 세 가지 유형에 불과했으나, 2000년에는 이 세 유형을 포함하여 비전문취업 외국인근로자(E-9), 전문취업 외국인(E-1~E-7), 결혼이민(F-1-3, F-2-1, F-6) 등 6개 유형으로 늘어났고, 2007년에는 방문취업(H-2), 재외동포(F-4), 외국인유학생(D-2, D-4), 영주(F-5) 등이 추가되어 체류 유형이 훨씬 다양해졌다. 여기에 귀화 등을 통해 한국 국적을 취득한 결혼이민자와, 다문화가정자녀를 포함할 경우 1990년 이후 20년 사

〈표 1-3〉 서유럽 국가의 외국인주민 비중(1950~2000)

	1950		1970		1982[1]		1990		2000	
	외국인주민(천명)	비중(%)	외국인주민(천명)	비중(%)	외국인주민(천명)	비중(%)	외국인주민(천명)	비중(%)	외국인주민(천명)	비중(%)
서독	568	1.1	2,977	4.9	4,667	7.6	5,242	8.2	9,708,481('97)	11.8
프랑스	1,765	4.1	2,621	5.3	3,680	6.8	3,608	6.4	4,306,100	7.3
영국	*	*	*	*	2,137	3.9	1,875	3.3	–	–
스위스	285	6.1	1,080	17.2	926	14.7	1,100	16.3		
벨기에	368	4.3	696	7.2	886	9.0	905	9.1	1,064,214	10.4
이탈리아	47	0.1	*	*	312	0.5	781	1.4		
네덜란드	104	1.1	255	2.0	547	3.9	692	4.6	1,556,337	9.8
오스트리아	323	4.7	212	2.8	303	4.0	512[2]	6.6	872,000	10.9
스페인	93	0.3	291	0.9	418	1.1	415	1.1	1,472,458	3.7
스웨덴	124	1.8	411	5.1	406	4.9	484	5.6	981,633	11.1
덴마크	*	*	*	*	102	2.0	161	3.1	296,924	5.6
노르웨이	16	0.5	*	*	91	2.2	143	3.4	292,440	6.5
룩셈부르그	29	9.9	63	18.4	96	26.4	109	28.0	144,844('02)	32.5
포르투갈	21	0.3	*	*	64	0.6	108	1.0	651,472('02)	6.2
아일랜드	*	*	*	*	69	2.0	90	2.5	251,624('97)	6.8
그리스	31	0.4	93	1.1	60	0.7	70	0.9	167,276('2001)	1.7
핀란드	11	0.3	6	0.1	12	0.3	35	0.9	131,120	2.5
리히텐스타인	3	19.6	7	36.0	9	36.1	*	*	–	–
서유럽(합계)[3]	5,100	1.3	10,200	2.2	15,000	3.1	16,600	4.5	–	–
한국	–	–	42.3	0.13	40.7	0.10	49.5	0.12	210.2	0.46
	–	–	42.3	0.13	40.7	0.10	49.5	0.12	481.6	1.01

주: 1. 기준연도를 1982년으로 한 이유는 그해 데이터의 신빙성이 가장 컸기 때문임.
　　2. 1990년의 오스트리아 외국인주민 수는 추정치임.
　　3. 서유럽 전체의 외국인주민 수를 구하기 위해 해당 통계치가 없는 '*' 표시를 한 경우에는 추론한 것임.
　　　한국 – 위 = 장기체류 외국인(등록외국인 + 외국국적동포 거소신고자); 아래 = 단기 체류 외국인
자료: 1950, 1970, 1982년 통계는 Maillat (1987), p. 40, 1990년 통계치는 OECD/SOPEMI (1992: Table 1 등)에서 활용함. Denis Mallat (1987). Long-term aspects of international migration flows: The experience of European receiving countries, in *The Future of Migration*, ed. OECD. Paris, pp. 38-63; OECD/SOPEMI (1992). *Trends in International Migration: Continuous Reporting System on Migration*. Paris:OECD.
출처: Heinz Fassmann and Rainer Munz (1992). Patterns and trends of international migration in Western Europe. Population and Development Review. 18(3), Table 1. p. 460.; 2000 – OECD,

이에 국내 체류 외국계 주민의 수와 유형은 훨씬 더 많고 다양하다(〈표 1-2〉).

다음, 장기체류자 1만 명이 넘는 외국인의 국적을 보면 1990년에는 타이완과 미국의 2개국에 지나지 않았으나, 2000년에는 중국, 타이완, 미국, 인도네시아, 필리핀, 베트남, 일본 등 7개국으로 늘어났고, 2007년에는 중국, 베트남, 필리핀, 타이, 미국, 인도네시아, 타이완, 몽골, 일본, 스리랑카 등 10개국으로 늘어났다(〈표 1-4〉).

〈표 1-4〉 연도별 장기체류 외국인 국적별 인원

순위	1990	2000	2007	2010	2017
장기 체류자수	49,507	210,249	800,262	1,002,742	1,583,099
1	타이완 23,583	중국 58,984 (32,443)	중국 421,493 (310,485)	중국 536,917 (397,656)	중국 834,403 (626,060)
2	미국 14,019	타이완 23,026	베트남 67,197	베트남 98,225	베트남 151,385
3	일본 5,323	미국 22,778	필리핀 42,939	미국 64,144	미국 68,580
4	독일 773	인도네시아 16,700	타이 31,745	필리핀 39,525	우즈베키스탄 56,598
5	영국 670	필리핀 15,961	미국 26,673	타이 27,572	캄보디아 45,713
6	캐나다 615	베트남 15,624	인도네시아 23,698	인도네시아 27,447	필리핀 45,236
7	프랑스 608	일본 14,013	타이완 22,047	몽골 21,775	인도네시아 37,074
8	필리핀 578	방글라데시 7,882	몽골 20,473	타이완 21,490	네팔 35,426
9	인도 282	우즈베키스탄 3,737	일본 18,073	우즈베키스탄 21,158	타이 30,196
10	말레이시아 204	캐나다 3,295	스리랑카 12,078	일본 19,947	러시아 27,878

주: ( ) 속은 중국계 조선족
자료: 법무부 출입국외국인정책본부, 출입국·외국인정책 통계연보, 각년도

그 다음, 한국에 체류하고 있는 외국인의 인종·민족을 보면, 실로 다양하고 복잡하다. 캐나다, 인도네시아, 필리핀, 파키스탄과 같은 다인종·다민족 국가도 있고 중국, 일본, 베트남 등과 같은 단일인종·단일민족이 압도적인 다수를 이루는 국가들도 있다. 전체적으로 체류 외국인의 인종이나 민족 또는 문화는 실로 다양하다. 마지막으로, 체류 외국인의 종교도 다양하다. 외국인 모국의 지배적인 종교를 보면, 유교, 유교와 다른 종교(불교나 토속신앙)의 혼합종교, 이슬람교, 기독교(개신교와 천주교), 불교, 힌두교 등 실로 다양하다(〈표 1-5〉). 한국에 장기체류 이민자는 거의 대부분 불교나 기독교가 다수를 이루는 국가에서 왔지만, 이슬람권에서 온 이민자도 적지 않다. 한국에 체류하는 외국인의 국적 중 이슬람권에 속하는 국가는 우즈베키스탄, 인도네시아, 카자흐스탄, 방글라데시, 파키스탄, 키르기즈스탄 등인데, 이들 국가에서 온 국제이주민이 전체 체류외국인(2021년 기준 1,956,781명) 중에서 차지하는 비중은 8.5%(165,775명. 앞에서부터 3.4%, 1.7%, 1.5%, 0.8%, 0.6%, 0.3%)다. 국제이주민 중에서도 차지하는 비중도 작고, 한국 인구 중에서 차지하는 비중도 매우 작다. 그러나 20세기 말부터 세계 곳곳에서 분쟁과 테러의 주된 요인이 이슬람교와 기독교 간의 대립과 갈등인데다가, 일부 개신교도와 극우세력이 이슬람교에 대한 부정적인 편견과 혐오를 퍼뜨리고 있어 각별히 주의를 해야 한다. 뒤에서 보겠지만, 실제로 한국에서도 반이슬람교 정서가 널리 퍼지고 이슬람교 회당 건설과 둘러싼 한국 국민과 이슬람권 이민자 간의 갈등이 인천, 대구, 경기도 연천 등지에서 발생하고 있다.

국내에 체류하는 외국인의 체류자격, 출신국, 인종이나 민족, 종교가 다양한 만큼 우리가 익숙하지 않은 언어, 종교, 관습, 문화를 가진 사람들이 많아졌고, 그만큼 외국인과 국민 간의 오해와 갈등이 생길 가능성이 커졌다. 한국어와 한국문화가 생소하고 어렵게 느끼는 외국인은 한국 사회에 적응하기도 힘들고 한국 국민과 조화롭게 어울려 사는 것이 쉽지 않다.

〈표 1-5〉 국내체류 외국인의 모국의 인종과 종교 분포*

국적	주요 인종(ethnic groups)	주요 종교
중국	한족(91.5%), 만주족, 조선족 등 소수인종/민족(8.5%)	도교, 불교, 기독교(3~4%), 무슬림(1~2%) *공식적으로 무신론
베트남	베트(Viet 86.2%), 태(Tay 1.9%), 타이(Thai 1.7%), 무옹(Muong 1.5%) 등	불교(9.3%), 천주교(6.7%), 호아하오(Hoa Hao 1.5%), 카오 다이(Cao Dai 1.1%), 개신교(0.5%), 무슬림(0.1%) 등
태국	타이(75%), 중국인(14%), 기타(11%)	불교(94.6%), 무슬림(4.6%), 기독교(0.7%), 기타(0.1%)
미국	백인(80.0%), 흑인(12.9%), 아시아인(4.4%), 아메리카인디언/알래스카원주민(1.0%) 등	개신교(51.3%), 천주교(23.9%), 모르몬(1.7%), 기타 기독교(1.6%), 유대교(1.7%), 불교(0.7%), 무슬림(0.6%) 등
우즈베키스탄	우즈베크인(83.7%), 타지크인(4.8%), 카자흐인(2.5%), 러시아인(2.3%), 카라칼파크인(2.2%), 키르기스인(0.9%), 타타르인(0.6%), 기타(3.0%)	이슬람교(96.2%), 기독교(2.2%), 기타(1.6%)
러시아	러시안(79.8%), 타타르(Tatar 3.8%), 우크라이니언(2%), 바쉬키르(Bashkir 1.2%), 추바쉬(Chuvash 1.1%) 등	러시아정교(15-20%), 무슬림(10-15%), 기타 기독교(2%)
필리핀	타갈로그(28.1%), 세부아노(13.1%), 일로카노(9%), 비사야/비니사야(7.6%), 힐리가이논 일롱고(&.5%), 와라이(3.4%), 기타(25.3%)	천주교(80.9%), 무슬림(5%), 에반젤리칼(2.8%), 이글레시아 니 크리스토(2.3%), 아글리파얀(2%), 기타 기독교(4.5%), 기타(1.8%)
캄보디아	크메르(90%), 베트남(5%), 중국(1%), 기타(4%)	불교(95%), 기타(5%)
몽골	몽골(대부분 칼카 94.9%), 터키족(대부분 카자크족 5%), 기타(중국인과 러시아인 포함 0.1%)	라마불교(50%), 샤마니즘과 기독교(6%), 무슬림(4%), 무신론자(40%)
네팔	크헤트리(Chhettri 15.5%), 블라만힐(Brahman-Hill 12.5%), 마가르(Magar 7%), 타루(Tharu 6.6%), 타망(Tamang 5.5%), 네와(Newar 5.4%) 등	힌두교(80.6%), 불교(10.7%), 무슬림(4.2%), 키란트(Kirant 3.6%), 기타(0.9%)
인도네시아	자바인(Javanese 40.6%), 순다인(Sundanese 15%), 마두레세(Madurese 3.3%), 미낭카바우(Minangkabau 2.7%), 베타위(Betawi)와 부기스(Bugis) 각각 2.4%, 반텐(Banten 2%), 반자르(1.7%). 기타(29.9%)	무슬림(86.1%), 개신교(5.7%), 천주교(3%), 힌두교(1.8%), 기타(3.4%)

국적	주요 인종(ethnic groups)	주요 종교
카자흐스탄	카자흐인(66%), 러시아인(20%), 우즈베크인(2.9%), 우크라이나인(2.0%), 위구르인(1.4%), 타타르인(1.2%), 독일인(1.1%), 고려인(0.6%), 기타(4.5%)	이슬람교(69.3%), 기독교(17.3%), 기타(0.2%), 무종교(13.3%)
일본	일본인(98.5%), 한국인(0.5%), 중국인(0.4%), 기타(0.6%)	신토이즘과 불교(84%), 기타(16%, 기독교 0.7%)
미얀마	버마족(68%), 샨족(10%), 카인족(7%), 라카인족(4%), 화교(3%)	불교(87.9%), 기독교(6.2%), 이슬람교(4.3%), 불교(0.3%), 기타(1.1%)
캐나다	영국계(28%), 프랑스계(23%), 기타 유럽계(15%), 아메리카인디언(2%), 기타(대부분 아시아계, 아프리카계, 아랍계 6%), 혼혈(26%)	천주교(42.6%), 개신교(23.3%), 기타 기독교(4.4%), 무슬림(1.9%), 기타(11.8%), 무신론자(16%)
스리랑카	신할레(Sinhalese 73.8%), 란칸 무어족(7.2%), 인도타밀(4.6%), 스리랑카 타밀(3.9%), 기타(0.5%), 미확인(10%)	불교(69.1%), 무슬림(7.6%), 힌두(7.1%), 기독교(6.2%), 미확인(10%)
타이완	대만원주민(84%), 중국본토인(12%) 등	불교와 유교와 도교의 혼합종교(93%), 기독교(4.5%), 기타(무슬림 포함 2.5%)
방글라데시	벵갈(98%), 기타(2%)	무슬림(83%), 힌두(16%), 기타(1%)
파키스탄	판잡(44.1%), 파쉬툰(15.4%), 신디(14.1%), 사리아키(10.5%), 우르두(7.6%), 발로키(3.6%), 기타(4.7%)	무슬림(97%, 수니파 77%, 시아파 20%), 기독교-힌두교 등(3%)
인도	인도-아리안(72%), 드라비디안(25%), 몽골족 등(3%)	힌두교(80.5%), 무슬림(13.4%), 기독교(2.3%) 등
호주	백인종(92%), 아시아계(7%), 원주민 등(1%)	천주교(26.4%), 엥글리칸(20.5%), 기타 개신교(20.5%), 불교(1.9%), 무슬림(1.5%)
키르기즈	키르기스족(69.5%), 러시아인(9.0%), 우즈벡족(4%), 위구르족(1.1%), 타지크족(1.1%) 등	이슬람교(90%), 기독교(7%), 기타(3%)
영국	백인종(71.6% - 잉글리쉬 83.6%, 스코티쉬 8.6%, 웰쉬 4.9%, 북아이리쉬 2.9%, 흑인(2%), 인도인(1.8%), 파키스탄인(1.3%), 혼혈(1.2%), 기타(1.6%)	기독교(71.6% - 엥글리칸, 로만카톨릭, 장로교, 감리교), 무슬림(2.7%), 힌두교(1%), 기타(1.6%)

자료: 출입국외국인정책본부. 2021 출입국·외국인정책 통계연보.

실제로 직장에서의 인권유린, 국제결혼가정 내 폭력, 부부 갈등, 시부모와의 갈등, 자녀교육의 어려움 등 체류외국인들은 여러 가지 문제와 어려움을 겪고 있다. 결혼이민자 중에는 한국어와 한국 관습을 잘 몰라 한국인 남편과 시댁 식구에게 온갖 차별과 구박을 받는 일도 발생하고 심지어는 목숨까지 잃는 사고도 발생하고, 고용허가제와 선원취업 외국인 근로자나 외국인 연예인들은 한국의 법과 제도를 잘 몰라 한국인 고용주나 관리자로부터의 인권이나 권리 침해를 피하거나 구제받지 못하는 사례가 드물지 않다. 반대로 방문취업 외국국적동포나 회화지도 외국인 강사들은 한국 법을 잘 모르거나 준법정신이 약해서 범법행위를 하는 경우도 생긴다. 이민자가 연루된 사건과 사고가 발생함에 따라 이민자와 국민 간의 갈등 이 심해질 가능성이 크다. 이런 상황에서 한국 국민의 이민자에 대한 고정관념과 편견은 상황을 더욱 악화시킬 수 있다.

한국인의 이민자에 대한 태도 – 고정관념, 편견, 신뢰, 사회적 거리

국민 중에 물질적으로 가난한 사람에 대해서 무능력하다, 게으르다, 지저분하다 등과 같은 부정적인 편견을 가지고 그 사람을 멸시하고 차별하듯이, 이민자에 대해서 가난한 나라, 미개한 이슬람교, 테러국가 등과 같은 부정적인 편견을 가지고 바라보는 국민이 많다. 말로는 평등을 외치면서 특히 필요할 때는 평등을 명분으로 내세워 자신의 이해관계를 관철하려고 하지만, 자신에게 불리할 때는 평등은 뒤로 하고 서열을 따져 남보다 우위에 서려고 하는 것이 한국인이라는 점은 이미 본 바와 같다. 일단 서열에서 아래, 위가 정해지면, 아래에 있는 사람은 위에 있는 사람에게 고분고분해야 하고, 서열에서 위에 놓인 사람은 아래 사람이 고분고분하지 않거나 자기가 기대한 대로 '모시지 않으면' 자신이 원하는 대로 할 것을 강요한다(갑질). 이때 위와 아래의 서열을 매기기 위해 성별, 나이, 집안, 직업 (판검사, 의사나 교수 같은 전문직), 월급이나 소득, 고급승용차(고가의 외제차), 거주지(강남 고급아파트), 학벌, 고급백화점 VIP고객 등 사람들이 희소하다고 여기는 것이라면 어느 것이든 동원된다.106)

같은 국민에 대해서도 이러한데, 하물며 외모나 언어 등 겉으로 봐서 금방 구별할 수 있는 국제이주민에 대해서는 두말할 나위가 없다. 물론 국민 중에서 자신보다 서열에서 우위를 차지하는 사람에 대해서는 고분고분하게 굴지 않을 수도 있지만, 적어도 대놓고 무시하거나 대들지는 않는다. 대부분 사람은 고분고분하고 어떤 사람은 아예 '찬양'하거나 '아부'한다. 마찬가지로 우리보다 정치, 경제, 문화 측면에서 앞섰다고 여기는 나라에서 왔거나 피부색이 하얀 사람에 대해서도 마찬가지다. 이를 염두에 두고, 한국에 체류하고 있는 이민자에 대한 편견을 몇 가지만 살펴보고, 한국인의 이들에 대한 태도에 대해서 알아보기로 한다.107)

결혼이민자에 대한 편견의 전형은 '돈 때문에 나이 차이가 많고, 장애를 가진 남자랑 결혼한 외국인'이라는 것이다.108) 심지어는 정부도 결혼이주여성을 독립적인 시민으로 바라보지 않고 가족을 부양하고 자녀를 양육해야 하는 다문화가족의 구성원으로만 취급하고, 부부관계에 대해서 전통적인 가족 관념에 따른 여성 배우자의 역할 – 남편과 시댁에 대한 충성과 복종(현모양처) – 만 강조한다.109) 결혼이주여성에 대한 (물질주의적이고 가부장제적인) 편견은 이들의 출신 배경과 맞물려 더 부정적이고 억압적인 편견으로 강화된다. 예를 들면, TV예능에 등장하는 독립적이고 주체적인 외국인은 보통 백인 또는 선진국 출신인 경우가 대부분이다. 최근 방영 중인 '물 건너온 아빠들'이란 예능프로그램은 가정에 충실한 신세대 이주민 남성의 모습을 보여주는 것처럼 생각할 수 있지만, 자발적이고 독립적인, 즉 근대적이고 세련된 백인 남성의 이미지를 강화하는 데 일조한다고 할 수 있다. 이와는 대조적으로 대중매체는 동남아시아 이주여성을 부인과 며느리의 이미지로만 묘사한다.110)

이주노동자에 대한 편견은 '한국인의 일자리를 빼앗아간다', '불법체류자는 법을 어겼기 때문에 추방해야 한다', '이 나라의 부를 빼돌린다' 등과 같은 것도 있고(이정원 2008), '우리나라 사람에 비해 이주노동자들이 더 위험하다', '이주노동자가 늘어나면 범죄율이 높아질 것이다', '외국인 범죄는 대부분 불법체류자에 의해 발생한다' 등과 같이 방금 살펴본 것보다 더 부정적인 편견도 있다.111)

이러한 편견은 대부분 이주노동자의 출신배경과 연관지어 강화된 형태로 표출된다. 즉 이주노동자는 동남아시아나 중앙아시아 또는 중국 등 개발도상국에서 '산업연수제', '연수취업제', '고용허가제' 등 단순기능인력으로 입국하였기 때문에, 이주노동자에 대한 편견은 출신국에 대한 편견과 결합하면서 더 부정적인 형태로 나타난다. 즉 경제적으로 빈곤하고 정치적으로 권위주의체제이고 문화적으로 후진적인 나라에서 '특별한 기술이 필요하지 않아 누구나 할 수 있는' 일을 해서 돈만 벌어가면 된다고 생각하는 외국인이라는 부정적인 이미지가 결합하는 것이다. 특히 중국 한족과 중국 '조선족' 등 중국계 이민자에 대해서는 대단히 부정적인 편견이 형성되어 있다.

중국동포에 대한 편견은 온통 부정적인 내용으로 일관되어 있다.112) 범죄자(오원춘 사건, 보이스피싱),113) 범죄 소굴(대림동, 칼부림, 인신매매),114) 비위생적이다(코로나 19 발생 이후, 마스크 미착용),115) 먹튀(건강보험급여)116), 어차피 중국인이고 중국의 편을 든다117) 등과 같이 두려움과 불신을 자극하는 것들이다.118)

이슬람교도에 대한 편견도 중국동포에 대한 편견만큼 부정적이고, 공격적이다. 이슬람교와 관련한 첫 번째 편견은 여성에 대해서 차별적이고 억압적인 종교라는 것이다. 예를 들어, '무슬림 남성은 여러 명의 부인을 둘 수 있다', '여성들은 외부활동을 위해 남성의 허락을 받아야 한다', '결혼하여 말 안 듣는 여성은 구타를 가하도록 되어있다', '무슬림 여성이 히잡을 착용하게 하는 것은 성차별이다', '무슬림 여성은 비무슬림 여성에 비해 낙후되고 덜 현대적이다' 등이 이슬람교에 대한 편견을 잘 보여주는 주장들이다. 2018년 예멘 난민이 제주에 입국했을 때, 대다수의 난민이 남성이었다는 사실이 알려 지면서 다시 한번 이슬람에 대한 비난이 쏟아졌다.

다른 하나의 편견은 '이슬람교는 교리적으로 폭력적이고 극단적인 종교'라는 것이다. 무고한 민간인에 대한 테러를 자행하면서 알라신의 이름으로 정당화하는 극단적인 종교이기 때문에 배척해야 하고 무슬림을 배척하는 것은 인종차별이나 종교탄압이 아니고 정당한 대응방식이라는 논리다. 이외에도 '이슬람문화권은 중동지역이다', '무슬림은 모두 아랍인이다' 등과 같은 고정관념도 있지만, 가장 위험한 편견은 여성차별적이라는 것과 폭력적이고 극단적이라는 것이다(난민인권센터 2019). 전자는 두려움, 후자는 멸시의 감정을 유발한다. 그래서 많은 한국인은 이슬람교도 즉 무슬림을 보면 멸시하여 혐오하고, 두려워서 배척하려고 한다.119)

지금까지 결혼이주여성, 이주노동자, 중국동포, 이슬람과 관련된 편견을 살펴 보았다. 이외에도 피부색 등 외모나120) 말투 또는 억양에 따른 편견도 있다.121)

현실과 완전히 동떨어진 편견은 없다. 어느 정도 현실적 근거가 있어야 최소한의 설득력을 가질 수 있기 때문이다. 다만, 편견이 문제가 되는 것은 대상의 다양한 특성 중 어느 한 가지만 보게 하고, 똑같은 것을 다르게 보고 다르게 해석하게 한다는 것이다.122) 예를 들면, 중국동포가 하면 사람이 나빠서 그런 것이고, 한국 국민이 하면 여건이 안 좋아서 그런 것이라는 식이다. 그 결과 편견은 인권침해를 반드시 유발하고 정당화하게 되어 있다.

오해 여부를 떠나서, 무슬림 세계에 대한 잘못된 인식과 무슬림 집단 중 테러리스트 집단이 존재한다는 사실은 (그들이 이슬람 신앙과 일치하지 않는 사실과 관계없이) 무슬림 중 누가 '선하고 악한지' 구별할 수 없다는 공포 감을 불러일으킨다. 그들이 누구인지 알아볼 수 없기 때문에, 테러리스트 혹은 반인권적인 사람들과 접촉할 위험의 소지를 줄이기 위해서는 그들을 전체적으로 혹은 완전히 피하는 것이 상책일 것이다. 그러나 입장을 바꾸어 생각해보면 이러한 행위는 정당하지 않을 뿐만 아니라 심각한 인권 문제를 야기한다. 대한민국이 안타깝게도 해마다 발생하고 있는 '묻지 마 살인'으로 전세계적인 주목을 받았다고 가정해보자(이것은 가정일 뿐이다). 끔찍한 범행을 저지른 사람들은 대한민국에서 소수이고 그들은 한국인을 전혀 대표하지 않지만, 한국인이 아닌 사람들은 모든 한국인을 위험 대상으로 인식할 수 있다. 우리는 한국인이기 때문에 어디를 가나 차별받고 거절당하게 될 것이다. 그 누구도 한국인을 개인 그 자체로 보지않고 오해와 공포로 왜곡된 렌즈를 통해 보아 결국 모든 한국인을 인류의 잠재적 위협으로 인식하는 일이 벌어질 것이다. 그러한 세상에서 우리는 한국인으로서 억울할 것이다. 우리에게는 다행히도 가정일 뿐이지만 오늘날의 무슬림에게 이는 냉혹한 현실이다. 우리의 편협한 시각으로 인해 무슬림들이 억울하게 희생당하지 않도록 이슬람을 제대로 이해해야 한다 (난민인권센터 2019).

재한동포총연합회 김숙자 이사장(63)은 "영화 '청년경찰'의 제작자들이 흥행 욕심으로 조선족 동포들과 그들의 터전인 '서울 대림동'을 왜곡했다"고 주장 했다. 영화에서 '경찰도 무서워서 안 들어가는 곳'으로 묘사한 대림동이지만 주말이면 택시가 들어가지 못할 정도로 사람들이 붐비는 동네라고 했다. 그는 "영화에서 그려진 부정적 모습과 장면이 동포들에 대한 편견을 심화시킬까 걱정"이라고 말했다. "영화를 보고 '이게 아닌데'하는 생각이 들었다. 과장된 장면이 너무 많았다. 대림동에서 중국인 깡패들이 여성들의 난자를 채취하는 장면이 특히 그렇다. 대림동엔 그런 조직적인 깡패들이 없다. 세트도 창고를 얻어서 아수라장으로 꾸몄다. 기존 대림동의 모습하고는 많이 다르다." … (질문) 조선족 동포와 조선족 동네에 대한 선입견은 근거가 없다는 말인가. (답변) "동포들이 모여 사는 동네가 '음침하다', '어둡다'는 편견은 개선될 필요가 있다. 실제로 사회질서는 큰 문제가 없는데 동네 자체가 번화하지 않고 골목이 비좁아서 그런 편견을 줄 수 있다." (질문) 실질적으로 조선족 거주지역의 범죄율이 높은 건 사실이다. (답변) "예전에는 조선족 거주지역 중 한 곳인 가리봉동에서 흉악 범죄가 종종 발생했다. 지금은 많이 줄었다. 음주 때문에 물의를 일으켜 체포된 동포들은 체류 연장이 불가능하게 됐기 때문이다." (질문) 대림동 등 조선족 밀집지역의 밤 분위기는 무섭다는 얘기가 많다. (답변) "낮에 일하고 고단하니까 밤에 술을 마시는 동포들이 많은 건 사실이다. 타지에서 외롭다 보니 노래방에서 늦게까지 놀거나 새벽까지 술을 마시고 길거리에서 취해 비틀거리는 모습을 일반인들이 보면 무서움을 느낄 수 있다고 본다." (질문) '삼합회' 같은 조직폭력조직이 있다는 소문도 많다. (답변) "소문이 그렇지만 조직폭력배는 없다. 예전에는 돈을 뜯어내는 폭력배가 있었는데, 동포들은 그런 폭력배에 끼어 팁을 챙기는 정도였다. 지금은 사라졌다고 본다. 다만 유흥업소에서 술값을 내지 않는 '양아치'들은 있다. 그런 사람들은 조선족 동포라기보다 중국인 한족들이 더 많다"(김솔·이유진 2017).

비록 어느 정도 사실에 기반을 둔 것이라 하더라도 편견은 인권침해를 유발할 가능성을 높인다. 편견의 대상이 사회적 약자라면 더욱 그렇다.

(중국동포가 중심적인 인물로 등장하는) 영화에 등장한 중국 동포는 대부분 범죄자였던 것 같아요. 하지만 서울 대림동이 다른 지역보다 범죄가 더 많이 일

어나거나 중국 동포나 중국인들이 다른 외국인에 비해 더 많은 범죄를 일으키지는 않았어요. 만일 우리가 중국 동포가 범죄를 많이 일으킨다고 생각하고 있다면 영화나 드라마가 우리도 모르는 사이에 영향을 미친 것일 수 있겠죠. '성급한 일반화의 오류'라는 말이 있죠? 다양한 속성을 가진 사람들에 대해 어느 하나의 부정적인 속성만 놓고 일반화를 하면 안 되는데, 우리도 모르는 사이에 이렇게 판단할 때가 있어요. 만일 미국에서 영화를 제작했는데 한국인들이 사는 코리아타운을 범죄자 소굴처럼 묘사하면 어떤 기분이 들까요. 기분이 나쁘기도 하지만 문제는 여기에서 그치지 않아요. 사회적으로 힘이 강하지 않고 숫자가 적은 집단에 대해 특정한 편견을 갖게 되면 현실에서 차별로 이어질 소지가 있어요(그만큼 더 커져요). 왜곡된 인식이 인종차별로 나타나는 경우가 실제로 (많이) 있죠. 이런 식으로 소수자와 약자 집단에 대해 차별을 야기할 수 있는 표현을 '혐오 표현'이라고 불러요(금준경 2021).

특히 미디어 등 대중매체가 퍼뜨리는 편견은 대중의 사고방식과 행동에 큰 영향을 미친다. 사회적 약자에 대한 혐오를 담은 문화콘텐츠가 수용자 인식에 어떤 영향을 미치는지에 대해 실증적으로 분석한 한희정·조인숙·신정아(2019)의 연구가 있다. 이들은 〈청년경찰〉을 시청한 서울과 경기 지역 고등학생 374명을 대상으로 설문조사를 하여, 중국동포 관련 미디어에 많이 노출될수록 중국동포 관련 범죄가 증가했다는 인식에 유의미한 영향을 주는 것(응답자 대다수는 중국동포와의 대인관계 경험이 없음), 영화 속 세계가 현실과 유사하다는 인식을 할수록 범죄 증가에 대한 인식으로 이어진다는 것, 조선족을 문제인물로 낙인찍는 콘텐츠가 많고, 이에 많이 노출된 이용자일수록 확고한 주류적 방향을 갖고 조선족에 대한 태도와 가치를 학습한다는 것을 밝혔다. 이는 영화를 본 후 주변사람들과 관련 대화를 나누는 등의 숙고적 활동을 통해 영화에서의 부정적 인식이 강화되기 때문이라고 분석했다. 이들은 또한 이러한 인식은 정책에도 영향을 미친다고 보았다. 중국동포가 한국 사회발전에 기여한다고 인식할수록 중국동포를 위한 정책 지원 필요성도 높게 인식하는 것으로 나타났기 때문이다.123)

뿐만 아니다. 국민의 이민자에 대한 부정적 편견은 멸시, 혐오, 적대감정, 불신 등 부정적인 감정을 유발하고, 이는 다시 차별행동으로 표출된다. 이러한 국민의 편견과 차별은 이민자의 한국 사회와 한국인에 대한 불신을 부추긴다는 것을 강조하고자 한다. 특정 부류의 이민자가 한번 범법행위를 했다고 해서 앞으로도 계속 그럴 것도 아니고, 그 부류에 속하는 모든 사람이 그런 것도 아니다. 설령 그 부류에 속하는 사람들이 범법행위를 많이 했다고 하더라도 한국인보다 더 심한 것도 아닌데 한국인이 과도하게 일반화하여 특정 부류에 속하는 이민자는 모두 항상 그럴 것이라는 식으로 불신의 눈으로 쳐다보니 불쾌하기도 하고 한국인에 대한 불신도 커지고, 이민자가 한국사회·경제 발전에 기여해 온 것은 완전히 무시한다는 생각에 억울하다는 느낌이 들 것이다. 이런 관점에서 보면, 이민자들이 국내에서 범죄를 저지르는 것은 한국인의 편견과 차별에 대한 (삐뚤어진) 대응 방식일 수 있다. 인터넷의 한 글은 이러한 억울한 심정을 가장 잘 표현하고 있다.

한국은 88 올림픽 비롯한 경제적 급성장을 하면서 신도시 건설과 중소기업책에 인력난을 맞으니 동남아를 중심으로 외국인 노동자를 유입했습니다. 이들은 한국에서 언어로 소통이 잘 안되고 각종 문제를 일으키니 말이 통하는 같은 조선족 유입을 적극적으로 추진한 겁니다. 한국 분들이 말하는 동포 정책이라는 허물 아래에는 동포를 원하는 것이 아니라 값싼 노동력을 원했습니다. 이렇게 고향땅을 밟은 조선족들은 외국인 신분의 노동자였습니다. 또한 조선족은 같은 언어를 사용하고 같은 민족임에도 불구하고, 같은 일을 하면서도 한국 분들보다 낮은 최저임금으로 일해왔습니다. 88년도 당시에는 인력이 필요하니 무비자로 들어오게끔 하고 1991년도에 경기가 위축되며 노동자가 많이 필요 없게 되자 기술 지도 명목으로만 취업할 수 있게 했고 그 과정에서 많은 조선족들이 불법체류자가 되었습니다. 한국 분들이 조선족에게 한 악행은 여기서 그치지 않았습니다. 일을 시키고도 임금을 지불하지 않았으며 불법체류자라는 명분으로 협박하고 끝까지 일을 시키고 결국에는 경찰에 신고하여 추방까지 시켰습니다. 심지어 조선족 여자는 신고를 못한다는 약점을 이용하여 강간과 폭행을 일삼았습니다. 물론 보이스피싱, 인신매매 등 범죄를 저지르는 일부 소수의 조선족들이 있습니다. 어딜 가나 이런 나쁜 조직들은 있기 마련입니다. 한국인이라고 해서 범죄조직이 없는 것도 아니잖아요? 인신매매 브로커들도 모두 한국 사람인데 언론은 왜서 이런 얘기는 쏙 빼고 조선족만 나쁜 사람이라고 강조하여 몰아가는지 모르겠네요. 한국에서 각종 범죄가 발생하면 범인 검거 전에는 조선족이라고 예측하고 언론 보도하던데 이건 분명히 잘못된 것이고 조선족들한테는 아픈 상처로 남습니다(뿔난 황소 2019).

한국인의 이민자에 대한 신뢰와 사회적 거리감

편견은 방금 살펴본 메카니즘과 방식으로 국민과 이민자 간 불신을 부추기고 갈등을 유발한다. 먼저, 국민의 이민자에 대한 신뢰를 알아보자. 국내 거주 외국인을 '(약간 + 매우) 믿을 수 있다'는 응답자는 10%가 조금 넘고, '(전혀 + 별로) 믿을 수 없다'는 응답자는 85%가 넘는다. 거의 대부분의 응답자가 외국인은 못 믿는다는 뜻이다. 시기별로 '믿을 수 있다'는 응답자 비율을 보면, 2013년 13.9%, 2017년 11.7%, 2021년 15.2%로 약간의 차이가 있지만, 소수에 지나지 않는다. 이웃, 일반인, 낯선 사람에 대한 신뢰도와 비교하면, 국내 거주 외국인에 대한 신뢰도는 '낯선 사람'에 대한 신뢰도와 가장 비슷하다. '낯선 사람을 믿을 수 있다'는 응답자는 조사시기에 따라 약간의 차이는 있지만, 대략 10% 조금 넘는 정도로, '국내 거주 외국인을 믿을 수 있다'는 응답자의 비율과 거의 같다(〈표 1-6〉).

〈표 1-6〉 사람을 신뢰하는 정도

		전혀 믿을 수 없다	별로 믿을 수 없다	약간 믿을 수 있다	매우 믿을 수 있다	평균 (4점)
일반적인 인간관계에서 사람을 신뢰하는 정도	2013	2.5	25.3	66.8	5.4	2.8
	2017	2.5	32.3	62.4	2.9	2.7
	2021	2.5	38.2	57.7	1.6	2.6
이웃을 신뢰하는 정도	2013	4.8	34.1	55.3	5.9	2.6
	2017	4.2	33.9	57.2	4.7	2.6
	2021	3.8	28.7	56.7	10.8	2.7
낯선 사람을 신뢰하는 정도	2013	35.2	52.0	12.1	0.6	1.8
	2017	33.6	55.9	9.9	0.6	1.8
	2021	27.5	56.0	14.8	1.6	1.9
국내 거주 외국인을 신뢰하는 정도	2013	35.5	50.6	13.3	0.6	1.8
	2017	33.7	54.6	11.1	0.6	1.8
	2021	30.0	54.9	14.2	1.0	1.9

출처: 통계청, 사회통합실태조사, 각 연도

다른 나라와 비교하면, 낯선 사람(처음 만난 사람)에 대한 신뢰는 평균적인 수준이나 외국인에 대한 신뢰는 낮은 편에 속한다. 세계가치조사(World Value Survey)의 가장 최근 공개자료인 7차 조사(2017~2021년) 결과를 이용하여 16개국의 사회적 신뢰를 비교한 성영애·김민정(2020)에 의하면, 처음 만난 사람에 대한 신뢰수준의 16개국 평균은 4점 만점에 1.95점으로 비교적 낮게 나타났다. 국가별로는 1.59~2.48점의 분포를 보였고, 오스트레일리아(2.48)와 뉴질랜드(2.48)는 상대적으로 높은 신뢰도를, 인도네시아(1.59)와 멕시코(1.59), 콜롬비아(1.70), 그리스(1.71)는 상대적으로 낮은 신뢰도를 보였다. 우리나라의 처음 만난 사람에 대한 신뢰도는 1.96점으로 전체 평균(1.95)과 유사하였고 16개국 중 8위로 중간 정도 수준이었다. 반면, 외국인에 대한 신뢰수준의 16개국 평균은 2.21점으로, 국가별로는 1.82~2.85점의 분포를 보였다. 외국인에 대한 신뢰수준이 상대적으로 높은 국가는 오스트레일리아(2.85), 뉴질랜드(2.85), 미국(2.78)이었고, 멕시코

(1.82), 인도네시아(1.85), 그리스(1.92), 콜롬비아(1.92), 중국(1.93)은 상대적으로 낮았다. 우리나라의 외국인에 대한 신뢰수준은 16개국 평균(2.21)보다 낮은 1.97점으로 16개국 중 11위였다(성영애·김민정 2020).124)

다른 한편, 가족, 이웃, 지인 등 '아는 사람'에 대한 신뢰도는 다른 나라에 비해 조금 높은 편이다. 아는 사람에 대한 신뢰를 구성하는 가족, 이웃, 지인 각각에 대한 16개국의 평균신뢰수준은 가족에 대한 신뢰수준(3.71)이 가장 높고, 다음으로는 지인에 대한 신뢰수준(2.90)이 높았으며, 이웃에 대한 신뢰수준(2.78)이 가장 낮았다. 우리나라의 경우도 16개국 평균 순위와 동일하게 가족(3.80) 〉 지인(2.92) 〉 이웃(2.90)의 순서로 신뢰수준이 높았고, 16개국 평균에 비해 약간씩 높았다(성영애·김민정 2020: 77-80). 이러한 조사결과는 한국인은 가족·이웃·지인과 같은 '잘 아는 사람'을 잘 믿지만, 처음 만난 사람·타종교인·외국인과 같은 '낯선 사람'은 잘 믿지 않는 정도가 다른 나라에 비해 더 강하다고 할 수 있다. 한국인은 다른 나라보다 처음 만났거나 (처음 만난 건 아니지만) 자신과 다른 사람은 경계하는 정도가 심하다는 뜻이다.125)

이는 사회적 소수집단에 대한 포용 정도와 사회적 거리감(interpersonal distances)을 보면 명확해진다.126) 장애인 등의 사회적 소수집단을 자신의 이웃, 직장동료, 절친, 배우자, 자녀의 배우자로 받아들일 의향을 보면, 그 어떤 관계로도 받아들일 수 없다는 응답자는 전과자가 68% 내외로 가장 많고, 다음으로 동성애자(54-62%), 북한이탈주민(14-25%), 외국인 이민자·노동자(6-13%), 장애인(2-3%)의 순이다. '비정상적이고 위험한 (또는 비위생적인)' 집단이라고 생각할수록 배척하는 경향인 듯하다. 이런 일반적인 경향 속에서 외국인 이민자나 노동자는 사회적 소수집단 중에서 상대적으로 많이 포용하는 집단에 속한다. 즉 외국인 이민자나 노동자는 어떠한 관계로도 받아들일 수 없다는 응답자는 소수이고 대부분은 한국 사회에서 살아가는 것에 대해서 허용적인 정도만큼 신뢰하고 있다고 볼 수 있다.

물론 여기서 인용한 사회적 소수집단 모두에 대해서 자신의 '은밀한' 생활 영역에 가까이 갈수록 배제하려는 경향이 강해진다. 외국인 이민자·노동자의 경우 이웃(32-44%), 직장동료(29-39%), 절친(15-17%), 자녀의 배우자(10-11%), 자신의 배우자(2-3%)의 순으로 혼자만의 영역에 가까워질수록 포용도가 떨어진다(⟨표 1-7⟩, ⟨표 1-8⟩).[127]

또한 다른 나라와 비교하면, 한국인의 외국인이나 다른 인종에 대한 포용 정도는 매우 낮은 편이다. 외국인 이민자나 노동자를 자신의 이웃으로 두기 싫다는 응답자의 비율은 2021년 다문화수용성 조사에서 한국이 29.4%로, 17개국 중에서 싱가포르(36.8%), 일본(36.3%), 러시아(32.3%), 터키(30.5%) 다음으로 높다(⟨표 1-9⟩). 다른 인종의 사람을 자신의 이웃으로 삼고 싶지 않다는 응답자는 한국이 28.2%로, 터키(35.8%) 다음으로 높다. 일본(22.3%)도 다른 나라에 비하면 배척하는 응답자가 상대적으로 많지만, 한국보다는 낮다(⟨표 1-10⟩).

⟨표 1-7⟩ 집단 구성원 포용 정도

		받아들일 수 없음	나의 이웃이 되는 것	나의 직장동료가 되는 것	나의 절친한 친구가 되는 것	나의 배우자가 되는 것
장애인	2013	2.7	42.2	24.2	28.2	2.7
	2017	1.8	28.9	27.5	37.9	4.0
	2021	3.2	21.3	39.8	33.1	2.5
외국인 이민자·노동자	2013	9.8	44.0	29.4	14.5	2.2
	2017	5.7	37.0	38.9	15.4	3.0
	2021	12.9	32.0	36.8	16.5	1.9
북한이탈주민	2013	19.9	45.4	20.0	12.1	2.6
	2017	14.3	42.7	29.9	11.1	2.1
	2021	25.0	32.8	29.5	11.7	0.9
동성애자	2013	62.1	22.9	7.9	6.8	0.3
	2017	57.2	24.1	12.5	6.0	0.2
	2021	54.1	26.5	13.8	5.3	0.4
전과자	2013	68.4	20.1	7.7	3.3	0.5
	2017	69.4	19.0	8.7	2.4	0.4
	2021	67.4	19.1	9.4	3.3	0.8

출처: 통계청, 사회통합실태조사, 각 연도

〈표 1-8〉 자녀의 배우자로서 집단 구성원 포용 정도: 장애인

		전혀 동의하지 않는다	별로 동의하지 않는다	동의도 반대도 하지 않는다	약간 동의한다	매우 동의한다	평균 (5점)
장애인	2019	27.0	31.9	30.0	10.0	1.1	2.3
	2020	24.0	33.2	32.7	9.7	0.4	2.3
	2021	20.4	30.1	31.2	17.4	0.9	2.5
외국인 이민자·근로자	2019	30.7	31.2	27.4	8.9	1.8	2.2
	2020	28.2	30.5	30.8	9.6	0.9	2.2
	2021	27.7	32.7	29.5	9.2	0.8	2.2
북한이탈주민	2019	40.2	27.5	23.3	7.3	1.7	2.0
	2020	30.1	31.7	31.6	6.2	0.5	2.2
	2021	36.3	31.9	23.8	7.5	0.5	2.0
동성애자	2019	74.2	16.5	7.0	1.6	0.6	1.4
	2020	74.3	17.6	6.7	1.2	0.1	1.4
	2021	67.1	20.7	8.5	3.3	0.4	1.5
전과자	2019	75.9	16.5	5.9	1.3	0.4	1.3
	2020	74.7	14.7	6.0	1.3	0.1	1.3
	2021	74.7	13.7	7.7	3.3	0.6	1.4

출처: 통계청, 사회통합실태조사, 각 연도

〈표 1-9〉 이웃으로 삼고 싶지 않은 사람: 외국인 노동자·이민자

구분	삼고 싶지 않다	삼고 싶다	사례수
호주	10.6	89.4	1,477
독일	21.5	78.5	2,042
일본	36.3	63.7	2,443
중국	12.2	87.8	2,300
네덜란드	19.6	80.4	1,902
스페인	7.5	92.5	1,189
스웨덴	3.5	96.5	1,206
미국	13.7	86.3	2,232
뉴질랜드	5.9	94.1	841
싱가포르	36.8	64.2	1,970
러시아	32.3	67.7	2,491
칠레	7.6	92.4	1,000
콜롬비아	4.7	95.3	1,512
멕시코	11.5	88.5	2,000
터키	30.5	69.5	1,606
대만	20.2	79.8	1,238
한국 2015	31.8	68.2	4,000
한국 2018	29.5	70.5	4,000
한국 2021	29.4	70.6	5,000

자료: WVS. 2010-2014, World Value Survey 6th Wave. 여성가족부. 2015-2021 국민 다문화수용성 조사.
출처: 여성가족부. 2021 국민 다문화수용성 조사, 〈부표-173〉 [국제비교] 이웃으로 삼고싶지 않은 사람:

〈표 1-10〉 이웃으로 삼고 싶지 않은 사람: 다른 인종인 사람

구분	삼고 싶지 않다	삼고 싶다	사례수
호주	5.0	95.0	1,477
독일	14.8	85.2	2,042
일본	22.3	77.7	2,443
중국	10.5	89.5	2,300
네덜란드	8.2	91.8	1,902
스페인	4.9	95.1	1,189
스웨덴	2.8	97.2	1,206
미국	5.6	94.4	2,232
뉴질랜드	2.9	97.1	841
싱가포르	12.6	87.4	1,970
러시아	17.3	82.7	2,491
칠레	5.6	94.4	1,000
콜롬비아	3.2	96.8	1,512
멕시코	10.2	89.9	2,000
터키	35.8	64.2	1,606
대만	8.4	91.6	1,238
한국 2015	25.7	74.3	4,000
한국 2018	25.9	74.1	4,000
한국 2021	28.2	71.8	5,000

자료: WVS. 2010-2014, World Value Survey 6th Wave. 여성가족부. 2015-2021 국민 다문화수용성 조사.
출처: 여성가족부. 2021 국민 다문화수용성 조사, 〈부표-173〉 [국제비교] 이웃으로 삼고싶지 않은 사람:

　　전과자나 동성애자와 같은 '비정상적이고 위험하다고 여겨지는' 집단을 제외하면, 국내 거주 외국인 이민자나 노동자에 대한 신뢰, 포용, 사회적 거리감은 매우 낮고, 다른 나라에 비교하더라도 낮은 편이다. 외국인 중에서도 중국동포(조선족)는 화교나 이주노동자처럼 전혀 다른 나라 사람만큼 사회적 거리감은 크다. 윤인진(2016)에 의하면,[128] 다문화에 대한 국민인식의 변화는[129] 이주노동자, 결혼 이민자, 국제결혼가정 자녀, 중국동포(조선족), 화교, 그리고 북한이탈주민과 같은 다문화 소수자들에 대해 느끼는 심리적 거리감을 늘리는 결과를 낳았다. 2010년 조사에서는 북한이탈주민이 한국 국민으로 가장 가깝게 느끼고, 그 다음으로 국제결혼가정 자녀, 결혼이민자, 중국동포, 이주노동자 등 뒤로 갈수록 친밀감은 줄

어들고 거리감은 커지는 것으로 나타났다. 또한 2015년 조사에서는 국제
결혼가정 자녀에 대해 가장 가깝게 느끼는 것을 제외하고 다른 집단에 대
한 사회적 거리감(또는 친밀감)의 순서는 달라지지 않았다. 그러나 주목할
것은 2010년에 비교해서 2015년에 각 집단에 대해 국민이 느끼는 거리
감은 더 커졌다는 점이다. 예를 들어, 북한이탈주민에 대해서 남이라고 느
끼거나 남에 가깝다고 느끼는 사람들의 비율은 2010년에 28.4%에서
2015년에는 32.9%로 증가한 반면, 한국 국민으로 느끼거나 또는 한국
국민에 가깝다고 느끼는 사람들의 비율은 70.6%에서 67.1%로 감소했다.
결혼이민자의 경우에도 국민으로 느끼는 사람들의 비율이 70.2%에서
66%로 감소했다. 이런 현상은 이주노동자와 중국동포의 경우에도 똑같이
나타났는데, 특히 중국동포에 대한 사회적 거리감은 현저히 부정적인 방
향으로 확대됐다(〈표 1-11〉).

〈표 1-11〉 다문화 소수자에 대한 사회적 거리감 변화

보기	조사 연도	한국 국민이라고 느껴진다	한국 국민에 가깝다고 느껴진다	남에 가깝다고 느껴진다	남이라고 느껴진다	긍정-부정의 % 차이	모름/ 무응답
북한이탈 주민	2010	26.9	43.7	23.0	5.4	42.2	1.0
	2015	16.9	50.2	24.5	8.4	34.2	0.0
이주노동자	2010	7.4	30.8	47.8	13.0	-22.6	0.9
	2015	5.6	31.0	42.0	21.4	-26.8	0.0
결혼이민자	2010	24.7	45.5	23.9	5.4	40.9	0.5
	2015	13.3	52.7	26.7	7.3	32.0	0.0
국제결혼가정 자녀	2010	35.9	45.0	16.2	2.5	62.2	0.4
	2015	24.9	51.0	18.0	6.0	51.9	0.0
중국동포 (조선족)	2010	17.9	42.1	33.8	5.7	20.5	0.5
	2015	10.7	34.9	41.6	12.9	-8.9	0.0
화교	2010	-	-	-	-	-	-
	2015	3.8	21.4	46.4	28.4	-49.6	0.0

자료:윤인진(2016).

지금까지 한국인의 국내 거주 이민자와 노동자에 대한 신뢰, 포용, 사회적 거리에 대해서 살펴보았다. 첫째, 이웃, 일반인, 낯선 사람에 대한 신뢰도와 비교하면, 국내 거주 외국인에 대한 신뢰도는 '낯선 사람'에 대한 신뢰도와 비슷하다. 둘째, 다른 나라와 비교하면, 낯선 사람(처음 만난 사람)에 대한 신뢰는 평균적인 수준이나 외국인에 대한 신뢰는 낮은 편에 속한다. 셋째, 한국인은 가족·이웃·지인과 같은 '잘 아는 사람'을 잘 믿지만, 처음 만난 사람·타종교인·외국인과 같은 '낯선 사람'은 잘 믿지 않는 정도가 다른 나라에 비해 더 강하다고 할 수 있다. 한국인은 다른 나라보다 처음 만났거나 (처음 만난 건 아니지만) 자신과 다른 사람은 경계하는 정도가 심하다. 넷째, 외국인 이민자나 노동자는 어떠한 관계로도 받아들일 수 없다는 응답자는 소수이고 대부분은 한국 사회에서 살아가는 것에 대해서 허용적인 정도만큼 신뢰하고 있지만, 자신만의 공간(personal space)에 가까이 갈수록 배제하려는 경향이 강해진다. 외국인 이민자·노동자를 이웃으로 받아들이겠다는 응답자(32-44%)가 가장 많고, 다음으로 직장동료(29-39%), 절친(15-17%), 자녀의 배우자(10-11%), 자신의 배우자(2-3%)의 순으로 자신만의 공간에 가까울수록 수용도가 떨어진다. 다섯째, 다른 나라와 비교하면, 한국인의 외국인이나 다른 인종에 대한 포용 정도는 매우 낮은 편이다. 여섯째, 마지막으로, 외국인에 대한 신뢰와 사회적 거리는 출신국가나 민족에 따라 차이가 난다. 2010년과 2015년 사이 북한이탈주민, 이주노동자, 결혼이민자, 국제결혼가정자녀, 중국동포, 화교의 모든 집단에 대한 사회적 거리가 커진 가운데, 특히 중국동포와 사회적 거리가 가장 크게 벌어졌다. 한국인의 편견이 심해진 만큼 이민자는 차별을 더 많이 느꼈을 가능성이 크다.

이민자의 차별경험과 대응방식

2009년부터 3년 주기로 결혼이민자(남여)와 그 가족(남편이나 아내 그리고 자녀)을 대상으로 생활실태를 조사·분석한 전국다문화가족실태조사 결과를 통해서, 이민자가 경험한 차별은 어느 정도인지 살펴보자. 먼저, 외국인이라는 이유로 차별을 당한 적이 있다는 결혼이민자의 비중은 2009년 36.4%(여성 34.8%, 남성 52.8%), 2012년 41.3%, 2015년 40.7%, 2018년 30.9%, 2021년 16.3%로, 2015년까지 늘어났다가 그 이후 줄어들었다 (〈표 1-12〉). 여기서 주의깊게 살펴볼 점은 두 가지다. 하나는 2021년에 갑자기 차별을 경험한 이민자의 비중이 크게 줄어든 점이다. 그 이유는, 2020년부터 코로나19사태로 말미암아 내외국인의 출입국이 크게 제한되었고, 일상생활이 비대면으로 이루어지는 경우가 많아 차별을 경험한 이민자 수는 줄어들었다고 할 수 있다.[130] 그러나 차별받은 이민자가 차별받은 빈도수를 고려하면, 한국사회에서 이민자에 대한 차별이 줄었다고 단언하기 어렵다. 이에 대해서 곧 살펴보기로 한다.

여기서 주목할 다른 점은 출신국가에 따라 차별받은 경험자의 비율 또는 빈도수가 다르다는 점이다. 2009년-2012년 기간은 미국, 일본 등 선진국과 대만·홍콩, 베트남, 캄보디아 등 일부 개도국에서 온 이민자를 제외한 거의 모든 국가의 이민자들은 40%가 넘게 차별당했다. 시간이 가면서 차별이 줄어들었지만, 한국계 중국인(중국동포), 대만·홍콩계, 일본계 등 일부를 제외한 나머지 이민자들은 여전히 1/3 이상이 차별받고 있다. 마지막으로, 여러 출신국가 이민자 중에서 파키스탄(2012년), (베트남, 필리핀, 태국, 캄보디아를 제외한) 동남아 국가, 남아시아 국가, 아프리카, 중남미를 포함한 기타 지역의 국가 출신 이민자가 다른 지역출신 이민자보다 차별경험이 많다(〈표 1-12〉).

〈표 1-12〉 차별 경험과 대처방식

출신국가	조사 연도	차별 경험 (있음)	거리나 동네에서의 차별경험(있음)	직장·일터에서의 차별경험(있음)	차별 대처방식 (시정요구)
전체	2009	34.8/52.8 [4]	41.2/33.4	61.3/68.6	34.4/40.1
	2012	41.3	20.3	53.0	33.6
	2015	33.3	2.13 [6]	2.74 [6]	24.7
	2018	33.3	1.50	1.87	–
	2021	30.9 [5]	1.50	1.87	21.9
중국	2009	39.0/50.2	46.7/32.5	66.6/79.1	40.0/40.5
	2012	42.9	18.8	57.9	34.3
	2015	33.0	2.03	2.83	23.9
	2018	33.4	1.46	1.85	–
	2021	16.0	1.55	2.06	25.4
중국(한국계)	2009	40.6/51.3	37.2/23.2	71.2/83.2	38.0/39.9
	2012	45.5	13.7	62.1	38.5
	2015	30.5	1.85	2.87	20.7
	2018	26.5	1.39	2.06	–
	2021	13.5	1.43	2.10	9.9
대만·홍콩	2009	–	–	–	–
	2012	36.6	18.1	27.1	42.9
	2015	23.5	2.06	2.12	33.6
	2018	20.8	1.37	1.54	–
	2021	12.2	1.34	1.75	22.8
일본	2009	31.0/26.9	44.5/31.5	38.1/58.4	18.5/32.1
	2012	29.8	23.1	26.5	24.7
	2015	26.9	2.07	2.22	22.6
	2018	23.5	1.42	1.61	–
	2021	9.9	1.36	1.40	15.7
몽골	2009	36.0/–	29.3/–	49.8/–	34.5/–
	2012	45.3	24.7	46.7	39.7
	2015	–	–	–	–
	2018	33.2	1.46	2.08	–
	2021	18.2	1.40	2.02	24.6
베트남	2009	25.0/–	31.8/–	32.6/–	24.9/–
	2012	35.3	26.9	44.7	23.4
	2015	36.2	2.34	2.60	24.6
	2018	33.4	1.52	1.83	–
	2021	17.4	1.60	1.95	21.8
필리핀	2009	29.1/–	54.5/–	52.5/–	18.3/–
	2012	44.7	30.3	47.2	25.6
	2015	36.2	2.44	2.61	28.3
	2018	36.0	1.65	1.81	–
	2021	21.1	1.66	1.91	22.6

출신국가	조사 연도	차별 경험 (있음)	거리나 동네에서의 차별경험(있음)	직장·일터에서의 차별경험(있음)	차별 대처방식 (시정요구)
태국	2009	36.0/-	58.0/-	61.8/-	50.7/-
	2012	48.5	24.5	42.2	29.6
	2015	–	–	–	–
	2018	35.7	1.62	1.73	–
	2021	20.2	1.62	1.80	27.8
캄보디아	2009	24.8/-	46.0/-	40.0/-	28.1/-
	2012	34.5	35.8	33.9	19.9
	2015	–	–	–	–
	2018	35.0	1.66	1.70	–
	2021	16.1	1.69	1.96	29.6
파키스탄	2009	–		–	
	2012	53.2	28.5	52.3	48.7
	2015	–	–	–	–
	2018	–	–	–	–
	2021	–	–	–	–
우즈베키스탄	2009	–		–	
	2012	41.4	28.1	43.8	41.9
	2015	–	–	–	–
	2018	–	–	–	–
	2021	–	–	–	–
러시아	2009	–		–	
	2012	42.3	32.2	25.4	50.7
	2015[1]	32.9	2.19	2.54	28.6
	2018[1]	31.5	1.71	1.90	–
	2021[1]	13.5	1.53	1.94	25.7
미국	2009	–		–	
	2012	28.5	25.6	29.7	31.1
	2015	–	–	–	–
	2018	–	–	–	–
	2021	–	–	–	–
캐나다	2009	–		–	
	2012	37.8	44.8	26.9	48.5
	2015	–	–	–	–
	2018	–	–	–	–
	2021	–	–	–	–
동남아 기타	2009	–		–	
	2012	55.0	22.0	36.2	30.6
	2015[2]	34.1	2.31	2.42	25.3
	2018[2]	37.0	1.71	1.79	–
	2021[2]	20.7	1.66	2.17	20.3

출신국가	조사 연도	차별 경험 (있음)	거리나 동네에서의 차별경험(있음)	직장·일터에서의 차별경험(있음)	차별 대처방식 (시정요구)
남아시아	2009	–	–	–	–
	2012	55.1	32.9	56.5	42.4
	2015	47.2	2.27	2.68	23.7
	2018	36.9	1.78	1.94	–
	2021	30.8	1.65	2.03	22.5
서유럽· 대양주	2009[3]	40.8/57.2	31.3/36.3	32.7/25.6	37.9/30.4
	2012	38.4	34.9	23.2	34.6
	2015[3]	38.9	2.43	2.20	42.1
	2018[3]	33.1	1.68	1.52	–
	2021[3]	23.1	1.78	1.53	22.2
기타	2009	33.1/60.3	39.9/44.6	46.0/70.3	29.9/48.3
	2012	48.1	25.6	47.0	37.1
	2015	47.1	2.43	2.52	33.0
	2018	41.6	1.84	1.90	–
	2021	33.7	1.67	1.75	39.1

주: [1] 몽골·러시아·중앙아시아; [2] 그 외 동남아시아; [3]북미·호주·서유럽임; [4] 앞은 여성결혼이민자, 뒤는 남성결혼이민자; [5] 2021년 차별 경험자 비율이 줄어든 것은 2020년부터 2022까지 코로나19 전염병으로 인해 내외국인의 출입국이 크게 줄고, 비대면으로 진행되는 것이 많아 차별을 경험한 기회가 많이 줄었기 때문으로 보임; [6] 전혀 차별받지 않았다 – 1점, 심하게 차별받았다 – 4점
출처: 전국 다문화가족 실태조사 연구, 각 연도.

다음, 차별의 빈도수를 4점 척도로 계산하여 2018년과 비교하면, (일단 차별을 당한 이민자의 경우) 모든 공간에서 차별 경험은 오히려 증가한 것으로 나타났다. 실제로 공공기관(+0.1점), 일반상업시설(+0.09점), 직장·일터(+0.09점)에서 차별받은 경험은 많이 늘어났다(여성가족부 2022). 장소별 차별경험을 보면, 직장·일터에서 차별받은 이민자가 가장 많고, 다음으로 일반 상업시설, 거리나 동네, 공공기관과 자녀의 학교·보육시설, 집(가족이나 친척)의 순이다. 2015년 조사를 보면, 지난 1년간 사회적 차별을 경험한 이들은 공공기관(19.5%)이나 학교 보육시설(23.8%)에서 차별받았지만, 주로 직장 일터(2.69점, 4점 기준)에서 가장 심각한 수준의 차별을 경험한 것으로 보고하였다. 2018년 조사 결과를 보더라도 비슷하다. 직장/일터에서 지난 1년간 (가끔+자주+매우 자주) 차별받은 적이 있는 이들이 76.9%에 달했다. 2021년 조사에서는 차별받은 이민자의 비율과 4점 척도 점수를 보면,

직장·일터 69.8%(1.96점)로 2/3 이상이 차별받았고, 일반상업시설과 거리·동네 각각 48.4%(1.56점), 53.5%(1.62점)로 1/2 정도가 차별받은 것으로 나타났다. 공공기관과 자녀의 학교·보육시설에서는 차별 경험자는 각각 29.1%(1.37점), 31.3%(1.37점)으로 그리 많지 않으나 그래도 1/3 가까이 된다. 심지어는 가정에서도 가족이나 친척에게 차별받았다는 이민자가 21.2%(1.27점)로 적지 않다(〈표 1-13〉). 요약하면, 코로나19사태로 말미암아 국민과 접촉할 기회가 줄어서 차별을 경험한 이민자의 수는 줄었지만,131) 일단 차별을 경험한 이민자는 모든 장소에서 차별을 더 자주 경험했다.

직장이나 일터는 이민자와 한국인이 어느 정도 서로를 잘 알 텐데, 다른 곳보다 이민자가 차별을 더 많이 받는 것은 경쟁력 제고에 대한 압박감, 한국보다 정치적·경제적으로 뒤처진 나라에서 온 이민자에 대한 편견, 이민자의 한국 언어·문화·관습에 대한 무지나 오해 등으로 한국인이 이민자를 대등한 인간으로 보지 않고 자기 마음대로 대하기 때문이 아닌

〈표 1-13〉 사회적 공간별 결혼이민자·귀화자의 지난 1년간 차별 경험(2021년 조사결과)

차별받은 장소	전혀 차별을 받지 않았다	가끔 차별을 받았다	자주 차별을 받았다	매우 자주 차별을 받았다	합계	평균
거리나 동네	51.6 (25,620)	42.8 (21,279)	3.8 (1,868)	1.8 (909)	100.0 (49,675)	1.56
일반 상업시설 (상점, 음식점, 은행 등)	46.5 (22,638)	47.1 (22,894)	4.6 (2,220)	1.8 (888)	100.0 (48,640)	1.62
공공기관 (주민센터, 경찰서 등)	70.9 (32,671)	23.2 (10,689)	43. (1,963)	1.7 (785)	100.0 (46,108)	1.37
직장·일터	30.2 (13,157)	50.2 (21,874)	13.4 (5,862)	6.2 (2,699)	100.0 (43,591)	1.96
자녀의 학교나 보육시설	68.7 (15,338)	26.8 (5,989)	2.7 (613)	1.7 (376)	100.0 (22,316)	1.37
집 (가족관계, 친척 등)	78.8 (39,127)	17.1 (8,497)	2.3 (1,133)	1.8 (918)	100.0 (49,675)	1.27

출처: 여성가족부(2022). 2021년 전국다문화가족실태조사, 〈표 III-67〉, p. 242.

가 싶다. 이 중에서 앞에서 본 것처럼, '교육 전쟁', '취업 전쟁'이라는 표현이 말해주듯이, 한국 사회에서 기업 분야와 교육 분야가 경쟁이 가장 치열한 곳이다(김남근 2014).132) 특히 직장·일터는 국내외 시장으로부터 가해지는 치열한 경쟁에 효율적으로 대응하기 위해서는 신제품 개발 및 품질 개선, 인건비 절감 등을 통한 가격 인하, 판매실적 등에 대한 압박이 다른 분야에서보다 강하다.133) 후자의 두 가지 요인은 다른 조직이나 공간에서도 작용하지만, 경쟁이라는 요인은 기업체에서 가장 강하게 작용하기 때문에 한국인 관리자나 직원이 자기보다 여러 가지 면에서 열등한 이민자를 괄시하고 차별하는 것이 아닌가 싶다.

끝으로, 차별당했을 때 대처방식을 보기로 한다. 차별받았을 때 상대방에게 사과를 요구한다든지, 차별시정 관련 기관에 신고한다든지, 아니면 인터넷 게시판·카페·SNS 등에 올린다든지 하는 방식으로 대처하는 경우는 2009년 34.4%(여성, 남성 40.1%), 2012년 33.6%, 2015년 24.7% 등으로 시간이 갈수록 점차로 줄었다. 이를 출신국가별로 구분해서 2012년 조사결과를 보면, 러시아(50.7%)가 가장 적극적으로 대처하였고, 다음으로 파키스탄(48.7%), 캐나다(48.5%), 대만·홍콩(42.9%), 남아시아(42.4%), 우즈베키스탄(41.3%), 몽골(39.7%), 한국계 중국(38.5%)의 순이다. 시간이 지나면서 거의 모든 국가 출신 이민자들이 적극적으로 문제를 제기하고 시정을 요구하는 적극성은 줄어들었다.134) 특히 한국계 중국인은 2012년 38.5%가 시정요구를 했으나 그 이후 2015년에는 20.7%만 시정을 요구했고, 2021년에는 9.9%만이 그렇게 했다. 한국계 중국인이 가장 극적으로 적극적인 시정 요구자에서 웬만하면 참고 넘어가는 온건한 이민자로 변모했다. 다시 말하면, 2012년에는 차별받은 한국계 중국인 중 2/3정도가 참고 넘어갔는데, 2021년에는 무려 90%가 참고 넘어갔다는 뜻이다.

2009년과 2012년 기간에는 차별받으면 문제를 제기하고 시정을 요구하는 이민자 비율이 상당히 높았는데, 시간이 갈수록 그 비율이 낮아진 이유는 무엇일까. 2012년 전국다문화가족실태조사 결과를 통해서 추측할 수 있다. 차별받았을 때 차별하지 말라고 요구하지 않은 이유로 '한국어가 서툴러서'가 35.6%로 가장 많고, 다음으로 '불이익을 당할까 봐서'(33.8%), '다른 사람 요구가 받아들여지지 않은 것을 알기 때문에'(29.3%) 등의 순이다. 그리고 '절차가 까다롭고 복잡해서'도 12.7%로 적지 않다. 이러한 조사 결과가 시사하는 바는 의미심장하다. 시정을 요구해봤자 안 된다는 생각, 아니면 그랬다가는 불이익을 당할 것이라는 두려움, 이 두 가지가 주된 이유라는 것은 이민자들이 협력하여 집단으로 문제를 제기할 수 있게 되거나 더 이상 불이익을 감당할 수 없게 되면, 즉 지금과 다른 상황이 되면 혼자 아니면 집단으로 불만을 행동으로 표현할 수 있다는 뜻이기 때문이다.135)

출신국가별로 구분해서 보면, 응답자 중 9.5%만 '한국어가 서툴러서'라는 이유를 든 한국계 중국인(중국도포)을 제외한 다른 나라 출신 이민자는 언어문제가 가장 큰 걸림돌이고, 다른 사람도 해봤는데 안되니 해결되지 않을 가능성이 크다는 생각, 잘못하면 오히려 손해본다는 생각도 출신국에 관계없이 대부분의 이민자에게 중요한 이유였다(〈표 1-14〉).

이제, 이민2세의 경험을 살펴보기로 하자. 만9-24세 다문화가족 청소년 자녀 중 학교폭력이나 차별을 경험한 비중을 보면, 다음과 같다. 먼저, 학교폭력 피해자는 2012년 조사에서는 8.7%(남자 청소년 9.9%, 여자 청소년 7.6%)이었고, 다문화가족자녀라는 이유로 차별 당한 경험은 13.8%이었고,136) 2015년 조사에서는 5.0%로 2012년(8.7%p)에 비해 3.7% 감소했으며, 2018년 조사에서는 8.2%로 2012년 조사(8.7%)와 비슷하고, 2015년 조사(5.0%)에 비해 3.2%p 증가했다. 끝으로, 2021년 조사에서는 학교

폭력 피해자는 2.3%로 크게 줄었으나 이는 팬데믹의 영향으로 대면접촉
이 줄어들었기 때문으로 볼 수 있어 다문화가족 자녀 대상 학교폭력이 크
게 줄었다고 보기 어렵다. 다음, 지난 1년간 다문화가족 자녀라는 이유로
차별을 경험한 자녀의 비중을 보면 2012년 13.8%, 2015년 6.9%, 2018
년 9.2%로 차별 경험 자녀가 늘어났다가, 2021년에는 2.1%로 이전 조사
에 비해 다시 줄어들었다. 이 역시 펜데믹의 영향이 있다고 볼 수 있어 다
문화가족자녀에 대한 차별이 크게 줄었다고 보기 어렵다. 국가인권위원회
연구보고서(2019)에서 서술하고 있는 내용도 여성가족부의 전국다문화가
족실태조사에서 설명하고 있는 이민자에 대한 차별과 대처방식과 크게 다
르지 않다(아래의 설명 참조).

국가인권위원회는 한국사회 인종차별의 실태를 파악하고 이를 바탕으로 인종차별의 철폐를
위한 법제화 방안을 제시하고자 하는 것이다. 이를 위해 한국사회에서 주요한 인종차별의 대
상이 되는 이주민을 중심으로 설문조사와 면접조사를 실시하는 한편, 공무원·교원·언론인·
정치인 등 인종차별과 관련하여 한국사회에서 주요한 영향력을 미치는 집단에 대한 설문조사
와 면접조사를 실시하고, 이주민 관련 시민단체를 통한 현장조사와 언론기사, 인터넷카페 등
을 통해 인종차별의 사례를 수집하여 분석하였다. … (중략) … 한국사회 인종차별의 실태를
(1) **이주민 설문조사 및 면접조사**, (2) **공무원·교원 설문조사 및 공무원·교원·언론인·정치인
면접조사** … (중략) … 이주민 대상 조사는 2019년 7월 22일부터 9월 5일까지, 내국인 대
상 조사는 6월 27일부터 7월 10일까지 1차 300명을 대상으로 실시하였고, 관련 업무를 담
당하는 공무원 24명을 대상으로 추가 조사를 7월 10일부터 31일까지 실시하였다. 조사 결
과를 요약하면 다음과 같다.

첫째, 이주민을 대상으로 실시한 설문조사에서는 결혼이민자, 동포, 난민, 유학생, 전문직 종
사자, 이주노동자, 북한이탈주민 등 다양한 배경의 이주민을 대상으로 11개 언어로 조사를
실시하였고 총 310명의 응답이 최종분석에 포함되었으며, 면접조사에는 22명이 참여하였
다. 주요 결과는 아래와 같다.
▪ **차별 사유별 차별당한 경험**('가끔', '자주' 또는 '항상' 있다고 한 응답자 비율): '인종'
(44.7%), '민족'(47.7%), '피부색'(24.3%), '출신 국가'(56.8%), '한국인이 아니어서'
(59.7%), '종교'(18.6%), '의식주 등 문화적 차이'(45.4%), '한국어 능력'(62.3%), '말투
(악센트)'(56.6%), '성별'(19.0%), 직업(35.6%), 경제적 수준(36.9%)
▪ **차별 행위유형별 차별당한 경험**('가끔', '자주' 또는 '항상' 있다고 한 응답자 비율): '언어적
비하'(56.1%), '사생활을 지나치게 물어본다'(46.9%), '다른 사람이 나를 기분 나쁜 시선

으로 쳐다보았다'(43.1%), '사람들이 내 존재를 없는 사람 취급하였다'(34.9%), '다른 사람이 내가 하는 말을 믿지 않았다'(27.0%), '입장을 거부당하거나 이용을 거절당해 쫓겨났다'(19.1%), '일부 항목에 대해 판매나 서비스를 받지 못했다'(20.7%), '기관이나 단체에서 원하지 않는 지원이나 서비스를 강요받았다'(16.2%), '길에서 신분증 검사 등 단속을 당했다'(13.7%), '채용을 거부당했다'(28.9%), '일터에서 승진, 작업 배치, 임금, 보너스 등에 관해 불이익을 받았다'(37.4%), '소속된 집단에서 따돌림을 당했다'(18.8%), '사람들이 내 물건과 집에 낙서를 하는 등 망가뜨렸다'(2.6%), '신체적 폭력이나 협박을 당했다'(10.6%), '성희롱이나 성폭력을 당했다'(7.1%)

- **차별 행위자별 차별당한 경험**('가끔', '자주' 또는 '항상' 있다고 한 응답자 비율): '배우자'(22.7%), '배우자의 가족이나 친척'(22.7%), '소속된 집단의 친구나 동료'(30.7%), '일터의 관리자(상사, 고용주 등)'(38.0%), '길거리나 온라인의 모르는 사람'(28.0%), '상업시설 종사자'(28.7%), '금융기관 종사자'(21.8%), '교육기관 종사자'(17.9%), '시민단체 종사자'(10.7%), '종교기관 종사자'(9.2%), '출입국·외국인 사무소'(35.2%), '외국인근로자지원센터'(18.4%), '지방노동사무소'(19.2%), '근로복지공단'(18.0%), '고용지원센터'(17.8%), '다문화가족지원센터'(8.9%), '행정복지센터(주민센터)'(13.2%), '경찰서'(10.7%), '법원'(41.0%) … (중략)

- **차별을 경험했을 때 대처 방식**(차별 경험이 있는 응답자 중 비율): '가족이나 친구들에게 말했다'(50.2%), '무엇인가 하고 싶었지만, 그냥 참았다'(48.9%), '불쾌함을 바로 표현하였다'(31.9%), '친구나 회사동료 등에게 도움을 요청했다'(31.9%), '이주민이기 때문에 무시당하는 것이 당연하다고 생각했다'(28.5%), '나의 행동을 뒤돌아보았다'(28.5%), '차별당한 곳(일터, 상점 등)을 벗어났다'(28.5%), '피해 사실을 알리기 위해 인터넷 카페, SNS(페이스북, 트위터, 카카오톡 등) 등에 글을 올렸다'(17.4%), '관련 기관(경찰, 지원센터 등)에 신고를 하였다'(16.2%), '이주민 단체나 종교단체에 상담을 했다'(15.7%)

- **차별에 대응하지 않은 이유**: '달라질 것이라 생각하지 않아서'(57.8%), '어떻게 대응할지 몰라서'(45.3%), '보복이 무서워서'(23.0%), '통역이 없어서'(21.7%), '공정하게 대응해 줄 것 같지 않아서'(18.0%), '알리고 싶지 않아서'(14.9%)

- **한국사회 인종차별과 이주민에 관한 인식**('매우' 또는 '조금' 그렇다고 동의한 응답자 비율): '한국에 인종에 따른 차별이 존재한다'(68.4%), '이주민으로 인해 한국의 경제가 더 좋아진다'(77.9%), '이주민으로 인해 한국의 문화가 더 풍부해진다'(71.7%), '이주민으로 인해 한국사회가 더 살기 좋아진다'(63.2%), '이주민으로 인해 한국사회가 더 안전해진다'(40.7%)

- **매체에서의 인종주의적 편견**('매우' 또는 '조금' 그렇다고 동의한 응답자 비율): '내가 속한 민족, 인종, 출신국 사람들은 자주 등장하지 않는다'(대중매체 41.1%, 인터넷매체 41.1%, 정부발간물 37.6%), '이주민의 능력이나 성품을 부정적으로 묘사한다'(대중매체 45.0%, 인터넷매체 45.5%, 정부발간물 33.7%), '이주민의 종교, 문화, 전통 등을 부정확하게 묘사한다'(대중매체 40.3%, 인터넷매체 39.1%, 정부발간물 34.3%), '이주민을 한국인의 도움을 필요로 하는 약자로 묘사한다'(대중매체 48.2%, 인터넷매체 43.4%, 정부발간물 38.8%), '이주민을 폭력적이거나 위험한 사람으로 묘사한다'(대중매체 40.3%, 인터넷매체 40.1%, 정부발간물 31.6%), '백인이나 선진국 출신 이주민들만 긍정적으로 묘사한다'(대중매체 47.0%, 인터넷매체 42.3%, 정부발간물 39.2%) …. (중략)

둘째, 공무원·교원 설문조사는 공무원 174명과 교원 150명을 포함하여 374건이 최종분석에 사용되었으며, 공무원·교원·언론인·정치인 총 11명에 대한 면접조사가 실시되었다. 주요 결과는 아래와 같다.

- **한국사회 차별의 존재에 관한 인식**('매우' 또는 '조금' 그렇다고 동의한 응답자 비율): '인종'(89.8%), '피부색'(90.1%), '국적'(88.3%), '종교'(49.7%), '성별'(74.1%), '직업'(88.3%)
- **이주민에 관한 인식**('매우' 또는 '조금' 그렇다고 동의한 응답자 비율): 한국사회에 이주민이 늘어나면 '한국인이 인종차별을 할 가능성이 높아진다'(77.8%), '이주민으로 인해 한국인이 인종차별 피해를 입을 가능성이 높아진다'(49.4%), '이주민으로 인해 한국의 경제가 더 좋아진다'(42.6%), '이주민으로 인해 한국의 문화가 더 풍부해진다'(62.0%), '이주민으로 인해 한국사회가 더 살기 좋아진다'(28.7%), '이주민으로 인해 한국사회가 더 안전해진다'(11.4%)
- **매체에서의 인종주의적 편견**('매우' 또는 '조금' 그렇다고 동의한 응답자 비율): '이주민의 능력이나 성품을 부정적으로 묘사한다'(대중매체·언론 51.3%, 인터넷매체 62.4%, 정부발간물 19.4%), '이주민의 종교, 문화, 전통 등을 부정확하게 묘사한다'(대중매체·언론 58.0%, 인터넷매체 60.8%, 정부발간물 30.9%), '이주민을 한국인의 도움을 필요로 하는 약자로 묘사한다'(대중매체·언론 74.1%, 인터넷매체 62.6%, 정부발간물 58.3%), '이주민을 폭력적이거나 위험한 사람으로 묘사한다'(대중매체·언론 57.4%, 인터넷매체 69.7%, 정부발간물 23.8%), '백인이나 선진국 출신 이주민들만 긍정적으로 묘사한다'(대중매체·언론 73.7 %, 인터넷매체 73.5%, 정부발간물 44.1%)

.... (이하 생략) ....

다문화사회의 갈등

지금까지 한국인의 이민자에 대한 편견과 차별, 이민자의 차별경험과 대처방식에 대해서 알아보았다. 외국인이 본격적으로 한국 사회에 들어와 다문화사회로 변모한 뒤 사회갈등의 종류나 정도가 달라졌을까. 최근까지 한국 사회에서 가장 심각한 갈등은 경제문제(예, 부의 분배나 노사관계)와 정치문제(진보-보수 간의 이념)를 둘러싼 갈등이고, 다른 갈등과 비교하면 한국 국민과 외국인 간 갈등은 아직은 그리 심각하지 않다(〈표 1-15〉). 20세기말부터 크고 작은 '이민자 폭동'을 겪은 서구의 선발 다문화사회와 비교하면 더더욱 아니다. 그럼에도 불구하고 국민과 외국인 간 갈등이 심각하다고

<표 1-15> 갈등에 대한 국민인식

	빈부갈등 (가난한 자-부자)	이념갈등 (진보-보수)	노사갈등 (근로자-고용주)	세대갈등 (노인층-젊은층)	남녀갈등 (남성-여성)	종교갈등 (종교 간)	외국인과의 갈등
2018	82.4 (3.0)	87.3 (3.3)	76.3 (3.0)	64.4 (2.8)	52.0 (2.6)	58.5 (2.7)	56.5 (2.6)
2019	80.1 (3.0)	85.1 (3.3)	76.6 (2.9)	64.1 (2.8)	54.9 (2.6)	56.7 (2.6)	54.1 (2.6)
2020	82.7 (3.0)	85.4 (3.3)	74.2 (2.9)	60.9 (2.7)	48.8 (2.5)	55.4 (2.6)	49.4 (2.5)
2021	81.2 (3.0)	88.9 (3.1)	71.0 (2.9)	60.5 (2.7)	51.7 (2.6)	55.5 (2.6)	55.0 (2.6)

주: 매우 심하다 + 약간 심하다; ( ) 속은 4점 만점 기준
자료: 통계청, 사회통합실태조사, 각 연도.

인식하는 국민이 절반을 넘는다. 결코 방심할 수준이 아니다.

지금까지 한국인의 이민자에 대한 편견·비하·차별, 그리고 결혼이민자와 그 가족 중 이들에 대한 차별과 그 자녀 대상 학교폭력 피해에 대해서 살펴보았다. 이를 통해 알 수 있는 것은 국민 – 성인은 물론 청소년 – 의 결혼이민자와 그 자녀에 대한 차별이나 폭력이 광범하게 행해지고 있으며, 이민자와 그 자녀 대부분은 참고 있어서 국민과 이민자 간 갈등이 겉으로 드러나지도 않고 대규모로 표출되지도 않고 있다는 것이다. 그러나 편견과 차별이 없어지지도 않았고 줄어들지도 않았다. 경제상황 등 사회경제적·정치적 조건이 나빠지면, 한국인의 편견과 차별은 더 심해질 것은 불을 본 듯 뻔하고, 국제이주민 특히 (한국어와 문화를 완전히 체화한) 이민2세 청소년들은 더이상 차별을 참고 견디지 않을 것이다. 그렇게 되면, 서구의 다문화사회처럼 한국도 이민자의 개인적인 일탈행위도 많아지고 폭동도 피할 수 없을 것이고, 엄청난 혼란과 비용을 치르게 될 것이다.

제2장

국제이주민 정책

– 사회통합프로그램을 중심으로

이 법은 재한외국인에 대한 처우 등에 관한 기본적인 사항을 정함으로써
재한외국인이 대한민국 사회에 적응하여 개인의 능력을 충분히 발휘할 수
있도록 하고, 대한민국 국민과 재한외국인이 서로를 이해하고 존중하는 사
회 환경을 만들어 대한민국의 발전과 사회통합에 이바지함을 목적으로 한
다(재한외국인처우기본법 제1조(목적)).

배경

국제이주는 이주민 자신과 체류국 사회에 여러 가지 문제와 어려움을 가져다준다. 이주민의 수가 많고 유형이 다양할수록 더욱 그렇다. 언어, 관습, 가치, 규범이 다양해지고 충돌가능성이 커지기 때문이다. 따라서 이주민을 처음 받아들이는 순간부터 체류국 정부와 국민이 이들의 적응과 통합을 위한 노력을 하고 이주민도 자신이 해야 할 역할을 해야 한다. 그렇지 않을 경우, 체류국 사회와 이주민 모두 심각한 어려움을 겪게 된다.

한국의 경우 중앙정부 차원에서 종합적이고 체계적인 이주민 통합정책을 추진한 것은 2004년 6월에 설치된 대통령 산하 빈부격차·차별시정위원회의 제74회 국정과제회의(2006. 4. 26)에서 다인종·다문화사회에 대비, 여성결혼이민자 및 혼혈인·이주자에 대한 차별해소와 사회통합을 위한 범정부적 차원의 종합대책을 마련하면서부터였다. 이를 계기로 외국인정책위원회(대통령 훈령 제171호, 2006. 5. 22 발령)가 설치되고 제1차 외국인정책회의(2006. 5. 26)를 개최하여 이주민 통합정책을 포함한 외국인정책 기틀이 마련되었으며, 이를 바탕으로 2007년에는 재한외국인처우기본법, 2008년에는 다문화가족지원법이 제정되어 이주민통합을 위한 교육과 지원 방안이 구비되었다. 이 시기에 한국정부가 이주민통합을 위한 노력을 기울인 데에는 다음의 세 가지 배경이 작용하였다(김원숙 2012).137)

첫 번째, 1990년까지만 하더라도 우리나라에 체류하는 외국인은 그 수가 5만 명이 채 되지 않았을 뿐만 아니라, 체류자격이나 국적도 대단히 한정적이었다. 5천명이 넘는 외국인의 국적과 체류자격을 보면, (국적으로는) 타이완, 미국, 일본의 3국에 불과했고, (체류자격으로는) 주로 거주(대만화교), 방문동거(종교-상사-투자외국인의 배우자 등), 동반(자녀)의 세 유형이었다. 그러나 국내체류 외국인이 증가하게 된 결정적인 계기는 1988년 서울올림픽과 노태우정부의 북방외교를 계기로 부유한 한국의 이미지가 전세계로 확산되고 외교관계가 확대됨에 따라 국내에 체류하는 외국인의 수도 크게 늘어나고 유형도 훨씬 더 다양해졌다. 1989년 2월 헝가리와 수교, 1990년 9월 소련과의 수교, 1992년 중국이나 중앙아시아 국가들과의 수교 등을 계기로 고국 방문을 위해 외국국적동포들이 입국하기 시작했고, 1980년대 중반 3저호황과 1987년 민주화 이후 활성화된 노동운동으로 임금이 급격히 인상되었고 이로 인한 노동력 부족으로 어려움을 겪게 된 기업에서 일하기 위해 많은 외국인근로자들이 입국했다. 또 다른 한편, 1980년대 중반 이후 산업화·도시화가 급속히 진전됨에 따라 많은 젊은 여성들이 일자리나 진학을 위해 도시로 떠나버린 농촌에는 농업후계자로 남아있을 수밖에 없던 총각들이 외국인 신부를 받아들이기 시작하였다. 그리고 1997년 외환위기를 계기로 외국인투자가들이 한국을 떠나버리자 그 빈자리를 메꾸기 위해 미국이나 일본 등지의 외국국적동포 자본을 끌어들이기 위해 영주제도를 도입하는 등 다양한 이민정책을 시행하면서 이민자 수는 더 많아지고 유형은 더욱 다양해졌다.

1990년 5만 명이 채 안되던 장기체류 외국인의 수는 10년 만에 21만 명으로 늘어났고, 이민법제가 도입된 2007년에는 80만 명(단기체류 포함 시 100만 명)을 넘어섰다. 장기체류자 1만 명이 넘는 외국인의 국적을 보면 1990년에는 타이완과 미국의 2개국에 지나지 않았으나, 2000년에는 중국, 타이완, 미국, 인도네시아, 필리핀, 베트남, 일본 등 7개국으로 늘어났고, 2007년에는 중국, 베트남, 필리핀, 타이, 미국, 인도네시아, 타이완, 몽골, 일본, 스리랑카 등 10개국으로 늘어났다(〈표 2-1〉).

1만 명이 넘는 체류자격을 보면, 1990년에는 방문동거(F-1), 거주(F-2), 동반(F-3)의 세 가지 유형에 불과했으나, 2000년에는 이 세 유형을 포함하여 비전문취업 외국인근로자(E-9), 전문취업 외국인(E-1~E-7), 결혼이민(F-1-3, F-2-1, F-6) 등 6개 유형으로 늘어났고, 2007년에는 방문취업(H-2),

<표 2-1> 연도별 장기체류 외국인 국적별 인원

순위	1990	2000	2007	2010	2017
장기 체류자수	49,507	210,249	800,262	1,002,742	1,583,099
1	타이완 23,583	중국 58,984 (32,443)	중국 421,493 (310,485)	중국 536,917 (397,656)	중국 834,403 (626,060)
2	미국 14,019	타이완 23,026	베트남 67,197	베트남 98,225	베트남 151,385
3	일본 5,323	미국 22,778	필리핀 42,939	미국 64,144	미국 68,580
4	독일 773	인도네시아 16,700	타이 31,745	필리핀 39,525	우즈베키스탄 56,598
5	영국 670	필리핀 15,961	미국 26,673	타이 27,572	캄보디아 45,713
6	캐나다 615	베트남 15,624	인도네시아 23,698	인도네시아 27,447	필리핀 45,236
7	프랑스 608	일본 14,013	타이완 22,047	몽골 21,775	인도네시아 37,074
8	필리핀 578	방글라데시 7,882	몽골 20,473	타이완 21,490	네팔 35,426
9	인도 282	우즈베키스탄 3,737	일본 18,073	우즈베키스탄 21,158	타이 30,196
10	말레이시아 204	캐나다 3,295	스리랑카 12,078	일본 19,947	러시아 27,878

주: ( ) 속은 중국계 조선족
출처: 법무부 출입국외국인정책본부, 출입국·외국인정책 통계연보, 각년도

재외동포(F-4), 외국인유학생(D-2, D-4), 영주(F-5) 등이 추가되어 체류 유형이 훨씬 다양해졌다. 여기에 귀화 등을 통해 한국 국적을 취득한 결혼이민자와, 다문화가정자녀를 포함할 경우 1990년 이후 20년 사이에 국내 체류 외국계 주민의 수와 유형은 훨씬 더 많고 다양하다(〈표 2-2〉).

두 번째, 국내에 체류하는 외국인의 국적이 다양한 만큼 우리가 익숙하지 않은 언어, 종교, 관습, 문화를 가진 사람들이 많아졌고, 그만큼 외국인과 국민 간의 오해와 갈등이 발생할 가능성이 커졌으며, 한국어와 한국문화가 생소하고 어렵게 느끼는 외국인은 한국사회에 적응하기도 힘들고 조

〈표 2-2〉 장기체류 유형별 외국인 추이

	1990	2000	2005	2007	2010	2017
체류외국인 (단기+장기)	–	–	747,467	1,066,273	1,261,415	2,180,498
장기체류	49,507	210,249	510,509	800,262	1,002,742	1,583,099
전문취업	902	15,634	24,785	33,502	42,781	44,903
결혼이민자[1]	–	11,605	75,011	110,362	141,654	155,457
다문화가정자녀	–	–	25,246[9]	44,258	121,935	201,333[10]
비전문취업[2]	2,784	107,039	173,549	213,991	227,035	295,196
방문취업[3]	–	–	36,118	242,784	286,586	238,880
재외동포	–	2,419[4]	25,525	34,695	84,912	415,121
유학[5]	803	5,628	24,797	33,502	107,409	136,814
영주자격	–	–	11,239	16,460	45,475	136,334
난민인정자[6]	–	41(27)	65(49)	216(120)	792(1,474)
귀화자(1)[7]	49[8]	199	12,290	8,536	16,312	10,086
귀화자(2)[7]	110	1,338	29,453	45,032	97,873	178,197

주: [1] 결혼이민자: 동거(F-1-3: 2001년부터) + 배우자(F-2-1: 2002년부터) + 결혼이민(F-6: 2011년부터); 1993년~2000년은 국제결혼건수이고, 2003년부터는 누적인원(단 귀화자와 영주자 제외). [2] 비전문취업: 산업연수(D-3) + 연수취업(E-8) + 고용허가제(E-9) + 선원취업(E-10); 1990은 취업연수, 1993년은 산업연수임. [3] 방문취업(2007년부터): 선원취업(E-10)-연수취업(E-8)-비전문취업(E-9) 중 동포 + 방문취업(H-2). [4] 재외동포(F-4, 1999년부터): 동포연장(F-1-1) + 동포변경(F-1-2) + 재외동포(F-4). [5] 유학: 유학(D-2) + 일반연수(한국어연수, D-4). [6] 난민: 누적인원임; ( )속은 인도적 체류허가자임. 난민은 1994년 최초의 난민인정자와 인도적체류자가 받아들였으며, 관련 국내법은 2012년 2월 10일 제정, 2013년 7월 1일부터 시행함. [7] 귀화자: (1) 당해 연도, (2) 상기 연도까지의 누적인원. [8] 1991년도. [9] 2006년도. [10] 2016년도.
자료: 법무부, 법무연감 1990; 출입국외국인정책본부, 각 년도 출입국·외국인정책 통계연보

화롭게 어울려 사는 것이 힘들어 했다. 실제로 직장에서의 인권유린, 국제결혼가정 내 폭력, 부부갈등, 시부모와의 갈등, 자녀교육의 어려움 등 여러 가지 문제와 어려움이 발생했다. 결혼이민자 중에는 한국어와 한국 관습을 잘 몰라 한국인 남편과 시댁식구로부터 온갖 차별과 구박을 받는 일도 발생하고 심지어는 목숨까지 잃는 사고도 발생했다. 고용허가제와 선원취업 외국인근로자나 외국인 연예인들은 한국의 법과 제도를 잘 몰라 한국인 고용주나 관리자로부터의 인권이나 권리를 침해받는 사례가 드물지 않았고, 방문취업 외국국적동포나 회화지도 외국인 강사들은 한국 법을 잘 모르거나 준법정신이 약해서 범법행위를 하는 경우도 발생했다. 이

민자 관련 이러한 사건과 사고가 발생함에 따라 이민자와 국민 간의 갈등이 잦아졌다.

마지막으로, 우리보다 먼저 다문화사회로 변모한 서유럽국가들은 전후 복구에 필요한 노동력을 구식민지나 역사적으로 협력관계에 있던 국가로부터 허용된 체류기간이 지나면 본국으로 돌아갈 손님노동자(guest worker)로 받아들였다. 그래서 1970년대 초반 제1차 석유파동으로 인한 불황으로 손님노동자들이 더 이상 필요하지 않게 되어 본국으로 돌려보내야 할 때까지 초청국 정부와 국민은 이들을 자국사회에 통합시키려는 노력을 제대로 하지 않았고, 손님노동자들도 체류국 사회에 통합되기 위한 노력을 제대로 하지 않았다. 그 결과는 심각했다. 국제이주민들은 체류국의 법, 제도, 관습, 문화는커녕, 언어조차도 잘 몰라 그 나라 국민과 조화롭게 어울려 살지 못하고, 주류사회로부터 분리·고립된 채 살아갔으며, 서유럽 국가의 국민은 직장, 학교, 지역사회에서 과거 식민지시대에 형성된 고정관념 내지 편견으로 이주민들을 대하고 차별하고 멸시했다.

국제이주민은 경제사정이 나빠지면 우선적으로 해고되었고, 그 자녀들은 체류국 언어와 문화를 익혔음에도 불구하고 차별을 당했으며 졸업 후 일자리를 구하기도 어려웠다. 국제이주민 중에는 실업자도 많고 빈곤층도 많고 학업성취도가 낮은 학생들도 많아 체류국 국민의 편견은 더욱 심해졌다. 국제이주민의 차별과 고통, 이와 동전의 양면을 이루는 체류국 국민의 차별과 멸시는 종종 이주배경을 가진 주민의 폭동이나 체류국 국민과의 충돌을 야기했다. 사회주의권 붕괴 이후에는 기독교와 이슬람교 간의 관계가 악화되면서 갈등의 빈도와 규모는 커졌다. 특히 21세기에 접어들면서 2005년 프랑스 파리폭동 등 이민자를 당사자로 하는 폭력적인 사회갈등으로 말미암아 선발다문화사회는 엄청난 재산과 인명 피해를 입었다. 이러한 사건들을 계기로 선발다문화사회는 국경관리를 강화함과 동시에 프랑스 등과 같이 원래 이민자의 체류국 사회로의 통합을 강조하는 동화주의정책을 추진한 국가들은 물론 네덜란드 등과 같이 이민자 모국 언어와 종교를 보존하도록 공적 지원을 하였으나 체류국사회로의 통합은 요구하지 않았던 (소위 다문화주의정책을 추진하던) 국가조차도 '시민통합'(civic integration)을 강조하면서 이민자의 주류사회로의 통합을 위한 정책을 본격적으로 추진하였다. 시민통합이란 체류국 정부가 이주민에게 체류국 사회의 적응을 위한 지원을 해주는 대신 모든 장기 체류 이주민은 입국 후는 물론 입국 전부터 최소한의 체류국 언어와 문화에 대한 지식과 덕성을 갖추고 법을 준수하는 등 체류국 사회로의 통합을 위해 주어진 의무와 노력을 다할 것을 요구하는 정책을 의미하는 것이다.

한국정부가 2006년부터 이민자의 적응과 사회통합을 위한 정책을 추진한 것은 바로 이와 같은 국내외 환경의 변화에 능동적으로 대응하여 선발다문화사회가 겪은 격렬한 갈등을 피하고자 했기 때문이다. 여기서는 중앙부처 특히 법무부와 여성가족부의 이민자 통합정책, 그 중에서도 통합교육 프로그램의 내용과 성과를 정리해보고자 한다. 2017년에 이미 제1차 외국인정책기본계획을 시행한지 10년이 되었고, 한국인과 국제결혼 이민자의 다문화가족을 대상으로 하는 제1차 다문화가족지원정책기본계획을 시행한지도 8년이 되었기 때문이다. 외국인정책과 다문화가족지원정책 모두 이민자의 사회통합을 중요한 목표로 설정해 놓고 있다.

이민자 통합교육 프로그램

사회통합은 이민자의 입국 이후에만 적용해야 하는 정책이 아니고, 사증 → 입국 → 체류 → 귀화(또는 영주) 등 이민의 전 과정 중에 적합한 정책을 추진해야 한다. 우리보다 앞선 '다문화사회'로 변모한 서유럽 국가에서도 이민자와 국민 간 갈등을 예방하기 위해 입국 이전부터 이민자에게 입국하고자 하는 나라의 언어·문화 등에 관한 교육을 의무적으로 받게 하고 있다. 무엇보다도 이민자가 유입국에 입국한 이후 이민자의 적응과 사회통합을 위해 사후적으로 투입해야 하는 본인의 노력과 유입국의 사회적 비용을 줄이기 위해서다. 즉 입국 이전에 사회통합에 용이하거나 사회적응에 필요한 능력을 어느 정도 갖춘 이민자를 받아들임으로써 이민자 본인의 적응 기간을 단축하고 유입국으로의 통합을 촉진하여 유입국의 이민자 사회통합에 필요한 비용을 최소화하려는 것이다. 여기서는 입국 전부터 입국 후 적응 기간과 정착 기간에 실시되는 이민자 통합교육 프로그램을 살펴보고자 한다.

우선, 이민자가 한국에 입국하기 전에 받는 통합교육에는 결혼이민자 대상 한국어능력 검증과 현지 사전교육, 고용허가제 외국인근로자 대상 한국어능력시험(EPS-TOPIK)과 입국 전 교육, 선원취업 외국인근로자 대상 합숙교육, 외국인유학생 대상 한국어능력시험(TOPIK) 등이 있다. 다음, 입국 직후 통합교육에는 고용허가제(E-9)-선원취업(E-10) 외국인근로자와 방문취업 외국국적동포(H-2) 대상 취업교육과, 외국인유학생(D-2), 밀집지역 외국인, 외국인 연예인(E-6), 결혼이민자(F-2-1, F-6), 중도입국자녀(방문동거 F-1), 방문취업 외국국적동포(H-2) 대상 조기적응프로그램이 있다. 마지막으로, 정착단계의 통합교육에는 모든 장기 체류 외국인을 대상으로 하는 이민자 사회통합프로그램(KIIP, 온라인 화상교육과 오프라인 강의실교육), 결혼이민자와 중도입국자녀를 대상으로 하는 한국어와 한국문화교육(집합)과, 방문교육이 있으며, 고용허가제 외국인근로자를 대상으로 하는 한국어와 직장문화 교육 등이 있다. 간략히 보면, 〈표 2-3〉과 같다. 각 교육프로그램에 대해서 좀 더 자세히 살펴보기로 한다.

〈표 2-3〉 이민자 통합교육 프로그램

시기	프로그램명	주관부처	대상	내용
입국 직전	현지 사전교육 및 정보제공; 한국어 능력검증 (2007~2016년) (베트남, 필리핀, 몽골, 캄보디아)	* 여성가족부(2008년까지 국제결혼 이민관 파견, 이후 현지 활동 중인 한국 민간 단체 위탁) * 교육부 국제국립교육원 주관 한국능력시험(TOPIK) 초급 1, 또는 재외공관장이 지정한 교육기관의 초급수준 한국어교육(120~150시간) 이수	결혼이민자	* 베트남, 필리핀, 몽골, 캄보디아 등 * 이주자 현황과 다문화사회, 한국정보(위치, 기후, 교통수단, 주거문화, 명절과 음식문화, 체류개요), 국제결혼 준비사항, 성과 임신 그리고 건강 지키기, 가정경제생활, 취업, 여성폭력 대처방안, 결혼이주여성 지원기관 및 복지제도, 결혼관련 법률 등; 2일 간 교육
	입국 전 교육 및 한국어능력시험 (EPS-TOPIK, 2005년)	고용노동부와 협약 (송출국의 노동부 감독 하 공공직업훈련기관)	고용허가제 외국인근로자(E-9)	한국어교육(38시간), 한국문화의 이해(7시간) 등 총 45시간 교육; 한국어능력시험(주객관식 필기시험, 내용 - 한국문화에 대한 이해와 산업안전 등)
	합숙교육 (2003년)	해양수산부와 협약 (송출국 교육기관)	선원취업 (E-10)	선원업무수행에 필요한 내용, 안전교육, 한국어 기본회화, 한국의 출입국관리법 등; 3일 이상 합숙교육
	한국어능력시험 (TOPIK, 2008년)	교육부 (국제국립교육원)	외국인 유학생	지원자 개인 책임; 대학입학자격요건(입학 시 3급, 1년 이내 4급 또는 이에 준하는 교육이수)
입국 직후	취업교육 (2004년)	고용노동부 (노사발전재단, 중소기업중앙회, 대한건설협회, 농협중앙회, 수협중앙회)	고용허가제 외국인근로자(E-9) 및 방문취업 (H-2)	한국어(2시간), 한국의 직장문화(2시간), 관계법령 및 고충처리절차(4시간), 산업안전 및 기초기능(8시간) 등 16시간(2박3일)
	입국 후 교육	해양수산부 (국내 선원교육기관 -	선원취업 (E-10)	한국어교육과 시험, 한국문화의 이해(8시간), 기능교육(2시간),

	(수협중앙회)			산업안전교육(2시간), 관계법령교육(3시간) 등 총 16시간; 선박운항 일정상 불가피한 경우 선상교육으로 대체 가능
	조기적응프로그램(2009년)	법무부(이민자유형별 운영기관)	* 의무화 결혼이민자(2009년) 외국국적동포(신규입국, 2014년) 외국국적동포(재입국, 자격변경, 2016) 외국인연예인(2018)	* 시범운영: 외국국적동포(2012) -> 중도입국자녀, 외국인밀집지역 외국인, 외국인 연예인, 외국인근로자, 회화지도 강사로 확대(2013) -> 방문취업(의무) 확대(2014) 기초법·질서교육, 한국사회적응정보, 이민자집단에 특유한 정보(예, 유학생 필수정보, 결혼이민자 대상 가족간 상호이해 등) 등 총 2-3시간
정착단계	사회통합프로그램(오프라인-2009년; 온라인-2010년)	법무부(오프라인-이민자사회통합운영기관)(온라인-한국이민재단)	모든 장기체류 외국인	한국어와 한국문화(기초, 초급1, 초급2, 중급1, 중급2: 총 415시간), 한국사회 이해(영주-귀화 공통: 기본 50시간, 귀화: 심화 20시간)
	입국직후 통합교육(2015년 시범운영)	법무부(출입국외국인지원센터)	난민	합숙교육; 한국어(80시간), 한국문화(64시간), 심리안정·정서순화·체험학습 등(64시간) 총 208시간
	통합교육(2006년 전후)	여성가족부(다문화가족지원센터)	결혼이민자와 중도입국자녀	한국어와 한국사회 적응교육, 방문교육
		고용노동부(한국산업인력공단-민간위탁)	고용허가제 외국인근로자	한국어, 통번역, 직장문화, 산업안전보건, 기초기능
		민간단체(외국인력지원센터 등)	결혼이민자·외국인근로자와 그 자녀	한국어, 생활법률, 한국문화, 고충상담 등

자료: 고용노동부 한국고용정보원, 외국인고용관리시스템 (https://www.eps.go.kr/); 한국여성정책연구원(2011); 법무부 사회통합정보망 (http://www.socinet.go.kr/soci/main/main.jsp?MENU_TYPE=S_TOP_SY); 여성가족부 한국건강가정진흥원, 다문화가족지원포털 (https://www.liveinkorea.kr/portal/main/intro.do)

입국 전 교육(1) - 결혼이민자 대상 입국 전 현지교육 및 한국어능력 입증

법무부가 2014년에 '비정상적인 국제결혼의 정상화'라는 목적 하에 결혼비자 발급심사를 강화하면서 결혼이민자의 한국어 구사요건을 비자발급 요건으로 하였다. 우선, 국내 결혼이민자의 주요 출신국 7개 국가(베트남, 필리핀, 캄보디아, 중국, 우즈베키스탄, 몽골, 태국) 국민에게 한국어 능력시험을 거치도록 하였다. 여성가족부에서는 2007년 12월부터 결혼이민자가 상대적으로 많은 베트남, 필리핀, 몽골 등 3개국에서 국제결혼이민관을 파견하여 사전정보를 제공하고 한국으로 출국하기 전 현지에서 한국 생활에 필요한 교육 및 상담 등을 실시하고 있다(〈표 2-4〉). 캄보디아는 2009년 12월부터 2010년 3월까지 사전교육이 실시되었으나 그 이후 중단되었고, 우즈베키스탄, 태국 등으로 교육실시지역을 확대할 것을 계속 검토했으나 결국 실시되지 않아, 결국 3개국에서만 실시되었다. 교육기간은 1일(8시간)과 2일(16시간, 심화과정)로 구성되어 있으며, 교육내용은 한국사회에 대한 개괄적인 정보와 결혼·임신·가정생활·복지 등이다(이틀간의 교육 중 이틀째의 심화과정은 제대로 시행하지 못하고 있다).

사전교육을 이수한 결혼이민자의 수를 보면, 2007년 976명, 2008년 1,552명, 2009년 4,023명, 2010년 8,000여명, 2011년 8,022명, 2014년 5,425명, 2015년 5,762명, 2016년 5,903명 등과 같다(〈표 2-5〉).[138]

〈표 2-4〉 결혼이민자 출국 전 교육 내용

1일(기본과정)	2일(심화과정)
한국이주자 현황과 다문화사회	국제결혼 현황
한국정보(위치, 기후, 교통수단)	국제결혼 준비사항
한국정보(주거문화, 명절과 음식문화)	국제결혼 사례
한국정보(체류 개요)	취업
성과 임신 그리고 건강지키기	가정경제생활
결혼이주여성 지원기관 및 복지제도	가정폭력 대처방안
여성폭력 대처방안	결혼관련 법률

출처: 여성가족부 (2011).

<표 2-5> 현지 사전교육 프로그램 이수자

연도	인원	연도	인원
2007	976[1]	2011	8,022[3]
2008	1552[1]	2014	5,425[3]
2009	4,023[2]	2015	5,762[3]
2010	8,000[3]	2016	5,903[3]

주: [1] 베트남, [2] 베트남, 필리핀, 몽골, 캄보디아, [3] 베트남, 필리핀, 몽골
출처: 여성가족부 2011, 2012; 김재범 2011

'2017 이민자 사회통합교육 및 사회정착지원 실태조사' 결과에 의하면, 결혼이민자의 58.6%가 입국 전 현지사전교육을 받은 것으로 나타났다(IOM이민정책연구원 2017).

입국 전 교육(2) – 고용허가제 비전문취업 근로자 대상 입국 전 교육

고용허가제 외국인근로자(E-9)는 한국산업인력공단에서 주관하는 한국어 구사능력, 한국사회 및 산업안전에 관한 이해 등을 평가하는 고용허가제 외국인근로자 한국어능력시험(EPS-TOPIK)을 치러야 한다. 시험은 고용허가제 송출국가가 주관하고, 그 결과를 구직자 명부작성 시 활용하도록 하고 있다. 한국어능력시험과 함께, 취업능력배양 및 국내 조기적응 유도를 위해 근로계약을 체결한 고용허가제 외국인근로자는 출국 전에 한국어 교육 38시간, 한국문화의 이해 7시간 등 총 45시간의 교육을 받아야 한다. 고용허가제 외국인근로자는 2004년 제도도입 첫해에는 6개국, 이후 2006년 3개국 추가, 2007년 5개국 추가, 2008년과 2017년 각각 1개국 추가되어, 2017년부터 16개국으로부터 오고 있다(<표 2-6>).

다른 한편, 선원취업 외국인근로자(E-10)는 한국으로 출국하기 전 본국에서 송출기관이 주관하는 3일 이상의 집중합숙교육을 받아야 한다. 그 내용은 '대한 민국 풍습 및 문화', '한국어 기본회화', '대한민국 출입국 관계 법령', '승선예정 선박의 조업특성과 개요 및 안전수칙', '임금과 근로조건 등 근로계약 내용', 기타 외국인·선원생활에 필요한 사항 등이다. 선원취

업 외국인근로자는 2007년부터 2016년까지는 중국, 베트남, 인도네시아로부터 들어왔고, 2017년에 미얀마가 추가된 이후 지금까지 4개국으로부터 들어오고 있다(이한숙 외 2017).

고용허가제 외국인근로자와 선원취업 외국인근로자 대상 입국 전 교육 이수자 관련 공식 통계자료를 찾을 수 없어서, '2017 이민자 사회통합교육 및 사회정착지원 실태조사' 결과를 인용하면, 외국인근로자의 77.1%가 입국 전 사전교육을 받은 것으로 나타났다(IOM이민정책연구원 2017).

〈표 2-6〉 고용허가제 외국인근로자(E-9) 송출국

2004-2005	2006	2007	2008-2016	2017
필리핀, 몽골, 스리랑카, 베트남, 태국, 인도네시아	6개국 + 우즈베키스탄, 파키스탄, 캄보디아	9개국 + 중국, 방글라데시, 네팔, 키르기스스탄, 미얀마	14개국 + 동티모르	15개국 + 라오스
총 6개국	총 9개국	총 14개국	총 15개국	총 16개국

출처: 이규용 (2014).

입국 전 교육(3) – 외국인유학생 대상 한국어능력시험

외국인 유학생은 일정수준의 한국어능력시험(TOPIK) 성적 조건(입학 시 3급, 입학 후 1년 내 4급 또는 그에 준하는 교육 이수. 다만 모든 유학생에게 적용되는 것은 아님)을 만족시켜야 국내 대학 입학허가를 받을 수 있다. 결혼이민자(F-6)나 외국인근로자(E-9, E-10)와는 달리, 출국 전 집합 사전교육은 없지만, 개인적으로 한국어에 대한 자격요건을 갖추기 위해 민간학원 등을 활용하여 교육을 받아야 한다.

입국 후 교육(1) – 해피스타트 프로그램(조기적응프로그램)

법무부에서는 2009년부터 국내 생활방식 등 문화적 차이에서 발생되는 부조화 및 이질감을 해소하고 건강한 가정의 형성을 위하여 국내에 입국한 신규 결혼이민자와 배우자를 대상으로 외국인등록 전에 한국사회 적응에 필요한 기초생활 정보를 제공하는 해피스타트프로그램(Happy Start Program)을 실시하였다. 본 프로그램은 3시간 교육으로 주요 교육내용은 체류, 국적 등 출입국관련 안내, 기초생활 적응 및 결혼이민자 지원정책의 안내, 선배결혼이민자와의 소통 등이고 본 프로그램을 이수한 결혼이민자에게는 최초 체류기간의 연장 시 2년의 부여와 이수자 가운데 법무부에서 시행하는 사회통합프로그램을 수강할 경우 한국사회의 이해 영역에서 2시간을 수강한 것으로 인정하였다. 이 프로그램의 효과가 긍정적으로 평가되면서 2010년 외국국적동포에게 시범 적용하였고, 2013년 10월에는 출입국관리법 시행규칙 제53조의 5(결혼이민자 등의 조기적응 지원을 위한 프로그램)을 개정하여 기존 국제결혼을 한 부부 대상으로 실시하던 해피스타트프로그램을 조기적응프로그램으로 전환하였다. 동시에, 교육 대상에서 결혼이민자의 한국인 배우자를 제외하고 결혼이민자만 남겨두었고, 대신 다른 모든 이민자집단, 즉 중도입국자녀, 외국국적 동포, 외국연예인, 외국인근로자, 회화지도강사 등으로 확대하였다. 2014년 9월부터는 외국국적동포의 경우 조기적응프로그램을 의무적으로 이수하게 하고, 결혼이민자, 중도입국자녀, 외국인연예인, 외국인근로자, 회화지도강사, 유학생의 경우 자율적인 참여제로 두었다(〈표 2-7〉과 〈표 2-8〉).

　2009년 결혼이민자를 대상으로 시범적으로 운영한 해피스타트프로그램과, 이후 내용과 방법을 개선하여 다른 이민자 집단에게 확대 적용한 조기적응프로그램, 이 두 가지 프로그램 이수자는 2009년 1,435명에서 2017년 82,619명으로 늘어났으며, 누적 이수자 수는 245,380명에 달한다(〈표 2-9〉).

<표 2-7> 조기적응 프로그램의 도입경과

시기	대상	방식
2009. 7	결혼이민자와 그 배우자	해피스타트프로그램 시범실시
2011. 7	결혼이민자와 그 배우자	해피스타트프로그램 실시
2010.10	외국국적동포	기초법·제도 안내프로그램 시범 실시
2013.10	결혼이민자, 중도입국자녀, 외국국적동포, 외국인연예인, 외국인근로자, 회화지도강사, 유학생	이민자 조기적응프로그램, 법적 근거 마련 • 출입국관리법 시행규칙 제53조의 5: 2013년 10월 10일 개정·도입 • 해피스타트프로그램과 통합
2014. 5	위와 동일	이민자 조기적응프로그램 시범실시
2014. 9	방문취업(H-2)으로 입국한 외국국적동포, 결혼이민자, 중도입국자녀, 외국인연예인, 외국인근로자, 회화지도강사, 유학생	이민자 조기적응프로그램 실시 • 외국국적동포(H-2), 의무참여제 • 외국국적동포 이외, 자율참여제
2016. 7	방문취업(H-2)으로 재입국한 외국국적동포, 국내 체류 중 방문취업(H-2-99)으로 체류자격을 변경한 외국국적동포	이민자 조기적응프로그램 실시 • 외국국적동포(H-2-7: 만기출국 후 재입국 방문취업), 의무참여제 • 외국국적동포(H-2-99: 기타 사유로 방문취업으로 변경되는 비자), 의무참여제

<표 2-8> 조기적응프로그램 교육대상별 방식과 내용

대상	필요성	방식	내용	
			공통과목	특수과목
결혼이민자	헌법가치 및 국내기본법률·제도 이해 부족	자율참여제	기초 법·제도 질서, 출입국·체류 제도, 사회적응정보 등	부부, 가족 간 상호이해교육, 선배결혼이민자의 조언
중도입국자녀	한국교육제도, 생활정보 수집능력 부족, 사회 부적응 우려	자율참여제		한국의 교육제도, 청소년 문화·복지시설 안내
외국국적동포*	범죄발생 및 피해 예방을 위한 법질서 준수의식 부족	의무참여제		생활법률 등 범죄예방을 위한 준법의식
외국인연예인	인권침해 및 권리 구제 절차에 대한 이해 부족	자율참여제		외국인의 권리와 의무, 인권침해 예방 및 구제절차
외국인근로자	인권, 근로권 침해 예방 및 권리구제 절차에 대한 이해 부족	자율참여제		외국인의 권리와 의무, 근로권 침해 예방 및 구제 절차
회화지도강사	문화인식 차이 및 법질서 준수의식 부족	자율참여제		법질서 및 준법정신
유학생	성공적인 유학생활 및 한국에서의 진로 개척 및 직업 선택 지원 필요	자율참여제		유학생활과 미래 진로

주: 외국국적동포 중 주로 방문취업(H-2) 비자에 해당되고, 여기(방문취업, H-2)에는 다시 연고방문취업(H-2-1)은 국내 에 있는 국적·영주권 소지자가 초청할 경우, 유학방문취업(H-2-2)은 자진신고 출국후 재입국(H-2-3)은 과거 자진신고 출국 후 재입국한 경우, 연수(H-2-4)은 산업연수생으로 취업 후 만기출국자에게 발급된 비자, 무연고 동포 및 추첨에 의한 발급(H-2-5), 동포방문비자(C-3-8)로 6주 기술교육 후 취득하는 방문취업(H-2-6), 만기 H-2비자로 3년-4년 10개월 체류 후 출국하였다가 재입국하는 경우(H-2-7), 기타 사유로 변경되는 비자(H-2-99) 등 모두 8가지 종류가 있음.

<표 2-9> 법무부 조기적응프로그램(해피스타트 프로그램 포함) 참여자 현황

연도	2009	2010	2011	2012	2013	2014	2015	2016	2017	누계
인원	1,435	3,362	4,720	4,331	6,420	34,290	47,845	60,358	91,938	254,699

자료: 출입국외국인정책본부. 2012년 출입국외국인정책 통계연보(p. 721) 및 2017년 출입국외국인정책 통계연보(p. 105).

<표 2-10> 법무부 국제결혼안내프로그램 참여자 현황

연도	2010	2011	2012	2013	2014	2015	2016	2017	누계
인원	4,175	16,701	14,127	11,706	8,103	7,057	7,330	7,784	76,983

자료: 출입국외국인정책본부. 2012년 출입국외국인정책 통계연보(p. 722) 및 2017년 출입국외국인정책 통계연보(p. 106).

참고로 국내에 처음 입국한 결혼이민자와 배우자의 부부를 대상으로 실시했던 해피스타트프로그램이 2010년부터는 결혼이민자의 한국인 배우자만을 대상으로 결혼상대국의 제도, 문화, 배우자 초청 절차, 국제결혼 관련 법령 등을 교육하는 '국제결혼안내프로그램'과 병행, 운영되다가, 2013년에 이르러 해피스타트프로그램은 이민자만을 대상으로 하는 조기적응프로그램으로 완전히 대체되었다. 국제결혼안내프로그램은 국제결혼을 하려는 한국인에게 외국인 배우자 나라의 문화와 관습, 국제결혼 관련 법과 제도, 결혼사증발급절차 등을 교육하여 외국인 배우자를 잘 이해하고 행복한 가정을 형성할 수 있도록 지원하기 위한 교육프로그램이다. 국제결혼을 위해 외국인 배우자가 국내에 입국할 수 있는 사증을 발급받으려면 그의 한국인 배우자가 이 프로그램을 이수하였다는 증명서를 재외공관에 제출하도록 하였다. 2010년 처음 실시한 후 2017년까지 76,983명의 한국인 배우자가 이 프로그램을 이수했다(<표 2-10>).

입국 후 교육(2) - 이민자 사회통합 프로그램

사회통합프로그램은 한국에 체류하는 이민자가 한국사회의 건전한 구성원으로 적응·자립하는데 필요한 기본소양(한국어와 한국문화, 한국사회 이해)를 체계적으로 함양할 수 있도록 마련한 교육으로, 법무부장관이 지정한 운영기관에서 소정의 교육을 이수한 이민자에게 체류허가 및 영주권·국적부여 등 이민정책과 연계한 혜택을 제공함으로써 참여자의 성취도를 높이고 교육효과를 극대화하여 이민자 사회통합의 핵심적 역할을 수행하도록 되어 있다. 참여대상은 외국인등록증 또는 거소신고증을 소지한 합법 체류외국인 및 귀화자로 하되, 국적취득일로부터 3년이 경과한 귀화자는 출입국관리사무소장의 사전 승인을 받은 경우 사전평가 및 교육 청강이 가능하다. 2016년 7월 1일부터 국적취득(국적회복, 특별귀화 제외) 요건을 갖춘 외국국적동포가 영주자격(F-5-7)을 신청할 경우 '사회통합프로그램 5단계 기본과정'을 의무적으로 이수해야 한다.

교육과정은 정규 교육(0단계~5단계)과 기타 교육으로 구분되고, 정규교육은 한국어교육과 한국문화 5개 과정(0단계~4단계: 기초, 초급1, 초급2, 중급1, 중급2)을 순차적으로 최대 415시간 교육하고, 한국사회이해(5단계)는 영주자 등 장기체류 외국인이 한국생활에 필요한 기본소양에 대하여 사회, 문화, 정치, 경제, 법, 역사, 지리 영역 전반에 대해서 교육하는 기본과정(50시간)과, 한국사회이해 기본과정 수료자를 대상으로 한국 국민으로서 갖추어야 할 국가정체성, 국가안보, 통일, 외교, 헌법 가치 등을 종합적으로 교육하는 심화과정(20시간)으로 구성되어 있다(〈표 2-11〉). 직장이나 육아 또는 교통 사정 등으로 출석 수업이 어려운 이민자를 위해 동일한 내용의 사회통합프로그램이 2010년부터 온라인상으로도 운영된다.

사회통합프로그램 이수자에게는 이수한 단계에 따라 다른 혜택이 주어진다. 국적·체류 상담절차 이행을 포함한 5단계 심화과정을 모두 이수완료한 이민자는 귀화신청 시 필기시험과 면접시험이 면제되고 국적심사 대기시간이 단축되는 혜택을 누릴 수 있다. 5단계 기본과정 이상이수한 이민자는 영주자격 신청 시 실태조사와 한국어능력 입증이 면제된다. 이외

〈표 2-11〉 법무부 사회통합프로그램 내용

구분	한국어와 한국문화					한국사회 이해	
단계	0단계	1단계	2단계	3단계	4단계	기본	심화
과정	기초	한국어 초급1 및 한국문화	한국어 초급2 및 한국문화	한국어 중급1 및 한국문화	한국어 중급2 및 한국문화	영주귀화 공통소양	귀화심화 소양
총 교육시간	15시간	100시간	100시간	100시간	100시간	50시간	20시간
평가	없음	1단계 평가	2단계 평가	3단계 평가	중간 평가	영주용 종합평가	귀화용 종합평가
참고	• 5단계 심화과정은 기본과정 수료(수료인정 출석시간 수강) 후 참여						

출처: 사회통합프로그램, 사회통합정보망 (Migration and Social Integration Network) http://www.socin et.go.kr/soci/main/main.jsp?MENU_TYPE=S_TOP_SY#none

에도 점수제에 의한 전문인력(F-2-7)으로 체류자격을 신청·변경하고자 하는 이민자는 이수한 단계에 따라 최대 28점의 가산점을 부여받을 수 있으며, 특정활동(E-7) 체류자격을 신청할 시 한국어능력 입증이 면제되고, 연수(D-4-5), 특정활동(E-7-1), 재외동포(F-4-14) 체류자격 사증발급 시 혜택을 받을 수 있다.

사회통합프로그램은 2009년 처음 시범운영한 그해 1,331명이 이수한 뒤, 본격적으로 시행된 2010년에는 4,429명으로 크게 늘어났고, 이후 이수인원이 늘어나 2017년에는 41,500명으로 증가하여, 2009년부터 지난해까지의 총 이수자 수는 158,908명에 이른다. 온라인수업 이수자는 2010년 136명으로 시작하여 2016년에는 989명으로 2010-2016년 기간 동안 총 3,021명이었다(〈표 2-12〉). 2009년부터 2013년까지 체류자격별 이수자 수를 보면, 대체로 결혼이민자가 압도적으로 많고 다음으로 비전문취업(고용허가제) 외국인근로자, 방문동거, 유학, 기업투자, 방문취업 등의 순이다(〈표 2-13〉).

〈표 2-12〉 법무부 사회통합프로그램 참여자 현황

연도	2009	2010	2011	2012	2013	2014	2015	2016	2017	누계
오프라인수업	1,331	4,429	6,519	12,444	14,014	22,361	25,795	30,515	41,500	158,908
온라인수업	-	136	139	97	161	646	853	989	-	3,021

출처: 출입국외국인정책본부. 2013년 출입국외국인정책 통계연보, p. 732; 2017년 출입국외국인정책 통계연보,p. 104.

〈표 2-13〉 법무부 사회통합프로그램 체류자격별 참여자 현황

구분	합계	2009	2010	2011	2012	2013
합계	38,737	1,331	4,429	6,519	12,444	14,014
결혼이민(F-6)	25,893	846	3,266	4,971	8,238	8,572
방문동거(F-1)	2,809	246	558	534	878	593
방문취업(H-2)	774	83	130	111	238	212
영주(F-5)	431	90	125	33	66	117
유학(D-2)	1,012	14	64	154	388	392
기업투자(D-8)	835	11	89	159	248	328
비전문취업(E-9)	2,839	19	44	148	1,356	1,272
기타	4,144	22	153	409	1,032	2,528

출처: 출입국외국인정책본부. 2013년 출입국외국인정책 통계연보, p. 733.

입국 후 교육(3) - 결혼이민자 대상 입국 후 통합교육

여성가족부가 주관하는 한국어교육은 다문화가족지원센터를 포함한 지방자치단체에서 위탁한 한국어교육기관에서 결혼이민자와 중도입국자녀(만 18세 이하)를 대상으로 운영한다. 한국어교육에는 정규 한국어교육 과정, 중도입국자녀과정, 한국어심화과정(특별반) 등 세 가지 과정으로 구분되는데, 정규과정은 1단계에서 4단계까지 총 4개 과정의 한국어교육으로 각 단계별 100시간으로 구성되어 있다. 1-4단계(초·중급)의 각 단계별 정규 한국어교육과정(연계과정)을 이수한 이민자는 법무부에서 주관하는 이민자 사회통합프로그램의 한국어교육과정(기초, 1-4단계)의 중간평가에 응시할 수 있게 하였다.

중도입국자녀과정은 외국에서 태어나거나 성장한 자녀가 부모를 따라

한국에 입국하여 학령기임에도 불구하고 언어 장벽, 문화차이 등으로 인해 공교육 진입에 어려움을 겪고 있는 중도입국자녀의 기본적인 생활 한국어 실력 및 학업능력을 향상시켜 학교생활 적응에 도움을 주고자 실시하는 한국어교육과정이다.

마지막으로, 한국어심화과정 즉 특별반은 국적취득, TOPIK 시험, 발음교정, 노래 등 이민자의 특별한 수요에 맞는 다양한 목적과 방식으로 이루어지는 한국어교육과정이다. 법무부 사회통합프로그램의 5단계에 대응하는 여성가족부의 한국사회 이해 교육은 가족의사소통 프로그램 등 필수과정(25시간)과 부모역할교육 등 선택과정(35시간)으로 진행되는 가족통합교육과, 배우자에 대한 이해를 돕고 성 평등한 부부관계 개선을 위한 이해교육의 일환으로 다문화가족부부를 대상으로 하는 성평등 부부교육 등과 같은 다문화사회 이해 교육(50시간 이상)이 포함된다(〈표 2-14〉).

이상과 같은 집합교육 이외에도 여성가족부는 결혼이민자와 그 자녀를 위해 한국어와 한국사회 그리고 자녀양육 등에 대한 정보를 제공하거나 상담해주는 가정방문교육 프로그램도 운영하고 있다.

여성가족부 다문화가족지원사업보고서를 통해, 다문화가족지원센터에서 실시하는 결혼이민자 대상 한국어와 한국사회 이해 교육 이수자 현황을 보면, 2008년부터 2010년 간의 초기 3년 동안에는 2008년 11,114명, 2009년 14,179명, 2010년 23,044명이었다(김명현, 2012). 2012년도

〈표 2-14〉 다문화가족지원센터의 한국어교육과 한국사회의이해교육

구분	한국어와 한국문화				한국사회 이해	
단계	1단계	2단계	3단계/기초반	4단계/한국어능력시험대비반	가족통합교육	다문화사회이해
총 교육시간	100시간	100시간	100시간	100시간	50시간	50시간
평가	사전/사후평가	사전/사후평가	사전/사후평가	사전/사후평가	–	–
필수-선택	필수	필수	선택	선택	선택	선택

출처: 김명현 (2012).

전국다문화가족실태조사결과에 의하면, 한국어 집합교육은 전체 결혼이민자의 27.0%(전국 다문화가구 266,547가구 중 71,968명), 한국어 방문교육은 20.2%(약 53,843명)가 참여했다고 답했다. 2015년 전국다문화가족실태조사결과에 의하면, 결혼이민자 중 한국어교육·한국사회적응교육(집합) 참여자 64.1%(전체 다문화가구 278,036가구 중 대략 178,222명), 가정방문 교육 참여자 43.9%(대략 122,058명)이었다.

입국 후 교육(4) – 고용허가제 외국인근로자(E-9), 방문취업 동포(H-2), 선원취업(E-10)의 입국 후 취업교육

고용허가제 외국인근로자는 조기 국내적응을 위해 입국 후 15일 이내 취업교육을 받아야 한다. 이 교육은 한국산업인력공단이 총괄하고 노사발전재단, 중소기업중앙회, 농협중앙회, 수협중앙회, 대한건설협회가 시행하는데, 교육기간은 2박 3일, 16시간 이상의 집합교육이고, 교육내용은 한국어, 한국 문화 이해(기초 한국어, 한국의 역사문화생활 안내 및 직장생활 문화), 산업안전보건, 기초 기능, 고충상담 절차, 고용허가 제도 및 근로기준법 등이다. 외국인 구직자에 대해 업종별 특성 및 사업주 수요에 부응하는 기능수준 등을 평가하여 평가결과를 동영상 자료와 함께 사업주에게 채용정보로 제공하고, 우수자는 우선 알선하기 위해 입국 직후 기능시험(Skills Test)도 치르게 되어 있다. '체력', '경력 및 면접', '기초기능' 3개 영역에서 평가가 이루어진다. 평가의 내용은 기초기능평가와 면접평가로 이루어져 있는데, 면접평가에서 한국어 의사소통능력을 중요시하여 모든 면접평가를 "한국어"로 실시한다. 외국국적동포 방문취업(H-2)의 취업교육은 H-2 비자를 받고 입국하거나 국내에서 H-2 비자를 받고 취업활동을 하려는 고용특례 외국인을 대상으로 한국산업인력공단에서 실시하는 취업교육이다. 교육시간은 신규 16시간(3일), 재입국 7시간(1일)이며, 교육내용은 한국어 및 한국문화 이해, 고용허가제, 근로기준법 등 노동관계법, 기초기능

〈표 2-15〉 고용허가제 외국인근로자 및 선원취업 외국인근로자 취업교육 비율

구분		받았다	받지 않았다	잘 모름	인원
외국인근로자 입국 후 취업교육	고용허가제(E-9)	63.8	25.5	10.6	47(100.0)
	방문취업(H-2)	70.8	12.5	16.7	72(100.0)

출처: 조영희 외 (2017).

등 한국생활 적응에 필요한 사항을 포함한다. 교육이수 인원에 대한 공식 집계가 없어 실태조사결과를 통해서 알아보면, 고용허가제 외국인근로자는 63.8%(2017년 279,127명 중 대략 178,084명), 방문취업 외국국적동포는 70.8%(2017년 238,880명 중 대략 169,128명)가 취업교육을 받은 것으로 추측된다(조영희 외 2017, 〈표 2-15〉 참조).

선원취업 외국인근로자(E-10)의 경우, 입국 직후 취업교육은 수협중앙회에서 주관하고, 한국어와 한국어 시험, 한국문화 이해 교육이 8시간, 기능교육 2시간, 산업안전교육 2시간, 관계법령교육 4시간 등 총 16시간(3일 이내)의 교육을 받아야 한다. 교육이수 인원에 대한 공식집계가 없어, 실태조사결과를 통해서 알아보면, 선원취업 외국인근로자의 74.0%(2017년 선원취업 16,069명 중 대략 11,892명)가 입국 후 취업교육을 받은 것으로 추측된다(오경석 외 2012).

입국 후 교육(5) – 난민과 재정착 난민 초기적응 사회통합교육, 민간단체에 의한 통합교육

난민은 법무부 출입국·외국인지원센터에 입소하여 최장 6개월 동안 통합교육과 사회 정착지원 서비스를 제공받는다. 난민센터가 제공하는 통합교육은 결혼이민자, 외국인 근로자, 방문취업 외국국적동포 등을 대상으로 하는 입국 전 교육과 조기적응프로그램을 조합한 형태로, 한국어와 한국사회 이해를 중심적으로 교육한다.

다른 한편, 2004년 노동부가 설립하고 한국산업인력공단이 관리·감독

하는 (사)지구촌사랑나눔이 수탁·운영하는 한국외국인력지원센터를 중앙기구로 하고 6개 지역에서 운영하는 외국인력지원센터는 문화적 차이와 언어소통의 한계로 인해 여러 가지 어려움을 겪고 있는 외국인근로자를 대상으로 고충상담과 함께, 한국어, 생활법률, 한국문화 교육을 실시하고 있다. 이 두 가지 모두 교육이수자에 대한 공식통계가 없어, 정확한 교육 참여자 인원을 파악할 수 없지만, 외국인근로자의 교육 참여자는 다른 실태조사를 통해 유추할 수는 있다. 즉 외국인근로자들은 한국어나 한국사회 이해 교육을 주로 법무부 사회통합프로그램 운영기관(45~50%) 아니면 민간단체를 포함한 다른 기관(28~33%)에서 받는다. 노동부 산하기관에서 교육을 받은 외국인근로자는 8~20% 정도에 지나지 않는다(〈표 2-16〉).

〈표 2-16〉 비전문취업 외국인근로자 통합교육경험

구분	이민자사회통합 프로그램기관	다문화가족 지원센터	노동부고용 지원센터	자녀 학교	민간 단체	기타	전체
한국어	50.0	2.8	8.3	0.0	5.6	33.3	36(100.0)
한국사회이해	44.8	0.0	20.7	0.0	6.9	27.6	29(100.0)

출처: 조영희 외 (2017).

실태조사를 통해 본 통합교육의 성과와 시사점

여기서는 IOM이민정책연구원이 2017년 법무부 과제를 수행하면서 실시한 설문조사 데이터를 이용하여 지금까지 살펴본 주요 이민자 사회통합교육 프로그램의 성과를 정리할 것이다. 여기서 인용하는 설문조사 데이터는 2017년 9월 27일부터 10월 27일까지 한달동안 전국 16개 출입국관리사무소를 통해 지역별 장기체류 이민자 수 비례에 따라 인원을 배분하여 조사한 것으로, 총 1,206명이 응답하였다(조영희 외 2017).

먼저, '한국사회에 적응하는데 얼마나 도움이 되었는가'에 대한 긍정적인 응답의 비율('매우 많이' + '어느 정도' 도움이 되었다)을 교육프로그램의 직접적인 성과로 보면, 이민자 사회통합프로그램(72.4%), 결혼이민자 입국 전 현지교육(70.6%), 외국인근로자 입국 전 교육(64.3%) 후 교육(64.3%), 조기적응프로그램(59.6%) 등과 같다(〈표 2-17〉).

다음, 한국생활에서의 어려움과 지역 소속감 유무 내지 정도, 생활만족도를 통해 통합교육의 간접적인 효과를 살펴보기로 한다. 입국 전 교육의 경우, 모국에서 입국 전 통합교육을 받은 비전문 외국인근로자가 그렇지 않은 외국인근로자에 비해 지역사회 소속감이 강하고, 모국에서 현지 교

〈표 2-17〉 입국 전후 통합교육의 직접 효과

구분	매우 많이 도움 되었다	어느 정도 도움 되었다	그저 그랬다	별로 도움 되지 않았다	전혀 도움 되지 않았다	잘 모르 겠다	인원
외국인근로자 입국 전 교육	28.6	35.7	14.3	0.0	0.0	21.4	14
결혼이민자 입국 전 현지교육	31.3	39.3	6.3	4.5	2.7	16.1	112
조기적응프로그램	32.7	26.9	12.5	3.8	3.8	20.2	104
외국인근로자 입국 후 교육	35.7	28.6	7.1	0.0	0.0	28.6	14
이민자 사회통합프로그램	45.8	26.6	7.8	2.6	1.0	16.1	192

자료: 조영희 외(2017).

육을 받은 결혼이민자가 그렇지 않은 결혼이민자에 비해 한국생활에서 어려움이 많다. 반면 외국인근로자와 결혼이민자 모두, 입국 전 교육이 생활만족도에는 영향이 없는 것으로 나타났다(〈표 2-18-1〉부터 〈표 2-18-3〉).

〈표 2-18-1〉 입국 전 현지(사전)교육의 간접 효과(1) - 한국생활 어려움

		어려움 있다	어려움 없다	합계
비전문취업 외국인근로자	교육 받았음	56.8	43.2	100.0 (37)
	교육받지 않았음	36.4	63.6	100.0 (11)
	전체	52.1	47.9	100.0 (48)
결혼이민자	교육 받았음	74.7	25.3	100.0(217)
	교육받지 않았음	56.2	43.8	100.0(153)
	전체***	67.0	33.0	100.0(370)

* p<0.1 ** p<0.05 *** p<0.01

〈표 2-18-2〉 입국 전 현지(사전)교육의 간접 효과(2) - 지역사회 소속감

		매우 많이 있다	많이 있다	어느 정도 있다	별로 느끼지 않는다	전혀 느끼지 않는다	잘 모르겠다	합계
비전문취업 외국인근로자	교육 받았음	16.2	27.0	32.4	8.1	0.0	16.2	100.0 (37)
	교육받지 않았음	30.0	0.0	30.0	0.0	30.0	10.0	100.0 (10)
	전체***	19.1	21.3	31.9	6.4	6.4	14.9	100.0 (38)
결혼이민자	교육 받았음	19.8	36.4	29.5	6.9	3.2	4.1	100.0(217)
	교육받지 않았음	16.1	31.6	332.3	7.7	5.2	7.1	100.0(155)
	전체	18.3	34.4	30.6	7.3	4.0	5.4	100.0(372)

* p<0.1 ** p<0.05 *** p<0.01

〈표 2-18-3〉 입국 전 현지(사전)교육의 간접 효과(3) - 생활만족도

		매우 만족	대체로 만족	만족도 불만도 없다	대체로 불만	매우 불만	합계
비전문취업 외국인근로자	교육 받았음	32.4	35.1	42.3	0.0	0.0	100.0 (37)
	교육받지 않았음	27.3	36.4	18.2	9.1	9.1	100.0 (11)
	전체	31.3	35.4	29.2	2.1	2.1	100.0 (38)
결혼이민자	교육 받았음	26.0	52.1	17.4	2.7	1.8	100.0(219)
	교육받지 않았음	25.0	53.8	20.5	0.6	0.0	100.0(156)
	전체	25.6	52.8	18.7	1.9	1.1	100.0(375)

* p<0.1 ** p<0.05 *** p<0.01

그 다음, 입국 후 대표적인 통합교육인 조기적응프로그램과 사회통합
프로그램 참여 여부가 한국생활에 미친 간접 효과 내지 영향을 보면, 두
프로그램 모두 생활만족도에는 유의미한 영향이 없으나, 한국어 구사능
력, 한국사회에 대한 지식, 한국생활 어려움, 지역사회 소속감에는 영향이
있는 것으로 나타났다. 즉, 사회통합프로그램 이수여부는 한국어 구사능
력과 한국사회에 대한 지식, 그리고 지역사회 소속감에 대해서 긍정적인
영향을 미치나 한국생활에서의 어려움은 상대적으로 많으며, 생활만족도
에는 별로 영향이 없는 것으로 나타났다. 반면 조기적응프로그램 이수여
부는 한국어 구사능력에는 긍정적인 영향을 미치고 한국사회에 대한 지식
과 한국생활에서의 어려움 정도에 대해서는 부정적인 영향을 미치거나 부
(-)의 관계에 있으며, 지역사회 소속감과 생활만족도에는 영향이 없는 것
으로 나타났다(〈표 2-19-1〉부터 〈표 2-19-5〉).

〈표 2-19-1〉 입국 후 교육의 간접 효과(1) - 한국어 구사능력

		말하기 쓰기 모두 잘한다	말하기는 좋으나 쓰기는 불편	쓰기는 좋으나 말하기는 불편	둘 다 잘하지 못한다	둘 다 전혀 못한다	합계
조기적응 프로그램	받았다	31.3	34.8	13.7	18.5	1.7	233(100.0)
	받지 않았다	32.6	28.1	9.5	24.4	5.4	570(100.0)
	전체*	32.3	30.0	10.7	22.7	4.4	803(100.0)
사회통합 프로그램	받았다	28.8	40.6	11.5	17.8	1.3	382(100.0)
	받지 않았다	33.5	24.3	9.6	26.5	6.1	460(100.0)
	전체***	31.4	31.7	10.5	22.6	3.9	842(100.0)

* p<0.1 ** p<0.05 *** p<0.01

〈표 2-19-2〉입국 후 한국사회이해 교육의 간접 효과(1) – 한국사회에 대한 지식

		불편하지 않을 정도로 안다	어느 정도 알지만 아직 불편하다	아는 것이 별로 없어 매우 불편	아는 바가 전혀 없다	합계
조기적응 프로그램	받았다	26.1	56.4	15.4	2.1	234(100.0)
	받지 않았다	33.1	53.6	9.8	3.5	571(100.0)
	전체**	31.1	54.4	11.4	3.1	805(100.0)
사회통합 프로그램	받았다	29.9	59.1	9.4	1.6	381(100.0)
	받지 않았다	32.1	51.2	12.4	4.3	461(100.0)
	전체**	31.1	54.8	11.0	3.1	842(100.0)

* p<0.1 ** p<0.05 *** p<0.01

〈표 2-19-3〉입국 후 교육의 간접효과(2) – 한국생활 어려움

구분	교육경험	어려움 있다	어려움 없다	합계
조기적응프로그램	교육 받았음	61.4	38.6	233(100.0)
	교육 받지 않았음	52.4	47.6	574(100.0)
	전체**	55.0	45.0	807(100.0)
사회통합프로그램	교육 받았음	61.2	38.8	379(100.0)
	교육 받지 않았음	50.9	49.1	466(100.0)
	전체***	55.5	44.5	845(100.0)

* p<0.1 ** p<0.05 *** p<0.01

〈표 2-19-4〉입국 후 교육의 간접 효과(3) – 지역사회 소속감

구분		매우 많이 있다	많이 있다	어느 정도 있다	별로 느끼지 않는다	전혀 느끼지 않는다	잘 모르 겠다	합계
조기적응 프로그램	교육 받았음	17.7	32.1	31.2	6.8	4.6	7.6	237(100.0)
	교육받지 않았음	13.5	29.5	33.5	8.3	4.3	10.8	576(100.0)
	전체	14.8	30.3	32.8	7.9	4.4	9.8	813(100.0)
사회통합 프로그램	교육 받았음	21.2	31.9	32.5	5.0	3.4	6.0	382(100.0)
	교육받지 않았음	10.5	30.1	33.1	9.0	4.9	12.4	468(100.0)
	전체***	15.3	30.9	32.8	7.2	4.2	9.5	850(100.0)

* p<0.1 ** p<0.05 *** p<0.01

〈표 2-19-5〉 입국 후 교육의 간접 효과(4) – 생활만족도

		매우 만족	대체로 만족	만족도 불만도 없다	대체로 불만	매우 불만	합계
조기적응프 로그램	교육 받았음	24.2	51.7	18.8	2.9	2.5	240(100.0)
	교육받지 않았음	22.4	52.5	22.2	1.6	1.4	577(100.0)
	전체	22.9	52.3	21.2	2.0	1.7	817(100.0)
사회통합프 로그램	교육 받았음	27.6	50.3	19.3	1.8	1.0	384(100.0)
	교육받지 않았음	20.0	53.9	22.4	1.7	1.9	469(100.0)
	전체	23.4	52.3	21.0	1.8	1.5	853(100.0)

* p〈0.1 ** p〈0.05 *** p〈0.01

지금까지 살펴본 것을 요약하면, 입국 전후 이민자를 대상으로 실시하는 거의 모든 유형의 통합교육이 한국어 구사능력을 향상시켜주거나 한국사회에 대한 지식을 늘려줌으로써 이민자의 한국 생활에 도움도 주고, 지역사회 소속감도 생기게 함에 틀림없다. 이런 점에서 특히 사회통합프로그램의 기여도는 결코 무시할 정도는 작은 것은 아니다. 그럼에도 불구하고, 그 어느 (유형의) 통합교육도 이민자가 한국생활에서의 만족감을 보장하지는 않는다는 것도 분명한 듯 하다. 따라서 통합교육의 궁극적인 목표인 이민자의 한국사회로의 통합을 보다 확실히 실현하기 위해서는 한국어나 한국사회에 대한 교육을 넘어서 일상생활에 필요한 여러 가지 지원이 뒷받침되어야 하지 않을까 생각한다. 또한, 뒤에서 보겠지만, 한국인의 국제이주민에 대한 편견과 차별을 실질적으로 줄이는 방안도 모색해야 할 것이다.

부록 2-1 한국 국민과 공무원 대상
다문화수용성 제고 교육 및 홍보활동

1. 2021년 외국인정책시행계획 중에서 국민(청소년, 성인, 공무원)을 대상으로 하는 다문화 이해 교육이나 다문화수용성 제고를 위한 프로그램은 다음과 같다 (2021 중앙행정기관 외국인정책 시행계획).

　제3차 외국인정책 기본계획(2018~2022)은 '국민공감! 인권과 다양성이 존중되는 안전한 대한민국'이라는 기치(비전) 아래 ①'국민이 공감하는 질 서있는 개방'(상생), ②'이민자의 자립과 참여로 통합되는 사회'(통합), ③'국 민과 이민자가 함께 만들어가는 안전한 사회', ④'인권과 다양성이 존중되 는 정의로운 사회', ⑤'협력에 바탕한 미래 지향적 거버넌스' 등 다섯 개의 정책목표를 설정하고 각 목표별로 중점적으로 추진할 과제를 제시하고 있 다. 이 중에서 ②는 이민자의 한국사회 적응과 통합을 위한 정책과제들이 배치되고, ④는 이민자의 인권 보호를 위한 법·제도의 도입·개선·시행과 국민의 다문화 이해와 수용성을 높이기 위한 정책과제들을 포함하고 있 다. 나머지 정책목표에는 외국인의 출입국, 외국과의 교류협력, 관련 정부 기관과 시민사회단체의 협력을 위한 정책과제들이 포함되어 있다.

　여기서는 국민의 다문화 이해와 수용성을 높이기 위한 정책과제를 담고 있는 ④에 대해서 간략히 살펴본다. 외국인정책의 네 번째 목요인 ④'인권과 다양성이 존중되는 정의로운 사회'에는 이민자 인권보호 체계(법과 제도, 도입과 시행) 강화, 여성·아동 등 취약 이민자 인권증진, 문화다양성 증진 및 수용성 제고, 동포와 함께 공존·발전하는 환경조성, 국제사회가 공감하는 선진 난민정책 추진 등의 다섯 가지 중점과제들이 배치되어 있다. 이 중에서 세 번째 중점과제인 '문화다양성 증진 및 수용성 제고'에는 문화다양성 관련 프로그램 활성화 및 지표관리, 문화다양성 이해 역량 강화, 동포와 함께 공존·발전하는 환경 조성 등 세 가지 중간단계 중점과제목표가 있다.

먼저, 전자에는 교육부가 주관하는 교원 및 관리자 대상 원격교육 운영, 예비교원 단계부터 다문화 교육역량 강화 추진, 다문화 이해교육 자료 개발 등의 세부과제, 법무부 주관의 지역주민과 이민자가 참여하는 세계인주간 및 세계인의 날 행사, 문체부가 주관하는 전국 지역문화 공공기관과 협력하여 문화다양성 주간행사 운영, 문화다양성의 가치 확산을 위한 홍보 및 캠페인 실시 등이 들어가 있다.

다음, 후자(문화다양성 이해 역량 강화)에는 교과 및 비교과와 연계하여 모든 학생을 대상으로 다문화 이해교육을 실시하는 다문화교육정책학교 운영,139) 세계시민교육 인식 제고, 교수학습자료 개발·보급 및 선도교사 역량강화 등 세계시민교육 지속적 확산(이상 교육부),140) 다양한 집단별·대상별 참여형 교육 연구 기획 및 운영을 통한 문화다양성 교육 프로그램 확산, 상호 문화이해 활동 촉진을 위한 이주민 자조모임이 문화예술 활동지원, 지역내 이주민과 지역주민 간의 문화예술활동을 통한 네트워크 구축, 무지개다리사업 확대141)(문체부) 등이 포함되어 있다.

끝으로, 동포와 함께 공존·발전하는 환경조성을 위한 정책에는 재한동포에 대한 부정적 여론과 인식을 개선하고 상생·공존하는 사회분위기 조성을 위해 대국민 홍보사업 지속 추진(법무부)이 들어가 있다.

지금까지 제3차 외국인정책 기본계획 중 2021년도 시행계획에서 한국인을 대상으로 하는 다문화이해교육이나 문화다양성 인식제고 교육과 관련된 세부과제를 살펴보았다. 두 가지 특징을 발견할 수 있다.

첫째, 교재개발이 2014년과 2015년에 시작되어 실제로 교육을 실시한 것은 훨씬 뒤이다. 예를 들면, 교원의 다문화교육 역량을 강화하기 위한 원격연수 컨텐츠를 개발하여 처음으로 (시범) 운영한 것은 2015년이고, 교원연수 중점 추진방향을 수립한 것은 2020년 5월이다. 또한 초·중·고 학교급별 다문화 이해교육 자료 개발을 완료한 것은 2018년 12월이고, 2019년 2월부터 개발자료를 초중고 교원이 활용할 수 있도록 교육정보 통합지원포털(에듀넷-티글리어)에 탑재하였다. 학교구성원의 다문화 수용도를 높이기 위한 '모든 학생 대상 다문화 이해교육'은 2014년부터 2018년 다문화중점학교에서 시범운영한 뒤, 2019년부터는 다문화교육 정책학교로 통합하여 전체 학교에서 다문화교육에 참여하도록 하였다.142)

지방자치인재개발원이나 지방공무원교육원 등이 주관하는 지자체 공무원 대상 다문화 수용성 제고와 인권의식 함양을 위한 교육이 기본교육에 포함된 것은

2008년 무렵이지만,[143] 승진·승급을 위한 교육과정에 포함되어 있고 지방자치단체 공무원만 대상으로 하기 때문에 실제 수강인원은 매년 1만명 이하다. 2019년 12월 기준, 한해 동안 다문화이해 교육을 받은 공무원은 8,645명이었다.[144]

문체부가 주관하는 '문화다양성에 대한 대국민 인식제고 및 사회적 가치 확산, 정책공감대 형성'(과제번호 4-3-①-①)의 경우, 전국 지역문화 공공기관과 협력하여 문화다양성 주간행사(전시, 공연, 체험행사 등 문화프로그램 운영)를 운영하고, 문화다양성의 가치를 확산하기 위한 홍보 및 캠페인을 전개하도록 되어 있다. 근거법령이 2014년 11월 29일부터 시행되어 2015년부터 문화다양성의 날 및 문화다양성 주간행사가 개최되었다.[145] 문화다양성 교육 프로그램도 2015년 개발하여, 2016년-2017년, 2018년-2019년, 2020년-2021년, 각 시기에 3-4개 연구학교에서 시범적으로 운영하였다.[146]

제1장에서 보았듯이, 국내에 외국인이 1990년대 초반에 본격적으로 들어와 한국인과 부딪히면서 살아가는 과정에 각종 사건과 사고(예, 토막살인사건, 산재로 인한 이주노동자 사망)를 겪으면서 2010년경에는 서로에 대해서 부정적인 이미지가 굳어졌을 것인데, 그 이후 도입한 정책의 효과가 얼마나 있을지 의문스럽다.

둘째, 국민(청소년, 성인, 공무원)을 대상으로 하는 다문화 이해 교육이나 다문화수용성 제고를 위한 프로그램은 대부분 외국의 음식이나 의복 또는 상식 수준의 관습이나 역사를 소개하는 데 그치고, 한국인의 외국인에 대한 편견과 차별을 줄이기 위한 교육은 원론적인 내용(외국인도 우리와 같은 인간이니 편견을 버리고 차별하지 말자)으로 공무원이나 초중고 학생을 대상으로 하는 교육 정도이다.[147] 개별 세부과제는 약간 차이가 있지만, 정책의 방향, 목표, 특징은 2021년 이전의 시행계획에서도 그대로 찾아볼 수 있다.

2. 외국인정책 기본계획 2015년도 시행계획의 추진실적 평가(정영태 외 2016)

국민(청소년 학생, 공무원, 성인) 대상 다문화이해 교육이나 문화다양성 교육 관련 프로그램(중앙부처) 초·중·고등학교 및 대학의 문화다양성 이해 역량 강화(교육부);[148] 문화다양성 교육 프로그램 확충(국립중앙박물관, 미술관, 온라인 문화다양성), 외국문화체험전시, 도서관 다문화서비스 확대, 다문화 인식 개선을 위한 방송프로그램 운영, 외국인을 위한 방송통신서비스 확대(IPTV 양방향 다국어 자막서비스 확대, 이동통신 선불요금제 서비스 확대) (이상 문체부) 등이고, (지방자치단체) 공무원 다문화이해 교육 실시, 다문화 인식개선 축제, 다양한 문화체험 프로그램운영, 문화다양성 교육 프로그램 확충, 서울 글로벌 문화체험센터 운영, 성북 다문화 음식 축제 "누리마실", 다문화 박람회(서울); 한중청소년 국제교류, 한러청소년 국제교류, 시민세계문화교실 운영, 다문화 거리 조성, 개도국 의료, 문화 해외봉사단 파견(부산); 문화관광해설사의 자질향상 도모, 세계인의 날 기념식 및 컬러풀 대구세계인축제, 달서 다문화축제 개최, 청소년 다문화 이해교실, 이웃나라 문화체험 교육(대구); 세계주간 운영 등 내외국인 어울림 한마당, 내국인을 위한 다문화 이해교육 실시(인천); 다문화 어울림 공동체 지원사업, 다문화가족 한마당축제, 맞춤형 다문화 이해증진 교육(광주); 세계창의력 경연대회(대전); 초중고 및 대학의 문화다양성 이해 역량 강화, 세계인의 날 기념식 및 다문화 축제사업, 다문화 인식개선 교육(울산); 다문화가족 집단상담, 가족 통합교육, 다문화가족캠프, 다문화인식개선 및 지역사회 홍보(다문화축제)(세종); 다문화사회 이해교육, 세계인의 날 행사 및 다문화가족 한마당 행사, 찾아가는 다문화소통프로그램 운영 사업, 민관이 함께 하는 외국인주민교육 프로그램(경기도); 세계인의 날 행사 및 사랑의 합창제(강원도); 다문화사회 이해를 위한 지자체 공무원 교육, 다문화 이해 교육과정 운영, 다문화시설 종사자 이해 제고(충북); 다문화 어울림 사업, 다문화업무 종사자 역량강화 교육, 다문화업무 종사자 워크숍 개최, 찾아가는 다문화교실, 찾아가는 다문화 인식개선 가업(충남); 공무원 다문화 이해 교육(전북); 다문화 이해교육(외국인 대상), 세계인의 날 운영(전남); 다문화 한마음축제, 다문화이해교육, 정체성 확립교육(경북); 다문화가족 시부모교육, 다문화가족 어울림 한마음축제 및 취업박람회 개최, 각종 행사시 다문화 홍보부스 운영, 경상남도인재개발원 다문화사회 이해 과정 개설운영, 다문화가족과 함께 하는 사운드 오브 통영, 다문화가족 어울림 마당(경남); 세계인주간 행사 개최, 지자체 공무원 대상 다문화이해교육, 다문화이해교육 프로그램 운영(제주도) 등이다.

정책대상별 세부추진과제 비중

(중앙부처) 외국인 전체 대상 90개(44.8%), 결혼이민자 37개(18.4%), 유학생 35개

(17.4%), 이민배경자녀 33개(16.4%), 단순노무인력 32개(15.9%), 전문외국인력 30개(14.9%), 재외동포와 국민전체 대상 각각 24개(11.9%), 관광객과 난민 각각 21개, 국민성인 20개(10.0%), 국민청소년 10개(10.0%) 등의 순으로 외국인 전체 대상 과제가 가장 많은 가운데, 다른 정책대상들은 30개 내외로 분포되어 있다.

(지방자치단체) 결혼이민자 539개(55.9%), 외국인 전체 269개(27.9%), 이민배경자녀 242개(25.1%), 국민 전체 93개(9.6%), 유학생 87개(9.0%), 단순노무인력 70개(7.3%), 전문외국인력 67개(6.9%), 관광객 63개(6.5%), 국민성인 55개(5.7%), 재외동포 44개(4.6%), 난민 29개(3.0%) 등의 순으로 결혼이민자 대상 과제가 수적으로도 가장 많고, 비율도 가장 높다. 반면, 재외동포 대상 과제는 절대수도 적고 비율도 매우 낮다.

정책대상별 집행예산

외국인 전체 1,675,171명을 위한 2015년도 전체 지방자치단체의 집행예산 총액은 1,973억 2,206만원이며, 1인당 집행예산은 11만 7천여 원이었다.

체류자격별로 구분하여 1인당 집행예산을 보면, 전문외국인력 45만 6천원, 유학생 39만 2천원, 결혼이민자 39만 9천원, 이민배경자녀 29만 1천원, 순으로 많고, 단순 노무인력과 재외동포를 위한 집행예산은 각각 2만 2천원, 7만 1천원으로 매우 적었다. 집행예산이 가장 많은 전문외국인력과 가장 적은 단순노무인력 간에는 20.5배의 차이가 있었고, 결혼 이민자와 단순노무인력, 결혼이민자와 재외동포 간에도 각각 18배, 5.6배 정도 차이가 있다. 같은 체류자격의 외국인집단 중에서도 지역별로 격차가 매우 크다. 예를 들면, 결혼이민자를 위한 정책비용은 가장 적은 지자체의 경우 17.9만원, 가장 많은 지자체의 경우 119.9만원으로 6.7배 차이가 났고, 이민배경자녀를 위한 정책비용은 (전혀 없는 지자체를 제외하더라도) 가장 적은 지자체의 경우 3만원, 가장 많은 지자체의 경우 137.5만원으로 거의 45배 차이가 났다.

정책대상별 (집행)예산과 관련된 것으로, 체류자격별, 지방자치단체별 차이가 지나치게 커서 외국인집단 간 차별의 문제가 발생할 소지가 있었다. 특히 전문외국인력, 유학생, 결혼이민자, 이민배경자녀 대상 사업비의 절대 규모와 1인당 액수가 다른 이민자집단에 비해 과도할 정도로 많고, 동일한 외국인집단을 위한 사업비용임에도 불구하고 특히 결혼이민자나 이민배경자녀를 위한 사업비용이 지방자치단체 간 차이가 지나치게 컸다. 결혼이민자와 이민배경자녀는 어차피 우리 국민이 되거나 국민이기 때문에 다른 체류자격 외국인보다 많은 것은 이해할 수 있으나, 다른 외국인 특히 단순외국인력이나 재외동포도 국민경제에 기여하는 바가 적지 않음을 생각한다면, 지나치게 큰 격차는 문제가 될 수 있으므로 가능한 범위 내에서 균형된 예산을 배정해야 한다. 지방자치단체 간 여건이 달라서 지방자치단체 간 어느 정도의 차이는 불가피할 것이나 지나친 격차는 외국인 간 차별로 인식될 수 있고 국민의 비판도 있을 수 있다. 동일한 외국인집단을 위한 예산(1인당)의 차이가 일정한 범위 내에 머무르도록 지방자치단체 간 조정이 필요했었다.

정책 수혜자인 외국인의 인식과 평가 조사 결과

첫째, 정책의 필요성에 대해서 이민자들은 한국사회·비자·생활 관련 정보, 보건의료서비스, 일자리 상담·알선 관련 서비스, 취업·직업교육, 차별폭력이나 범죄피해 예방·시정조치·구제 등과 관련된 정책의 필요성을 강하게 느끼고 있었다.

둘째, 제공하고 있는 정책서비스의 충분한지에 대해서는 언어 관련 서비스는 충분하다는 응답자가 상대적으로 많고, 일자리와 직장 관련 서비스와 차별폭력방지 서비스가 부족하다는 응답자가 상대적으로 많았다.

셋째, 현재 제공되는 정책서비스에 대한 인지도를 보면, 인지도가 낮은 분야는 임금·근로조건 등 직장에서의 애로사항 관련 상담서비스, 농사짓는 방법 교육 등 농촌정착 지원서비스, 출신국가별 자조모임 등 단체활동 지원사업, 한국민과의 교류활동, 관청의 정책결정과정 참여, 기초법 질서교육, 차별폭력방지 관련 사업 등의 순이었다.

넷째, 정책서비스 이용여부와 이용자 만족도를 보면, 언어나 정보 관련 서비스 이용률은 상대적으로 높으나, 가족교육, 일자리·직장, 출신국가별 자조모임 지원 사업 또는 한국인 주민과의 교류 등과 같은 단체활동, 관청의 정책결정과정 참여, 기초법질서 교육, 생활안전교육, 차별폭력방지 관련 서비스 이용률은 매우 낮다. 이용자의 만족도의 경우에도 비슷한 경향을 보였다.

마지막으로, 애로사항이나 어려운 점을 보면, 한국어나 한국 법·관습을 몰라 어려움을 겪은 이민자가 60% 이상, 언어나 신체폭력을 경험한 이민자 20% 정도,

공무원의 불공평한 업무처리나 동네나 길거리에서 폭력·절도·강도 등을 직간접적으로 겪은 이민자도 20% 이상이었다. 또한 응답자의 1/4이상이 자주 또는 가끔 차별 당했다고 응답하였는데, 특히 길거리나 상점 또는 은행 등 공공장소와 직장에서 차별을 경험했다는 이민자가 30% 내외이고, 한국인 친구나 이웃 또는 매스미디어에서 차별적인 기사나 발언을 목격했다는 이민자도 25% 정도 되었다.

제3장

다문화사회의 종교갈등
– 이슬람사원 건축허가를 둘러싼 종교집단 간 갈등에 대한 지방정부 대응

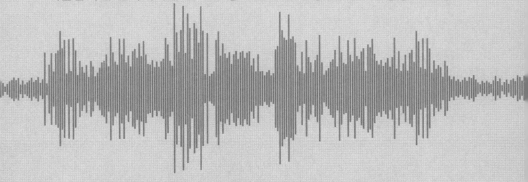

평화주의에는 성서적 전통에서 비롯된 평화주의도 있고, 비성서적인 철학적 전통도 있고, 다른 종교 전통이나 무정부주의적인 평화주의도 있다. 예컨대 사람들은 전쟁을 하면서도 평화를 찾는 것이라고 주장하고, 비폭력 무저항주의를 실천하면서 평화를 실천한다고 주장하기도 한다. 총을 가진 평화주의자가 있고 총을 들지 않는 평화주의자도 있다(박충구 2018).

들어가는 말

우리 사회에서 갈등의 문제가 점차로 중요한 이슈가 되고 있다. 과거 권위주의정부에서 억압되었던 각종 사회적 욕구나 불만이 1980년대 민주화를 거치면서 표출되면서 개인 간, 집단 간, 집단내 갈등이 빈번해졌기 때문이다. 갈등의 범위 역시 전통적인 노사갈등은 물론, 지역갈등, 남녀갈등, 빈부 간 계층갈등, 환경갈등, 이념갈등, 종교갈등 등으로 확산되고 있으며, 정부가 특정 공공사업이나 규제정책을 추진하는 과정에서도 대상국민이나 집단 또는 다른 정부기관과의 공공갈등도 빈번하게 발생하고 있다(지속가능발전위원회 2004; 이병량 외 2008; 정한울·정원칠 2009).

한국은 OECD 국가 중에서 사회갈등이 매우 심각한 나라에 속한다. 삼성경제연구소가 2005년 27개국 OECD회원국의 사회갈등지수를 비교한 결과,[149] 한국의 사회갈등지수는 0.71로 OECD평균(0.44)보다 훨씬 크고, 조사대상 27개 회원국 중에서 네 번째로 터키, 폴란드, 슬로바키아 다음으로 높았으며(삼성경제연구소 2009), 2010년 한국의 사회갈등지수는 0.72로 OECD 국가 중 종교분쟁을 겪고 있는 터키(1.27)에 이어 두 번째로 높았다.[150] 스위스 국제경영개발원(IMD)이 1989년부터 발표한 '국가경쟁력지수'를 보면, 한국의 '사회적 결속(Social cohesion)' 지수는 지난 2012년 8.04, 2013년 3.83, 2014년 5.77, 2015년 4.36으로, 매년 낮아지다가 2016년에는 4.17로 2012년의 절반 수준에 머물렀다.[151]

이처럼 우리 사회에서 엄청난 비용을 초래하는 사회갈등이 격심해진 것은 무엇보다도 경제발전과 교육수준 향상으로 권리의식은 높아진 반면 정부나 국민이 갈등을 생산적으로 해결할 수 있는 능력은 제대로 갖추고 있지 않기 때문이다. 특히 이해관계가 충돌하는 집단 간의 갈등을 효과적이고 생산적으로 해결해야 할 책임이 있는 정부가 제 역할을 제대로 못해 갈등당사자의 정부에 대한 불신이 누적되고, 정부에 대한 불신은 다시 갈등해결을 더욱 어렵게 만들기 때문이다(문빛·박건희 2014; 김선아 2013). 따라서 정부가 사회갈등을 생산적이고 효과적으로 해결하기 위해서는 무엇보다도 갈등 당사자들의 정부에 대한 신뢰 확보가 선결되어야 한다.152) 여기서는 이러한 문제의식에서 개신교와 불교 간의 대립이 주를 이루었던 이전과는 달리, 21세기 접어들어 이슬람권 이민자가 증가하면서 전국 각지에서 발생하고 있는 개신교와 이슬람교 간의 갈등을 분석하고자 한다.153)

일제 강점 시기까지만 해도 극소수에 지나지 않던 종교인구가 해방 후 급속히 증가하여 1995년에는 인구의 절반에 달했다(김종서 2013). 이 과정에서 1960년대 후반 내지 늦어도 1970년대 초에 불교, 개신교, 천주교의 삼자정립구도가 형성되었고(강인철 2010), 그만큼 3개 종교간 경쟁이 치열했다. 2005년 종교인구 비중이 정점에 달한 뒤 2015년까지는 종교인구의 절대수와 비중이 줄면서 이전과는 다른 성격의 경쟁이 벌어지게 된다. 이 과정에서 종교 간 갈등과 종교-국가 갈등도 점차로 증가하였으며, 이명박 정부가 들어선 후 종교갈등은 심각한 사회문제로 부각되었다(신재식 2011; 이진구 2015).

최근까지만 해도 종교갈등은 개신교 내 다른 종파와의 갈등, 같은 종파 내 갈등, 또는 개신교와 불교의 갈등이 주를 이루었다.154) 그런데 21세기에 접어들어 세계 각국으로부터 이주민들이 점차로 증가하여 한국사회가 다문화사회로 변모하면서 국내의 기존 종교와 이슬람과의 갈등이 발생할 가능성이 높아지고 있다(조귀삼 2012; 조희선 2010; 이노미 2011). 그 이유는 첫째, 일정 지역에 정주하여 집단거주지를 형성하고 있는 국내 거주 무슬림의 수가 점차로 늘어나고(김효정 2008; 조희선 2008), 많은 국민들이 이슬람교와 무슬림에 대한 부정적인 스테레오타입과 편견을 가지고 있고(여성가족부 2015), 둘째, 종교인의 절대 수와 전체 인구에서 차지한 비중이 높아짐에 따라 종교의 영향력이 점차로 커진 상황에서, 2005년과 2015년 사이 종교인구의 절대 수와 비중이 줄어들어 종교시장을 둘러싼 경쟁이 치열해지고 있으며(이시윤·오세일 2015; 강인철 2010; 안국진·유요한 2010), 셋째, 한국 개신교가 배타적인 성격이 강하고 공격적인 선교를 해 왔고(전성표 2001; 2007; 김정수 2012), 마지막으로, 1990년부터 지방자치제가 본격적으로 실시됨에 따라 종교시설의 관광자원화 사업, 종교행사에 대한 지원, 역사적인 종교인의 성역화사업, 재개발·혐오시설건설·도로건설 사업, 종교시설에 대한 인허가 등 지방정부가 지역발전을 위한 독자적인 사업을 추진하는 사례가 증가하는 만큼 특정종교단체와 갈등을 빚는 사례도 점차로 많아지고 있기 때문이다(이희용 1994).

다른 사회갈등과 마찬가지로 종교갈등의 경우에도 국가의 역할은 매우 중요하다. 특히 중앙정부나 지방정부가 한 당사자로 포함되는 공적 영역에서의 종교갈등은 파급력이나 확산가능성의 측면에서 사적 영역에 국한된 갈등보다 훨씬 더 크기 때문에, 국가의 공평하고 효과적인 정책개발과 시행이 절실히 요청된다(안국진·유요한 2010; 강인철 2010; 이시윤·오세일 2015; Darnell & Parikh 2010; Sampson 2012).

이러한 문제의식에서, 본 장에서는 지방자치단체의 이슬람사원 건축허가취소처분 사례를 통해, 이슬람과 기독교 간 갈등에 직면한 지방정부가 법에 정해진 철자를 무시하면서까지 특정 종교단체의 요구에 응하거나(남구), 아니면 이슬람단체가 청구한 행정심판의 재결을 미루었던 이유(인천광역시 남구)를 분석한다. 이를 통해 향후 유사한 종교갈등이 발생할 경우 정부가 효과적이고 생산적으로 해결하기 위한 조건을 모색하고자 한다.

기존 연구 및 분석틀

기존 연구

한국 사회의 이주민 갈등에 관한 그간의 연구들은 다문화가정 내 부부, 고부 및 자녀들의 갈등, 외국인노동자와 유학생 등 이주민이 자신의 문화와 한국문화의 차이로 인해 겪는 갈등, 또는 재외한인의 갈등을 주로 다루었다(이소영 외 2014: 442-443). 종교갈등에 대한 국내연구는 대부분 정부 정책에 대한 국내 종교단체(불교, 개신교, 천주교 단체)의 대응방식을 다루고 있거나(유승우 2009; 강인철 2010; 안국진·유요한 2010; 이혜정 2011; 송윤석·김경태 2014; 이진구 2015), 국내 종교단체간 또는 종교단체·가족 내 갈등을 종교다원주의(또는 종교의 자유)의 관점에서 특정 종교(예, 개신교, 불교)의 교리나 대응방식을 평가하고 있을 뿐(나학진 1990; 김미경 1995; 전성표 2001, 2007; 김용표 2002; 이혁배 2005; 최우영 2007; 신재식 2011; 조기룡 2011; 조귀삼 2012; 김정수 2012), 종교갈등에 대해서 정부가 왜 특정한 방식으로 대응했는지를 구체적이고 체계적으로 분석하지 않고 있으며 이슬람교를 당사자로 하는 종교갈등을 다룬 연구는 찾아보기가 어렵다.

무슬림 집단 거주지에서 나타나고 있는 갈등을 다룬 연구(이소영 외 2014)가 있지만, 한국인 주민의 편견과 적대적 태도에 대한 무슬림의 대응을 다룬 것으로, 이슬람교와 국내 종교집단 간에 실제 발생한 갈등을 다룬 것도 아니며, 정부의 역할이나 대응방식을 다룬 것도 아니다.

본 논문에서는 부정성편향 이론(negativity bias)과 비난회피 이론(blame avoidance)을 적용하여 다문화사회에서 빈번하게 나타나는 기독교-이슬람 간의 종교갈등에 대한 지방정부의 대응방식을 분석하고자 한다. 부정성편향 이론에 의하면, 사람들은 동일한 정도의 이득과 손실에 대해 동일한 강도로 반응하는 것이 아니라 손실에 대해서 훨씬 더 강하게 반응하는 경향을 갖는다. 다른 한편, 비난회피 이론에 의하면, 선출직 공직자들은 국가나 국민 전체에게 좋은 정책(good policy)이나 이해관계자로부터의 신뢰획득(credit claiming)을 추구하지 않고 이해관계자로부터의 비난을 받지 않기위한 정책을 추진한다.

분석틀 – 부정성편향 이론과 비난회피 이론

'나쁜 것이 좋은 것보다 더 강한 영향을 미친다'는 부정성편향(negativity bias)이라는 심리현상은 정치, 경제, 일상생활, 인상형성(impression formation) 등 거의 모든 영역에서 나타난다. 돈을 잃어버리거나 오랜 친구에게 버림을 받거나 비난을 받는 등 부정적인 자극이나 경험은 돈을 벌거나 새 친구를 만나거나 칭찬을 받는 등 긍정적인 자극이나 경험보다 당사자에게 더 큰 영향을 미친다. 물론 과거의 나빴던 경험보다는 좋거나 즐거웠던 경험을 기억하려는 긍정성편향(positivity bias)이 있을 수 있다. 마틀린과 스탕(Matlin and Stang 1978)에 의하면, 인간의 뇌는 불쾌한 정보보다는 즐겁고 기분 좋은 정보를 보다 정확하고 자세히 기억하기도 한다. 실제로 우리는 과거의 기억을 실제보다는 좋게 기억하는 경향이 있다. 또한 좋은 일이 나쁜 일보다 훨씬 더 많이 생기면, 하나의 나쁜 경험이 가져다주는 부정적인 감정을 극복하기도 한다. 그러나 좋은 일과 나쁜 일을 동일한 정도로 겪을 경우 나쁜 일이 가져다주는 부정적인 감정이 좋은 일로 생기는 긍정적인 감정을 눌러 전반적으로는 부정적인 감정이 더 강하게 남는다. 이러한 부정성편향은 인간이 위험과 위협으로 가득한 환경에 적응하기 위한 방어수단으로 발전된 것이며, 심리학에서 이미 입증된 일반원칙 내지 법칙에 속한다(Baumeister et al 2001; Rozin and Royzman 2001; Morewedge 2009).

이러한 부정성편향은 일상생활, 인간관계, 인지, 경제, 언론, 정치 등 거의 모든 영역에서 나타난다. 일상생활에서 단 한 번의 좋지 않은 일을 겪어서 생기는 기분 나쁜 감정은 여러 번의 좋은 일을 겪어서 생기는 기분 좋은 감정보다 더 강하고 오래 가며, 여러 번의 좋은 일이나 칭찬으로 얻은 호감도 단 한 번의 상처 주는 말이나 행동으로 친밀한 관계가 결정적으로 악화될 수 있다(Baumeister et al 2001). 또한 긍정적인 감정을 나타내주는 단어보다 부정적인 감정을 표현하는 단어가 더 많으며(Averill 1980: Baumeister et al 2001에서 재인용), 긍정적인 감정보다는 부정적인 감정은 보다 많은 인지적 노력을 필요로 하고(Esses & Zanna 1995, Clore et al 1994), 사람들은 긍정적인 감정보다는 부정적인 감정을 더 많이 기억하고 오래 영향을 미친다고 생각하는 것(Gilbert et al 1998; Skowronski & Carlston 1987; Vaish et al. 2008)도 부정성편향으로 말미암은 것들이다. 경제영역에서도 부정성편향이 나타나는데, 동일한 액수의 금전적인 이득과 손실을 가져다주는 선택에 직면했을 때 손실로 인한 불만족을 이득으로 얻는 만족보다 더 크게 평가하여 손실을 회피하는 선택을 한다는 손실회피 성향(loss aversion)이 그것이다(Kahneman & Tversky 1979; Tversky & Kahneman 1992).

언론영역에서도 부정성편향이 나타나는데, 긍정적이고 희망을 주는 기사를 실어야 한다는 목소리에도 불구하고, 부정적인 뉴스가 더 많이 다루어지는 것은 부정적인 기사가 독자들의 관심을 더 끌기 때문이다(Baumeister et al 2001; Lau 1982; Wood 2010). 이는 다시 독자들이 긍정적인 메시지보다 부정적인 메시지를 크게 지각하는 경향이 있으며, 부정적인 메시지를 더 정확하다고 여기는 경향이 있고, 메시지에서 긍정적인 단서와 부정적인 단서가 동시에 제공될 경우 부정적인 단서가 상대적으로 더 큰 영향력을 미치기 때문이다(Baumeister et al 2001, 김효숙 2010, 이종민·류춘렬·박상희 2007). 문학영역에서도 부정성편향이 나타나는데, 행복한 결혼생활을 주제로 한 미국 소설은 단 한권도 없으나 문제가 많은 부부생활을 다룬 소설은 부지기수다(Fiedler 1982. Baumeister et al 2001에서 재인용). 그 결과 대중적인 작가들은 대부분 긍정적인 것보다 부정적인 사건을 많이 다른다.

정치영역에서는 선거에서 긍정적인 정보보다는 부정적인 정보를 부각시키는 네거티브 선거운동은 부정성편향의 전형적인 사례라 할 수 있다. 2012년 미국 대선 중 사용한 선거광고비 중 네거티브한 내용에 오바마(Obama)는 85%, 롬니(Mitt Romney)는 91%를 사용했고(Bernhardt & Ghosh 2014), 2012년 6월 1일부터 11월 5일까지 방송된 정치광고 중 14.3%만이 순수하게 포지티브한 것이고, 28%는 자신과 상대 후보를 비교하는 것이었으며, 64%가 상대후보의 부정적인 측면을 부각시키는 네거티브한 것이었다. 미국 대선에서 네거티브 선거운동이 차지하는 비중은 2000년 29%, 2004년 44%, 2008년 51%로 시간이 갈수록 네거티브선거운동이 증가하고 있다(Fowler & Ridout 2012).[155] 이처럼 네거티브 선거운동이 횡행하는 것은 상대 후보를 지지하지 말아야 하는 부정적인 정보가 자신을 지지해야 하는 긍정적인 정보보다 유용한 가치를 지니며, 장점보다 단점이 후보자 선택에 더 큰 영향을 주기 때문이다(Lau 1982, 1985; Klein 1996; 강원택 2009; 황아란 2012).

이와 같은 부정성편향이론은 정치인이나 관료 등 정책결정권자가 특정한 정책을 결정하게 되는 이유를 설명할 때도 적용되는데, 그 이론이 바로 비난회피(blame avoidance)이론이다. 비난회피이론에 의하면, 정책결정권자는 특정 정책을 결정할 때 그 정책으로 인해 이득을 볼 집단의 신용을 얻는 것(credit claiming)보다는 그 정책으로 말미암아 손실을 입게 될 집단의 비난을 피하는 것(blame avoidance)을 더 중시한다는 것이다(Weaver 1986; Hood 2010; Bonoli 2012; Howlett 2014; Kang & Reich 2014; Twight 1991). 구체적으로 보면, 비난회피이론에서는 대부분의 정책결정권자들은 재선(정치인, reelection), 재임용(임명직 공무원, reappointment), 또는 승진(공무원, advancement)을 가장 중요한 목표로 삼으며(Weaver 1986: 373),[156] 유권자 또는 인사권자는 실제 또는 잠재적인 이득보다는 손실에 더 민감하게 반응하는 것(즉 부정성편향을 가진 것)으로 가정을 한다. 이러한 가정에 입각할 경우, 정치인이나 관료 등 정책결정권자들은 정책대상자로부터 신용을 얻는 정책보다는 비난을 받는 것을 피할 수 있는 전략을 선호하게 된다. 그 이유는 정책대상자가 가지고 있는 부정성편향으로 말미암아 그들이 얻게 될 이득은 인지하기 쉽지 않거나 상대적으로 작아 보이는 반면 손실은 보다 쉽게 인지하거나 더 크게 보이기 때문이다. 그 결과 정책결정권자들은 합리적인 결정(good policy)이나 신용을 얻을 수 있는 정책(credit claiming)을 추구하기보다는 부정적 평가를 최소화하여 비난을 피할 수 있는 정책을 선호함으로써 자신의 정치적 이익을 챙기려 하는 것이다(Weaver 1986; Wood 2010).157)

그런데, 정책대상자들이 입게 될 이득이나 손실이 곧바로 정책결정자의 정치적 이익 혹은 손실로 이어지는 것은 아니다. 특정 정책으로 인한 이득이나 손실이 조직화되어 있지 않은 유권자들에게 넓게 분산되어 나타나거나 결속력이 약한 경우 정책대상자들은 그러한 이득이나 손실에 대해 둔감하거나 덜 중요시할 수 있다. 반면 특정 정책으로 인한 이득이나 손실이 잘 조직화되어 있는 소수의 유권자들에게 집중되어 있을 경우 그만큼 저항은 클 수밖에 없고 따라서 정책결정권자들도 민감하게 반응할 수밖에 없다. 다시 말하면, 어떤 정책이 조직력이 강하거나 중요한 정치적 자원을 가진 유권자집단에게 집중적인 손실을 가져다 줄 것이 예상될 경우 정책결정권자는 그 정책으로 치적을 쌓을 기회가 되더라도 비난을 회피하는 방향으로 기울 가능성이 크다. 특히 치적이 될 수 있는 좋은 정책일지라도 조직화되고 주요한 정치적 자원을 가지고 있는 유권자집단에게 손실을 가져다 줄 것으로 보일 경우, 비난회피의 동기는 더욱 더 강해질 것이다(Weaver 1986).

정책결정권자가 비난을 회피하기 위해 사용하는 전략은 다양하다. 여기서는 위버(Weaver 1986)의 여덟 가지 전략을 활용한다. 첫 번째, '의제화 차단'(agenda limitation)으로 비난받을 가능성이 있는 이슈가 정책의제가 되는 것을 미연에 막는 방법이다. 두 번째, '이슈 재정의'(redefine the issue)로 문제가 될 소지가 있는 이슈가 의제화되는 것을 막을 수 없을 때 사용하는 방법으로 비난을 최소화하는 방향으로 재정의하는 것이다. 세 번째, '효력발생 지연 전략'(throw good money after bad)으로 비난을 초래하는 정책을 도입할 수밖에 없거나 그로 인한 손실을 분산시킬 수 없을 경우 현상유지가 가능하도록 추가재원을 투입하여 손실이 현실화되는 시간을 늦추는 방법이다. 네 번째, '권한 이전'(pass the bucket)으로 비난을 초래하는 결정에 대한 권한을 다른 정책결정권자나 기관(예, 독립적인 규제위원회) 또는 제도(예, 일정 기간 후 자동 효력을 갖게 하는 것)로 넘기는 방법이다. 다섯 번째, '희생양 찾기'(find a scapegoat)로 비난을 초래할 결정이 이루어졌을 경우 그 책임을 다른 곳으로 넘기는 것이다. 예를 들면, 자신의 결정은 전임자가 그렇게 할 수밖에 없게 만들어놨다고 주장하는 것이다. 이러한 전략은 전임자의 과거 스캔들이나 실수가 발견되었을 경우 더 큰 효과를 볼 수 있다. 여섯 번째, '슬며시 입장 바꾸기'(jump on the bandwagon)로, 다른 전략들이 비난을 막지 못할 것이 분명해졌을 때 슬며시 입장을 바꾸는 것이다. 이 전략은 자신의 원래 입장이 외부로 알려지지 않았을 때 더 큰 효과를 거둘 수 있다. 일곱 번째, '대세 따르기'(circle the wagons)로 '권한 이전'(pass the bucket)이나 '효력발생 지연'(throw good money after bad) 등 비난을 막을 수 있는 다른 전략을 택할 수 없게 되었을 때, 손실에 대한 책임을 최대한 분산시켜서 혼자만의 책임이 되지 않도록 절대다수의 의견에 따르는 것이다. 이 전략은 전원일치에 가까운 절대다수의 의견이 존재할 경우 효과를 거둘 수 있다. 여덟 번째, '재량권 제한'(stop me before I kill again)으로 정치적으로 이득이 되는 대안과 '좋은 정책'이 서로 상충될 경우 후자를 택하지 않으면 안 되는 법적 장치(예, 지출제한 조항)를 미리 만들어 정책결정에 대한 재량권을 제한함으로써 추후에는 좋은 정책을 택하더라도 비난을 피할 수 있도록 하는 것이다.

정책결정권자가 여덟 가지 전략 중에서 어느 것을 택할 것이며 실제로 효과를 거둘 수 있느냐는 비난을 야기할 수 있는 상황의 성격에 크게 좌우된다. 예를 들면, 그러한 상황이 유권자 등 정책대상자와 정책결정권자 간의 이해충돌인지, 아니면 서로 다른 정책대상자 간의 이해충돌인지에 따라 선택과 효과가 달라질 수 있는데, 전자의 경우라면 '슬며시 입장 바꾸기' 전략을 택할 가능성이 크고, 효과도 거둘 수 있다. 반면에, 유권자 집단 간의 '제로섬' 갈등 상황이라면 어떤 정책을 택하더라도 양쪽을 동시에 만족시킬 수 없기 때문에, '권한 이전', '희생양 찾기', '이슈 재정의', 또는 '효력발생 지연' 전략을 택할 가능성이 크고 효과도 거둘 수 있다. 궁극적으로 이러한 전략이 초래하는 비용과 성공 가능성에 달려 있다(Weaver 1986: 389-390).

연구문제와 연구방법

방금 살펴본 이론에 근거하여, 본 논문에서 탐색하고자 하는 연구문제는 다문화사회로 진입하고 있는 한국에서 이슬람을 포함한 종교갈등을 해결하기 위해 정부가 어떤 동기에서 어떤 전략을 선택하였는가 하는 것이다. 구체적으로, 남구청이 법규에 정해진 절차와 방법을 무시하고 기독교계의 요구를 받아들여 이슬람사원 건축허가를 취소한 동기는 무엇이며, 이를 위해 어떤 전략을 사용했는가 하는 것과, 인천광역시는 이슬람사원측이 제기한 행정심판 건을 신속하게 처리할 수 있었음에도 불구하고 8개월 이상 끌다가 지방법원의 1심 판결이 난 이후에야 결정을 내린 동기는 무엇이며, 이를 위해 어떤 전략을 사용했는지를 설명하고자 한다.

이러한 연구문제를 풀기 위해, 본 연구는 단일사례 연구방법을 택하였다. 이 사례는 인천광역시 남구청(이하 남구청)과 이슬람단체의 갈등으로 시작하였으나 갈등이 진행되면서 기독교단체가 개입하게 되고, 그 후에는 시민단체, 지역언론, 인천광역시, 인천지방법원이 개입하게 됨에 따라 전형적인 다문화집단갈등의 성격을 나타낸다고 할 수 있다. 단일사례연구방법을 택한 것은 무엇보다도 다문화집단 갈등에 관한 연구가 부족하고,[158] 어떻게(How)와 왜(Why)라는 질문에 대한 답을 탐색하는 데 유용하기 때문이다(Yin 1989).

본 연구의 시간적 범위는 2012년 7월 13일 건축주인 이슬람단체에 대한 이슬람사원 건축허가가 난 시점부터 2014년 6월 27일 허가관청인 남구청이 건축허가취소처분을 철회한 때까지 약 2년간이다. 분석에 필요한 자료는 허가관청 및 상급관청인 인천광역시의 사례관련 업무보고, 진정서, 성명서, 사건담당법원의 판결문, 신문기사 등을 활용하였고, 필요할 경우 이슬람관계자와 허가관청 담당자에 대한 대면 또는 유선 인터뷰를 실시하였다.

사례 분석

배경

한국전쟁에 참전한 터키군 장교 쥬베르 코치(Zubeyr Koch)와 압둘 가프르 카라 이스마일 오굴루(Abdul Ghapur Ismael Ogulu)는 서울 이문동에 큰 텐트로 임시 성원과 청진학원을 세우고 불우 청소년(약 120명)들에게 이슬람교를 전파하였다.159) 전쟁이 끝난 뒤 1955년 9월에는 70여 명의 한국인 신도들은 한국무슬림협회를 결성하고 터키군 이맘이었던 압둘 라흐만(Abdul Rahman)과 주베르 코치를 이맘으로 추대하여 예배를 시작하였다. 이후 1965년 1월에는 한국무슬림협회를 한국 이슬람교 중앙연합회(Korean Muslim Federation)로 재발족한 뒤 본격적인 선교활동을 시작하였고, 1967년 3월에는 문공부로부터 재단법인 한국이슬람교로 인가를 받아 한국무슬림을 대표하는 공식기구로서 법적 지위를 확보하였으며, 신도 수도 7,500여 명으로 증가하였다.

한국에 무슬림 수가 급격하게 늘어나게 된 계기는 1970년대 박정희 정부의 경제개발계획의 일환으로 추진된 건설근로자파견으로 중동아랍권 국가와의 관계가 긴밀해지면서부터였다. 파견근로자 중 상당수가 무슬림이 되었고 한국이슬람중앙연합회의 적극적인 선교로 교세가 크게 팽창하였다. 이들은 아랍권 국가와의 협력이 필요했던 당시 정부의 지원을 받아 1976년 서울에 중앙성원(中央聖院)을 건립한 이래, 1980년대에 부산과 전주, 경기도 광주와 안양 등에 추가로 성원을 건립해 나갔다. 1990년대에 들어서는 이슬람권에서 결혼이민이나 고용허가제로 들어온 무슬림 이주민들이 늘어남에 따라160) 2001년 안산, 2004년 경기도 김포와 인천 부평, 2005년 경기도 포천, 파주, 경북 대구, 2010년 경남 창원, 2011년 대전에 새로운 성원을 건립하기도 했다. 이렇게 건립된 이슬람사원과 각 사원에 설치된 이슬람연구센터, 아랍어과가 설치된 대학을 중심으로 홍보와 교육, 선교활동이 전개되었다.

다른 한편, 1990년대 초반 해외동포(조선족)의 고국방문으로 시작된 국제이주의 물결은 결혼이주민, 외국인근로자, 유학생 등으로 확대되면서 국내 체류 이주민의 수가 급격하게 늘어났다. 1990년 불과 5만 명이 채 되지 않던 국내체류 외국인이 2016년(12월 기준)에는 200만 명을 돌파했다. 국적도 미국, 일본, 대만 등 전통적인 우방국에 한정되었으나 지금은 중국, 동남아, 서남아, 중앙아시아, 중동에 이르기까지 광범위해졌고, 종교적으로도 기왕의 불교, 개신교, 천주교에 이슬람교가 더하게 되었다(출입국외국인정책본부 2016). 이렇게 2000년대 중반부터 외국인노동자, 투자가로 국내로 들어오기 시작한 이슬람권 이주민이 2014년 기준 14만 명을 넘어섰고, 여기에 불법체류자(21,000여 명)를 포함하면 16만여 명이다. 이 중에서 무슬림은 10만 명 정도이고 여기에 한국인 무슬림 3만3천 명을 포함하면, 한국에 있는 무슬림은 2011년 기준으로 약 13만5천 명 정도다.161)

인천지역에 한정해서 보면, 1995년 7,700여 명에 지나지 않던 이주민이 고용허가제가 도입된 2004년에는 31,800여 명, 2010년에는 49,900여 명, 2012년 47,300여 명으로 증가하였다. 이 중에서 이슬람권 국가 출신은 2007년에 3,000여명 정도이던 것이 2012년에는 5,000여 명으로 증가하였다.162)

이처럼 인천지역의 경우에도 무슬림의 수가 크게 증가하였다. 이에 따라 예배를 볼 수 있는 공간, 즉 이슬람 성원에 대한 필요성이 커져 2004년에 파키스탄, 요르단 출신 무슬림들이 5억 원을 들여 인천 부평지역에 이슬람 성원을 건립하였으나, 그럼에도 불구하고 이슬람권 출신 무슬림이 지속적으로 증가함에 따라 2012년에 새로운 성원을 건립하고자 한 것이다.

다른 한편, 국내 기독교의 이슬람에 대한 인식은 부정적이었다. 국내에 무슬림들이 극소수였던 1980년대까지는 이슬람에 대한 관심도 적었고 그에 관한 정보도 서구에서 온 선교사들을 통한 제한적이고 간접적이며 부정적인 것이었다. 서구 선교사들은 중세로부터 물려받은 이슬람에 대한 고정관념과 편견을 바꾸려는 시도를 하지 않았고 선교사들로부터 이슬람과 무슬림에 대한 정보를 얻은 대부분의 한국 기독교인들도 최근까지만 해도 이슬람에 대한 부정적인 편견을 그대로 가지고 있었다(전재옥 2001: 58-59).

이런 고정관념과 편견이 이슬람권에 대한 선교에 장애가 된다는 것을 인식한 일단의 기독교인들과 학자들을 중심으로 2000년대 접어들면서 이슬람에 대한 편견을 극복하기 위한 노력이 있었다.163) 그럼에도 불구하고 상당수 기독교인들은 아직까지 기존의 반(反)이슬람 편견의 관점에서 벗어나지 못하고 있다. 타 종교에 대해서 열린 자세를 가진 무슬림에 대해서도 선교 초기의 열세국면 돌파를 위한 '위장전술'을 구사하는 위선자로 규정하는가 하면, 이슬람의 남녀차별, 폭력과 테러의 이미지를 극대화하기도 한다.164)

이러한 반이슬람 편견을 가진 기독교인들은 2008년까지는 개별적 또는 교회별로 활동하다가 2009년부터 각 교단수준에서 이슬람대책위원회를 구성하였고 2010년 봄에는 교단별로 설치된 이슬람대책위원회의 협력체인 범교단이슬람대책위원회를 결성하기에 이르렀다(신상목 2011). 2017년 1월에는 그간 개별 단체 내지 연합체별로 활동해 오던 GMS(대한예수교장로교합동총회세계선교회), 4HIM, 한국기독교범교단이슬람대책위원회, 크리스천언론인협회가 모두 참여하는 '한국이슬람대책협의회'를 결성하여, 반이슬람 편견 내지 이슬람 공포증(Islamophobia)을 자극하면서 이슬람 침투에 대한 공동대응을 모색하기 시작했다(이지희 2017).165) 이들은 전국 각지에서 이슬람 사원, 이슬람 관련 서적 및 논문의 번역 등의 교육·문화사업, 할랄식품 단지, 무슬림 금융자본, 심지어는 무슬림 외국인근로자,

한국 대학 내 아랍어과, 무슬림 결혼이주민조차도 위장전술로 간주하고 반대운동을 전개하고 있다(최원진 2015).

특히 이슬람 사원 건립에 대해서는 무슬림들이 한국 영토에 공식적으로 세우는 '이슬람의 영토'라거나 '작전사령부' 심지어 '테러모의 및 폭탄 제조 등의 장소'로 규정하고 반드시 저지해야할 사건으로 규정했다.166) 본 논문에서 분석하고자 하는 사례도 무슬림의 한국 진출에 대한 기독교계 특히 보수적인 기독교집단의 대응이라는 맥락에서 이해할 수 있을 것이다.

갈등 전개과정

여기서는 인천광역시 업무보고 자료(인천광역시 2013, 2014a, 2014b, 2014c), 인천지방법원 판결문(인천지방법원 2014), KBS뉴스(홍석우 2013), 인천일보(박범준 2013, 2014a, 2014b, 2014c, 2014d), 경기일보(이민우 2014), 인천in(이장열 2014) 등 각종 언론자료를 활용하여 인천광역시 남구 도화동 이슬람사원 건축허가를 둘러싼 갈등을 발생-격화-교착-해소의 네 단계로 나누어 살펴본다.

발생

이슬람 선교사업, 이슬람문화 전파사업, 사회봉사사업 등을 수행하기 위해 2010년 7월 22일 설립한 (사)알후다이스라믹센터는 2012년 7월 13일 지하 1층 지상 5층 규모 이슬람사원 건축에 대해서 남구청으로부터 허가를 득하고 같은 해 11월말에 착공하였다. 이를 계기로 2000년 전후부터 이슬람의 확산을 우려해온 기독교단체가 '이슬람은 폭력과 인권유린집단'이라는 명분으로 같은 해 12월부터 건축반대운동을 시작했다.

그러던 차에, 준공을 앞둔 2013년 8월말에 시공자인 이슬람단체가 2층만을 종교시설로 사용하려던 원래의 계획을 변경하여 학원 용도로 되어 있던 3층을 추가로 종교시설로 사용하기 위해 설계변경 허가신청을 하였다. 이에 대해 남구청은 9월 4일 주차대수에 대한 기준을 보다 엄격하게 적용하여 주차대수 부적합을 통보했고, 이슬람단체는 남구청의 지적사항을 수용·보완하기 위해 4층(학원)과 5층(음식점)을 교육연구시설로 바꾸는 2차 설계변경을 9월 10일에 다시 제출하였다. 이에 대해 남구청은 이 문제에 대한 최종 결정을 내리기 위해 9월 26일에 공청회를 열기로 했다. 공청회가 열리는 바로 그날 인천지역 기독교계는 인천시기독교총연합회, 남구기독교연합회, 인천YMCA 등 인천지역 17개 종교·시민단체로 구성된 사실상의 기독교계조직인 '이슬람사원건축반대 범시민대책위원회'의 명의로 5만 5천여 명의 이슬람사원건축반대 서명서와 함께 '이슬람사원 신축 건축물 허가 불허 요청'이라는 제목의 진정서를 허가관청에 제출하였다.

남구청은 공청회 후 나흘이 지난 9월 30일 주차장 면수 부족(주차장법 제19조에 따른 주차대수 1대 부족)을 이유로 건축허가 자체를 취소하고, 10월 1일에는 제2차 설계변경 허가신청 불허 결정을 내렸다. 이러한 남구청의 건축허가 취소결정은 갈등을 격화시키는 계기로 작용하였다. 그것은 무엇보다도 남구청이 2013년 9월 10일에 제출된 이슬람법인의 제2차 설계변경허가신청에 대하여 당연히 거쳐야했던 절차인 건축복합민원일괄협의회와 보완지시나 시정명령을 내리지도 않은 상태에서 허가취소를 했을 뿐만 아니라(인천지방법원 판결문 2013구합3751), 이슬람단체와 시민단체가 남구청의 이슬람사원 건축허가 취소 결정 이면에 기독교단체의 압력이 있었다고 주장하면서 남구청의 결정에 반발하고 나섰기 때문이다.

격화

구청이 설계변경 및 건축허가 취소 결정을 내린 지 열흘쯤 지난 2013년 10월 9일 인천지역 시민단체인 '평화와 참여로 가는 시민연대'는 '형평성 잃은 행정권 남용에 대해 해명하라'는 제목의 이슬람사원 관련 논평을 발표하면서, 2014년 지방선거를 의식한 구청장이 표를 의식하여 기독교계의 압력에 굴복한 것이 아니냐는 의혹을 제기하였다(평화와참여로가는시민연대 2013).

시민단체가 보도자료를 통해 남구청의 이슬람사원 건축 불허 처분에 대해서 의혹을 제기한 이후, 각종 언론에서도 이 사건을 집중적으로 다루기 시작했다. 먼저, 지역 신문인 인천일보는 2013년 10월 7일, 9일에 이어 10일에는 1면 기사를 통해 허가관청의 취소처분에 기독교계의 압박이 있었을 것이라는 이슬람 신도들의 여론을 실었다. 이처럼 시민단체와 언론에서 이 사건을 비판적으로 다루자, 구청장은 10월 10일 기자회견을 열어 기독교계의 압력과 무관하며 이슬람단체가 구를 기만하기 위해 의도적으로 관련법을 따르지 않은데 따른 정당한 조치였음을 강조하였다(이민우 2013). 남구청에 대해 압력을 행사하였다는 의혹을 받은 기독교계 '이슬람사원건축반대 범시민대책위원회'에서도 "진정서를 제출했지만 구청장을 압박한 사실은 없다"고 해명했다(박범준 2013a).

남구청과 기독교계 단체의 해명에도 불구하고, 이슬람사원 측은 남구청과의 협조를 통해 문제를 해결할 수 없다는 판단 하에, 10월 11일부터 이전의 협력과 양보 전략을 포기하고 보다 강경한 대응하기로 결정하고, 2013년 10월 31일 남구청의 상급자치단체인 인천광역시에 행정심판을 청구하고, 곧 이어서 11월 12일에는 인천지방법원에 행정소송을 제기하였다.

이슬람단체가 행정심판과 행정소송으로 대응하자, 기독교계는 이슬람사원 건축허가취소를 관철시키기 위해 남구청의 경우와 마찬가지로 인천광역시에 대해서도 압박을 가했다. 인천기독교계를 대표하여 인천기독교총연합회장(목사)과 이슬람대책위원회위원장(목사)이 이슬람단체가 행정소송을 제기한 지 약 1주일 뒤인 2013년 11월 18일, 행정심판을 주재할 인천광역시장을 만나 이슬람사원 건축불가 입장을 분명히 밝히면서 행정심판 취소처분을 요청하였다.

이로서 남구청과 이슬람단체 간에 시작된 갈등은 인천지역 기독교단체, 시민단체, 인천광역시를 포함하는 갈등으로 확대되었고, 대응방식도 남구청에 대한 항의 내지 압력에서 시민단체와의 연대, 언론 호소, 행정심판, 행정소송으로 점차로 다양해졌다. 이처럼, 이슬람 측과 기독교 측 갈등의 양 당사자는 어느 한쪽 물러서지 않고 상대방을 제압하기 위해 여론전, 행정심판, 법원소송 등 각자가 동원 가능한 방법으로 남구청과 인천광역시청 등 관련 의사결정기구에 대한 압박을 가했다.

교착

이슬람단체가 10월 31일 제기한 행정심판을 심의하기 위해, 인천광역시 행정심판위원회는 2013년 12월 23일 첫 번째 회의를 열었으나 증거자료를 보완할 필요가 있다는 이유로 '심리보류' 결정하였다. 그 후 2014년 1월 27일에는 행정심판위원회는 증거자료가 충분히 보완되지 않았다는 이유로 안건으로 상정하지도 않았다. 2월 12일 현장조사를 거친 후 2월 28일 회의에서 안건으로 다시 상정하였으나 이번에도 마찬가지로 증거자료가 부족하다는 이유로 심리를 보류하지 않고 대신 이슬람사원과 남구청 측에 추가 자료를 요청했다. 3월 25일 당사자들로부터 추가 증거자료를 제출받아 3월 31일 회의에 상정하였으나, 이번에는 위원 간의 입장 차이가 해소되지 않아 4월 14일까지 쟁점 해소에 필요한 추가 자료를 제출하도록 하고 또 다시 심리를 보류하고, 6월 9일 회의에서 최종 결정을 내리기로 했다. 그러나 이번에는 청구인인 이슬람사원 측에서 '현재 소송이 진행 중이고, 추가로 제출할 증거자료를 정리하고 있다'는 이유로 6월 5일에 연기 요청 공문을 제출함에 따라, 결국 이슬람사원 건축허가에 대한 행정심판위원회의 최종 결정은 법원의 판결이 나온 뒤로 미루어졌다.

이상에서 본 것처럼, 행정심판과 동시에 법원에서 행정소송이 진행되고 있었기 때문에 인천지방법원이 판결을 내릴 때까지의 기간 동안 원래의 갈등당사자인 이슬람단체, 기독교단체, 남구청은 서로에게 어떠한 양보를 하지 않고 팽팽하게 대치하고 허가관청의 상급기관인 인천광역시청도 최종적인 결정을 유보함으로서 갈등은 교착상태에 놓이게 된 것이다.

다른 한편, 2013년 11월 12일에 사건을 접수한 인천지방법원에서는 2014년 3월 6일부터 변론을 시작하여, 4월 10일 또 한 차례의 변론을 거친 뒤 4월 25일 이슬람센터 현장검증을 실시하였고, 5월 22일에 마지막 변론을 가진 뒤 6월 12일에는 남구청의 이슬람사원 건축허가 취소 행위는 사실상 직권남용이라는 판단 하에 이슬람사원 건축허가취소처분에 대해 취소 선고를 내렸다(인천지방법원 2014). 이에 대해 남구청은 6월 19일 항소 의사를 인천지방검찰청에 전달하였으나 6월 26일 검찰청으로부터 '항소포기 지휘'라는 제목의 공문을 받고서야 항소를 최종적으로 포기하기로 했다(박범준 2014d).

해소

인천광역시 행정심판위원회 최종결정 유보로 교착상태에 빠진 이슬람사원 건축허가취소를 둘러싼 갈등은 인천지방법원이 남구청의 이슬람사원 건축허가취소 처분을 취소하라는 판결을 내리면서 해소단계에 들어갔다. 인천지방법원은 제6회 전국동시지방선거가 치러진 직후인 2014년 6월 12일 남구청의 이슬람사원 건축허가 취소 행위는 사실상 직권남용이라는 판단을 하여 취소결정을 내렸다. 허가관청은 한때 법원의 판단을 받아들이지 않고 항소할 의사를 밝혔으나 지방검찰청이 항소포기를 결정함에 따라 남구청도 받아들일 수밖에 없어 이슬람사원 건축허가를 둘러싸고 1년 가까이 진행된 갈등은 완전히 해소된다(박범준 2014d). 검찰의 항소포기를 전달받은 다음 날인 6월 27일 남구청은 이슬람사원 건축허가취소처분철회를 통보했고, 인천광역시 행정심판위원회에서도 행정소송이 종결된 이후 7월 15일 '이미 청구의 실익이 소멸하였음'을 이유로 각하 결정을 내렸다. 이후 이슬람사원은 적법한 주차대수를 확보한 2차 건축허가사항 변경을 신청하여 8월 6일 최종적으로 건축물 사용승인을 받았다. 지금까지 서술한 것을 요약하면 〈표 3-1〉과 같다.

〈표 3-1〉 이슬람사원 건축허가취소처분 사건일지

단계		사건(Events)
잠복	2012.7.13.-9.25	(사)알후다이스라믹센터, 인천광역시 남구 도화동 소재 4필지에 대해 남구청으로부터 이슬람사원 건축허가를 득함(7.13); 지하1층 지상 5층, 연면적 1,623㎡의 건축물 착공(9.25)
	2012.12	인천지역 기독교단체, 남구청에 대해 반대의사 표명
	2013.8.6.-8.27	1차 설계변경(3층 교육연구실(학원)용도에서 종교시설, 4층 교육연구실을 제2종 근린생활시설(학원)로 변경)을 남구청에 신청함; 건축복합민원일괄협의회의 적합 판정(8.14); 남구청, 건축·대수선·용도변경허가 처분(8.27)
발생	2013.9.4	허가관청, 공용면적 재(再)산정에 따른 주차대수 부적합 통보(구두?)
	2013.9.10	2차 설계변경 접수(1층 제2종근린생활시설(일반음식점)에서 제1종 근린생활시설(소매점)로, 4층 제2종 근린생활시설(학원)를 교육연구시설(학원)로, 제2종 근린생활시설(일반음식점)을 교육연구시설(학원)로 용도변경)
	2013. 9.16-9.26	남구청, 이 사건 건축허가 취소처분에 관한 청문회 개최 계획을 센터에 사전 통보(9.16); 청문회 개최(9.26)
	2013.9.26	인천지역 기독교단체들, '이슬람 사원 건축 반대 범시민대책위원회'를 구성하고, 5만5000여명의 이슬람 사원 건축 반대 서명서와 함께 '이슬람 사원 신축 건축물 허가 불허 요청'이라는 제목의 진정서를 남구청에 제출
	2013.9.30.-10.1	남구청, '주차장법 제19조에 따른 법정 주차대수 부족'을 이유로 건축허가 취소처분(9.30); 건축허가가 취소되었으므로 허가사항변경이 불가능하다는 이유로 제2차 설계변경 허가신청을 불허한다는 처분을 내림(10.1)
격화	2013.10.9	평화와 참여로 가는 시민연대, 남구청에 대해 형평성을 잃은 종교 편향적 행정조치 해명요구 성명 발표
	2013.10.9-10.15	각종 언론매체 보도: 연합뉴스(10.9; 10.10), MBC(10.11), 인천일보(10.10; 10.11), 뉴스천지(10.14), 내일신문(10.15), 여성종합뉴스(10.11)
	2013.10.31	이슬람단체, 인천광역시에 행정심판(건축허가취소처분 등 취소) 청구
	2013.11.7	KBS 뉴스9, "인천광역시 이슬람사원 돌연 건축허가 취소…반발"

단계		사건(Events)
	2013.11.11	인천광역시, 남구 종합감사(건축허가사항변경 및 건축허가취소처분 적정 처리여부 확인, 11.11~11.22.)
	2013.11.12	이슬람단체, 건축허가취소처분취소 등(OO지방법원2013구합3751) 행정소송 제기.
	2013.11.18	인천기독교총연합회장(목사)와 이슬람대책위원회위원장(목사), 인천광역시장 면담 - 건축 불가 및 행정심판에서 취소결정 요구
교착	2013.12.23	행정심판위원회(2013년 제14회) 개최 - 증거자료 보완을 이유로 '심리보류' 결정.
	2014.1.6-24	행정심판위원회, 이슬람단체에 대해 1차 증거자료제출요구 (2013.1.6); 이슬람단체, 증거자료 제출(2014.1.24).
	2014.1.27-2.28	행정심판위원회, 증거자료 미비를 이유로 안건 未 상정(1.27); 이슬람사원 건축현장 조사(2.12); 2차 당사자 증거자료 요구(2.28); 이슬람단체, 증거자료 제출(2014. 3. 25).
	2014.3.6	인천지방법원, 행정소송 제1회 변론기일
	2014.3.17	세계 모스크(이슬람 사원) 총책임자(바함맘), 수행 비서관 등과 함께 이슬람사원 방문하여 취소경위와 소송 진행상황 청취.
	2014.3.31	2014년 제3회 행정심판위원회, 위원들 간 견해대립 및 자료조사 부족 등을 이유로 '심리보류' 결정.
	2014.4.10.-5.22	인천지방법원, 행정소송 제2회 변론기일(4.10); 제1회 검증기일(이슬람센터 현장검증, 4.25); 제3회 변론기일(5.22)
	2014.6.4	제6회 전국동시지방선거
해소	2014. 6.12	OO지방법원, 이슬람사원건축허가취소처분 취소 선고 (피고 OO구 패소).
	2014. 6.27	OO구, 건축허가취소처분 철회.
	2014.7.16.-8.6	이슬람단체, 2차 건축허가사항변경(주차대수 적합하게 변경. 7.16); 남구청, 건축물 사용승인 처리(8.6)
	2014.9.19	2014 인천아시안게임 개막(9.19~10.4).
	2014.9	인천광역시 감사관, 건축허가 직권취소한 OO구청장 '주의' 처분, 허가사항변경처리 관련공무원 2명 문책 처분요구.

출처 : OO광5역시 업무보고 자료, KBS뉴스, 내일신문, NEWSIS, OO일보, △△일보.

분석

남구청은 왜 법에 정해진 절차와 방법을 무시하고 이슬람사원 건축허가 취소 처분을 내렸는가. 인천광역시청은 왜 이슬람사원측이 제기한 행정심판 요청 건을 신속하게 처리할 수 있었음에도 불구하고 8개월 이상 끌다가 지방법원의 판결이 난 이후에야 실질적인 내용도 없는 '각하' 결정을 내렸는가. 이를 이해하기 위해서는 먼저 남구청의 이슬람사원건축거취소처분 조치에 대한 법원의 판결을 살펴볼 필요가 있다.

2014년 6월 12일에 내려진 인천지방법원(제1행정부)의 판결문에 의하면, 첫째, 남구청과 이슬람사원 측, 그 어느 기준에 따르더라도 건축허가 당시(2012. 7. 13)와 제2차 설계변경(2013. 9. 10)의 경우 각각 9대와 10대로 법정주차대수 부족의 위법이 존재하지 않는다. 다만, 제1차 설계변경(용도변경 2013. 8. 6)으로 10대로 증가하여 제1차 설계변경의 경우에는 법정주차대수의 위법이 발생하였다. 그럼에도 불구하고 건축허가 당시 법정 주차대수는 여전히 충족하였기 때문에 건축허가 자체를 취소한 것은 부당하다. 둘째, 제2차 설계변경 허가신청은 제1차 설계변경 허가신청의 하자를 보완했을 뿐만 아니라, 설령 제2차 설계변경 허가 신청에 일부 보완이 필요하다 하더라도 이에 대한 보완 요구 절차를 밟아야 하지 곧바로 반려한 것은 위법하다. 셋째, 이슬람사원 측이 건축허가 당시와 제1차 설계변경 신청 시 의도적으로 법정주차대수의 제한을 회피하기 위하여 일부 공간과 시설을 실제 사용용도와 달리 다른 용도로 가장하여 설계도면 및 신청서를 제출하였다는 남구청의 주장은 근거도 없고 입증할만한 자료도 없다(인천지방법원 2014). 결론적으로, 인천지방법원의 결론은 남구청이 위법사항이 없는 설계변경 허가신청에 대해서 합당한 보완 요구 절차도 밟지 않고 취소처분을 내려 남구청의 처분이 오히려 위법하다는 것이다. 인천지방법원이 이 사건에 대한 판결을 내린 후 인천광역시가 진행한 특별감사 결과에 의하면, ○구청장은 2013년 9월 30일 이슬람사원에 대한 건축허가취소처분 청문회를 직접 주재했는데, 이 자리에서 건축주인 이슬람사원 측이 '1차 설계변경 신청서에 부족한 주차장 법정대수 1대를 2차 설계변경을 통해 시정하겠다'고 했음에도 불구하고, 남구청장은 '건축허가 취소처분이 적정하다'는 개인 의견으로 청문을 끝냈다. 또한 그 이후 ○구청장은

(건축복합민원일괄협의회에 의한 재심의와 보완 요구 등 마땅히 거쳐야할 절차를 밟지 않고 독단으로) 허가취소 공문에 아무런 이유도 쓰지 않고 본인이 직접 결재하는 방식으로 이슬람사원의 건축허가를 취소시켰다(이민우 2014).

결론적으로는 본인의 적극적인 부인에도 불구하고, 남구청장은 이슬람의 확산을 막으려는 기독교집단의 이슬람사원 건축허가 취소 요구에 굴복한 것으로 볼 수밖에 볼 수 없는 결정을 내린 것이다. 법에서 정한 절차와 방법에 따른 '좋은 정책'(good policy)이 아니라 그로 인해 피해를 입을 기독교집단의 비난을 피하기 위한 결정(blame avoidance)을 내린 것이다. 그리고 자신이 기독교집단의 비난을 회피하기 위해 택한 전략은 이슬람집단이 법망을 피하기 위해 교묘한 수법으로 남구청을 기만했다는 이슈 재정의(redefine the issue)전략이었다. 실제로, 남구청장은 이슬람사원 건축허가 취소 처분이 논란을 일으키자, 2013년 10월 10일 기자회견을 통해 "이슬람 사원은 건물 용도를 변경하면서 의도적으로 관련법을 따르지 않고 서류를 꾸며 슬쩍 넘어가려고 했다. … 구를 기만한 만큼 건축허가 취소처분은 적절한 조치"라고 말하면서, "기독교계가 구에 전달한 이슬람 사원 건축 반대 5만여 명 서명서에 대해서는 '법대로 한다'고 답했다. … 결코 종교문제(종교차별: 필자 주)가 아니다"고 강조했다(박범준 2013a). 즉 자신이 아니라 이슬람사원 측이 불순한 의도로 법을 어겼다는 식으로 이슈를 재정의한 것이다.

허가관청 담당자와의 인터뷰를 통해 확인한 바에 의하면, 남구청 내부에서 실무 담당자들과 고위 의사결정권자 간의 입장 차이가 존재했던 것으로 보인다. 즉 실무 담당자들이 남구청장의 법 규정에 따른 절차와 방법을 무시한 결정에 대해서 우려를 표했던 것으로 보인다.167) 그렇다면, 남구청장은 자신의 결정이 위법할 수도 있다는 것을 인지했을 것이다. 그럼에도 불구하고, 이와 같은 결정은 내린 것은 분명 다른 동기가 있었을 것이다.

다른 한편, 인천광역시, 보다 정확하게는 인천광역시장의 책임 하에 운영되는 행정심판위원회는 2013년 10월 31일 이슬람사원 측의 행정심판 청구건을 접수하고 11월 11일 남구청에 대한 종합감사를 실시한 뒤 그해 12월 23일부터 다음 해인 2014년 3월 31일까지 세 차례의 행정심판위원회 회의를 개최하였으나 매번 쟁점사항 관련 자료부족을 이유로 이 안건을 아예 상정하지 않거나 '심리보류' 결정을 내렸다가, 2014년 6월 12일 인천지방법원의 판결이 나온 뒤인 7월 15일에 이르러서야 '이미 청구의 실익이 소멸하였기' 때문에 각하한다는 결정을 내렸다. 인천광역시는 본격적인 논의나 심의도 제대로 하지 않고 시간만 끌어온 것이다.

당시 한 언론보도는 인천시 법무담당관실이 "보류 결정 사유는 쟁점 사항이 해소가 되지 않았고, 아직 자료 조사가 부족하다는 이유로 보류 결정이 난 것으로 알고 있다"고 하면서 쟁점 사항에 대해서는 "구체적으로 어떤 부분이 쟁점인가에 대해서는 이 건과 관련해서 행정소송이 진행 중이어서 재판에 영향을 미칠 수 있어 공개할 수 없다"고 덧붙였다고 한다. 또한 일각에서는 제3차 (인천광역)시 행정심판위원회가 (2014년) 6.4지방선거 이후에나 열릴 공산이 커져 인천시의 위원회마저 기독교단체들의 시선을 의식해서 민감한 결정을 선거 이후로 넘기려는 의도가 아닌가 의심하였다 (이장렬 2014). 이로 볼 때, 인천광역시(시장) 역시 기독교계의 비난을 피하기 위해 심리보류 또는 안건상정 차단과 같은 '의제화 차단'(agenda limitation) 전략을 구사한 것이라고 할 수 있다. 이들은 왜 그런 선택을 했을까.

첫째, 남구청장과 인천광역시청이 이슈 재정의 또는 의제화 차단 같은 방법을 사용하여 비난회피전략을 구사한 배경에는 이들의 개인적인 동기가 있다. 남구청장과 인천광역시장은 지역주민의 직선으로 선출되는 자리다. 사건 당시 남구청장은 1987년 민주화 진행 당시부터 정치권에 몸 담아온 전형적인 직업정치인으로서 2002년 남구청장으로 당선되면서 본격적인 선출직 공직자 생활을 시작하였으나 2006년 지방선거에서 재선에 실패한 뒤 당직만 유지하다가 2010년 지방선거에서 당선되어 남구청장으로 재기한 인물이다(네이버 인물검색). 인천광역시장의 경우, 1994년부터 변호사 생활을 하다가 2000년에 인천의 한 지역구 국회의원으로 당선된 이후 2010년까지 세 차례 연속 국회의원으로 지내다가 2010년 지방선거에서 인천광역시장으로 당선되었다(네이버 인물검색). 이런 이들에게 선거는 자신의 정치생명을 좌우하는 가장 중요한 통로다. 따라서 이들이 정책을 결정할 때 우선적으로 고려한 것은 선거에서 승리하여 공직에 진출하거나 그 자리를 이어가는 것이다(Weaver 1986). 사건 발생 시점(2013년 9월)으로부터 지방선거일(2014년 6월)까지는 1년도 채 남지 않았기 때문에 이들은 이 사건에 대한 결정에 있어서 재선이라는 동기는 매우 중요했을 것이다. 실제로 이 두 사람 모두 2014년 지방선거에 출마했다.

둘째, 남구청장과 인천광역시장이 직면한 상황이 전형적인 제로섬적 성격을 가진 것이었다. 즉 이슬람사원 건축을 허가하거나 불허하는 양자택일만 있을 뿐, 이 둘을 절충하는 다른 대안은 있을 수 없었다. 이 두 대안 중 상대적으로 더 많은 혜택을 주거나 상대적으로 더 적은 손실을 가져다 준다고 생각하는 대안을 선택할 수밖에 없었다. 즉 이슬람사원 건축허가 문제를 법에 따라 올바른 결정(good policy)을 하면 이슬람집단과 국가의 지지를 받지만 기독교계의 비난을 받아 재선에는 오히려 해가 될 수 있고, 기독교계를 의식하여 정치적 결정을 내리면 기독교계의 비난도 피하고 적어도 재선거에 결정적인 피해를 막을 수 있지만 이슬람차별 내지 종교적으로 편향적인 결정을 내렸다는 비난을 피할 수 없다. 다가오는 2014년 9월에 개최될 아시아경기를 주최할 인천광역시장의 경우 이슬람차별이라는 비난에 더하여 인도네시아, 말레이시아, 이란, 이라크 등 이슬람권 국가의 보이콧이라는 위험도 감수해야 했을 것이다(박범준 2014c). 이러한 제로섬적 상황에서 이들은 법에 근거한 올바른(또는 좋은) 대안을 선택하는 대신, 기독교집단의 비난을 회피할 수 있는 대안을 선택했다고 볼 수 있다. 다만, 비난회피를 위한 전략으로 남구청장은 이슬람사원 측이 의도적으로 법을 어겼다는 논리를 내세워 독단적인 결정을 내리는 전략을 택한 반면, 인천광역시장은 증거자료 부족이라는 명분을 내세워 심의자체를 계속 유보하는 전략을 택했다는 차이가 있을 뿐이다.

셋째, 남구청장과 인천광역시장이 기독교계의 비난을 두려워 한 것은 우선, 관할 구역 인구 중 기독교 신자가 차지하는 비중이 컸기 때문이다. 인천광역시 남구의 경우, 2005년 기준 전체 인구 412,816명, 종교인구 209,631명(전체 인구 대비 50.8%), 개신교 인구 88,339명(전체 인구 대비 21.4%)이고, 2015년 기준 전체 인구 391,708명, 종교인구 160,137명(전체 인구 대비 40.9%), 개신교 인구 84,430명(전체 인구 대비 21.6%)으로 개신교 인구가 전체 인구의 21% 정도 차지했다. 인천광역시의 경우, 2005년 기준 전체 인구 2,517,680명, 종교인구 1,277,726명(전체 인구 대비 50.8%), 개신교 인구 563,433명(전체 인구 대비 22.4%)이고, 2015년 기준 전체 인구 2,783,565명, 종교인구 1,170,740명(전체 인구 대비 42.1%), 개신교인구 642,515명(전체 인구 대비 23.1%)으로 개신교 인구가 전체 인구의 22-23%를 차지했다(통계청 2005: 2015). 개신교 신자들의 결속력이 충분히 강하다면, 2014년 지방선거에서 재선을 추구하는 남구청장과 인천광역시장의 당락에 결정적인 영향을 미칠 수 있을 것이다.

넷째, 실제로 다른 종교에 비해 개신교는 신자들의 정체성도 강하고 결속력도 강하다. 개신교는 전통문화나 타종교에 대한 배타성과 공격적인 선교라는 비난에도 불구하고 개신교 신자들은 다른 종교 신자들보다 더욱더 열성적이며 정체성도 강하고 결속력도 강해서 지난 30년 사이 교세가 가장 많이 확장된 종교이다(윤승용 2015). 따라서 정치인을 포함한 정책결정권자들이 개신교에 불리한 정책을 수립·집행할 경우 강한 결속력으로 공동대처했을 것이다. 실제로 인천지역 10여개의 기독교단체로 구성된 '이슬람 사원 건축 반대 범시민대책위원회'는 2013년 9월 26일 5만5000

여명의 이슬람 사원 건축 반대 서명서와 함께 '이슬람 사원 신축 건축물 허가 불허 요청'이라는 제목의 진정서를 구에 제출했는데, 이 진정서에는 "만약 준공이 허가된다면 이 일에 대해 좌시하지 않을 것이다. 건축 취소를 거듭 요청 한다"는 협박성 말로 끝을 맺었다(박범준 2013a).

결론

본 장에서는 이와 같은 종교갈등의 심각성을 인식하여 이슬람사원 건축허가취소를 둘러싼 허가관청, 상급관청, 이슬람단체, 기독교단체, 시민단체 간의 갈등을 부정성편향이론과 비난회피이론을 적용하여 분석해 보았다. 분석 결과, 부정성편향이론과 비난회피이론에서 예측한 것처럼, 2014년에 있을 지방선거에서의 재선을 염두에 두고 있었던 남구청장과 인천광역시장은 이슬람사원 건축허가 (설계변경 요청 포함) 문제에 대해서 법에 근거한 '좋은 결정'을 내리지 않고 신자수도 많고 결속력도 강하여 당락에 영향을 미칠 것으로 예상되는 기독교단체의 비난을 회피하기 위해 '이슈 재정의' 또는 '의제화 차단' 전략을 구사했다고 볼 수 있다.

즉 이 사례연구의 연구문제로 삼았던 두 가지 명제(부정성 편향, 비난회피전략)는 경험 분석 결과 설득력이 있는 것으로 나타났다. 첫째, 정부-이슬람의 양자적 공공갈등이 발생하게 되면 우리나라에서 가장 반(反)이슬람 성향을 가진 기독교가 어떤 형태로든 개입하여 정부-이슬람-기독교라는 삼각 갈등구조의 전개과정에 중요한 한 축으로 작동하였다. 둘째, 정부의 갈등 대응전략의 선택은 갈등당사자로 참여하는 이해관계집단이 갖는 영향력에 따라 정책 결정의 동기의 태도가 달라질 것이라고 보았는데, 본 사례에서 선출직인 지방자치단체장은 조직되고 집중된 이해관계를 가진 유권자 집단인 기독교계의 영향력에서 자유롭지 못했다. 그 결과 표면적이고 공식적인 입장으로 단호한 건축 허가취소처분이라는 공격적인(contentious) 대응 전략을 구사했지만 실제로는 제3의 이해관계자인 법원에 책임을 전가하는 '비난 회피'(blame avoiding) 전략을 추구했다고 해석할 수 있다.

'갈등'은 장기적이고 뿌리 깊어서 그 해결이 쉽지 않은 대립적 관계인 반면에 그 갈등이 표출된 일회성의 사건(event)으로 해결이 가능한 것은

'분쟁'으로 구분하기도 한다(박태순 2010: 69-71). 일회성의 사건 밑바닥에 자리잡고 있는 근본적인 원인(또는 문제)을 해결하는 것을 '갈등 해결(conflict resolution)'이라고 한다면, 이와 달리 법이나 제도를 통해 현재 당장 문제가 되는 것만을 종결하는 것은 '분쟁 해소(dispute settlement)'라고 구분하기도 한다(박태순, 2010). 이 점에서 본 연구에서 설명한 결말(즉 법원의 판결과 행정기관의 담당자 징계)은 갈등의 근본적인 해결이라기보다는 분쟁 해소에 가깝다. 따라서 언제든지 유사한 조건이 형성되면 재연(再演)될 수 있고, 실제로 인천 남구에서 나타난 이슬람사원을 둘러싼 갈등의 원인과 전개과정 그리고 지방자치단체의 대응방식이 2020년 대구 북구에서 거의 그대로 재현되었고, 2022년에는 경기도 연천군에서 이슬람 캠핑장 건설을 둘러싼 갈등에서도 거의 그대로 재현되고 있다. 법원의 '공사 재개' 판결에도 불구하고 대구 북구의 이슬람 사원 건축을 반대하는 주민들은 공사장 앞에 이슬람 금기식품인 돼지머리를 갖다 놓기도 하고, 기도시간에 맞추어 '옹헤야' 등 요란스러운 노래를 틀어 놓아 무슬림들이 극도의 스트레스에 시달리는 사태로 치닫고 있다. 이와 비슷한 시기에 발생한 이슬람 캠핑장 건설을 둘러싼 지역주민과 이슬람 사이의 갈등도 해결될 기미를 보이지 않고 있다(〈부록 3-2〉, 〈부록 3-3〉).

어쨌든 인천 남구의 이슬람사원 건축을 둘러싼 갈등은 당사자 중 하나가 국가든 지방자치단체든 정부가 되는 공공갈등의 양상을 띠었다. 결국 현실의 정책적인 관점에서 보면, 유사한 갈등이 본 사례와 같이 사법적 소송으로 해소할 수밖에 없다면, 당사자나 사회적으로도 결코 적은 비용이 아니다. 시민단체가 개입하고 법원이 판단을 내려도 (이민자보다는 지역주민이) 수용하지 않는다면 갈등의 지속에 따른 비용도 커지겠지만, 다른 해결 방법을 찾기 쉽지 않다는 어려움이 생긴다. 바람직한 대응 전략을 찾기 위한 체계적이고 경험적인 연구와 토론이 필요하다.

부록 3-1 | 종교갈등의 역사와 현황

1990년대 초반 해외동포(조선족)의 고국방문으로 시작된 국제이주의 물결은 결혼이민자, 외국인근로자, 유학생 등으로 확대되면서 국내 체류 이민자의 수가 급격하게 늘어났다. 1990년 불과 5만 명이 채 되지 않던 국내체류 외국인이 2016년(12월 기준)에는 200만 명을 돌파했고, 국적도 미국, 일본, 대만 등 전통적인 우방국에 한정되었으나 지금은 중국, 동남아, 서남아, 중앙아시아, 중동, 아메리카, 유럽 각지의 국가로부터 유입되고 있으며, 종교적으로는 원래의 불교, 개신교, 천주교에 이슬람교가 더하게 되었다(출입국외국인정책본부 2016). 2000년대 중반부터 외국인노동자, 투자가로 국내로 들어오기 시작한 이슬람권 국가로부터의 이민자가 2014년 기준 14만 명을 넘어섰고, 국내 거주 무슬림의 수는 불법체류자(21,000여 명)와 내국인 무슬림(35,000여 명)을 포함해 20만 명을 넘었다(박관규·정준호 2015).

앞에서 보았듯이, 이미 다른 유형의 갈등으로 인해 엄청난 사회적 비용을 지불하고 있는 한국사회에서 인구의 절반이 영향을 받을 수 있는 종교 간 갈등이 발생한다면, 그 대가는 엄청스러울 것이다. 따라서 이미 존재하고 있는 사회갈등을 포함한 종교갈등의 예방과 생산적 해결을 위해서는 국민들의 종교적 관용성을 갖게 하는 것과 더불어 중앙정부와 지방자치단체의 적극적이고 효과적인 정책과 노력이 매우 중요하다. 중앙정부와 지방자치단체는 시민적 자유를 보장하고 전체 국민과 주민의 이익을 위해 시민사회의 다양한 요구를 수렴하여 정책을 결정하고, 시민사회의 사적인 요구와 불만을 중립적인 입장에서 조정하고 해결할 의무가 있기 때문이다. 그럼에도 불구하고 정부가 특정 종교집단을 편애하거나 종교집단 간 경쟁과 갈등을 중립적이고 효과적으로 관리하지 못할 경우, 시민사회에서의 종교인이나 종교집단 간 갈등은 전 사회로 확대될 수 있다.[168]

서구의 경우 중세 십자군 원정으로 본격화된 기독교와 이슬람교 간 갈등, 종교개혁 시기의 구교와 신교 간 갈등, 이후 신교 내 서로 다른 종파 간 갈등, 급기야는 신교와 구교 국가 간 30년 전쟁(1618-1648년)까지 치르기도 했다. 2차 대전 이후 냉전기에는 초강대국인 미국과 소련 간의 이념 대립이 중심을 이루었기 때문에 미국이나 소련의 지지나 지원을 받아야 했던 세계의 다른 국가들은 종교적 신념과 같은 이념이 아닌 다른 명분을 내세울 수 없었고(Kirby 2003; Encyclopedia of the New American Nation 연도미상; Brobakk 1998; Trei 2002), 미국과 소련 역시 내부적인 이유에서 종교를 내세우지 않았다. 즉 소련과 같은 사회주의를 지향하는 국가에서는 종교를 민중을 미혹하는 '아편'으로 간주하고, 미국과 같은 자유민주주의를 지향하는 국가에서는 국가의 하부단위에 대한 충성을 강조하는 정체성(sub-national identity)을 국민국가형성과 근대화를 위해서는 극복해야할 요소로 치부했을 뿐만 아니라 근대화의 한 측면인 세속화(secularization)가 진행되면 저절로 사라질 것으로 간주했기 때문이다(Almond 1960; Deutsch 1965; Smith 1970; cf. Fox 2001, 2002; Reyes 2001; Berger 2003). 그 결과 냉전기에는 종교나 민족정체성(ethnic or national identity)을 앞세운 갈등은 나타나기 어려웠으나, 어느 한 당사자가 종교집단이거나 양자 모두가 종교집단인 갈등이 전혀 없었던 것도 아니고(Fox 2004: 64), 중동지역을 포함한 개발도상국에서 외형상으로는 다른 이념집단 간의 갈등이지만 갈등(동원) 당사자가 종교집단인 경우가 적지 않았다(Fearon and Laitin 2003). 미국의 국내에서도 기독교집단은 소련과의 체제경쟁과 다양한 국가정책결정과정에 직간접적으로 참여하여 상당한 영향력을 행사했다(Ontario Consultants on Religious Tolerance 2013; 1996-2013).

서로 다른 종교적 신념이나 민족정체성을 가진 집단 간의 갈등은 냉전 중반기인 1960년대부터 서서히 증가하기 시작하여 냉전 종반기인 1980년 중반부터 큰 폭으로 증가하였다. 특히 종교갈등은 1960년부터 1967년까지 꾸준히 늘어난 후 1985년까지 큰 변화가 없다가 그 이후 1992년까지 다시 증가하기 시작했고(Fox 2004: 64), 1993년 이후 급속히 줄어들다가 2002년에는 다시 증가하였다(Fox 2007: 374).[169)]

2007년부터 세계 각 지역에 발생하는 종교적 자유의 구속사례와 적대행위를 추적한 PEW 리서치센터의 2014년도 보고서에 의하면, 2012년도에는 조사대상 198개 국가와 보호령·자치령(territories) 중 1/3에 해당하는 지역에서 종교를 둘러싼 사회적 적대행위가 높거나 매우 높게 나왔으며, 아메리카지역을 제외한 나머지 지역에서는 2007년 이후 계속 증가하여 2012년에는 최고치를 기록하였다. 특히 중동지역과 북아프리카지역은 2007년부터 종교 관련 사회적 적대행위가 전년 대비 매년 3.7% 내지 6.4% 증가하였다(PewResearchCenter 2014).

한국은 어떨까. 1991년부터 2000년까지 3대 일간지(조선, 동아, 중앙)에 "종교"와 "갈등"이라는 키워드를 포함한 기사 중 한국에서 발생한 것만 보면, 총 90건 정도 였다(전성표 2001). 이를 세분해 보면, 김영삼 정부 때는 매년 5-6건 건씩 있었고, 김대중 정부, 노무현 정부 시기에는 대략 0~2건 정도로 대폭 감소했다가, 범불교 대회가 열렸던 2008년에는 종교갈등에 관한 기사와 사설이 100건 이상으로 폭증 하였고, 그 뒤에도 매년 10건이 넘었다(김정수 2012). 종교갈등의 증가와 심각성은 국민의식조사결과를 통해서 알 수 있다. 〈표 3-2〉에서 보듯이, 통계청 조사결과 에 의하면, '우리 사회의 종교 갈등' 정도는 약간 또는 매우 심하다는 응답이 2013 년부터 2015년까지 60% 정도를 차지할 정도로 종교갈등도 심각해지고 있다.

〈표 3-2〉 우리 사회의 종교갈등

연도	전혀 심하지 않다(1)	별로 심하지 않다(2)	약간 심하다(3)	매우 심하다(4)	점수
2013	3.6	37.0	43.2	14.2	2.7
2014	3.4	36.7	47.6	12.3	2.7
2015	4.5	39.9	42.6	12.0	2.6

자료: 한국행정연구원, 사회통합실태조사 (각 년도)

이처럼, 해방 직후부터 이미 다종교사회였지만 종교로 인한 심각한 사 회갈등은 별로 겪지 않은 세계적으로 보기 드문 사례로 평가받았던 한국 사회에서 최근에 들어 상황이 달라진 것은 종교인의 증가, 종교집단 간 신 자 확보를 위한 경쟁과 공격적 선교, 민주화에서 그 원인을 찾을 수 있다.

1990년대 이전에도 정부가 특정 종교집단에 대한 지원이나 규제에서 특혜를 베풀거나 불이익을 주어 관련 종교집단의 반발을 불러일으킨 경우 가 있었다. 예를 들면, 감리교 신자였던 이승만 대통령은 대통령 취임식 선서를 기도로 시작했고, 개신교의 반대로 국기에 대한 경례 대신 국기에 대한 주목으로 바꾸었으며, YMCA 등 기독교단체 회관건립 재정지원, 군종제도도 장로교, 감리교, 성결교와 천주교만 참여 허용, 개신교와 천주교만 포로수용소 내 선교활동 허용, 크리스마스실 발행, 개신교 방송, 극동방송 설립허가, 개신교방송의 광고 및 보도 허용 등 기독교집단에 유리한 정책을 추진하는 반면, 모든 불교 사찰의 인사권과 재산권을 국가에 귀속시킨 미군정의 정책을 유지하고 군종제도에서 불교 배제 등 불교계에 불리한 정책을 추진하였다. 반면, 박정희 정권은 불교계의 군종제도 참여 조치, 석가탄신일 공휴일 지정 등 개신교보다는 전통종교(동학, 불교 등)에 유리한 정책을 추진하였다. 그러나 1990년대 특히 민주화 이전까지는 국가와 종교 간 관계에서 국가가 우위를 점하고 있었고 민주적 권리가 억압당하고 있었기 때문에 종교집단은 공공연한 비판이나 저항을 할 수 없었다(안국진·유용한 2010; 이진구 2015).

그러나 1987년 정치민주화에 따라 종교집단을 포함한 시민사회에 대한 국가의 통제가 이전 같지 않게 되었다. 더구나 해방 이후 꾸준히 종교인들이 증가하여 1980년대에는 전체 국민의 절반 정도가 종교를 갖게 되었다(〈표 3-3〉). 이에 따라 두 가지 현상이 나타나게 되었다. 하나는 이전에 비해 종교집단의 정치적 사회적 영향력이 크게 증가한 점이고(강인철 2010), 다른 하나는 해방 이후 꾸준히 증가하던 국민 대비 종교인의 비율이 2005년을 전후한 시기부터 감소하기 시작함에 따라 신자 유지·증가를 위한 종교집단 특히 불교, 개신교, 천주교의 3대 종교 간 경쟁이 치열하게 된 점이다(이시윤·오세일 2015).[170] 이러한 상황 변화에 따라 국가의 특정 종교 편향적 또는 차별적 정책은 경쟁 종교집단의 즉각적인 반발과 저항을 야기하였다.[171] 김영삼 정권이나 이명박 정권의 친기독교적인 행보나 정책에 대해 불교집단이 공개적으로 집단적으로 저항한 것은 바로 이런 시대적 상황의 변화를 반영한 것이다(송운석·김경태 2014; 강인철 2010).

〈표 3-3〉 1985-2015년 종교인구 변화

	1985		1995		2005		2015	
	인구	비율	인구	비율	인구	비율	인구	비율
불교	8,059,624	19.9	10,321,012	23.2	10,726,463	22.9	7,619,000	15.5
개신교	6,489,282	16.1	8,760,336	19.7	8,616,438	18.3	9,676,000	19.7
천주교	1,865,397	4.6	2,950,730	6.6	5,246,147	11.0	3.890,000	7.9
기타	788,993	2.0	565,746	1.3	481,718	1.0	368,000	0.8
전체	17,203,296	42.8	22,597,824	50.7	24,970,766	53.3	21,554,000	43.9

자료: 통계청

　　이처럼 우리 사회에서는 정치민주화 이후 그간 사적 영역에 한정되어 있던 종교 갈등이 공적 영역으로 표출되기 시작했고, 21세기에 접어들면서는 그 빈도와 강도가 점차로 심각해지고 있다. 이렇게 된 데에는 종교시장을 둘러싼 경쟁, 교리가 다른 종교를 인정하지 않는 편협한 태도나 공격적인 선교활동 등과 같은 종교집단의 내적 특성 때문이기도 하지만, 국가의 종교적 중립성이나 갈등관리능력의 부족 내지 부재 때문이기도 하다.172) 아직까지는 종교갈등이 주로 개신교와 불교 또는 전통종교 간에 발생하고 있지만,173) 최근의 국제이주 상황을 보면, 기존의 종교 갈등구도에 이슬람교와의 갈등이 더해질 가능성이 있다.174)

　　서구의 경우, 앞에서 본 바와 같이, 1980년대 중반부터 종교갈등이 증가하기 시작하였는데, 동일 종교 내 종파 간 갈등이 대다수를 차지하고 종교 간 갈등은 소수에 지나지 않는다. 특히 기독교는 전체 종교갈등 중에서 가장 높은 비중을 차지하여 다른 종교집단에 비해 갈등성향이 높지만, 대부분은 같은 기독교 내 다른 종파와의 갈등이 차지한다.175) 그러나 탈냉전기 동안 발생한 서로 종교집단 간 갈등 중 가장 많은 비중을 차지하고 있는 것은 이슬람교집단을 한편으로 하고 기독교 또는 러시아정교 또는 힌두교 집단을 다른 한편으로 하는 갈등이다(Fox 2007). 이슬람교를 포함하는 종교갈등의 대부분은 같은 이슬람교 내 다른 종파 간의 갈등이지만, 서로 다른 종교집단 간 갈등에서 이슬람교가 가장 많은 비중을 차지하고 있다는 것은 그만큼 이슬람교가 다른 종교와 갈등이 야기할 가능성이 크다는 것을 의미한다(〈표 3-4〉 참조).

〈표 3-4〉 갈등 상대, 1960-2004

구분	빈도	갈등상대(%)							
		서구기독교	중국유교	슬라브정교	남미	힌두교	이슬람	아프리카	기타
냉전기(1960-89)									
서구기독교	133	45.1	0.0	0.0	0.0	0.0	40.6	13.5	0.8
중국유교	232	0.0	87.9	0.0	0.0	3.0	0.9	8.2	0.0
슬라브정교	5	0.0	0.0	40.0	0.0	0.0	60.0	0.0	0.0
남미	149	0.0	0.0	0.0	87.2	0.0	0.0	0.0	12.8
힌두교	19	0.0	36.8	0.0	0.0	0.0	36.8	0.0	26.3
이슬람	394	14.7	0.5	0.8	0.0	1.8	64.4	14.0	4.8
아프리카	343	5.2	0.0	0.0	0.0	0.0	16.0	78.7	0.0
탈냉전기(1990-04)									
서구기독교	86	16.3	0.0	8.1	0.0	0.0	65.1	1.2	9.3
중국유교	56	0.0	60.1	0.0	0.0	23.2	16.1	0.0	0.0
슬라브정교	39	17.9	0.0	30.8	0.0	0.0	51.2	0.0	0.0
남미	61	0.0	0.0	0.0	91.8	0.0	0.0	0.0	8.2
힌두교	50	0.0	26.0	0.0	0.0	36.0	38.0	0.0	0.0
이슬람	378	14.8	2.4	5.3	0.0	5.0	61.4	10.6	0.5
아프리카	255	0.4	0.0	0.0	0.0	0.0	15.7	83.9	0.0

출처: Fox(2007). p. 372.

실제로, 21세기에 들어 2차 대전 후 비유럽국가로부터 대규모 이주를 통해 일찍이 다문화사회가 된 유럽 국가들에서는 물론 2016년 이민자들로 건국한 미국에서도 반(反)이슬람주의의 확산과 무슬림과의 갈등문제가 갈수록 심각해지고 있다(이기준·정종문 2016). 그 근저에는 '문명충돌론'과[176] '이슬람공포증(Islamic Phobia)'이 있다. 이슬람공포증은 2001년 9.11사태 이후 유럽 각지에서 발생한 이슬람 극단주의 및 무슬림2세의 테러와 반테러뿐만 아니라 유럽인의 낮은 출산율과 대조적으로 가파른 무슬림 인구의 증가에도 기인한다. 서구사회의 이슬람 및 무슬림에 대한 거부감(혹은 혐오)의 다른 이유 하나는 기독교가 여전히 지배적 정신적·문화적 전통인 사회의 공적 공간에, 마스지드(무슬림 예배 공간)나 부르카 같이 다른 이주민 집단과 확연히 구별되는 문화적 정체성을 가진 이슬람의 종교적 상징 때문이다(조희선 2010: 108-109).

한국의 경우는 어떤가. 이미 봤듯이, 국내 종교갈등 중 대다수는 기독교 특히 개신교가 관련되어 있지만, 지금까지는 기독교 내 다른 종파와의 갈등, 같은 종파 내 갈등, 또는 불교와의 갈등이 대다수였고, 이슬람 집단이 관련된 종교갈등은 거의 없다. 대학생들을 대상으로 한 설문조사(조희선 2010:141), 서울 이태원의 무슬림 거주지 인근 주민들의 인식 조사(이노미 2011:256-257), 본 연구를 위해 실시해본 시험적 소셜 데이터 분석결과 등을 보더라도,[177] 이슬람교 또는 무슬림이 관련된 전국적인 규모의 갈등이 발생할 가능성은 당분간은 없어 보인다. 그럼에도 불구하고, 일정 지역에 정주화하여 집단거주지를 형성하고 있는 국내 거주 무슬림의 수가 점차로 늘어나는데, 많은 국민들이 이슬람교와 무슬림에 대한 부정적인 스테레오타입과 편견을 가지고 있기 때문에, 이슬람교가 먼저 들어온 불교나 기독교와 마찰을 일으킬지 모른다는 우려가 커지고 있다(조희선 2010; 이노미 2011).[178] 2005년을 전후한 시기부터 종교인의 비율이 점차로 줄어들고 있어 종교시장을 둘러싼 경쟁이 이전보다 치열해질 가능성이 크고(이시윤·오세일 2015; 강인철 2010; 안국진·유요한 2010), 한국기독교의 배타적인 성격과 공격적인 선교활동을 고려하면, 이러한 우려는 커진다 하겠다(전성표 2001, 2007; 김정수 2012). 특히 인천 남구에서 나타난 이슬람사원을 둘러싼 갈등의 원인과 전개과정 그리고 지방자치단체의 대응방식이 2020년 대구 북구에서 거의 그대로 재현되고, 2022년에는 경기도 연천군에서 이슬람 캠핑장 건설을 둘러싼 갈등에서도 거의 그대로 나타나고 있다는 점을 고려하면, 이러한 우려는 기우(杞憂)로 그치지 않을 가능성이 크다.

만약 한국에서 이슬람-비이슬람 갈등이 전국적인 범위에서 발생하면 21세기 서구의 다문화사회가 겪었던 인종폭동과 테러가 발생하지 않을 것이라 장담할 수 없다. 따라서 이러한 사태를 막으려면 종교집단이 서로에 대해 관용의 자세로 대하고 갈등이 발생할 경우에는 생산적으로 해결하려는 노력을 기울여야 하고, 집단 간 갈등을 해결할 최종적인 책임을 지고 있는 정부도 중립적인 자세로 생산적이고 효율적인 해법을 찾아 실천하는 노력을 기울여야 할 것이다.

부록 3-2 최근의 종교갈등 사례

서울 강남역, 대구 북구 대현동, 대전 유성구 어은동 이슬람 사원 건설 관련 갈등

이슬람 사원 설립을 둘러싼 갈등이 곳곳에서 일어나고 있다. 이슬람 사원 건축 반대, 반난민 운동을 벌이고 있는 시민단체 '난민 대책 국민 행동'이 (2021년 9월) 18일 서울 강남역 인근에서 '이슬람 사원 건립 불가' 기자회견을 열고 "이슬람은 종교의 자유를 주지 않는 위험한 종교"라고 주장했다. 난민 대책 국민 행동은 "대한민국에는 더 이상 이슬람 사원 건립은 불가하고 상호주의 원칙에 따라 기존 모든 이슬람 사원과 기도실은 소급적용해 폐쇄하라"고 요구했다. 또 충북 진천에 있는 아프가니스탄 특별기여자 390명에게 취업이 자유로운 거주 비자 F-2를 발급하는 것에 반대했다.

청와대 국민청원 게시판에는 '대한민국을 지켜주세요'라는 제목과 함께 "이슬람 집단 탓에 주민들이 역차별을 받고 있다"며 대구 북구 대현동에 이슬람 사원 건립 반대를 촉구하는 청원이 게재됐다. 이 청원은 (2021년 9월) 18일 오후 2시 기준 8만 2,000명 이상의 동의를 받았다. 대구 시민이라고 밝힌 청원인은 "8개월 넘게 이슬람 사원 건축을 막으려고 분투하고 있다"며 "경북대 근처에 살면서 수많은 외국인을 봐 왔지만, 외국인이 자기들만의 집단 사회를 만들어 단체행동을 하고 세력화하는 건 처음 본다"고 주장했다. 이어 "어느 순간부터 이슬람들이 늘어나기 시작하더니 요즘은 주민들보다 많다. 이슬람 복장을 하고 10~20명씩 거리를 떼거리로 몰려다니는 데 위압감을 느낄 때가 많다"며 "이슬람 사원이 들어선다면 주민은 삶의 터전을 빼앗기고 떠나야 한다. 벌써 하나둘 짐을 싸고 있다"면서 "요즘은 주민이 역차별 혐오를 받는 실정"이라고 하소연했다.

〈사건의 발단〉

대구 북구 대현동 이슬람 사원 건립을 둘러싼 지역주민과 무슬림 사이의 갈등은 수개월째 이어지고 있다. 임대료가 저렴하고 경북대에서 가까운 대현동은 수년 전부터 무슬림 유학생들이 주거를 위해 모여들었다. 현재 150여 명이 거주하고 있으며 파키스탄, 방글라데시, 우즈베키스탄, 나이지리아, 타지키스탄, 인도, 인도네시아, 말레이시아, 사우디아라비아, 이집트 등에서 왔다. 경북대에 다니는 무슬림 유학생들은 지난 2014년 대현동의 한 주택을 구매해 기도소로 활용해오다 북구청의 허가를 받고 지난해(2020년) 12월 교인이 모은 돈으로 주택을 허물고 2층짜리 이슬람 사원을 짓기 시작했다. 갈등은 이때부터 시작됐다. 일부 주민들이 '이슬람사원 건립 반대 비상대책위원회'를 구성해 사원 건축 반대 운동에 나선 것이다. 비대위는 집단 민원을 제기했고 북구청은 지난 2월 공사 중지조치를 내렸다. 이에 무슬림 학생들과 시민단체는 '공사 중지 처분 집행 가처분 신청'을 냈고 지난(2021년) 7월 법원은 무슬림 학생들의 손을 들어주었다. 하지만 주민들이 차량과 집기로 공사장 진입로를 막고 있어 공사는 8개월째 중단된 상태다.

〈주민들의 반응〉

"불안할 수 밖에 없어요. 생각해보세요. 사원이 들어서면 이 좁은 골목 집 앞에 모르는 사람들이 왔다 갔다 하고, 우리가 어떻게 안정적인 생활을 할 수 있겠어요? 우리는 위협을 느껴요." 비대위는 사원이 들어서면 지역 전체가 이슬람 지역화가 돼 원주민들이 떠나게 된다면서 사원 건축을 백지화할 것을 요구하고 있다. 지난 2일 공사 현장 인근에서 만난 김정애 비대위 부위원장은 사원 건축 반대 이유는 "주민의 '재산권과 행복권'을 지키기 위함"이라고 말했다. 사원 공사장 인근에 거주하는 송모 씨는 기자에게 사원 공사 현장을 가르키며 소음과 쓰레기 등 피해가 막심하다고 설명했다. 특히 라마단 축제 때는 70~80명이 드나든다며 "새벽 4시부터 하루 다섯 번씩 기도를 해 소음때문에 잠을 잘 수가 없다"고 주장했다. "여기 좀 와서 보세요. 주민이라면, 주민뿐 아니라 현장 와서 보면요, 이것은 있을 수 없는 일이에요. 어떻게 주택 밀집 지역에, 다닥다닥 담이 붙어 있잖아요. 그 붙어 있는 중앙에다 사원을 지으려고 한다는 것 자체가 충격적이죠." 사원이 지어지는 120평 규모의 부지는 'ㄱ'자 모양으로 주택들이 둘러싸고 있다. 김정애 비대위 부위원장은 언론에 알려진 것처럼 특정 종교단체에 대한 혐오로 인해 이슬람 사원 건축을 반대하는 것은 아니라고 주장했다. "종교에 대해서 왈가왈부하는 게 아니에요. 주택 한 가운데입니다. 여기에는 절도 교회도 들어서면 안 됩니다. 이곳에서 목탁 두드리고 찬송가 부른다고 해도 반대해요. 무슬림이라고 반대하는 거 아니에요. 사원을 짓는다고 하니까 사원, 사원 하는 거지, 어떤 다중시설이 들어와

도 안 된다는 말이에요." 그러면서도 이슬람이 낯설고 무서운 것은 사실이라고 인정했다. 주민 이모 씨는 "옷차림과 언어가 우리 눈에는 낯설다"며 "솔직히 여러 명 몰려 다니면 무섭다"고 말했다. 주민 김모 씨도 "뉴스 보니까 프랑스 테러를 일으킨 사람들이 이슬람이라고 하더라"면서 "이슬람에 대한 인식이 좋지 않은 것은 사실"이라고 말했다. 또 다른 주민 송모 씨는 "이슬람 종교에 대해서 생소하다. 한국에 보편화 되지 않은 것은 사실이다. 뉴스로만 이슬람에 대해 접하는데 온통 테러 이야기다"며 자신이 느끼는 두려움을 설명했다.

〈이슬람 유학생들의 반응〉
"지난 7년 간 주민들과 갈등 없이 잘 지내왔습니다. 집주인한테 무슬림 세입자를 소개해주는 저희가 갑자기 테러리스트라니요. 위협을 가한다니요. 이해가 가지 않습니다." 2019년에 한국으로 건너와 현재 경북대 컴퓨터공학 박사과정을 밟고 있는 무아즈 라작(25)는 갑작스레 변한 주민들의 태도가 당황스럽다. 늘 자신을 따뜻하고 친절하게 대해주던 주민들이 어느 순간부터 그를 비롯한 무슬림 학생들에게 차가운 시선을 보내고, 급기야 "테러리스트", "너희 나라로 돌아가라"라고 소리를 지르기 시작한 것이다. 라작은 주민들이 처음엔 사원 건축 반대 이유로 냄새와 소음을 들었다가 최근에 무슬림과 공존하기 어렵다고 주장하는 것에 대해 "지난 7년간 무슬림 학생들은 주민을 위협한 적도 없고 소음이나 냄새로 인한 신고도 없었다"고 설명했다. 또 다른 무슬림 유학생 셰흐르야 이샤크는 소음과 냄새에 대해서 주민들이 불편하지 않도록 해결책을 모색하겠다는 의사를 전달했다고 말했다. "방음벽과 긴 굴뚝을 설치하는 등 주민들에게 소음과 냄새 피해가 가지 않는 방안을 찾겠다고 말씀드렸어요." 이샤크는 주민들과의 갈등을 대화로 평화롭게 풀고 싶지만 이마저도 힘든 상황이라고 호소했다. "주민들 주변에만 다가가면 소리를 지르세요. 한국어를 아는 친구가 대화를 시도하려 했지만, 주민들이 저희와 대화를 거부하십니다. 저희만 보면 화를 내세요." "공부를 위해 한국을 택한 이유 중 하나가 한국이 안전한 나라이기 때문이었어요." 라작은 이슬람교에 대한 차별과 위협이 만연한 다른 국가들과 달리 상대적으로 무슬림에게 편견없이 친절히 대해주는 한국이 안전한 곳으로 느껴졌다고 말했다. 하지만 최근에는 달라진 시선들을 느끼고 있다고 전했다. "요즘에 길을 걸으면 이상하게 쳐다보는 눈길을 느

낍니다. 가슴이 매우 아픕니다. 한국을 좋아하는 사람으로서 한국에 대한 홍보 영
상을 온라인에 올리는데 최근 이슬람 혐오에 대한 뉴스를 접한 친구들이 '괜찮
냐?'고 물을때면 어떻게 답해야 할지 모르겠어요." 라작은 그래도 주민들을 원망
하지 않는다고 말했다. 주민들의 의견을 최대한 존중해 주민들에게 피해 가지 않
도록 문제가 해결되길 바란다고 전했다. "여전히 주민들을 제 가족이라고 생각합
니다. 저희가 원하는 것은 주민들과 평화롭게 문제를 해결하는 것과 저희가 기도
할 수 있는 사원이 있는 것 뿐이에요."

〈대전 유성구 어은동 사례〉
대전 유성구 어은동 주택가 중심에 이슬람 사원이 자리 잡고 있다. 인근 KAIST대
와 충남대 등에서 공부하는 무슬림 유학생들이 지난 2011년 교인들이 모은 돈으
로 건물을 구매해 사원을 건립한 것이다. 여느 평범한 동네 풍경과 다르지 않은
이곳에서 이슬람 혐오 문구는 보이지 않았다. 대전 이슬람 사원 지도자 에산 울라
이맘은 이곳에서 5년 동안 지내면서 겪었던 경험들을 들려주었다. "주민들이 매
우 상냥하고 친절해요. 제가 무슬림 복장으로 길을 묻거나, 제 부인이 얼굴을 가
리는 히잡을 입고 있어도 전혀 차별하는 기색 없이 친절하게 대해줍니다. 호기심
에 이것저것 물어보시는 분들도 있지만 열린 마음으로 대해주세요. 감사하게도
한국에 살아가면서 전혀 문제를 느끼지 못하고 있습니다." 물론 주민들로부터 소
소한 민원들이 제기됐었지만 그때마다 주민들과 대화로 문제들을 해결해 나갔다.
"사원이 지어지고 초기에 주차와 쓰레기 관련된 민원이 몇 번 있었는데 주민들과
대화를 통해 문제 없이 해결 할 수 있었어요. 주민들과 협조하며 살아가려고 해
요." 대전 이슬람 사원 인근에서 10여 년간 거주한 한 주민은 사원이 지어질 때부
터 지금까지 무슬림 학생들을 지켜봤다. 사원이 들어선다고 했을 때 지역주민의
반대는 없었다. 문제는 지어진 후였다. "밤에 누워 있으면 외국어로 소음이 들리
는데, 잠자기 힘들죠. 예배한다고 주차를 여기저기 아무 데나 하니까 주민들이랑
부딪힌 적이 있습니다. 또 그 사람들 음식 냄새가 익숙하지 않다 보니 문제가 됐
었죠." 하지만 해결되지 못하는 문제들은 아니었다. "이슬람 사원 책임자인 이맘
한테 직접 가서 얘기를 했죠. 책임자로서 신도들한테 주의를 시켜달라. 그러면 시
정됐어요. 처음에 심했다고 하면 지금은 그래도 70% 나아진 거예요." 그러면서

같은 국민들끼리도 일어날 수 있는 문제로 벌어지는 마찰들은 있었지만 "무슬림이 주민들을 위협하거나, 이슬람 교리때문에 문제가 된 적은 없다"고 말했다. 이어 "테러리스트가 이슬람이었다고 해서 이슬람 모두를 테러리스트라고 부르는 것은 잘못된 것"이라고 전했다. "이슬람도 여러 종파가 있는데, 이슬람 전부를 테러리스트라고 하는 것은, 남한과 북한이 다른데, 한국인 전부를 공산주의자라고 부르는 것이랑 똑같은 거잖아요."

류연주씨는 영어 공부를 위해 울라 이맘을 알게 된 이후 지금까지 10개월간 친구관계를 유지하고 있다. 류씨도 처음에는 무슬림에 대한 편견을 가지고 있었다. "무슬림 하면 테러리스트랑 연관 짓잖아요. IS나 탈레반, 911테러 때 저도 건물 무너지는 것을 뉴스로 봤기 때문에 무슬림은 무서운 사람들이라고 생각했어요. 저희랑 복장도 다르고, 거부 반응이 없었다고 하면 거짓말이죠." 20년 동안 대전에서 거주한 류씨는 무슬림으로 인한 주민간 갈등은 없었다고 전했다. 오히려 울라 이맘을 알게 되면서 이슬람 남성에 대한 두려움이 사라졌다고 설명했다. "울라 이맘이 뭔가 해결하지 못해서 주저할 때 인간적인 모습을 봤어요. 우리랑 똑같은 사람이고 오히려 더 친절하고 따뜻한 사람이라고 생각했어요." 류씨는 울라 이맘과 친해지면서 여성 인권 침해, 테러 등 흔히 이슬람에 대한 편견에 대해 전부 물어봤다. "파키스탄에서 여성 인권 침해가 정말 심하냐고 물어봤어요. 백화점 영상을 보여주는데 히잡을 쓴 여성도 있고 벗은 여성도 있더라고요. 또 주위에 무슬림 여자 교수와 여자 아나운서도 있고. 우리가 생각하고 소문으로 듣는 것만으로 판단하면 안 되겠다는 생각을 했어요." 류씨가 이처럼 울라 이맘을 돕는 이유는 타국에서 생활하는 것이 어떤지 알기 때문이다. "저도 남편 따라 외국에 몇 달 있었을 때, 말도 안 통하고 힘들때 저를 도와줬던 사람들이 지금까지 마음에 남거든요." 류씨는 또 다른 문화권의 사람이 이웃으로 있어 새로운 것을 접하고 배우며 세상을 보는 눈을 넓힐 수 있는 장점이 있다고 전했다. "신이 각각 다른 모습으로 우리를 만든 이유가 있지 않을까요? 한가지 색 보다는 무지개가 더 아름답듯이, 각각 다른 색이 어우러지면 더 아름다운 사회가 되지 않을까 싶습니다."

〈그렇다면 대구는 왜?〉

대구 북구 대현동 문제로 다시 돌아가면, '이슬람 혐오'는 '정부와 주민들간의 불통'이 가장 큰 원인 중 하나라는 지적이 나온다. 대구·경북 차별금지법 제정연대 서창호 집행위원장은 대구에서 벌어지고 있는 '이슬람 혐오'에 대해 "한국에서 종교 행위나 인종 문제에 대해 반대하는 경우는 거의 없었다"면서 "공공기관이 법률에 따라 공정한 행정 집행을 하지 않아 오히려 '혐오와 차별'을 조장했다"라고 주장했다. 대구 북구청의 이슬람 사원 공사를 허락했다가 주민들의 민원에 다시 공사 중지 명령을 내리는 등 오락가락한 태도가 '이슬람 혐오'로 사건을 변질 시킨 원인 중 하나라는 것이다. 대구 북구청은 이에 대해 BBC 코리아와의 통화에서 "법적으로 공사 허가를 내주는 게 맞다"라면서도 "주민들의 민원을 안 들어줄 수 없지 않냐"고 반문했다. 국내 언론도 '이슬람 혐오'를 조장하고 있다는 의견도 제기되고 있다. 해결책을 위한 갈등의 원인이 무엇인지를 조명하기보다는 이슬람-지역주민 간 갈등만을 비추고 있다는 것이다. 울라 이맘은 "이슬람에 대한 정보는 대부분 언론을 통해 접하게 된다"면서 "언론이 자극적인 것만 보도할 것이 아니라 책임 있는 보도를 한다면 갈등을 해결하는 데 많은 도움이 될 것"이라고 말했다.

최근 한국 정부가 아프간인 특별기여자를 받아들인 것에 대해 난민 대책 국민행동은 "정부가 아프간인을 이용해 전 세계인과 국민들에게 정치적 쇼를 한 것이 아닌지 상당히 의심스러운 상황"이라고 비판했다. 서울에 거주하는 한모 씨는 "정부가 '한국이 이만큼 성장한 나라다'라고 보여주기 위해 아프간인들을 받아들였을 뿐 그들을 구체적으로 어떻게 보살피고 지원해 줄 것인지 대책은 없는 것 같다"고 말했다. 이어 "정부가 데리고 살 것도 아니면서 생색은 다 낸다"고 꼬집었다. 결국 직접 부딪치며 사는 것은 국민인데 정부는 국민들의 이해와 동의는 무시하고 있다는 것이다. 때문에 국민과 외국인 사이의 갈등은 더욱 심해질 수 밖에 없고 이는 "국민과 외국인 모두를 불행하게 하는 것"이라고 지적했다. 한국이슬람교중앙회에 따르면 2018년 기준 한국 내 '한국인 무슬림'은 약 6만 명, 전국에 이슬람 사원은 16개, 작은 규모의 성원인 '무쌀라'는 약 80여 개다. 외국인까지 합치면 26만 명 정도로 추산돼 대한민국 인구의 0.4%를 차지한다. 앞으로 이슬람 인구는 늘어날 전망이다. 이런 상황에서 정부는 무작정 '다문화'와 '세계화'만을 외칠 것이 아니라 이들이 지역주민들과 함께 어우러져 살아갈 수 있는 지원과 대책 마련이 시급하다는 지적이다. 대전 어은동의 한 주민은 "외국인이 한국에 와서 정착하는 것에 대해 책임지는 사람이 없다"고 꼬집었다. 이어 "불편함을 느끼는 건 결국 주민과 외국인인데, 외국인들에게 한국에 대한 법률과 문화를 이해시키고, 주민들한테도 낯선 외국인들의 문화에 대한 교육을 시키지 않는 이상 마찰은 불가피하다"고 전했다. 류연주씨는 서로 다른 문화를 이해하는 데 공공기관에서 주관하는 행사들이 도움이 됐다며 "코로나 사태 이전에 대전 시청 앞 공원에서 무슬림 음식을 소개하고 판매하는 벼룩시장이 열린 적이 있다"고 소개했다. 울라 이맘도 "지역주민과 외국주민 간 교류 프로그램이 더 많이 생긴다면 도움이 될 것 같다"고 전했다.

출처 : 나리 김 (2021). 한국은 이슬람을 받아들일 준비가 되어있는가? BBC 코리아, 2021년 9월 18일. https://www.bbc.com/korean/news-58592464

대구 이슬람사원 옆 돼지머리 등장... 무슬림 '경악' vs 주민 '법에는 법'

대구 북구 경북대 인근 이슬람사원 공사현장 인근 주택가에 이슬람이 금기시하고 있는 '돼지머리'가 등장했다. 무슬림 건축주는 격하게 반발하고 있으나 주택 문 앞에 내놓은 돼지머리를 치울 수도, 가릴 수도 없어 발만 구르고 있다. 대법원이 사원 건축을 허가하자 주민들도 '법에는 법'으로 대응하겠다는 입장이어서 새로운 갈등을 예고하고 있다.

1일 대구 북구 대현동 이슬람사원 건립부지 인근 주택 대문 앞에는 가로 30㎝, 세로 20㎝, 높이 30㎝ 크기의 돼지머리가 의자 위에 놓여 있었다. 주민과 건축주 등에 따르면 이 주택에 사는 주민이 이슬람사원 건립을 반대한다는 의미로 지난달 27일부터 이곳에 돼지머리와 벽돌조각, 나무젓가락, 종이컵을 놓아뒀다.

특히 시간이 지나면서 돼지머리 색깔이 갈색으로 변하고 콧구멍과 입속에는 파리가 들끓고 있어 무슬림에게 충격을 더하고 있다. 이 주택가 이웃집에서는 무슬림의 기도 시간에 맞춰 '옹헤야' 등 요란스러운 노래를 틀어 무슬림들이 스트레스를 호소하고 있다. 이슬람사원은 내년 2월 완공을 목표로 건축 중이지만 기도실은 이미 갖추고 있다. 이곳 무슬림 대표 무아즈 라작(26)씨는 "우리 스스로 불결한 돼지머리를 치우게 해서 문제를 야기하려는 것 같지만 우리는 아무것도 할 수 없다"며 "돼지머리를 두기 며칠 전에는 주민들이 공사현장 앞에서 고기를 구워 먹었는데 아마 돼지고기였을 것"이라고 말했다.

이에 대해 주민들은 준법투쟁으로 건축에 항의하겠다는 입장이다. 공사현장 인근에서 바비큐 파티를 하거나 이슬람사원 옆에 정육점을 열어 돼지고기를 진열하겠다는 것이다. 주민들은 지난달 초에도 시위 천막에서 삼겹살을 굽기도 했다. 주민들은 "대법원 판결을 앞세운 무슬림이 주민과 협의 없이 법으로만 공사를 강행하고 있어 주민들도 준법대응을 하고 있다"며 "우리가 삼겹살을 먹는 것이 무슨 위법이 되겠느냐"고 말했다. 주민들에 따르면 지난 4월 이슬람 금식월인 라마단 기간에 무슬림들이 야간에 양고기를 삶아 먹고 제대로 치우지 않아 악취가 진동했다. 김정애 이슬람사원 건립반대비상대책위원회 부위원장은 "이슬람사원 건립 문제는 대화와 협상으로 풀어나가야 하는데도 무슬림들은 도무지 말이 통하지 않는다"며 "그들에게 공감대라는 것이 있는지도 의문"이라고 주장했다.

경북대 인근 이슬람사원 건립 문제는 2년 전으로 거슬러 올라간다. 지난 2020년 9월 건축주는 경북대 서문 인근 주택가에 지상 2층, 연면적 245.14㎡ 규모의 이슬람사원 건설 허가를 받아 3개월 뒤인 12월 착공에 들어갔다. 사원은 당초 이듬해인 지난해 3월에 준공 예정이었으나 준공 1개월을 앞둔 지난해 2월부터 인근 주민들이 항의하며 갈등이 시작됐다. 법적 소송이 시작됐고 지난 8월 22일 대법원이 1·2심과 마찬가지로 건축주의 손을 들어주며 공사는 재개됐다.

하지만 그 뒤에도 시멘트 포대를 수송하려는 공사인부와 무슬림 등 건축주 측을 주민들이 현수막 등으로 가로막으며 격렬히 충돌했다. 대법원 판결 일주일여 뒤인 같은 달 30일 건축주 측은 비가 내리는 가운데에도 모래 5톤과 자갈 2.5톤을 포대에 담아 어깨에 들쳐 메는 방식으로 자재를 옮겼고, 진입을 가로막던 주민들도 경찰이 투입되고 나서야 현수막만 드는 등 사태는 일단락됐다. 이 과정에서 모래 위에 누워 이슬람사원 건립에 항의하던 70·80대 주민 2명이 업무방해 혐의에 따라 현행범으로 체포되기도 했다.

건축주 측은 주민들의 저항에 공사일정을 쉽사리 정하지 못하다가 지난달 중순쯤 가로 19㎝, 세로 9㎝, 높이 5.7㎝, 무게 2㎏ 상당의 시멘트벽돌 3만5,000장을 닷새에 걸쳐 공사현장으로 반입했다. 지금은 벽돌로 외벽을 조성하는 작업이 막바지에 이르렀다. 하지만 아직 옥상과 창문 시공 등을 위한 철근과 유리도 추가로 반입해야 한다. 건축업자는 "빨라도 내년 2월에나 준공될 것"이라고 말했으나 주민과 무슬림이 화해하기가 쉽지 않아 '돼지고기'와 '양고기'가 맞서는 악순환이 우려되고 있다.

출처 : 류수현(2022). 대구 이슬람사원 옆 돼지머리 등장... 무슬림 '경악' vs 주민 '법에는 법'. 한
국일보, 11월 1일. https://www.hankookilbo.com/News/Read/A2022110115030
003023

대구 이슬람사원 '돼지머리' 방치...시민단체, '유엔 특별보고관' 긴급청원

대구 북구 대현동 이슬람사원 공사장 앞 돼지머리 사체 방치 사건과 관련해, 시민
단체가 '국제규약을 위반한 인종혐오, 종교차별'이라고 규정짓고 유엔 특별보고
관에게 긴급 구제를 청원했다. 〈인권운동연대〉, 〈대구참여연대〉, 〈민주사회를위
한변호사모임대구지부〉, 〈경북대학교민주교수협의회〉 등이 모인 '대구 북구 이슬
람사원 문제의 평화적 해결을 위한 대책위원회'는 23일 이슬람사원 건축을 반대
하는 일부 대현동 주민들이 공사장 앞에 돼지머리와 돼지족발을 전시한 사건에
대해 유엔(UN.국제기구) '종교·신념의 자유에 관한 특별보고관(Special Rapporteur
on freedom of religion or belief.종교의자유 특별보고관)'에게 긴급 구제(Urgent Appeal)
를 요청하는 청원서를 제출했다고 밝혔다.

이들 단체는 "돼지머리를 무슬림 사원 근처에 투적하거나 전시하는 행위는 해
외에서도 이슬람 혐오를 표현하는 대표적인 행위로 보고된 바 있다"며 "유엔 '종
교의자유 특별보고관'은 앞서 이 같은 행위를 '전형적인 이슬람포비아(이슬람 혐오)'
유형으로 분류한 적이 있다"고 설명했다. 또 "이번 사건은 종교의 자유 침해와 인
종차별 요소가 합쳐진 복합적 차별"이라며 "유엔 ▲인종차별철폐협약 ▲자유권협
약 등 한국 정부가 비준한 '국제규약'을 위반한 심각한 인권침해"라고 강조했다.
이어 "대구시와 북구청, 정부는 해결에 나서지 않고 사실상 혐오·차별을 방관했
다"면서 "국가에 의해 촉발된 '편견의 재생산'일분만 아니라 '종교적 소수자 권리
보호에 미흡'해 조치가 시급하다"고 했다.

앞서 대현동 일부 주민들은 이슬람사원 건축에 반대하는 소송을 벌였다. 하지
만 대법원은 법적 문제가 없다며 최종적으로 무슬림들의 손을 들어줬다. 그럼에
도 불구하고 주민들은 여전히 격하게 반대하고 있다. 그 탓에 공사는 거의 중단된
상태다. 이 가운데 주민들은 공사장 인근에 돼지 사체를 놓기 시작했다. 돼지머리

하나에서 족발과 돼지머리 3개로 늘었다.

문제는 돼지고기가 이슬람교 신자가 먹지 않는 무슬림 금기식품이라는 것이다. 경북대 무슬림 유학생들이 북부경찰서에 신고하고 북구청에 돼지머리 철거를 요구했지만, 구청과 경찰은 "법적 문제가 없다"며 몇달째 방치하고 있다. 시민대책위도 대구시에 항의했지만 돼지머리는 여전히 공사장 앞에 그대로 놓여있다. 여기에 주민들은 최근 이슬람사원 공사장 앞에서 '돼지고기 바비큐 파티'도 열었다.

시위, 법적 분쟁, 몸싸움, 돼지고기 전시에 바비큐 파티까지. 양측의 갈등 수위는 점점 높아지고 있다. 정부와 지자체가 손을 놓는 사이 논란은 끝이 없다. 결국 시민대책위는 유엔에 도움을 요청했다. '유엔 긴급청원'은 심각한 인권침해가 발생할 경우 담당 특별보고관이 현장을 찾아 상황을 조사하고 적절한 조치를 취하는 제도다. 국내에서는 밀양 송전탑 반대 투쟁, 제주 강정마을 해군기지 건설 논란 등과 관련해 특별보고관이 대한민국 정부에 '인권침해 중단'을 요청하는 서한을 보낸 바 있다.

출처 : 경영화(2002). 대구 이슬람사원 '돼지머리' 방치...시민단체, '유엔 특별보고관' 긴급청원. 평화뉴스. 12월 23일. http://www.pn.or.kr/news/articleView.html?idxno=19911

경기 연천군, 이슬람 캠핑장 건립 불허 통보… 주민 반대 의식했나

경기 연천군이 이슬람 종교단체의 캠핑장 건립에 개발행위 불허 통보를 하며 제동을 걸었다. 최근 이슬람 캠핑장 설립을 놓고 지역민들의 반발이 거셌던 만큼 여론이 반영된 결정이 아니냔 시각이 나온다.

연천군은 이슬람 종교단체의 신서면 소유부지 캠핑장 건립에 '개발행위 변경 불허' 및 '개발행위 허가 효력 상실'을 통보했다고 29일 밝혔다. 앞서 재단법인 한국이슬람교는 지난 2009년 신서면 일대 임야 절대 농지 및 군사훈련장 10만여평을 개인 명의로 취득했다. 이후 2020년 단체 이름으로 명의 변경을 한 후 약 2만 3000여㎡에 이슬람 캠핑장 및 진출입로를 조성하기 위해 연천군청에 개발행위허가를 신청했다. 그리고 이듬해 3월 개발행위 허가절차가 완료되자 10월부터 캠핑장 착공에 들어갔다.

이러한 사실이 알려지자 연천 주민들은 거세게 반발하고 나섰다. 국민주권행동 등 51개 시민단체와 주민들은 지난 3월 연천군청 앞에서 기자회견을 열고 "캠핑장이라는 명목으로 해당 부지에 거대한 숙박 시설과 더불어 이슬람 사원인 모스크가 세워질 것으로 예상된다"며 반대 목소리를 냈다.

최승태 연천군의장 등 연천군의회 의원 5명도 "이슬람교 유입에 따라 이슬람 관련 부대시설 및 상권이 강화되면 지역 영세상인이 피해를 입을 우려가 있으며 지역 정체성과 미풍양속을 해칠 수 있다"며 지난달 26일 반대 입장을 표명했다. 이 같은 반대 여론을 의식했는지 최근 연천군청은 한국이슬람교가 지난 3월 이슬람 캠핑장 개발허가 기간 등을 연장하기 위해 제출한 개발행위 변경 신청을 불허했다. 연천군청 관계자는 2일 본지와의 통화에서 "국토의 계획 및 이용에 관한 법률에 따라서 허가를 내주고 있다. 법에 따라 위원회를 통해 불허가를 내린 것"이라고 밝혔다. 주민들의 거센 반발을 의식한 결정이 아니냔 시각에 대해선 "주민들의 의견이나 여론이 법적 근거를 가지진 않지만 (반대) 의견이 있다는 것은 알고 있다"고 답했다.

출처 : 김민희(2022). 경기 연천군, 이슬람 캠핑장 건립 불허 통보… 주민 반대 의식했나. 천지일보, 5월 2일. https://www.newscj.com/article/202205020973853

연천군, 야영장 변경허가 신청 불허 및 개발행위허가 효력 상실 통보

연천군은 최근 이슬람 종교단체의 신서면 야영장 조성 개발행위(변경)허가 신청과 관련해 불허가 및 개발행위허가 효력 상실을 통보했다고 29일 밝혔다. 이 단체는 지난 3월 말 허가기간 연장 등을 위한 개발행위(변경)허가를 연천군에 신청했다. 이에 연천군은 관련 부서 협의, 당초 허가조건 사항 이행 등을 검토해 변경허가 신청에 대해 불허가 및 효력 상실을 통보했다. 앞서 이 단체는 2020년 10월 신서면 도신리 일대 야영장 및 진출입로 조성을 위한 개발행위를 군에 신청했으며, 지난 3월 허가 기간이 만료돼 연장 신청을 했다. 현재까지 야영장 운영을 위한 건축 신고 및 야영장 등록 신청은 진행되지 않은 상태다. 연천군 관계자는 "일각에서 우려하는 추가적인 개발은 관련 법상 불허 대상"이라며 "앞으로도 이 사안은 관련 법에 따라 적법하게 처리할 방침"이라고 말했다.

출처 : 이기철(2022). 연천군, 야영장 변경허가 신청 불허 및 개발행위허가 효력 상실 통보. 연천신문. 4월 29일. http://m.yc-news.com/67324

지속적인 기도 부탁드립니다

연천군민 반대서명 12,440명과 경기북부지역 20,880명의 민원을 받고, 또한 이슬람측에서 3월 31일까지 이슬람캠핑장(야영장) 공사를 10%만 진행하고 중단된 상태에서 3월 29일 연장신청을 했는데, 4월 21일 군청에서 도시개발위원회를 선정 심의한 결과 야영장 변경허가 신청 불허 및 개발행위허가 효력 상실을 통보한 것입니다. 심의 결과를 군청 관련 부처에서 이슬람측에 공사 연장 불허와 이에 대한 취소 결정문을 통보해야 하는 절차, 그리고 이슬람 측에서 승복하는 절차가 남았는데 완전히 취소될 때까지 지속적인 기도 부탁드립니다.

출처 : 국민이 먼저다(블로그, 2022). □□아직 완전히 취소 결정 사항은 아니지만 반가운 소식 전합니다. 연천군민 반대서명 12,440명과 경기북부지역 20,880명의 민원을 받고, 또한 이슬람측에서 3월31일까지. 4월 30일. https://m.blog.naver.com/woodstick123/222716119264

제4장

선발 다문화사회의 국제이주민 정책

이 장에서는 한국보다 먼저 다문화사회로 진입한 서유럽 국가, 즉 선발 다문화사회의 국제이주민 유입과정, 국제이주민에 대한 사회통합정책의 내용과 성과, 그리고 사회통합 실패의 요인을 살펴보고, 한국사회에 대한 이론적, 정책적 시사점을 찾아볼 것이다. 결론부터 말하면, 서구 다문화사회는 프랑스처럼 동화주의를 택한 나라이든 네덜란드처럼 다문화주의를 택한 나라이든 관계없이 거의 모든 나라가 20세기 말부터 국제이주민(출신시민)과 본국인 간의 심각한 갈등을 겪게 된다. 그 배경적 요인으로 국제이주민의 이주 전 사회경제적 배경(저학력, 빈곤층 등), 수용국의 정치인과 기업인 그리고 국민의 차별과 인종주의적 편견 선동, 수용국 정부의 국제이주민 정책(사회, 경제, 교육 등 영역간의 연계성 부족 등)을 들 수 있다. 이러한 서유럽 다문화사회의 경험이 20세기말에 다문화사회에 진입한 한국에게 주는 시사점은 국제이주민의 사회통합을 위해서는 이들이 한국사회에 성공적으로 정착하고 통합할 수 있도록 도와주는 것으로는 부족하고, 노동시장과 교육 등 사회통합의 가장 중요한 분야에 대한 적극적인 지원(예, 편견과 차별 방지 및 시정조치)이 병행되어야 한다는 것이다(본문 중에서).

들어가는 말

미국, 캐나다, 호주, 서유럽국가 등에 비하면 늦기는 하지만 한국에서도
20세기말부터 다인종·다민족사회의 징후들이 나타나기 시작했고 21세기
에 들어선지 10년에 가까운 세월이 흐른 지금은 명실상부한 다문화사회
가 되었다. 2007년말 국내에 체류하는 외국인의 수가 백여만 명, 인구의
2%를 넘어섰고, 이들의 국적이나 인종도 중국, 미국, 베트남, 필리핀, 태
국, 일본, 몽골, 타이완, 인도네시아, 우즈베키스탄, 캐나다, 스리랑카, 방
글라데시, 파키스탄 등 실로 다양해졌으며, 이들의 종교 또한 개신교, 천
주교, (라마)불교, 힌두교, 이슬람교 등 다양하다. 이러한 한국사회의 변화
는 오랫동안 '단일'민족으로 살아온 한국 국민들에게는 물론 사회통합을
중시하는 국가정책결정권자들에게도 커다란 도전이 아닐 수 없다.

물론 전체 인구 중 외국인이 차지하는 비중만 놓고 본다면, 일부 논자
나 사회운동가들이 주장하는 만큼, 아직은 그렇게 우려스러운 것도 아니
고 서둘러 대책을 마련해야할 정도는 아니라고 할 수 있다. 우리보다 이미
오래 전에 다문화사회로 접어들었고 외국인의 비중도 훨씬 높은 유럽이나
북미 또는 호주와는 사정이 다르다고 할 수도 있기 때문이다.[179]

그럼에도 불구하고, 빈번하게 발생하는 국내체류 외국인들의 생존권이
나 인권 등 기본적인 권리 침해문제, 다문화주의와 동화주의 사이를 오락
가락하는 정부의 외국인정책(전광희 2006; 한국사회학회 2007),[180] 앞으로도
국내체류 외국인이 계속 늘어날 것이라는 전망[181] 등을 고려할 때, 다문
화사회에 대한 적절한 대응책과 이를 뒷받침할 철학과 이론적 기반을 조
속히 마련해야할 것이다. 특히 서구에 비하면 우리 사회의 외국인 비중은
매우 낮지만, 다문화사회에 대한 대응경험도 일천하고 민주주의의 역사도
짧기 때문에 갑작스러운 외국인의 증가는 훨씬 더 심각한 문제를 유발할

수 있다(Castles 2000).

이 장에서는 이러한 문제의식에서 한국보다 앞서 다문화사회를 경험한 유럽, 미국, 호주 등 선발 다문화사회의 사례를 살펴보고, 한국에 대한 시사점을 도출할 것이다.

본론으로 들어가기 전에 방법론과 관련된 두 가지 사항을 언급하고자 한다. 먼저, 다문화사회의 개념과 관련된 것이다. 국제이주민의 증가에 따라 변모된 사회의 성격을 규정하기 위해 혹자는 '다문화사회'라는 개념을 사용하기도 하고, 혹자는 '다인종·다문화사회'(multi-ethnic, multi-cultural society) 또는 단순히 '다인종사회'(multi-ethnic society)라는 개념을 사용하기도 한다.

전자는 사회구성원을 범주화하는 기준으로 문화(culture), 후자의 둘은 인종(race 또는 ethnicity)에 각각 초점을 맞추고 있다. 양자 모두 장단점이 있다. '다문화사회'의 경우 원래 '다양한 문화집단이 조화롭게 공존하는 사회'라는 이상적 사회(ideal society)을 지향하는 개념으로 도입되었기 때문에182) 때로는 정책으로서의 다문화주의(multiculturalism)와 혼용되기도 하고, 다양한 인종 또는 문화집단이 (반드시 조화롭지는 않지만) 혼재해 있는 현실의 사회와 혼돈할 우려가 있다는 단점이 있는 반면, 성적소수자나 여성 또는 장애인 등 사회적 소수자를 포괄할 수 있다는 장점이 있다.183) '다인종사회'의 경우 인종(race 또는 ethnicity)이라는 개념이 서구중심적인(euro-centric) 따라서 인종차별적인 사고에서 만들어진 개념이라는 단점을 가지고 있는 반면,184) 인종을 구분하는 경계선이 반드시 문화를 구분하는 경계선과 반드시 일치하지 않고 각 인종에 대한 인식이 다를 수 있기 때문에 다양한 인종으로 구성되었으나 어떤 문화적 요소(예, 종교)는 공유하고 있는 국제이주민이 많은 사회를 서술하는 개념으로 적합할 수 있다.

바로 이런 이유에서 어떤 용어를 사용하든 문제가 있지만 여기서는 두 가지 이유에서 다문화사회라는 용어를 사용하기로 한다. 하나는 다문화사회라는 용어가 국내외적으로 보편화되어 있기 때문이고 다른 하나는 두 용어가 모두 규범적 (또는 가치판단의) 요소를 포함하고 있기는 하나 다인종사회라는 개념 속에 내포되어 있는 특정 인종에 대한 편견을 피하는 편이 낫고 또한 인종의 구분기준과 실체 그 자체에 대한 불필요한 논란을 야기할 수 있기 때문이다.

다음, 본 연구의 범위와 방법과 관련된 것이다. 첫째, 이 글은 선발다문화사회의 경험을 중심으로 한국에 대한 시사점을 찾는 것을 목적으로 하기 때문에, 전자에 중점이 주어질 것이다. 둘째, 선발다문화사회 중에서 북미나 오세아니아보다는 유럽의 다문화사회에 초점을 맞출 것이다. 그것은 무엇보다도 북미나 오세아니아와 달리 유럽은 최근에 들어와서 다문화사회가 돌이킬 수 없는 현실임을 인정하고 이에 대한 정책을 본격적으로 고민하기 시작했기 때문에 우리에게 보다 많은 시사점을 줄 수 있다고 믿기 때문이다. 마지막으로, 유럽의 다문화사회 중에서 네덜란드와 프랑스의 경험에 초점을 맞추고자 한다. 그것은 이 두 나라는 국제이주민 정책의 양극단(다문화주의-동화주의)을 대표하기도 하고, 연구도 비교적 활발하게 이루어져 있기 때문이다.

선발 다문화사회의 국제이주민 정책과 실태

국제이주의 현황과 특징

여기서는 선발 다인종·다민족·다국적 사회의 이민정책과 사회통합정책을 살펴보기로 한다. 먼저, 이민정책을 보면, 전통적인 이민국가(미국, 캐나다, 호주, 뉴질랜드)들의 경우 자국에 정착할 이민자(permanent settlers)를 받아들였고 (유럽의 전후 복구가 완전히 이루어져 급속히 성장하기 시작하는) 1950년대 말까지 백인에게 유리한 할당제(quota system) 등의 방식을 통해 주로 유럽을 대상으로 하였다. 그러나 유럽이 전후 복구가 끝나고 경제가 본궤도에 들어서면서 유럽지역으로부터의 이민자가 줄어들자, 이들 국가는 다른 지역으로 그 범위를 확대했다. 미국의 경우 1965년 백인에게 유리한 할당제를 폐지하는 대신 기술과 가족관계를 기준으로 이민자를 선발하기 시작했다. 캐나다의 경우 1962년 인종, 종교, 출신에 따른 차별의 금지정책, 그리고 1967년에는 특정 시기의 필요성에 기초한 점수제(point system)[185]를 도입하였다. 호주 역시 1966년에 비백인에 대한 제한을 완화한 뒤, 1973년에는 전통적인 백호정책(White Australia Policy)을 완전히 폐기시켰으며, 뉴질랜드도 1978년에 이민의 문호를 완전히 개방했다(OECD 2005: UN Department of Economic and Social Affairs 2004: 72).

다른 한편 초기부터 영구정착을 전제로 하여 이주민을 받아들인 미국, 캐나다, 호주 등과 전통적인 이민국가와는 달리, 대부분의 유럽국가(예, 프랑스, 영국, 네덜란드, 벨기에 등)들은 일시적으로 부족한 일자리(주로 미숙련직 단순노동)를 채우기 위해 이민자를 (계약종료 후 귀국한다는 전제 하에) 남유럽 등 인접 국가나 구식민지로부터 받아들였다. 이러한 경향은 2차대전 이전이나 전후 복구가 끝나고 경제발전이 본궤도에 올라선 1950년대 말 이후에는 그 규모가 훨씬 크고 지속적인 것으로 변했다. 그러다가 1973년 석유파동(oil shock)이 일어나면서 많은 실업자가 발생하자, 유럽국가들은 그동안의 개방적인 이민정책을 바꾸어 새로운 국제이주민의 유입을 중단하는 한편, 이미 들어와 있는 국제이주민의 귀국을 유도하는 정책을 펴기도 했다. 그러나 스페인이나 포르투갈 또는 이탈리아 등 인접유럽국가를 제외한 나머지 국가로부터의 이주민들은 상당수 돌아가지 않고 사실상 정주하게 됨에 따라 귀국정책은 그다지 성과를 거두지 못했다.186)

그 후 1980년대 후반기 경제가 회복하면서 이전보다는 줄어든 규모이지만 국제이주민을 다시 받아들이기 시작했다. 그러나 이 시기부터는 국제이주민에 대한 여론과 정치적 환경이 악화되어 미숙련단순노동자보다는 고학력 기술직을 선호하게 된다. 불가피하게 필요한 미숙련/반숙련 노동력(농업, 건설업, 가사노동)은 21세기 초에 유럽연합 회원국으로 대거 가입한 중·동유럽국가로부터 받아들였다. 그것은 유럽연합 회원국 국민에게는 자유이동권(right to free movement)이 주어져 있어 영구정주에 따른 부담이 적고 문화적으로도 공유하는 점이 많기 때문이다.187)

이상과 같은 변천과정을 거친 이민정책으로 말미암아 선발다문화사회의 인구구성은 크게 변하게 된다. 첫째, 이들 국가에 거주하는 국제이주민의 비중은 1960년에 4.0%에 지나지 않았으나 반세기 정도 지난 2000년에는 8.3%로 두 배 이상 증가하였다. 지역별로 보면, 미국은 6.1%에서 12.9%, 유럽의 경우 3.3%에서 6.4%, 오세아니아의 경우 13.4%에서 18.8%로 국제이주민의 비중이 급격히 높아졌다. 그 후 5년이 지난 2005년 국제이주민의 비중은 더욱 커져 유럽의 경우 8.8%(6,410만 명), 북미 13.5%(4,450만 명: 이 중에서 미국 3,700만명, 전체 인구의 12%; 캐나다 745만 명, 전체 인구의 15%), 오세아니아 15.2%(5백만 명)로 변했다(IOM 2005 기준)(〈표 4-1〉).188)

둘째, 1960년대 이후 개도국에서 선진국으로의 이주가 급속히 늘어나 이들 국가에서 저개발국과 개도국 출신의 비중이 크게 높아졌고 이들의 국적도 훨씬 다양해졌다. 이 점에서는 미국, 캐나다, 호주 등 (이민자들에 의

〈표 4-1〉 선발 다인종·다민족국가의 외국 출생 인구 추이   (단위: 천명, %)

국가	1980		1985		1995		2000		2004	
	외국국적인구	전체 인구 중 비중	외국국적인구	전체 인구 중 비중	외국출생인구	전체 인구 중 비중	외국출생인구	전체 인구 중 비중	외국출생인구	전체 인구 중 비중
오스트레일리아	–	–	3,754.8 (1991)	22.9	4,164.1	23.0	4,417.5	23.0	4,751.1	23.6
오스트리아	282.7	3.7	304.4	4.0	..	..	843.0	10.5	1,059.1	13.0
벨기에	885.7 (1981)	9.0	846.5	8.6	983.4	9.7	1,058.8	10.3	1,185.5 (2003)	11.4
캐나다	–	–	–	–	4,867.4	17.2	5,327.0	18.1	5,781.3	18.9
덴마크	101.6	2.0	117.0	2.3	249.9	4.8	308.7	5.8	343.4	6.3
핀란드	12.8	0.3	17.0	0.3	106.3	2.0	136.2	2.6	166.4	3.2
프랑스	3,714.2 (1982)	6.8	3,752.2	6.8	..	..	5,868.2 (1999)	10.0	..	..
독일	4,453.3	7.2	4,378.9	7.2	9,377.9	11.5	10,256.1	12.5	10,620.8 (2003)	12.9
그리스	213.0	2.2	233.2	2.3			1,122.9 (2001)	10.3	..	..
아일랜드	–	–	–	–	251.6 (1996)	6.9	328.7	8.7	443.0	11.0
이탈리아	298.7	0.5	423.0	0.7	..	..	1,446.7 (2001)	2.5	..	..
룩셈부르크	94.3	25.8	98.0	26.7	127.7	30.9	145.0	33.2	149.6	33.1
네덜란드	520.9	3.7	552.5	3.8	1,407.1	9.1	1,615.4	10.1	1,736.1	10.6
뉴질랜드	–	–	–	–	605.0 (1996)	16.2	663.0	17.2	763.6	18.8
노르웨이	82.6	2.0	101.5	2.4	240.3	5.5	305.0	6.8	361.1	7.8
포르투갈	50.8	0.5	79.6	0.8	533.6	5.4	532.6	5.1	704.4	6.7
스페인	182.0	0.5	241.9	0.6	..	..	2,172.2 (2001)	5.3	..	..
스웨덴	421.7	5.1	388.6	4.6	936.0	10.5	1,003.8	11.3	1,100.3	12.2
스위스	892.8	14.1	939.7	14.5	1,503.2	21.4	1,570.8	21.9	1,737.7	23.5
영국	1,601.0 (1984)	2.8	1,731.0	3.0	4,030.7	6.9	4,666.9	7.9	5,552.7	9.3
미국	14,080	6.2	19,767 (1990)	7.9	26,255.4	9.9	31,107.9	11.0	35,820.9	12.2

주: 이탤릭체는 추정치임. 캐나다, 아일랜드, 뉴질랜드, 영국, 미국 자료는 parametric method로 추정한 것임. 벨기에(1995), 체코, 독일, 룩셈부르크, 포르투갈, 스위스 자료는 component method로 추정한 것임.
출처: 1) 1980~1985 – Werner Hau, Paul Compton, Youssef Courbage(2003); 미국(1980~1990)의 경우, Kim Moody 2005.
    2) 1995~2004 – Lemaitre, Georges, and Cecile Thoreau(2006).

해 건설된) 전통적인 이민국들은 물론189) 이들 국가에 비하면 후발 다문화
사회로 접어든 서유럽국가들의 경우에도 마찬가지다. 〈표 4-2〉에서 보듯
이, 서유럽의 대부분 국가들은 1980년대와 1990년대 사이에 외국 출신
주민들의 비중이 급격히 높아졌고(〈표 4-1〉), 특히 이들 새로운 이민세대의
대부분은 이들 국가의 구식민지 또는 정치군사적으로나 경제적으로 밀접
한 관계를 가지고 있는 아프리카나 아시아 또는 중남미 등지의 개도국 또
는 저개발국 출신이다.190)

　셋째, 두 번째 특징과 관련된 것으로, 유럽이나 북미 또는 호주 등의 선
발다문화사회로 이주해온 이들 중에서 종교나 가치관이 다르고 때로는 충
돌가능성이 큰 아시아나 아프리카 지역 국가 출신이 많아졌다는 점이다
(〈표 4-2〉). 유럽이나 북미 또는 호주 등 선발다문화사회는 인종으로는 백
인, 종교로는 기독교, 정치체제는 민주주의, 경제체제는 자본주의를 지향
하고 있는 반면, 아시아나 아프리카 또는 일부 남유럽(특히 발칸반도)의 국가
들은 불교, 유교, 회교 등 비기독교가 지배적인데다가 인종이나 정치체제
의 측면에서도 다르다. 따라서 이들 지역의 국가들로부터 선발다문화사회
로의 이주는 유사한 문화권내의 이동이 제기하는 도전과 문제와는 그 성
격과 강도가 다를 수 있다. 특히 국제정치·군사적으로 기독교 문명권과
심각한 갈등관계에 놓여 있는 회교권 국가들로부터의 이주민이 상대적으
로 많은 선발다문화사회(예, 프랑스, 네덜란드)에서는 다른 다문화사회가 겪는
문제와 성격과 강도가 다른 어려움에 처할 수 있다.

<표 4-2> 외국출생 거주민의 원국적 지역별 분포

국가 (기준연도)	외국출생 주민수* (명, %)	외국출생 주민의 모국 지역별 분포 (명, %)								
		아프리카 (북아프리카)	아시아	중남미	오세아니아	북미	유럽연합 (25개국)	여타 유럽국가	미확인	무슬림 (만명)**
오스트레일리아('01)	4,073,213 (23.0)	191,501(4.9) (2,573, 0.1)	1,115,655 (27.4)	106,893 (2.6)	423,428 (10.4)	81,018 (2.0)	1,889,893 (46.4)	264,819 (6.5)	6 (0.0)	34 (8.3)
오스트리아 ('01)	1,002,532 (12.5)	19,934 (2.0)	57,236 (5.7)	6,054 (0.6)	1,931 (0.2)	9,029 (0.9)	364,624 (36.4)	527,007 (52.7)	16,717 (1.7)	33 (32.9)
벨기에('02)	1,099,195 (10.7, 9.3)	247,515 (22.5) (139,799, 12.9)	68,494 (6.2)	24,363 (2.3)	1,468 (0.1)	18,071 (1.6)	621,471 (56.5)	117,787 (10.7)	12 (0.0)	45-50 (40.9 -45.5)
캐나다('01)	5,717,015 (19.3, 19.0)	323,580 (5.7) (52,485, 0.9)	2,040,590 (35.7)	621,865 (10.9)	53,215 (0.9)	287,465 (5.0)	2,014,255 (35.2)	375,710 (6.6)	335 (0.0)	58 (10.1)
덴마크('02)	361,053 (6.8)	31,875 (8.8) (6,520, 1.8)	110,454 (30.6)	9,993 (2.8)	2,249 (0.6)	11,123 (3.1)	118,004 (32.7)	77,355 (21.4)	–	16-18 (44.3 -49.9)
핀란드('00)	131,448 (2.5)	9,713(7.4) (1,783, 1.4)	18,375 (14.0)	2,078 (1.6)	750 (0.6)	4,086 (3.1)	51,681 (39.3)	44,764 (34.0)	1 (0.0)	2 (15.2)
프랑스('99)	5,868,242 (10.0, 7.4)	2,862,569 (48.8) (2,296,979, 39.1)	444,774 (7.6)	104,823 (1.8)	6,211 (0.1)	58,398 (1.0)	1,978,923 (33.7)	412,539 (7.0)	5 (0.0)	400-500 (68.2 -85.2)
독일 ('99-'02)	10,256,084 (12.5)	175,665(1.7) (51,230, 0.5)	567,021 (5.5)	47,578 (0.5)	–	81,308 (0.8)	2,552,578 (24.9)	5,244,548 (51.1)	1,587,387 (15.5)	330 (32.2)
그리스('01)	1,122,640 (10.3)	58,275(5.2) (1,416, 0.1)	75,854 (6.8)	6,614 (0.6)	21,111 (1.9)	35,683 (3.2)	191,038 (17.0)	733,183 (65.3)	882 (0.1)	20-30 (17.8 -26.7)
아일랜드('02)	400,016 (10.4)	26,650(6.7) (1,238, 0.3)	27,768 (6.9)	3,481 (0.9)	8,406 (2.1)	25,624 (6.4)	291,340 (72.8)	16,408 (4.1)	339 (0.1)	2 (5.0)
룩셈부르크 ('01)	142,652 (32.6)	5,692(4.0) (1,134, 0.8)	4,382 (3.1)	1,836 (1.3)	133 (0.1)	1,399 (1.0)	116,309 (81.5)	11,855 (8.3)	1,046 (0.7)	0.6 (4.2)
네덜란드 ('01)	1,615,377 (10.1)	280,007 (17.3) (163,658, 10.1)	367,987 (22.8)	314,952 (19.5)	13,226 (0.8)	29,826 (1.8)	340,220 (21.1)	269,158 (16.7)	1 (0.0)	94.5 (58.5)
뉴질랜드 ('01)	698,547 (19.5)	39,351(6.5) (273, 0.0)	175,302 (25.1)	20,751 (3.0)	156,078 (22.3)	21,126 (3.0)	271,008 (38.8)	14,724 (2.1)	207 (0.0)	3.6 (5.2)
노르웨이 ('03)	333,769 (7.3, 6.7)	31,278(9.4) (5,665, 1.7)	100,274 (30.0)	16,401 (4.9)	1,489 (0.4)	17,017 (5.1)	116,637 (34.9)	49,868 (14.9)	805 (0.2)	8-15 (24.0 -44.9)
포르투갈 ('01)	651,472 (6.3)	349,859 (53.7) (1,596, 0.2)	16,859 (0.2)	75,863 (11.6)	1,256 (0.2)	14,627 (2.2)	159,008 (24.4)	34,000 (5.2)	–	1.5 (2.3)
스페인('01)	2,172,201 (5.3)	426,082 (19.6) (343,819, 15.8)	86,669 (4.0)	840,200 (38.7)	4,443 (0.2)	25,141 (1.2)	597,948 (27.5)	194,676 (9.0)	42 (0.0)	100 (46.0)

국가 (기준연도)	외국출생 주민수* (명, %)	외국출생 주민의 모국 지역별 분포 (명, %)								
		아프리카 (북아프리카)	아시아	중남미	오세아니아	북미	유럽연합 (25개국)	여타 유럽국가	미확인	무슬림 (만명)**
스웨덴('03)	1,077,596 (12.0)	78,039(7.2) (9,962, 0.9)	244,246 (22.7)	62,805 (5.6)	3.376 (0.3)	17,627 (1.8)	456,262 (42.3)	215,241 (20.0)	–	30-35 (27.8 -32.5)
영국('01)	4,865,563 (8.3)	838,459 (17.2) (26,088, 0.5)	1,579,133 (32.5)	328,297 (6.7)	170,278 (3.5)	238,043 (4.9)	1,493,235 (30.7)	175,577 (9.6)	882 (0.0)	160 (32.9)
미국('00)	34,634,791 (12.3, 11.1)	988,253(2.9) (58,530, 0.2)	8,402,240 (24.3)	17,946,099 (51.8)	288,391 (0.8)	965,485 (2.8)	4,594,095 (13.3)	1,442,654 (4.2)	7,574 (0.0)	100-800 (2.9 -23.1)

출처: Lemaitre, Georges, and Cecile Thoreau(2006); 모슬렘 – 오스트리아, 벨기에, 덴마크, 프랑스, 독일, 그리스, 이탈리아(총 인구 5700만 중 70-100만명), 네덜란드, 스페인, 스웨덴, 영국: International Helsinki Federation for Human Rights (2005); 호주 – Australian Bureau of Statistics(2008); 캐나다 – Census of Canada(2001); 룩셈부르크 – http://en.wikipedia.org/wi-ki/Islam_in_Luxembourg; 아일랜드 – ICCRI inside spectrum, no. 9 (July 2005); 뉴질랜드 – 2006 Census; 포르투 갈 – http://www.routard.com/guide/portugal/281/traditions.htm; 핀란드 – World Christian Database; 노르웨이 – Statistics Norway; 미국 – Bagby, I., P.M. Perl and B.T. Froehle(2001).

국제이주민의 사회통합 정책 – 네덜란드와 프랑스를 중심으로

이상에서 살펴본 것처럼, 선발다문화사회는 1960년을 전후한 시기에 아시아나 아프리카 등 비서구사회로부터 많은 이주민을 받아들였다. 가치관이나 생활양식이 확연히 다른 비서구사회로부터의 이주민의 증가는 적어도 백인이라는 인종과 기독교라는 종교를 공유하고 있는 서구사회로부터의 이주가 주를 이루었던 이전 시기와는 전혀 다른 성격의 도전을 안겨주었다. 즉 비기독교적이고 때로는 비민주적인 가치관과 문화를 가지고 있는 국제이주민들을 어떻게 그 사회의 지배적인 가치관과 문화체계 속으로 통합할 것이냐 하는 문제가 제기된 것이다.

선발다문화사회의 대응방식에는 크게 다문화주의와 동화주의가 있다. 동화주의나 다문화주의 모두 공식적인 차원에서 민주주의, 법치주의, 기본권, 양성평등 등 보편적이고 타협할 수 없는 핵심적인 가치(a set of common, non-negotiable core values)를 전제로 하면서 국제이주민들을 자국의 정치·경제·사회체제 내로 통합하는 것을 목적으로 한다는 점에서 동일하나, 그

경로 또는 방법에서 차이가 난다. 즉 동화주의(assimilation)는 적어도 공적인 영역에서는 국제이주민이 현재 살고 있는 이민수용국의 지배적인 가치관(values)과 권리체계(rights systems) 그리고 문화적인 실천(cultural practices)를 그대로 수용할 것을 요구하지만,191) 다문화주의(multiculturalism)는 공적인 영역에서도 국제이주민이 모국에서 가지고 들어온 가치관과 문화적인 실천을 그대로 유지하도록 허용하거나 보다 적극적인 경우 이민수용국의 정부 등 공공기관이 국제이주민의 노동시장진입 등을 돕기 위해 차별시정조치(affirmative action)를 도입하기도 하고 이들의 언어와 문화를 보존하고 발전시킬 수 있도록 제도적으로 또는 재정적으로 지원하기도 한다.192) 이런 점에서 볼 때 전자에서는 사회통합의 책임이 주로 국제이주민에게 있는 반면, 후자에서는 그 책임이 주로 수용국의 정부와 국민에게 주어진다고 할 수 있다.

보다 구체적으로 보면, 동화주의와 다문화주의는 노동시장에 대한 접근의 난이도(access to labor market), 가족재결합의 조건(family reunion), 장기체류의 조건(long-term residence), 정치참여 허용여부(political partic- ipation), 시민권 부여 또는 귀화의 조건(access to nationality, or natural- ization), 차별금지조치(anti-discrimination) 등에서 차이를 보이고 있다. 예를 들면, 캐나다, 호주, 네덜란드, 스웨덴, 노르웨이 등 다문화주의를 지향하는 국가들의 경우 국제이주민과 본국인과의 차별방지는 물론 사회적응을 돕기 위한 정책(예를 들면, 직업교육훈련 또는 기업과 협약을 통한 취업지원 등과 같은 적극적인 노동시장정책, 이주민의 종교나 문화활동에 대한 정부로부터의 지원, 제한적인 범위의 참정권 부여 등)을 적극적으로 시행하는 반면, 프랑스, 독일, 오스트리아 등 동화주의를 지향하는 국가들의 경우 국제이주자에 대한 규제(체류 또는 귀화에 대한 엄격한 조건, 참정권 제한 등)가 많고 본국인과의 차별에 대해서도 소극적이고 이주민의 취업을 지원하기 위한 노력도 거의 없다.193) 여기서는 다문화주의와 동화주의의 대표적인 국가인 네덜란드와 프랑스를 각각 간략히 살펴보기로 한다.

먼저, 네덜란드의 다문화주의모델을 살펴보기로 하자. 네덜란드는 1945년 이후 다양한 성격의 이주민을 지속적으로 받아들였다. 1960년대 초반까지는 주로 네덜란드령 동인도(지금의 인도네시아)에서, 그리고 1960년대부터 1970년대 초반까지는 '게스트워커'(guest worker)제도에 의거하여 남유럽, 터키, 모로코 등지에서 국제이주민들을 대거 유입하였고, 비슷한 시기에 수리남(Surinam)과 안틸레스(Antilles)에서도 미숙련노동자를 대거 불러들였다. 석유파동으로 게스트워커의 유입은 중지되었으나 그 대신 구유고와 아프리카에서 난민(refugees)과 망명신청자(asylum-seekers)들이 들어왔다. 그 결과 2003년경에는 네덜란드 국적이 아닌 외국출신(자녀 포함)이 310만 명(전체 인구 1,630만 명의 약 20%)에 이르렀으며, 비서구 출신만 하더라도 170만 명(전체 인구의 10.7%)에 달할 정도로 네덜란드는 다문화사회로 변해 있었다.

이러한 과정을 밟은 네덜란드의 국제이주민 정책은 1945년 이래 최근까지 '분권주의정책'(pillarization, 대략 1982년까지), '소수인종정책'(Ethnic Minority Policy, 1983년부터 1993년), 사회통합정책(integration policies, 1994년부터) 등 다양한 모델을 추진해왔다. 분권정책은 가톨릭과 개신교 등 종교적 신념이 다른 집단 간의 관용과 조화를 실현하기 위해 19세기부터 시행해오던 것으로, 각 집단이 독자적인 제도를 만들어 자율적으로 운영하게 하는 정책이었다. 이러한 전통적인 분권주의정책을 1945년 이후 1982년경까지 급속히 늘어나는 국제이주민집단에게도 적용하여, 각 이주민집단은 자신의 고유한 정체성을 유지할 수 있도록 건강관리, 사회복지, 교육 등을 독자적으로 운영하도록 허용하고 국가가 지원하였다. 분권주의적 이주민정책은 지방선거 참정권 부여 또는 소수자집단의 정책협의 제도화 등을 통해 소수인종의 정책결정과정에의 참여도 허용하였다.

이후 네덜란드는 1970년대말 1980년초에 이르러 국제이주민의 영구

정주는 기정사실이라는 점을 인식하게 되었고, 이들 정주이민자들의 사회 적응을 지원하기 위해 1983년 (사실상 전통적인 분권주의정책의 연장선상에 있는) 소수인종정책'(Ethnic Minority Policy)을 채택하고, 터키, 모로코, 남유럽, 몰루카(Moluccans), 수리남, 안틸레스, 로마–신티스(Roma and Sintis) 등지로부터의 이주민과, 그리고 난민과 카라반 거주자들에게 적용하였다.194) 이 정책에 근거하여 1990년대 초반까지 약 10년 동안 네덜란드 정부는 이들 국제이주민집단이 각자의 교회당, 언론매체, 교육기관 등을 자율적으로 운영하는 것을 허용했을 뿐만 아니라 재정적 지원도 풍족하게 제공했고, 노동시장에서의 차별시정조치 도입 등 적극적인 노동시장정책을 적용하였다. 이것이 바로 흔히 알려진 네덜란드식 다문화주의정책이었다.

보다 구체적으로 보면, 사회·경제영역에서는 국제이주민을 위한 노동시장정책과 특별직업훈련·교육과정이 도입되었고, 국제이주민에게 보다 많은 일자리를 제공하기 위해 기업인의 자발적 참여를 유도하기 위한 협약과 법을 시행했다. 문화·언어·종교영역에서는 각 이주민집단이 독자적인 제도와 기구를 설치, 운영할 수 있도록 허용하였다. 예를 들면, 교육과정에서 본국 언어를 사용하는 것과 교회당을 짓는 것도 허용한 것이다. 정치와 법의 영역에서는 차별행위에 대한 규정과 처벌을 강화하고, 1985년부터 국제이주민의 지방선거(기초단위)에서의 선거권과 피선거권을 인정하였으며, 귀화가 용이해졌다. 또한 네덜란드사회에서 국제이주민의 지위와 관련된 사항에 대해서 목소리를 낼 수 있도록 협의기구를 설치하였다 (Vasta 2007: 717).

그러나 1980년대 말과 1990년대 초 사이 소수인종정책의 목표가 거의 달성되지 않았다는 사실이 명백해지자, 네덜란드정부는 1994년에 '사회통합정책'(Integration Policy)을 도입하였다. 새로운 정책은 국제이주민을 각 집단의 독자적인 서비스로부터의 분리와 주류 서비스(mainstream services)로의 통합을 용이하게 한다는 '주류화'(mainstreaming)라는 개념에 입각한 것이었다. 새 정책노선은 이전의 '소수인종정책' 단계에서 시행했던 구체적인 정책들은 대부분 그대로 유지하되, 네덜란드어 과정(Dutch language course), 사회교육(social orientation), 직업훈련(vocational training)을 보다 더 중시하였고, 신규 이민자가 이 과정을 이수하지 않을 경우 벌칙을 부과할 수도 있도록 했다.195)

이처럼, 네덜란드는 1990년대 중반까지 다문화주의에 입각하여 국제이주민의 정체성 유지와 사회적응을 위한 정책을 펼쳤다. 물론 1990년대 중반 이후 시민권을 얻기 위해서는 언어와 문화 교육을 이수해야 한다는 조건을 도입하는 등 동화주의적 요소를 일부 도입하기는 했지만, 전통적으로 동화주의를 지향했던 나라들보다는 다문화주의적 요소가 여전히 많이 남아 있다.

반면, 동화주의적 접근방법을 택하고 있는 프랑스의 경우, 19세기 중반 이래 국제이주민에 대한 정책은 크게 두 가지 목표를 가지고 있었다. 하나는 부족한 노동력을 국제이주민으로 채운다는 노동시장의 필요성을 충족시키는 것이고, 다른 하나는 영구 정주할 가족의 이민을 장려함으로써 인구 구성상의 결함을 보완한다는 인구학적 필요성을 충족시키는 것이었다. 물론 영구 정주할 가족단위 이민의 경우 프랑스사회로의 통합을 전제로 한 것이었다(Hamilton and Simon 2004). 노동시장의 필요성을 충족시키기 위한 이민은 19세기와 20세기 초 프랑스의 식민지가 확대되면서 식민지로부터의 이민을 받아들이면서 적용하기 시작했다. 양차 대전과 낮은 출산율로 인한 노동력 부족현상이 심각해지자 프랑스는 폴란드, 러시아, 이탈리아, 스페인, 벨기에, 독일 등지로부터 이주노동자를 받아들였다. 또한 1950-60년대 식민지 독립전쟁과 탈식민화 과정을 통해서도 국제이주민이 크게 늘어났는데, 특히 1962년의 알제리 독립전쟁에서 프랑스군을 지원했던 35만여 명의 이슬람교도들이 난민의 자격으로 프랑스로 들어왔다. 이후 이들이 가족을 불러들임에 따라 알제리 출신 이주민의 수는

1968년 47만 명에서 1982년 80만 명으로 늘어났다.

다른 한편, 1960년대 말과 1970년대 초 베이비붐 세대의 성장과 여성의 경제적 진출 급증으로 이주노동자에 대한 수요가 감소되었고, 특히 1973년의 석유파동으로 인해 높은 실업율이 장기화되자 1974년 프랑스 정부는 결국 다른 유럽국가의 전철을 밟아 이주노동자의 도입중단을 공식화했다. 동시에 불법이주노동자를 고용하는 기업에 대한 처벌을 강화했다. 이후 프랑스의 국제이주민 정책은 새로운 이민의 유입을 중단시키는 데 중점을 두었다. 그럼에도 불구하고, 이후에도 국제이주민은 유럽연합 시민에게 부여되는 자유이동권(right to free movement)에 따른 역내 이주, 법에 보장된 합법체류자의 가족이주, 난민과 정치적 망명 등으로 매년 10만 명 정도씩 들어옴에 따라 지속적으로 늘어났다. 그 결과 1999년 3월에 발표된 프랑스 정부의 통계에 의하면, 총 328만3천여명(전체 인구의 5.6%)의 외국인이 체류하게 되었다.196)

프랑스의 이와 같은 '이민제한정책'은 특히 우파정권에 의해 보다 강력하게 추진되었지만, 좌파정권도 기술직이나 전문직을 제외한 국제이주민의 새로운 유입에 대해서는 호의적이지 않았다. 특히 1993년에 출범한 우파연립정부는 이러한 이민노선은 '파스카법'(Pasqua law)으로 제도화되었는데, 이에 의하면 외국인 대학원 졸업생의 프랑스 국내기업 취업을 금지시킨 것은 물론 안정적인 체류를 금지했으며 가족초청심사기간을 1년에서 2년으로 연장했고 또한 결혼 전에 불법체류 외국인 배우자에 대한 체류자격이 주어지지 않았으며 경찰의 외국인추방관련 권한을 강화하고 망명신청거부에 대한 재심 기회를 박탈했다. 1997년 사회당 정부가 수립되어 이민법이 개정되었으나 과학기술자와 학자에 대한 특별지위부여, 고숙련기술전문직(예, 컴퓨터 전문가, 고숙련단기노동자)에 대한 이민자격 완화 등 일부 집단에 대한 정책만 바꾸었을 뿐이다(Guiraudon 2008).197)

이미 입국해 있는 국제이주민에 대한 정책은 프랑스 시민권(citizenship)

과 동등대우 원칙(equal treatment)을 동일시하는 공화주의(republicanism)에 기초를 두고 있다. 공화주의 전통에 의하면, 국가 이외의 하위 집단이나 공동체에 대한 소속이나 충성심을 인정하는 것은 국가의 분열을 초래한다고 본다. 이런 이유에서 프랑스는 최근까지만 하더라도 인종을 기준으로 하는 통계를 작성하지도 않았으며, 소수인종이나 종교 등 소수자집단에 대한 할당제나 차별시정조치(affirmative action)도 도입하지 않았다. 다만 인종, 성, 종교 등에 따른 차별에 대해서는 엄격하게 규제하였지만, 이 조차도 민간기업 차원에서의 차별행위에 대해서 적극적으로 규제하는 노력을 기울이지 않았다. 또한 프랑스 시민의 정체성을 강조하고 다른 정체성을 인정하지 않았기 때문에 국제이주민들은 적어도 공적 영역에서는 시민

〈표 4-3〉 선발다문화사회의 국제이주민정책 국가별 비교

국명	노동시장	가족초청	장기체류	정치참여	국적취득	차별금지	평균
스웨덴	100	92	76	93	71	94	88
포르투갈	90	84	67	79	69	87	79
벨기에	75	61	74	57	71	75	69
네덜란드	70	59	66	80	51	81	68
핀란드	70	68	65	81	44	75	67
캐나다	80	76	60	32	67	85	67
이탈리아	85	79	67	55	33	69	65
노르웨이	70	66	72	86	39	54	64
영국	60	61	67	46	62	81	63
스페인	90	66	70	50	41	50	61
프랑스	50	45	48	52	54	81	55
룩셈부르크	45	50	48	84	45	56	55
독일	50	61	53	66	38	50	53
아일랜드	50	57	39	59	62	58	53
스위스	75	43	51	55	44	33	50
덴마크	40	36	67	55	33	33	44
그리스	40	41	60	14	25	38	40
오스트리아	45	34	55	34	22	42	39

출처: British Council and Migration Policy Group(2007).

으로서 갖추어야할 프랑스의 언어, 가치, 규범을 받아들여야 한다고 본다. 바로 이런 이유에서 프랑스 정부는 국제이주민의 프랑스 고유의 가치와 문화 수용을 강조했고, 이들의 개별적인 문화와 정체성에 대한 지원은 거의 없었다.

지금까지 다문화주의와 동화주의의 대표적인 사례인 네덜란드와 프랑스의 정책을 간략히 살펴보았다. 지면 관계상 다른 국가들의 국제이주민 정책에 대한 자세한 설명은 생략하기로 한다. 다만, 각 분야와 평균에 있어서 점수가 높을수록 다문화주의에 가깝다는 점을 언급하고자 한다(〈표 4-3〉).198)

사회통합 정책의 성과

지금까지 선발다문화사회의 국제이주민 정책을 동화주의와 다문화주의로 나누어 살펴보았다. 앞에서 언급했듯이, 어느 나라든 국제이주민 정책의 목표는 사회통합이다. 그렇다면, 이들 서구의 선발다문화사회에서 국제이주민들이 얼마나 사회적으로 통합되었는지 살펴볼 필요가 있다.

사회통합(social integration)의 개념에 대해서 논란이 많지만, 대체로 국제이주민과 관련해서는 '국제이주민의 이민수용국체제로의 통합'을 의미한다(Council of Europe 1997; Veenman 2006; UNESCO MOST 2009). 또한 사회통합은 경제, 사회, 정치, 문화 등 네 가지 차원으로 구분할 수 있으며, ① 경제적인 차원의 통합은 노동시장에의 평등한 참여, ②사회적 차원의 통합은 교육의 기회균등 및 인종 간의 특히 수용국 국민과 국제이주민간의 접촉(결혼, 친구, 이웃 등), ③정치적 차원의 통합은 참정권을 포함한 정치적 자유와 권리의 평등한 보장, ④문화적 차원의 통합은 수용국 국민과 국제이주민간의 사회적 거리의 근접성 (social distance 또는 사회적 유대감 social bond) 및 관용적인 문화(cultural orientation) 또는 수용국의 지배적인 가치관 수용(acceptance of the dominant value system in the receiving countries) 등의 지표로 정의할 수 있다(Veenman 2006; National Conference of State Legislatures 연대미상; IOM 연대미상). 경제적 통합, 사회적 통합 중 교육의 기회균등, 정치적 통합 등은 공식제도로의 통합 또는 사회통합의 객관적인 지표이고, 사회적 통합 중 인종 간의 접촉과 유대감 그리고 문화적 통합은 비공식적인 차원의 통합 또는 사회통합의 주관적인 지표라고 할 수 있다.

여기서는 객관적 차원의 사회통합 중에서 노동시장과 교육 분야, 그리고 주관적 차원의 사회통합 중에서 수용국의 국제이주민에 대한 태도와 국제이주민의 거주국에 대한 인식을 통해서 프랑스와 네덜란드를 중심으로 국제이주민의 사회통합을 위한 정책의 성과를 간략히 살펴보고자 한다.

국제이주민의 노동시장에서의 통합 즉 평등한 대우(예, 취업, 승진, 보수, 직무 등에서의 공평한 대우)는 인적 자원의 효율성 극대화는 물론 사회문화적인 통합과 정치적인 통합의 실효성을 확보하기 위한 선결조건이며, 교육기회의 평등(수용국 국민과 동일한 조건에서 교육을 받을 기회의 보장)은 특히 국제이주민 2세의 자아개발과 성공적인 노동시장 진출을 도울 뿐만 아니라 사회문화적 통합의 선결조건이다(Geddes et al. 2004; British Council Brussels 2005: 2-3; Fleischmann and Dronkers 2007; Liebig 2007: 9; Veenman 2006). 반면 사회통합의 주관적인 지표 즉 수용국 국민의 태도와 국제이주민의 인식은 객관적인 조건에 대한 대응방식은 개인의 가치관이나 인식구조에 따라 다를 뿐만 아니라 아무리 좋은 제도와 정책도 궁극적으로는 개인의 태도나 인식에 따라 그 성패가 걸려 있고 따라서 사회통합도 궁극적으로는 수용국 국민과 국제이주민의 상대방에 대한 태도나 인식에 달려 있다는 점에서 대단히 중요하다(Niessen 2004: 59-60). 이를 염두에 두고 네덜란드와 프랑스의 사회통합 정책이 어떤 성과를 가져왔는지 간략히 살펴보기로 한다.

주관적 인식 측면에서의 사회통합

우선, 유럽인들의 주관적 인식을 살펴보기로 하자. 사회통합에 대한 주관식 인식을 보여주는 간접적인 지표로서, 2006년과 2007년 사이 갤럽이 각국의 15세 이상 1천명을 대상으로 조사한 '당신이 살고 있는 도시 또는 지역은 소수인종이 살기에 얼마나 좋은 곳인가'라는 질문에 대한 '긍정'과 '부정'의 답을 보기로 하자(Gallup 2007). 〈표 4-4〉에서 보듯이, 대체로 스웨덴이나 네덜란드 등 다문화주의에 가까운 정책을 추구하는 국가일수록 소수인종이 살기가 좋다는 응답이 많고 오스트리아나 독일 또는 프랑스 등 동화주의에 가까운 정책을 추진하는 나라일수록 살기 좋지 않다는 응답이 많다. 소수인종이 살기가 좋다는 응답자가 많은 나라일수록 사회통합이 잘 이루어졌다고 볼 수 있을 것이다.

또한 다문화주의를 지향하는 나라가 동화주의를 지향하는 나라보다는 인종의 다양성이 자국 문화에 주는 혜택을 높이 평가하고 국제이주민의 사회적 권리와 차별시정조치(positive action)에 대해서 긍정적이다. 이러한 차이에도 불구하고, 현실에서는 국제이주민에 대한 차별이 광범하게 이루어지고 있다는 인식에 있어서는 다문화주의를 지향하는 나라와 동화주의를 지향하는 나라 사이에 큰 차이가 없다. 예를 들면, 일상적인 인종차별이 심하다는 응답과 노동시장에서의 인종차별이 심하다는 응답이 다문화주의를 지향하는 네덜란드의 경우 각각 3/4, 71.9%인데, 동화주의의 대표적인 나라인 프랑스의 경우에도 그 비율이 각각 80%, 78%로 별 차이가 없다. 인종차별이 심하면 국제이주민이 거주국 사회에 대해서 소속감이나 일체감을 가지기 어려울 것이고 따라서 국제이주민의 사회통합은 실패로 끝날 가능성이 크다.

〈표 4-4〉 사회통합의 주관적 지표 – 국민의식

국명	당신이 살고 있는 지역은 소수인종이 살기가 얼마나 좋습니까?			인종의 다양성은 자국의 문화를 풍부케 한다 (찬성율 %)	합법적인 이주민은 내국인과 동일한 사회적 권리를 가져야 한다(찬성율 %)	국제이주민을 위한 차별시정조치 (positive action) (찬성율 %)	국제이주민 에 대한 차별이 광범하게 퍼져 있다 (찬성율 %)	노동시장에서 인종차별이 심하다 (찬성율 %)
	좋다	좋지 않다	무응답 /모름					
영국	80	11	9	2/3	–	72.9	67.8	50+
스웨덴	76	12	11	86.2	2/3	67.3	80	–
스페인	76	16	8	63	2/3	81.3	71	61.5
아일랜드	76	12	12	–	60.0	72.8	3/4	–
네덜란드	74	16	10	3/4	3/4 (절대다수)	3/4	3/4	71.9
덴마크	74	14	12	–	68.7	3/4(반대)	50+	62.8
이탈리아	70	19	11	–	71.1	2/3	75	50+
노르웨이	67	16	17	–	–	–	–	–
프랑스	66	18	16	3/4	50%+	2/3	80	78
독일	65	17	17	–	45.2	2/3	47	–
벨기에	65	16	19	–	43.3	2/3	3/4	3/4
스위스	60	25	15	–	–	–	–	–
포르투갈	60	21	20	60	69.3	85.9	60	50
핀란드	59	24	17	81	52.0	–	2/3	–
그리스	59	33	8	50	절대다수	절대다수	76.1	60
오스트리아	44	30	27	40	40+	50+	56.3	56.6

출처: '당신이 살고 있는 ....' – Gallup (2006-2007) Survey; 나머지 – British Council and Migration Policy Group(2007).

노동시장에서의 사회통합

다음, 객관적인 지표 중 국제이주민의 노동시장에의 통합정도(평등한 대우)와 교육분야에서의 통합정도를 살펴보기로 하자. 먼저, 다문화주의를 추구했던 네덜란드와 동화주의를 추구했던 프랑스, 양자 모두 국제이주민들은 본국 국민에 비해 노동시장에서 차별 내지 심각한 어려움을 겪고 있다. 〈표 4-5〉에서 보듯이, 네덜란드의 경우 2005-2006년 기준 외국출신 (국제이주민)의 경제활동 참가율과 고용율은 각각 76.7%, 70.2%로 본국인에 비해 10% 정도 낮으며, 반면에 실업률은 8.4%로 본국인(2.6%)보다 3배 이상 높다. 프랑스에 거주하는 국제이주민의 사정은 네덜란드보다 오히려 사정이 나아, 경제활동 참가율과 고용율은 본국인보다 높거나 아주 작은 차이를 보이고 있으며, 실업률은 본국인보다 거의 두 배 정도 높지만 네덜란드에 비하면 양호한 편이다. 그럼에도 불구하고 프랑스의 경우에도 국제이주민의 노동시장조건이 본국인에 비해 불리하다는 사실은 분명하다. 이는 국제이주민의 출신국가별로 구분해서 볼 경우 더욱 확실하다. 예를 들면, 네덜란드 국제이주민의 경우 OECD국 출신도 네덜란드 본국인보다는 나쁜 편이지만, 그 차이는 그리 크지도 않거니와 다른 지역출신에 비하면 매우 좋다.

반면 국제이주민으로서 가장 많은 수를 차지하고 있는 터키 출신과 여타 국가 출신 특히 후자는 본국인에 비해 매우 열악한 조건에 있다. 〈표 4-6〉에서 보듯이, 프랑스 국제이주민의 경우에도 북아프리카(예, 알제리, 튀니지아, 모로코 등) 출신은 고용율은 20%, 실업률은 3배가량 차이가 있다. 〈표 4-7〉에서 보듯이, 노동시장에서의 불리한 조건은 어제오늘의 일만은 아니며, 이미 오래 전부터 지속되어온 것임을 알 수 있다.

노동시장에서의 사회통합과 관련하여 두 가지만 더 언급하고자 한다. 먼저, 국제이주민이 노동시장에서 불리한 조건에 있는 것은 출신국에서 태어나고 성인이 될 때까지 살다가 온 (그래서 언어와 문화의 측면에서 상당한 어

<표 4-5> 국제이주민과 본국인의 노동시장 통합수준 비교(15-64세 인구, 2005-2006 평균)

	외국출신 주민 비중*	경제활동 참가율		고용률		차이	실업률		
		외국출신 (FB)	본국인 (NB)	FB	NB	NB-FB (%)	FB	NB	FB/NB
남성									
벨기에	12.9	71.9	73.5	60.9	68.9	8.0	15.3	6.3	2.4
덴마크	6.3	75.5	84.4	70.0	81.4	11.4	7.3	3.6	2.0
프랑스	11.6	76.3	74.6	65.3	68.5	3.2	14.4	8.3	1.7
독일	15.5	80.0	80.8	66.0	72.2	6.2	17.5	10.6	1.7
네덜란드	11.5	76.7	84.7	70.2	82.5	12.3	8.4	2.6	3.3
OECD국 출신(터키제외)		81.7	.	78.2	.	4.3	4.2	.	1.6
터키출신		76.1	.	70.7	.	11.8	7.1	.	2.8
비OECD국 출신		74.9	84.7	67.1	.	15.4	10.4	2.6	4.1
노르웨이	7.6	77.6	81.8	69.4	78.8	9.5	10.7	3.6	2.9
스웨덴	13.8	75.9	82.4	64.9	76.7	11.8	14.8	7.0	2.1
스위스	25.4	87.5	87.7	81.1	85.4	4.3	7.3	2.5	2.9
영국	11.0	80.3	81.7	74.4	77.5	3.1	7.4	5.1	1.5
미국	16.1	86.2	78.3	82.3	73.5	-8.8	4.6	6.0	0.8
여성									
벨기에	13.9	49.2	61.2	39.5	56.4	16.9	19.8	7.8	2.5
덴마크	8.0	51.4	77.3	56.3	73.7	18.4	10.1	4.7	2.1
프랑스	12.1	57.3	64.9	47.7	58.8	11.1	16.8	9.4	1.8
독일	15.9	58.2	69.9	48.9	62.9	14.0	16.6	10.0	1.7
네덜란드	12.6	57.0	71.8	52.1	69.4	17.3	8.0	3.3	2.4
OECD국 출신(터키제외)		69.0	.	65.7	.	3.7	4.8	.	1.4
터키출신		41.1	.	36.9	.	32.5	10.4	.	3.2
비OECD국 출신		54.8	71.8	49.3	.	20.1	9.9	.	3.0
노르웨이	8.5	65.9	75.6	60.6	72.9	12.3	8.1	3.6	2.2

주: 외국출신 주민(국제이주민) = 출생 당시 거주국이 아닌 국가의 국적 소유자 + 부모 중 어느 한쪽이라도 출생 당시 외국 국적 소유자의 자녀; 본국인 = 출생 당시 양친과 본인 모두 거주국 국적 소유자; 고용률: 취업인구 비율이라고도 불리며 생산가능 인구 중 일자리를 가지고 있는 사람의 비율을 의미함.
출처: OECD(2008).

〈표 4-6〉 국제이주민과 본국인의 노동시장 상태 비교 - 프랑스

구분		고용률(%)	실업률(%)
국제이주민 1세대	15-60		
	국제이주민(출생 당시 외국국적 소유자)	56.6	20.3
	외국 출신 프랑스 국적소유자	66.1	9.3
	합계	58.0	17.8
	북아프리카 출신 국제이주민	47.8	27.9
	북아프리카 출생 프랑스국적 소유자	68.1	9.0
	합계	53.5	21.5
프랑스 (출생 + 국적소유자)		67.9	9.8
국제이주민 2세대	15-40		
	양친 모두 국제이주민	45.3	20.8
	양친 외국출생 프랑스 국적소유자	50.3	21.2
	합계	46.3	20.7
	양친 모두 북아프리카 출신 국제이주민	38.3	28.1
	양친 북아프리카출생 프랑스 국적소유자	56.3	18.6
	합계	41.6	24.8
	국제결혼(한 부모 국제이주민)	52.2	16.1
	국제결혼(한 부모 외국출생 프랑스 국적소유자)	58.0	13.4
	합계	57.7	14.4
	국제결혼(한 부모 북아프리카출신)	42.9	21.7
	국제결혼(한 부모 북아프리카 출생 프랑스 국적소유자)	66.2	13.6
	합계	57.1	14.8
양친과 본인 모두 프랑스 (출생 + 국적 소유자)		61.5	11.8

출처: 〈표 4-5〉와 동일.

〈표 4-7〉 네덜란드와 프랑스의 국제이주민과 본국인의 실업률 비교

연도	네덜란드				프랑스			
	본국인		국제이주민(외국인)		본국인		국제이주민(외국인)	
	전체	25세 이하	전체	25세 이하	전체	25세 이하	전체	25세 이하
1985	9.9	16.9	25.6	33.7	9.6	24.8	18.5	39.1
1990	7.1	10.5	23.9	28.1	8.8	19.2	17.0	29.0
2001	2.0	4.3	5.2	–	8.0	17.5	25.4	35.1

자료: EUROSTAT, *European social statistics: Labour force survey*, 각 년도

려움을 겪어야 했던) 1세대는 물론 거주국에서 태어나거나 교육을 받은 (그래서 언어나 문화 면에서 어려움이 훨씬 덜하거나 본국인과 차이가 없는) 그 자녀인 2세대에게도 해당된다는 점이다. 네덜란드의 경우, 〈표 4-8〉에서 보듯이, 국제이주민 2세대의 경제활동참가율과 실업률은 물론 직업(반숙련, 미숙련 노동자의 비중이 높음)과 소득에 있어서도 본국인과는 커다란 차이가 있으며, 이러한 차이는 특히 터키와 모로코 출신 부모의 자녀들의 경우 보다 극명하게 나타났다. 네덜란드 통계청의 최근 발표에 의하면, 국제이주민과 본국인의 실업률 차이는 이전보다 줄어들고 있지만, 2000년대 후반에도 전자의 실업률은 후자보다 여전히 높다(〈표 4-7〉과 〈그림 4-1〉, 〈그림 4-2〉, 〈그림 4-3〉 참조). 네덜란드 통계국(Statistics Netherlands)의 빌표에 의하면, 2006년 기준으로 15-24세 비서구 출신 국제이주민의 실업률은 22%로, 본국인 출

〈표 4-8〉 네덜란드 거주 국제이주민의 출신국가별 세대별 노동시장상태 (1988~1998)

	경제활동 참가율		직업												평균소득	
			봉급 생활자		정규직 정신노동		자영업자		생산직 감독직/ 숙련노동자		반/미숙련 노동자		실업자			
	남	여	남	여	남	여	남	여	남	여	남	여	남	여	남	여
본국인	83.7	55.0	38.3	30.6	16.0	38.6	5.7	3.6	14.3	3.1	17.4	8.9	8.3	15.2	2,507	1,713
이민1세대																
터키	77.5	31.0	4.5	4.7	4.1	11.0	3.7	3.0	14.3	11.0	41.4	46.7	32.1	23.7	1,829	1,329
모로코	70.6	18.5	5.6	4.4	5.2	16.2	2.7	1.4	11.0	2.3	40.4	21.1	35.2	54.6	1,724	1,344
수리남	82.3	62.4	17.2	15.5	17.6	36.7	3.7	1.1	17.1	3.2	23.8	14.8	20.6	28.7	2,038	1,633
안틸레스	79.5	56.7	18,8	14.5	14.2	33.4	2.5	0.9	16.5	2.2	22.9	12.8	25.1	36.2	1,859	1,584
이민2세대																
터키	71.3	52.1	10.0	10.5	23.3	36.6	4.5	2.8	10.9	1.9	29.8	15.7	21.6	32.4	1,734	1,365
모로코	60.9	45.6	8.4	5.0	15.9	32.7	4.2	3.8	11.7	1.2	30.6	16.4	29.1	40.8	1,419	1,284
수리남	73.8	59.6	20.4	17.6	19.1	46.8	3.2	3.2	10.5	2.6	21.0	11.0	25.8	18.8	1,724	1,584
안틸레스	71.3	61.3	21.6	18.5	16.3	35.0	2.8	2.4	19.0	4.1	26.4	18.0	13.8	22.0	2,039	1,533

주: 소수인종의 사회적 지위와 공공시설 활용(Social Position and Facilities Use of Ethnic Minorities) 테이터베이스에서 1988, 1991, 1994, 1998년 네 차례 네덜란드의 4대 소수인종집단(터키, 모로코, 수리 남, 안틸레스)을 대상으로 실시한 가구조사 자료를 활용하여 만든 표임(Tesser, Paul and Jaap Dronkers 2007: 359-401).

신 같은 연령대(9%)의 2.5배 정도이었으며, 2007년에는 사정이 나아져 전자는 15%, 후자는 8.1%로 거의 두배에 달한다(CBS(Statistics Netherlands) 2008).

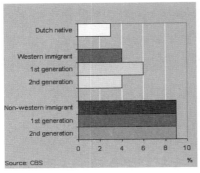

〈그림 4-1〉 인종집단별 세대별 실업률, 2001
출처: CBS(Statistics Netherlands)

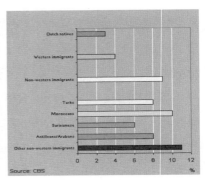

〈그림 4-2〉 인종집단별 실업률, 2001
출처: 〈그림 4-1〉과 동일

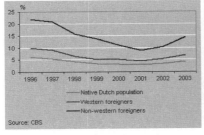

〈그림 4-3〉 인종집단별 실업률 추이 (1996-2003)
출처: 〈그림 4-1〉과 동일

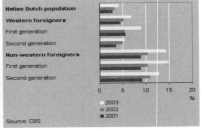

프랑스의 경우에도 마찬가지로 국제이주민 출신 부모의 자녀는 노동시장에서 본국인 출신 부모의 자녀보다 불리한 조건에 놓여 있다. 〈표 4-7〉에서 보듯이, 1980년대 이후 2000년대 초반까지 25세 이하 국제이주민의 고용율은 본국인의 같은 연령대와 비교해서 거의 두 배이다. 최근에도 이러한 경향이 계속되어 있으며, 특히 프랑스 거주 국제이주민의 절대다

수를 차지하고 있는 북부아프리카(알제리, 모로코, 튀니지) 출신 이민2세대들의 사정은 더욱 열악하다. 2008년에 출간된 OECD의 자료에 의하면, 양친이 모두 북아프리카 출신인 국제이주민 2세의 고용율과 실업률은 각각 38.3%, 28.1%로 본국인 2세에 비해 고용율은 거의 절반이고, 실업률은 2.5배에 달한다(〈표 4-6〉).

또한 취업과 노동조건에서는 물론 취업을 위한 면접 과정에서 국제이주민(1세와 2세 모두) 출신들은 본국인에 비해 더 많은 어려움을 겪고 있다. 이러한 사정은 프랑스와 네덜란드는 물론 스웨덴 등 다른 선발다문화사회에서도 마찬가지다. 예를 들면, 프랑스에서는 아프리카 출신 국제이주민은 취업을 위한 면접이 성사되기까지 출신지를 알 수 있는 이름을 포함하고 있을 경우 이력서(또는 전화통화)를 본국인보다 적게는 3배, 많게는 15배 많이 제출해야 한다. 네덜란드에서도 조금 덜한 편이지만 모로코나 수리남 출신 국제이주민들이 취업을 위한 면접을 성사시키기까지 본국인보다 2배 내외로 많은 이력서(또는 전화통화)를 제출해야 한다(OECD 2008).199)

이처럼, 20년 이상 다문화주의를 추구했던 네덜란드나 백년 가까이 동화주의를 추구했던 프랑스의 경우 모두 국제이주민 특히 비서구지역으로부터 이주해온 이민자들은 1세대는 물론 2세대조차 노동시장에서 본국인보다는 불리한 조건에 놓여 있다는 것은 양국 모두 국제이주민의 경제적 통합에 실패했다는 증거라 할 수 있다. 물론 이것이 다문화주의나 동화주의 그 자체가 갖는 본질적인 한계에서 기인하는 한 것인지 아니면 다른 이유가 있는지에 대해서는 격렬한 논란이 진행되고 있지만, 분명한 것은 양자 모두 심각한 문제가 있다는 점이다. 이에 대해서 뒤에 다루기로 한다.

교육에서의 사회통합

이제, 교육 분야에서 사회통합이 네덜란드와 프랑스에서 얼마나 이루어졌는지 간략히 살펴보기로 한다.

네덜란드의 교육제도는 유치원과정(ECEC, early childhood education and child care, 지방자치단체에서 주관, 2-4세), 초등학교(primary school, 4~12세, 8년 간), 일종의 기초취업교육인 중등학교(secondary pre-vocational education, VMBO, 4년간), 중급직업교육(MBO, 4등급), 고급일반교육(HAVO, higher general education, 5년간) 또는 대학준비교육(VWO, scientific preparatory education, 6년간), 대학 등의 단계로 구성되어 있다. 그런데 유치원과정에 참여하는 OECD 비회원국 출신 국제이주민 자녀의 비율은 35% 정도로 전체 어린이 기준(약 60%)에 비해 매우 낮다. 또한 국제이주민의 자녀(이민2세)는 대부분 기초직업교육과정으로 끝나거나 중급직업교육을 받더라도 가장 낮은 수준인 도제 또는 보조원(assistant worker level, 국제이주민 자녀 11%-본국인 자녀 3%)에 집중되어 있다.

중등직업교육과정(4개 수준)의 각 수준 내 설치되어 있는 학교교육중심과정(BOL, school-based pathway)과 졸업 후 취업에 보다 용이한 도제교육과정(BBL, apprentice-type pathway) 중에서 국제이주민 자녀는 후자(15%), 본국인 자녀 32%에는 상대적으로 적다(OECD 2008). 또한 네덜란드는 터키 출신 국제이주민의 대학(tertiary education)진학률이 27%로 독일이나 오스트리아 또는 스위스(약 10%)에 비하면 높지만, 프랑스(약 50%)에 비하면 낮다(Crul 2008). 네덜란드 국제이주민 2세의 교육에서 더욱 문제가 되는 것은 다른 선발다문화사회에 비해 상대적으로 높은 중퇴율(dropout)이다. 이미 1980년대 후반 무렵 중등교육과정에 들어간 모로코와 터키 출신 국제이주민 자녀의 중퇴율은 50% 이상 이었다. 그 이후 상황은 나아졌으나 2000년대에도 비서구 출신 국제이주민 자녀의 중퇴율은 본국인의 2배(전체적으로는 13%)를 유지하고 있다(OECD 2008).[200]

프랑스의 경우 국제이주민 출신 자녀의 고등학교(upper-secondary eduation) 진학률과 대학 진학률은 네덜란드를 포함한 다른 선발다문화사회에 비해 높지만, 중퇴율은 네덜란드보다는 낮지만 독일이나 오스트리아 또는 스위스보다 훨씬 높다(Crulng 2008). 예를 들면, 터키를 제외한 다른 지역출신 국제이주민 2세의 대학을 포함한 고등학교 진학률은 상대적으로 많은 반면 직업교육(apprentice)에는 상대적으로 적다. 그러나 한 조사에 의하면, 북아프리카 출신 국제이주민 2세 남성의 중퇴율은 40%, 여성의 중퇴율은 32%로 본국인(각각 20%, 13%)에 비해 두 배 이상 높았다(OECD 2008).

교육에서 국제이주민이 겪는 어려움은 진학이나 학업의 지속에만 한정되지 않는다. 국제이주민들이 대부분 몰려 살고 있는 대도시지역은 과밀하고 낙후한 지역이기 때문에 본국인 자녀들은 백인이 주로 다니는 다른 지역의 학교로 가는 경우가 많고(Koopman 2008), 우수한 교사들도 국제이주민 밀집지역의 학교는 회피하는 경향이 있다.201) 그 결과 국제이주민 자녀의 학업성취도는 본국인 자녀에 비해 떨어지는 경향이 있다. 본국인 자녀와 비교했을 때, 네덜란드와 프랑스 양국의 국제이주민 자녀의 학업성취도는 스위스나 독일의 국제이주민 자녀보다 나은 편이지만 다른 선발다문사회에 비해 많이 나쁘다(〈표 4-9〉).

이상에서 본 것처럼, 노동시장에서와 마찬가지로 교육에 있어서도 동화주의모델을 취했던 프랑스는 물론 다문화주의모델의 모범사례로 간주되고 있던 네덜란드도 언어와 문화 또는 가치관의 차이 때문에 본국 사회에 적응하는데 큰 어려움을 겪는 국제이주민 1세대는 물론 2세대도 교육에서 본국인과는 다른 어려움을 겪고 있다. 이와 같은 어려움은 노동시장에서의 어려움으로 직결되는 것은 물론 본국의 문화와 가치관을 수용하는데 있어서 소극적이거나 심할 경우 격렬한 저항을 할 수도 있다. 어쨌든, 국제이주민이 노동시장에서와 마찬가지로 교육에서도 제대로 통합되지 못하고 있다는 것에 대해서는 대체적으로 합의되어 있는 듯하다. 문제는 그 원인이다.

〈표 4-9〉 본국인과 국제이주민 자녀의 학업성취도 비교 - 평균점수 차이(N-I)

국가	PISA			TIMSS		PIRLS
	독해 (Read)	수학 (Maths)	과학 (Science)	수학 (Maths)	과학 (Science)	독해 (Read)
스위스	-83.6	-83.8	-83.2	-57.4	-85.0	-
독일	-82.3	-80.0	-91.3	-39.8	-78.8	-51.4
네덜란드	-77.5	-89.7	-99.9	-32.0	-49.2	-42.4
스웨덴	-57.8	-62.9	-58.1	-33.9	-61.7	-43.7
프랑스	-46.9	-43.8	-65.4	-	-	-30.4
미국	-37.7	-38.4	-38.8	-30.7	-52.2	-31.0
영국	-33.6	-36.7	-35.0	-0.7	-19.1	-33.3
뉴질랜드	-27.4	-13.2	-24.2	-10.9	-34.6	-4.7
캐나다	-10.9	-9.3	-21.3	-14.0	-35.0	-17.8
오스트레일리아	-9.2	-3.9	-10.2	-3.0	-17.0	-

주: 1. PISA 독해 점수 차이가 큰 순으로 국가를 배열하였음. 2. 굵은 글씨체는 1%의 오차 범위에서 차이가 유
의미함을 뜻함. 3. 국제이주민은 양 부모가 모두 현 거주국이 아닌 나라에서 출생한 경우임.
출처: Schneph, Sylke V.(2004).

실패요인

여기서는 선발다문화사회가 국제이주민을 제대로 통합하지 못한 원인에
대해서 살펴보기로 한다. 먼저 지적할 것은 사회통합이 이루어지는 영역
에 따라 국제이주민의 통합 실패에 대한 원인진단이 조금씩 차이가 난다
는 점을 지적할 필요가 있다. 예를 들면, 노동시장 영역에서는 국제이주민
의 본국에서의 사회경제적 지위(socio-economic status), 수용국의 정책과
국민의 태도 또는 수용방식, 또는 국제정치경제적 상황 등이 주요한 원인
으로 언급되고 있으나, 교육 영역에서는 국제이주민 1세대의 학력과 수용
국에서의 직업 및 소득수준, 수용국의 교육정책과 국민의 태도 등이 주로
지적되고 있다. 앞에서와 마찬가지로, 이 글은 본격적인 조사연구도 아니
고 그럴 여건도 갖추지 못하고 있기 때문에 선발다문화사회 학자들의 조
사연구결과를 통해서 실패 요인을 살펴보고자 한다. 지금까지 이루어진

연구결과에 의하면, 선발다문화사회가 국제이주민을 사회적으로 통합하는데 실패한 원인은 크게 세 가지로 구분할 수 있다. 국제이주민의 본국에서의 사회경제적 지위(1세대의 경우) 또는 부모의 수용국에서의 직업과 소득수준(2세대의 경우), 수용국 국민과 정치인의 국제이주민에 대한 수용방식 또는 태도, 수용국의 이민·외국인정책 등이 그것이다.

국제이주민의 사회경제적 지위와 적응 노력

앞에서 본 것처럼, 미국이나 캐나다 또는 호주 등 전통적인 다문화사회와는 달리, 유럽의 대부분 다문화사회는 1950년대 전후복구가 끝난 이후 경제가 급속히 성장하면서 일시적으로 부족한 인력을 충당하기 위해 초기에는 남부유럽, 터키, 북아프리카, 아시아지역으로부터 초빙노동자 (guestworkers)를 대거 받아들였다. 이렇게 하여 서유럽국가로 들어온 노동자들은 대부분 학력도 낮고 빈곤하기도 했지만, 서유럽국가에 들어와서도 반숙련 내지 미숙련의 저임금과 노동조건이 열악한 직종에 종사하여 대부분의 국제이주민들은 본국에서의 소득보다 나았졌지만 본국인에 비하면 낮았고 언어습득이나 학업 또는 본국인과의 인적 네트워크 구축 등 인적 자원개발에 투자할 여력도 없었다. 그만큼 본인은 물론 자녀(국제이주민2세)에게 있어서 직장과 사회에서의 신분상승의 기회(upward mobility)는 본국인과 비교하면 적을 수밖에 없었다. 예를 들면, 선발다문화사회의 국제이주민의 학력수준은 국가와 관계없이 본국인에 비해 낮지만, 특히 네덜란드와 프랑스에 거주하고 있는 국제이주민의 학력수준은 다른 나라에 비해 더 낮아 30~40% 정도가 학력이 낮은 편(중졸 이하)에 속한다. 네덜란드에 살고 있는 터키나 모로코 출생 국제이주민들의 학력수준은 더욱 낮아 1/3 정도가 초등학교 이하 학력을 가졌고 절반 이상이 중학교 이하의 학력을 가지고 있다(〈표 4-10〉). 프랑스의 경우에도 알제리, 모로코, 튜니지 등 북아프리카 출신 이주 민들이 다른 집단보다 학력이 낮다. 부모의 학력수준

〈표 4-10〉 국제이주민의 교육수준 (25-54살, 2005/2006 기준, %)

구분		매우 낮음[3]	낮음	보통	높음
오스트리아	외국 출생	-	32	49	19
	본국인	-	13	68	19
벨기에	외국 출생	25	16	28	31
	본국인	9	18	39	34
스위스	외국 출생	9	20	41	31
	본국인	1	4	64	31
덴마크	외국 출생	12	11	37	40
	본국인	1	14	50	35
프랑스	외국 출생	24	20	30	26
	본국인	7	20	45	28
노르웨이	외국 출생	5	13	46	36
	본국인	0	7	57	36
스웨덴	외국 출생	9	11	49	31
	본국인	1	10	57	32
독일[1]	외국 출생	10	24	45	20
	본국인	1	10	63	27
네덜란드	외국 출생 전체[2]	15	16	46	24
	터키	31	18	41	10
	모로코	33	22	35	10
	본국인	5	19	43	33

주: [1] 독일의 경우 2005년 데이터임. [2] 네덜란드의 외국출생에는 인도네시아 출생 포함함. [3] '매우 낮음': 초 등학 교(primary) 이하 (ISCED 0-1), '낮음': 중학교(lower secondary) 이하 (ISCED 2); '보통': 고등학 교 (upper secondary) 및 전문대(non-tertiary) (ISCED 3-4); '높음': 대학교(tertiary education) 이상 (ISCED 5 이상).
출처: European Union Labor Force Survey

은 자녀 즉 국제이주민 2세의 교육수준과 학업성취도에 영향을 미친다. 그것은 학력이 낮은 부모일수록 교육에 대한 인식이나 관심이 낮기 때문이기도 하지만 언어문제나 학습능력 부족으로 자녀의 교육을 제대로 도울 수 없기 때문이기도 하다. 실제로 한 연구에 의하면, 부모의 학력수준과 자녀의 교육수준과 학업성취도는 밀접한 상관관계가 있는 것으로 나타났다(van Ours and Veenman 2001). 그 결과 낮은 사회적 지위와 빈곤의 재생산이 이루는 것이다.

이상에서 본 것처럼, 국제이주민(1세대와 2세대 포함)들이 노동시장과 교육에서 본국인보다 어려운 처지에 놓여 있는 데는 이들 자신이 거주국 언어와 제도에 적응하려는 노력이나 능력이 부족하기 때문인 측면도 분명히 있다. 그러나 좀 더 자세히 살펴보면, 이들이 거주국 언어와 제도 또는 문화를 수용하여 그 사회에 적응하지 못한 것은 반드시 이들만의 책임이라고 할 수 없는 측면도 있다. 왜냐하면 이들이 아무리 선발다문화사회로 이주하고 싶어도 해당 국가가 입국을 허용하지 않고, 그 사회에 적응하여 본국인과 어울려 살고 싶어도 여건을 마련해주지 않거나 국제이주민을 그 사회의 대등한 구성원으로 받아들이지 않으면 일방적으로 노력으로는 불가능했기 때문이다. 즉 선발다문화사회에 미숙련-저숙련 노동자들이 대거 입국·정주하게 된 것은 선발다문화사회의 정부(과 기업)의 필요와 계획에 따른 것이라면 이들이 그 사회에 적응하여 정당한 구성원으로 인정받는 데 필요한 요건(언어, 문화, 제도 등의 습득)들을 채울 수 있도록 지원해주어야 할 것이다. 그러나 대부분의 선발다문사회의 정부는 일시적인 노동력 부족을 채우기 위해 그래서 필요가 없어지면 돌려보내거나 국제이주민 스스로 돌아갈 것이라는 가정 하에 중장기적인 사회통합방안(계획)도 없이 받아들였고, 국제이주민들도 일시적으로 머물 것이라고 생각하여 거주국 언어와 제도나 문화를 익히려고 노력하지도 않았고, 학력수준이 낮아 그럴 능력이 없는 경우도 많았다.

설령 국제이주민들이 거주국 언어와 제도 그리고 문화를 받아들여 그 사회의 책임 있는 구성원으로 참여하려는 노력이 있었다 하더라도 거주국 국민이나 다른 구성원들이 받아들이지 않으면 국제이주민의 사회통합은 제대로 이루어질 수 없다. 국제이주민의 사회통합은 국제이주민의 적극적인 자세와 노력은 물론 수용국의 적극적인 자세와 노력도 필요로 하는 쌍방향의 지속적인 과정의 최종 결과물이기 때문이다. 여기서 말하는 수용국은 단지 정부만을 지칭하는 것이 아니라 다른 행위자 특히 야당과 일반 국민(기업 포함)을 포함한 전 사회를 의미한다. 따라서 국제이주민의 사회통합이 제대로 이루어지지 않은 원인을 충분히 찾기 위해서는 수용국의 태도와 행동을 살펴보아야 한다. 수용국이 국제이주민을 그 사회의 정당한 구성원으로 받아들이려는 태도와 노력이 없이는 국제이주민의 사회통합은 미완의 과제일 수밖에 없다는 점은 언어, 제도, 문화에의 수용과 적응이라는 측면에서 본국인과 별 차이가 없는 국제이주민 2세들이 거주국의 사회에 완전히 융합되지 않았다는 것을 보여주는 사건들이 종종 발생하고 있다는 사실이 입증하고 있다.202)

이런 이유에서 수용국의 국제이주민에 대한 태도와 대응을 살펴볼 필요가 있다. 정부의 이민과 국제이주민 통합에 대한 정책은 민주주의사회라면 대체로 여론을 반영할 수밖에 없기 때문에, 먼저, 정치인과 기업 그리고 일반국민의 국제이주민에 대한 태도와 행동을 살펴보기로 한다.

수용국의 정치인, 기업, 국민의 태도와 행동

네덜란드, 프랑스를 포함한 선발다문화사회에서 인종주의적인 편견과 차별이 얼마나 심각한지 정확히 파악할 수 있는 통계자료나 여론조사를 찾아보기는 어려워서 이를 간접적으로 파악할 수 있는 사건이나 보고서에 의존하여 살펴보기로 한다.

먼저, 유럽이사회(European Commission)의 1997년 조사에 의하면, 인종주의적 신념을 가지고 있는 응답자의 비율은 유럽 전체적으로 33%이고, 네덜란드는 31%, 프랑스는 48%로 동화주의모델을 택하고 있는 프랑스의 국민이 가장 많은 편이고 다문화주의모델을 취하고 있던 네덜란드의 국민은 인종주의적 경향이 상대적으로 약한 편이다(〈표 4-11〉)(European Committee against Racism and Intolerance(ECRI) 2007).203) 이러한 국가 간 차이에도 불구하고, 일부 국가를 제외하면 유럽의 선발다문화사회에는 인종을 이유로 멸시해도 된다는 신념을 가진 국민이 최소한 1/3이나 된다.

선발다문화사회에는 인종주의적 혐오범죄만이 국제이주민을 어렵게

〈표 4-11〉 인종주의와 외국인 혐오에 대한 여론조사 (1997)

국가	매우 인종주의적 (very racist)	상당히 인종주의적 (quite racist)	조금 인종주의적 (a little racist)	전혀 인종주의적이지 않다 (not at all racist)
벨기에	22	33	27	19
덴마크	12	31	40	17
독일	8	26	34	32
그리스	6	21	31	43
스페인	4	16	31	49
프랑스	16	32	27	25
아일랜드	4	20	32	45
이탈리아	9	21	35	35
룩셈부르크	2	12	33	54
네덜란드	5	26	46	24
오스트리아	14	28	32	26
포르투갈	3	14	25	58
핀란드	10	25	43	22
스웨덴	2	16	40	42
영국	8	24	34	35
EU 15개국 전체	9	24	33	34

주: 전혀 인종주의적이지 않음 = 1점, 대단히 인종주의적 = 10점; '매우 인종주의적' = 7~10점, '상당히 인종주의적' = 4~6점, '조금 인종주의적' = 2~3점, '전혀 인종주의적이지 않다' =1점.
출처: Eurobarometer(1997)

하는 것 같지는 않다. 국제이주민을 거주국에 어렵게 만드는 것은 자신들을 의심하는 본국인의 태도이다. 소수인종집단(주로 국제이주민)의 존재는 자국의 안보에 위협요인이 된다고 생각하는 유럽인이 1997년에는 37%, 2000년 이후에는 42%로 많아졌다. 국제이주민을 자국의 안보에 위협이 된다고 생각하면, 당연히 경계하는 눈빛으로 대할 것이고 거리를 두거나 차별·배척하려고 할 것이다. 이런 측면에서 네덜란드가 1990년대말에는 프랑스보다 덜 나쁜 편이었으나 2000년대에 접어들면서 34%(1997) → 45%(2000) → 49%(2003)로 점차 악화되어 프랑스인보다 더욱 경계심이 강한 것으로 나타났다(〈표 4-12〉).

〈표 4-12〉 소수인종집단의 위협성 인식

국가	1997[1]		2000[1]		2003[2]	
	찬성	반대	찬성	반대	찬성	반대
벨기에	59	31	56	35	53	38
덴마크	60	33	60	33	36	56
독일	41	37	46	34	39	49
그리스	66	27	77	19	69	28
스페인	27	55	34	56	33	51
프랑스	46	45	51	41	42	48
아일랜드	16	61	42	43	43	42
이탈리아	28	56	38	46	38	54
룩셈부르크	29	57	40	47	36	57
네덜란드	34	59	45	44	49	47
오스트리아	45	37	44	39	45	47
포르투갈	45	38	45	41	37	53
핀란드	24	67	32	61	27	66
스웨덴	21	65	24	66	25	71
영국	33	50	32	48	54	37
EU 15개국 전체	37	47[3]	42	43[3]	42	48[3]

주: [1] 1997과 2000 – '소수인종집단은 안보의 위협요인이다.' [2] 2003 – '국제이주민은 우리의 생활양식에 위협
이 된다.' [3] '찬성'와 '반대'를 합한 나머지는 '무응답' 또는 '잘 모름'의 응답자 비율임.
출처: 1997-2000 – SORA(2001); 2003 – European Commission(2004).

국제이주민집단 중에서 가장 멸시당하거나 의심받고 있는 집단은 시기
와 나라에 따라 조금씩 다르지만, 2001년 9·11 테러사건 이후에는 회교
권 국가로부터의 이주민들이 주로 차별과 의심의 대상이 되고 있다. 이런
점에서는 네덜란드와 프랑스의 경우는 물론 다른 선발다문화사회의 경우
에도 마찬가지다(International Helsinki Federation for Human Rights 2005;
Open Society Institute 200).[204]

이와 같은 선발다문화사회 국민의 국제이주민(소수인종집단)에 대한 인종주
의적 태도와 경계심은 노동시장과 교육 등 시민사회에서 국제이주민을 차별
하거나 소외시키는 원인으로 작용하고 있음은 물론(European Commission
2008), 혐오범죄와 극우 인종주의적 정치선동으로 표현되기도 한다. 〈표

4-13〉에서 보듯이, 인종이 다르다는 이유로 언어적 또는 신체적 폭력을 가하거나 재산상의 손실을 유발하는 공격적인 행동, 즉 인종주의적 혐오범죄[205]는 유럽의 선발다문화사회 대부분에서 2000년 이후 지속적으로 증가하고 있다. 프랑스의 경우 혐오범죄 신고건수가 2000년 903건에서 2006년 923건으로 늘어나 매년 27.7% 변화를 보여왔다. 네덜란드의 경우 공식자료가 있는 2005년에 국한해서 보면, 인종주의적 혐오범죄 건수는 전체 인구 대비 3.6%로 프랑스보다 낮고 공식자료를 발표한 유럽 국가 중에서는 중간 정도 수준이기는 하나 이탈리아나 핀란드 등에 비하면 매우 높다〈표 4-14〉).[206]

물론 혐오범죄의 피해자가 모두 국제이주민(1세대, 2세대 포함)인 것은 아니지만, 최근의 조사에 의하면 본국인보다는 범죄의 대상이 될 확률은 5배 정도로 높은 것으로 밝혀졌다(van Dijk et al. 2005).

다음, 가해자 중 상당수가 극우세력이다. 대부분의 유럽국가에서는 인

〈표 4-13〉 국가별 인종주의적 혐오범죄 추이

국가	2000	2001	2002	2003	2004	2005	2006	% change 2005-06	% change 2000-06	비고
체코 공화국	364	452	473	335	366	253	248	-2.0	-4.0	범죄
덴마크	28	116	68	52	36	85	85	0.0	+59.1	사건
독일	-	14,725	12,933	11,576	12,533	15,914	18,142	+14.0	+5.3	범죄
프랑스	903	424	1,317	833	1,574	974	923	-5.7	+27.7	신고
아일랜드	72	42	100	62	84	94	174	+85.1	+31.8	신고
오스트리아	450	528	465	436	322	406	419	+3.2	+0.4	민원
폴란드	215	103	94	111	113	172	150	-12.8	-0.3	범죄
슬로바키아	35	40	109	119	79	121	188	+55.4	+45.1	범죄
핀란드	495	448	364	522	558	669	748	+11.8	+9.0	사건
스웨덴	2,703	2,785	2,391	2,436	2,414	2,383	2,575	+8.1	-0.6	범죄
잉글랜드 -웨일즈	47,701	53,121	54,858	49,344	54,286	57,978	60,407	+4.2	+4.3	사건
스코틀랜드	-	-	1,699	2,673	3,097	3,856	4,294	+11.4	+27.3	침해

주: 1. 범죄(crimes), 사건(incidents), 신고(reports), 민원(complaints), 침해(offenses). 2. 범죄의 경우 국가에 따라 구성요건이 다르므로 단순 비교는 어려움.
출처: European Union Agency for Fundamental Rights(2008)

〈표 4-14〉 인구 대비 인종주의적 혐오범죄 비율 (2005년 기준)

국가	전체 이주민 대비 혐오범죄 비율	국가	인구 대비 혐오범죄 비율	국가	인구 대비 혐오범죄 비율
오스트리아	1.8	독일	2.6	네덜란드	3.6
벨기에	4.2	그리스	1.6	포르투갈	1.5
덴마크	4.8	아일랜드	2.2	스페인	2.1
핀란드	1.1	이탈리아	0.9	스웨덴	3.0
프랑스	4.9	룩셈부르크	4.3	영국	4.1

출처: van Dijk, Jan, Manchin, Robert, van Kestern, John and Gegerly Hideg(2005).

종주의적 혐오범죄의 가해자에 대한 정보를 수집하지 않지만, 일부 국가에서 발표한 것을 보면, 극우세력(extreme right-wing)이 상당히 개입되어 있는 것으로 보인다. 위의 〈표 4-13〉과 비교하면, 독일의 경우 인종주의적 혐오범죄 중 대부분. 오스트리아의 경우 60~70%, 스웨덴의 경우 50% 정도가 극우세력에 의한 것임을 알 수 있다(〈표 4-15〉). 네덜란드나 프랑스의 경우 자료가 없어 정확한 수치는 파악할 수 없지만, 극우정당이 선거에서 상당한 지지를 얻고 있다는 점을 근거로 추론할 때 혐오범죄의 상당수가 극우세력에 의한 것이 아닌가 싶다.

이와 같은 일반국민의 인종주의적 신념이나 태도와 이를 공격적으로 표출한 혐오범죄의 증가는 인종주의적 반이민주의적 우익정당과 정치인

〈표 4-15〉 극우세력의 인종주의적 혐오범죄 가담 사례 추이

국가	2000	2001	2002	2003	2004	2005	평균 변화율(%)
오스트리아 극우적인 동기	291	301	261	264	189	188	-7.5% 2000-05
독일 극우적인 범죄	-	10,054	10,902	10,792	12,051	15,361	+11.6% 2001-05
스웨덴 '백인의 힘'	- 566	1,201 392	1,161 324	1,278 448	1,266 306	1,062 292	-2.6% -9.2%

주: 스웨덴의 경우 높은 수치는 범행 동기와 상관없이 '백인의 힘'(White-Power, 백인우월주의)에 의한 범죄를 모두 포함한 것임.
출처: European Union Agency for Fundamental Rights(2007)

들의 지지기반 확대를 용이하게 하기도 하고, 그 반대로 이들이 대중들 가운데 인종주의적, 반이민주의적 정서를 선동하기도 했다. 이러한 방법을 통해 이들 극우 인종주의 정치세력은 의회의석을 확대함은 물론 때로는 연립정부에 참여하여 이민규제나 국제이주민 권리 제한을 입법화하기도 했다(Daalder 2002).

네덜란드의 경우 가장 대표적인 인종주의-반이민(racist, anti-immigration) 우익정당은 자유당(Party for Freedom)이고, 가장 대표적인 정치인은 핌 포르투인(Pim Fortuyn)이다. 자유당은 고전적 자유주의(시장 자유주의)를 신봉하는 정당으로 인민자유민주당(People's Party for Freedom and Democracy, VVD, 1948년 재창당)로부터 떨어져 나와 2004년에 창당하였다. 이 정당의 기본노선은 경제적 자유주의와 이민-문화에 대한 보수적인 강령에 기반을 두고 있는데, 전자와 관련한 정책으로는 분권화, 최저임금제 폐지, 아동수당 제한 등이 있고, 후자와 관련해서는 유대-기독교와 인문주의의 전통과 가치관의 지배적인 문화로의 정립과 국제이주민의 교화, 비서구권으로부터의 이민중단, 터키의 유럽연합 가입 반대, 네덜란드로부터 이슬람 축출, 이중 국적 반대 등이 포함된다. 2002년에 이슬람계 네덜란드인에 의해 암살된 포르투인(List Pim Fortuyn Party 창당)도 비슷한 노선과 정책을 추구했다. 자유당은 창당직후 열린 2006년 하원의회선거에서 9석(총의석 150석, 비례대표 5.9% 득표)을 얻어 정계를 강타했다. 자유당의 뿌리이자 시장자유주의-반이민 노선을 걷는 인민자유민주당은 일찍이 1994년 선거에서 31석, 1998년 선거에서는 38석을 각각 얻은 가운데 사민당(PvdA), 사회자유당(D66)과 함께 연립정부를 수립했고, 2002년 선거에서는 핌 포르투인의 대중성에 밀려 24석을 얻는데 그쳤지만 기민당(CDA), 포르투인당(LPF)과 함께 연정을 꾸렸다. 그 이후 자유당의 분당 등으로 지지기반을 점차로 잃어가기는 했지만 2006년 선거에서도 22석을 얻었다. 이처럼 네덜란드에서는 인종주의적인 반이민 노선을 표방하는 보수정당들이 정치적 지지기반을 넓혀

가면서 전통적인 다문화주의를 강하게 비판하면서 비서구권으로부터의 이민반대와 국제이주민에 대한 동화주의정책을 강제하고 있다.

프랑스의 경우 가장 대표적인 인종주의적 반이민 노선을 표방하는 정당은 국민전선(National Front)으로, 현당수인 장 마리 르펭(Jean-Marie Le Pen)에 의해 1972년에 창당되었다. 1980년대 초반까지는 선거에서 큰 성과를 거두지 못했으나 고실업율이 지속되는 가운데 1983년 다른 보수정당과 선거연합(대략 1992년까지 지속)을 통해 지방선거에서 많은 당선자를 내면서 부각되기 시작했고, 2002년 대통령선거에서 결선투표까지 진출하는 등 제3당으로서의 위치를 공고히 했다. 국민전선의 주요 강령을 보면, 유산 제한, 전업주부에 대한 소득지원, 지방의 전통문화 육성 등 전통적인 가치에 대한 강조, 유럽연합과 다른 국제기구로부터 거리두기, 저가수입품에 대한 보호무역주의, 사형제 부활, 비유럽지역으로부터의 이민중단과 속인주의(혈통주의 jus sanguinis) 부활 등 국수주의적이고 반이민 정책들을 포함하고 있다.207)

지금까지 본 것처럼, 선발다문화사회에서는 국민들의 강한 인종주의적인 편견과 차별의식, 일부 극단적인 세력에 의한 인종주의적 혐오범죄, 인종주의와 반이민을 표방한 정당들의 약진 등 국제이주민을 동등한 구성원으로 수용하기보다는 의심하고 차별하고 심지어는 신체적 정신적 공격도 불사하는 분위기가 이미 오래 전부터 조성되고 있었다. 이런 상황에서 네덜란드처럼 다문화주의를 정부의 공식정책으로 추진한다고 하더라도 국제이주민이 거주국의 제도와 가치관을 적극 수용하여 그 사회에 통합되려고 하는 노력을 기울이리라 기대하기는 어려울 것이다. 거주국의 국민이나 정치인들이 의심하고 억압할수록 소외감이 심해져 자신의 정체성에 대해서 혼돈스러워 하거나 오히려 원래의 정체성을 되찾으려고 할 것이다(Sander 2004: 264).

수용국의 정부정책

국제이주민의 사회통합 실패요인과 관련하여 마지막으로 살펴볼 것은 선발다문화사회의 국제이주민 정책이 갖는 한계 내지 문제점이다. 앞에서 설명했듯이, 대부분의 다문화사회의 국제이주민 정책은 다문화주의와 동화주의를 양극으로 하는 스펙트럼의 어느 한 곳에 위치하고 있다. 전자의 입장을 취하는 대표적인 국가에는 스웨덴, 네덜란드, 캐나다, 호주 등이 포함되고 후자의 입장을 취하는 대표적인 국가에는 프랑스, 독일, 오스트리아, 미국 등이 포함된다. 이들 다문화사회의 정부가 지금까지 시행해온 정책은 다문화주의든 동화주의든 근본적인 문제점 내지 한계를 노정하였다.

다문화주의를 택하고 있는 나라와 동화주의를 택하고 있는 나라가 공통으로 가지고 있는 문제점은 두 가지다. 하나는 외교정책 또는 국제정치군사적인 조건이 본국인과 국제이주민간의 관계에 지대한 영향을 미침에도 불구하고 그 중요성에 대해 충분히 주목하지 않고 있다는 점이다.208) 다른 하나는 사회통합은 본국인과 국제이주민간의 상호작용의 최종적인 결과물임에도 불구하고 국제이주민의 일방적인 적응을 강조하거나 본국인과의 상호관계를 원만하게 만드는데 필요한 정책의 개발과 시행에 소홀했다는 점이다.209)

다음, 각각의 문제점을 보면, 먼저, 동화주의의 경우 크게 세 가지 문제점을 가지고 있다. 하나는 국제이주민에게 주입시킬 가치관과 문화양식을 어떤 것으로 할 것이냐 하는 문제이다. 동화주의를 표방하는 국가에서는 대부분 그 사회에서 지배적인 보다 정확하게는 지배집단의 문화와 가치관을 주입시키려고 한다. 그러나 국제이주민만이 아니라 그 사회의 원래 구성원 중에서도 동성애자나 여성 또는 장애인 등 사회적 소수집단이 때로는 지배적인 문화양식이나 가치관과 상충되는 자신의 고유한 문화양식이나 가치관을 가지고 있다(Parekh 2005). 따라서 지배적인 문화양식이나 가치관만을 고집하는 것은 민주주의의 원칙에도 어긋날 수 있다. 더구나 지배적인 문화양식이나 가치체계 속에 인권을 억압하는 요소를 포함하고 있다면 정당성은 더욱 떨어진다. 이것은 특히 우리나라와 같이 아직도 비민주적이고 인권억압적인 생활양식과 가치관이 강하게 남아 있는 다문화사회의 경우 더욱 문제가 된다.

다른 하나의 문제점은 국제이주민이 수용국의 언어를 포함하여 문화양식과 가치관을 습득하여 재사회화할 수 있는 사회적 여건 조성에 소홀한 경향이 있다는 점이다. 이러한 사회적 여건 중에서 국제이주민이 인간적인 삶을 누릴 수 있는 소득을 획득하고 자아실현을 이룩할 수 있는 노동시장의 여건(예, 차별시정조치와 같은 적극적 노동시장정책)을 마련해 주어야 하고 또한 본인이나 자녀가 미래를 위한 능력을 개발하고 사회적응에 필요한 규범을 습득할 수 있는 교육제도(예, 특별학급 등)를 마련해 주어야 한다. 그러나 프랑스를 포함한 동화주의모델을 택하고 있는 국가들은 이러한 면에서 역차별을 야기할 수 있는 빌미로 자유방임주의로 일관하거나 개입하는 경우에도 지나치게 소극적이었다. 프랑스 등 동화주의모델을 택한 나라들은 대부분 이 두 가지 문제점 중에서 후자의 영역에서 결정적인 오류를 범했다(OECD 2008; European Commission 2008).

동화주의의 마지막 문제점은 국제이주민이 출생지와의 인적네트워크 형성과 유지로 표상되는 초국적주의(transnationalism)의 확산으로 적지 않은 국제이주민들이 다중적인 충성심(dual/multiple loyalty)을 가질 수 있다는 점이다.210) 교통과 통신수단이 제대로 발달하지 않은 이전에는 일단 국제이주를 하게 되면 출생지와의 교류나 접촉을 계속하기가 어려워 거주국에 충성심을 보일 수밖에 없었지만, 교통·통신수단이 발달하여 실시간으로 출생지의 가족이나 친구 또는 사업상대자와 연락하거나 직접방문이 가능한 지금의 시대에는 출생지 국가에 대한 충성심도 중요할 수 있다. 따라서 국제이주민의 동화가 출생지 국가를 완전히 잊어버리고 거주국에 대해서만 충성심을 보일 것이라고 기대하는 것은 불가능하기도 하고 바람직하지 않을 수도 있다. 그럼에도 불구하고, 동화주의모델에서는 이것을 목표로 하고 있다. 또한 다국적주의의 영향은 차치하더라도 자국민조차도 완전히 통합하는 것이 불가능한데도 불구하고 국제이주민에게 지배적인 가치관과 규범을 수용하라고 하는 것은 모순이기도 하다.

다문화주의모델을 택하는 나라의 경우에도 두 가지 문제점을 노정하였다. 하나는 사회통합은 제도적 통합과 규범적 통합을 병행할 때 보다 효과적임에도 불구하고(Veenman 2006), 대부분의 다문화주의 국가들은 전자에 치중한 나머지 후자에는 소홀했다. 예를 들면, 노동시장, 정치, 사회복지 등의 분야에서 국제이주민을 통합하기 위한 제도는 많이 도입했으나 본국인과 국제이주민이 공유해야할 가치관 또는 규범의 형성과 확산 문제에 대해서는 상대적으로 소홀히 했다. 다른 하나는, 방금 언급한 문제점과 연관된 것으로, 자국민(일반국민과 기업인)에 대한 다문화교육에 소홀했다는 점이다. 특히 매스미디어가 성인의 계몽에 결정적으로 중요한 역할을 함에도 불구하고 인종주의적이고 반이민 정서를 부추기는 언론에 대해서도 적극적인 제재조치를 하지 않았다. 이 점은 동화주의 국가에도 적용된다.

사회통합의 실패로 인한 후유증

이상과 같은 요인으로 말미암아 선발다문화사회가 국제이주민을 사회적으로 통합하는데 실패한 대가는 크고 작은 폭동, 테러, 범죄 등 각종 일탈행위과 본국인의 국제이주민에 대한 불신의 증대, 이로 인한 사회적 갈등 심화였다. 세계화된 시대에 이러한 국내적 갈등은 다시 국제사회에서의 국가간 갈등에 의해 증폭되어 해결하기가 더욱 어려워지고 있다.

먼저, 인종차별에 대한 집단항의나 본국인과의 크고 작은 충돌사건은 거의 모든 선발다문화사회에서 발생했다. 특히 동화주의모델을 택했던 프랑스나 미국에서는 경찰과 국제이주민간의 자그마한 충돌도 쉽게 대규모 폭동으로 발전했다. 예를 들면, 프랑스의 경우 2005년 10월 북아프리카 출신 국제이주민 청년에 대한 경찰의 '가혹한' 검거행위로 촉발된 '폭동'은 파리 교외의 빈곤한 국제이주민 거주지역으로 확산되어 3개월 이상 계속되었으며, 수천대의 자동차가 전소하는 등 2억 유로 상당의 재산피해를 내어 비상사태를 선언해야할 정도로 심각했다.211) 2007년에도 발우아즈 지방(Val-d'Oise department)에서 경찰차와 국제이주민 2세 십대소년 2명이 탄 오토바이와의 충돌사고로 이들이 사망하자 '폭동'으로 이어지는 사건이 발생하기도 했다. 이처럼 동화주의모델을 채택하고 있는 프랑스에서는 특별한 계기만 생기면 자그마한 사건도 쉽게 국제이주민에 의한 '인종폭동'으로 발전했다. 연방정부 수준에서는 사실상 동화주의에 가까운 정책을 택하고 있는 미국의 경우에도 1990년 이후에만 해도 경찰과 소수인종 간의 마찰로 시작하여 한국인촌을 집중적으로 강타한 1992년 로스엔젤레스 '폭동'을 비롯해서 거의 10회 이상 인종폭동이 발생했고, 프랑스보다는 다문화주의적 정책요소를 많이 시행하고 있는 영국에서도 1990년 이후에만 1995년 런던의 브릭스톤(Brixton) 폭동을 비롯하여 10회의 크고 작은 인종폭동이 발생했다(World Crime & Justice 2009).

반면, 다문화주의모델을 택하고 있는 네덜란드의 경우에는 프랑스나 미국 또는 영국에 비하면 인종폭동은 거의 없다고 할 수 있다. 그럼에도 불구하고 2007년 무슬림 청소년들이 네덜란드인 임신부를 위협하는 것을 저지하려던 네덜란드 중년 남성을 경찰이 범죄자로 오인하여 권총을 발사하여 중년남성이 사망하는 사건이 발생하자, 그동안 불량 국제이주민 2세 청년들 때문에 고통을 당해왔다고 믿었던 본국인들이 이틀 동안 방화와 약탈을 자행했다. 총격사건이 본국인에 의한 폭동으로 확대된 배경에는 네덜란드인 중년남성을 권총으로 죽게한 경찰이 모로코 출신이라는 소문이 있었다. 프랑스의 경우와는 정반대의 성격을 가진 인종폭동이라고 할 수 있다(Belien 2007). 네덜란드와 마찬가지로 오랜 전부터 다문화주의를 표방해온 호주에서는 2005년 중동계 국제이주민 청년과 생명구조대

원간의 충돌로 시작된 호주인과 중동계 국제이주민간의 집단적인 대결구도와 상호보복행동으로 발전했다.212) 이외에도 2004년 구치소에 수감되어 있던 호주 원주민 출신을 이송하던 과정에서 이송담당 직원과의 충돌과정에서 사고로 사망하자 원주민들이 폭동을 일으키는 사건이 발생하기도 했다(The Sidney Morning Herald 2004). 이처럼, 네덜란드나 호주 등 다문화주의를 표방하는 나라들은 프랑스 등 동화주의를 택하고 있는 나라와는 달리 국제이주민에 의한 '인종폭동'은 거의 없는 편이지만 자그마한 계기가 생기면 언제든지 대규모 폭동 내지 인종간의 충돌로 확대될 수 있는 '지뢰밭'과 같다고 할 수 있다. 즉 다문화주의를 채택하고 있는 나라에서도 인종갈등의 불씨는 똑같이 있다는 것이다.213)

이처럼 거주국의 주류사회에 통합되지 못한 채 겉돌고 있는 국제이주민들의 소외감과 불만은 국내적인 요인 특히 공권력(예. 경찰)의 차별적인 행위 등에 의해 폭동으로 표출되기도 하지만, 과격이슬람근본주의자에 의한 테러214) 등과 같은 기독교권과 이슬람권의 정치군사적 대결과 갈등이라는 국제정치군사적인 요인에 의해 본국인의 국제이주민에 대한 의심과 차별이 심화되어 국제이주민의 소외감과 반항심이 더욱 높아지는 악순환을 거듭하기도 한다.

요약 및 시사점

지금까지 네덜란드와 프랑스를 중심으로 선발다문화사회의 국제이주민정책이 갖는 내용과 한계를 살펴보았다. 선발 다문화사회의 경험은 무엇보다도, 국제이주민의 사회통합이 결코 쉬운 일이 아니라는 것을 입증하고 있다. 즉, 연방정부 수준에서 사실상 동화주의정책으로 평가되는 '용광로' 모델(melting pot)을 시행한 미국과, '공화주의'의 전통을 이유로 타문화집단에 대한 특별한 지원(예, 차별시정조치 등과 같은 사회경제적 지원이나 문화지원)을 제공하지 않는 사실상 동화주의(assimilation)정책을 추구했던 프랑스의 경우는 물론, 꽤 오래 동안 타문화집단에 대한 특별한 지원을 통해 주류사회로의 통합을 적극 추진했던 호주나 네덜란드에서도 한편으로는 본국인에 의한 국제이주민에 대한 차별과 혐오범죄, 국제이주민의 테러행위 가담과 집단폭동이 발생했다는 것은 여러 가지 점을 시사한다.

하나는 국제이주민의 실질적인 사회통합을 실현하기 위해서는 국제이주민 집단의 독자적인 문화와 정체성을 인정하거나 장려하는 것만으로도 부족하다는 것이다. 언어습득과 타문화의 인정과 공존을 위한 다문화주의적 정책도 필요하지만, 이러한 문화정책은 사회경제적 게토화(낮은 소득과 높은 실업률, 이민수용국 국민의 '제3세계' 외국인에 대한 낮은 수용도와 차별의식), 정치참여의 기회 부재, 국제사회에서의 이슬람권과 기독교권의 대립과 분쟁으로 인한 본국인과 국제이주민간의 상호불신 심화 등의 문제를 동시에 해결할 수 있는 정책을 도입하지 않으면 안된다.

다른 하나는 국제이주민의 사회통합을 위한 정책은 다면적이고 다층적이어야 함과 동시에, 국제이주민이 들어오기 시작하는 초기단계에서부터 종합적인 대책을 마련해야 한다는 점이다. 유럽의 선발다문화사회는 대부분 국제이주민이 유입되기 시작한 초기 단계에는 계약기간이 끝나면 귀국

할 것이라는 가정 하에 노동시장과 주거의 문제 즉 이주노동자들이 노동하는데 지장이 없는 한도의 가장 기본적인 조건을 마련하는 데에만 관심을 쏟았고, 영구정착 시 이들과 2세의 사회통합에 대해서는 준비를 제대로 하지 않았다. 그 결과 본국인의 국제이주민에 대한 스테레오타입의 고정관념이 굳어졌고 국제이주민 역시 적극적으로 거주국에 적응할 노력을 하지 않았다. 이것은 특히 국제이주민 2세의 사회통합에 치명적인 문제를 야기했다.

지금까지 한국 정부나 민간단체에서 추진해 온 정책을 보면, 선발 다문화사회가 가지고 있던 문제를 그대로 가지고 있다.[215] 예를 들면, 임금, 근로시간, 의료복지혜택 등 노동시장에서의 이주노동자에 대한 차별, 일상생활에서의 차별과 소외, 여성 결혼이민자 2세에 대한 학교에서의 차별과 소외 등 국제이주민의 사회통합에 필수적인 조건들이 제대로 충족되지 않은 상황에서 정부는 부처 간의 관할권 다툼이나 영역(노동시장, 교육, 일상 등)간의 연계부족 등의 문제점을 가지고 있으며, 국제이주민지원센터 등과 같은 민간단체에서는 국제이주민의 인권과 언어습득 또는 의료보건 등 특정 분야에만 집중하고 있다. 그 결과 국제이주민들의 차별로 인한 박탈감이 심하고,[216] 한국 국민의 국제이주민에 대한 차별의식도 강하게 남아있다(오계택·이정환·이규용 2007; 조혜영 외 2007).

국제이주민의 사회통합은 궁극적으로 한국 측이 적극적으로 수용하려는 자세와 노력에 달려 있다. 효과적인 정책도 중요하지만 한국 국민과 기업인 그리고 정책결정권자의 의식과 태도를 교정하는 작업도 매우 중요하다. 선발다문화사회의 경험은 이러한 작업은 다면적이고 다층적으로 그리고 장기에 걸쳐 일관되게 이루어져야 한다는 것을 보여주고 있다. 초기부터 철저하게 준비해서 꾸준히 지속적으로 추진해야할 것이다.

사회통합 개념과 이론

사회통합은 학술적 연구와 국가정책 측면에서 매우 중요한 개념이다. 개념은 사물이나 현상을 지칭하기 위해 만들어졌기 때문에 한 사람이 특정한 개념을 사용하는 것은 자신이 나중에도 동일한 것을 보기 위함이며, 다른 사람도 똑같은 것을 보도록 하기 위함이다. 이것은 의사소통의 기본적인 조건이다. 따라서 개념은 명확하고 정확하게 정의되어야 한다. 동일한 상징물(숫자, 기호, 또는 글자로 이루어진 하나의 단어/단어군)이 사람마다 다른 의미로 사용하면, 서로 다른 것을 보게 되어 소통이 제대로 이루어질 수 없고, 협력도 이루어질 수 없다(본문 중에서).

들어가는 말

한국사회는 사회갈등이 매우 많은 나라다. 국내의 어느 경제 연구소의 연구 결과에 따르면, 우리나라는 사회갈등이 OECD 회원국 중에서 두 번째에서 네 번째로 많은 나라이고, '사회적 집단 갈등'으로 연간 최대 246조로 추산되는 경제적 비용을 낭비하고 있다고 한다. 또한 우리나라의 사회갈등 지수가 OECD 평균 수준만 되어도 GDP가 최대 21% 증가한다고 한다.

한국사회는 일제강점과 해방, 분단과 전쟁, 산업화, 민주화의 숨 가쁜 과정에서 사회갈등의 두 축인 이익갈등과 가치관 갈등이 동시에 분출함으로써 해결이 어려운 복합갈등의 양상을 보이고 있다. 특히 한국사회의 이념갈등은 복합갈등이면서 동시에 모든 갈등에 영향을 주는 기본갈등이라고 할 수 있다. 어느 사회나 이념갈등은 자연스럽게 형성되게 마련이지만, 우리는 현대사에 내재된 한국적 특수성 때문에 이념갈등이 더욱 격심하고 다른 영역에서의 갈등에도 큰 영향을 미치고 있다. 더욱 심각한 것은 대외정책, 경제·사회정책은 물론이고, 최근 우리 사회의 거의 모든 사안마다 치열한 이념 논쟁의 대립구도가 형성되어 왔다는 점이다. 최근 들어 사회통합의 중요성이 크게 부각되고 있는 이유도 여기에 있다.

사회통합은 사회 내의 다양성을 인정하고 격차와 차별을 줄임으로써 사회갈등의 발생을 미연에 방지하고 이미 발생한 갈등에 대해서는 다양한 사회통합의 기제를 이용하여 생산적으로 관리하고 조정할 수 있게 한다.

바로 이런 이유에서 학계에서는 이미 1960년대부터 사회통합과 관련된 주제를 연구해 왔고, 최근에는 정부에서도 사회통합을 노사, 지역, 이민자 등의 문제를 해결하기 위한 정책수립에 있어서 중요한 목표로 설정하고 있다. 국회도서관 웹사이트에 등재되어 있는 해방 이후의 논문과 단행본 중에서 '사회통합'을 주제어로 한 것을 보면, 1960년대 말부터 사회통합 관련 이론, 가족제도와 사회통합의 관계, 사회통합의 윤리 문제를 다루는 논문들이 나왔고(예, 김진균 1967; 최재석 1968), 1980년대에 들어서는 사회통합이라는 관점에서 북한체제, 정치발전, 장애인 등의 문제를 다루는 글들이 나왔다. 1990년대에는 독일통일이나 남북통일의 문제를 사회통합의 관점에서 다루는 글들이 쏟아져 나왔고, 1997년 금융위기와 이후의 구조조정을 계기로 노동(실업)문제와 복지문제를 다루는 연구들이 크게 늘어났고, 2000년대에 들어서면서 1990년대 중반 이후 급증한 북한이탈주민의 적응과 사회통합을 다루는 글들이 나왔다.217) 비슷한 맥락에서 2000년대 중반 이후 이민자의 수가 급격하게 늘어나면서 이민자의 사회통합에 대한 연구가 나오기 시작하여 2008년부터는 매년 100편 이상 발표되었다(〈표 5-1〉, 〈표 5-2〉).

한국 정부가 사회통합에 관심을 보인 것은 아이엠에프 구제금융 사태로 실업과 비정규직이 급증하고 노사갈등과 빈부격차가 격심해지면서였다. 아이엠에프 위기를 극복하기 위한 구조조정으로 사람들이 기업도산과 정리해고로 소득과 일자리를 잃고, 빈부격차도 심해지자, 사회갈등이 점차로 증가하였다. 이에 정부는 1999년 7월 대통령비서실 산하에 국민 삶의 질 향상과 사회통합을 목적으로 하는 '삶의 질 향상 기획단'을 설치하고, 2003년 5월에는 '빈부격차·차별시정 TF'로 개편하였으며, 2004년 6월에는 '빈부격차·차별시정위원회'로 개편했다. 이후 2006년 4월에는 대통령 직속 '빈부격차·차별시정위원회'와 교육인적자원부 등 12개 부처가 함께 범정부 차원의 '여성결혼이민자 가족의 사회통합 지원대책'을 발표한 이후, 같은 해 5월에는 '외국인 정책 기본방향 및 추진체계'를 발표하였고 이에 근거하여 2007년 5월에는 '재한 외국인 처우 기본법', 2008년 3월에는 '다문화가족 지원법'을 제정하였다. '재한 외국인 처우 기본법'(제1조)에서는 '재한외국인(이민자)이 대한민국 사회에 적응하여 개인의 능력을 충분히 발휘할 수 있도록 하고, 대한민국 국민과 재한외국인이 서로를

〈표 5-1〉 사회통합과 유사개념 사용빈도 추이

연도		사회적 결속 social cohesion	사회적 포섭 /포용/포함 social inclusion	사회적 배제 social exclusion	사회자본 social capital	사회통합 social integration
1960-1990		2	–	1	0	219
1991-1995		1	–	1	0	251
1996-2000		2	–	1	22	935
2001-2005	2001	–	–	7	9	215
	2002	–	–	2	31	228
	2003	–	–	6	26	325
	2004	–	–	12	54	344
	2005	–	–	30	42	465
	소계	–	–	57	162	1,577
2006-2010	2006	–	1	19	74	551
	2007	–	2	29	91	670
	2008	–	2	33	103	734
	2009	–	–	32	113	808
	2010	–	1	43	108	928
	소계	–	6	156	489	3,691
2011-2015	2011	–	–	24	121	913
	2012	1	1	36	104	907
	2013	–	2	31	129	874
	2014	3	3	43	114	660
	2015	–	6	37	133	339
	소계	4	12	171	601	3,693
2016-2020	2016	–	13	42	122	326
	2017	–	5	41	123	302
	2018	10	43	40	412	597
	2019	8	55	65	401	692
	2020	5	62	74	339	625
	소계	23	178	262	1,397	2,542
2021		6	43	53	195	357
전 기간		115(1967~)	191(1953~)	904(1964~)	8,011(1900~)	12,916(1949~)

자료: 2021년 1월 11일 검색(국회DB).

〈표 5-2〉 사회통합 관련 학술도서 및 논문, 정책자료 건수 추이

연도	사회통합	사회통합 X										
		독일	유럽	베트남	남북한	갈등	빈곤/빈부격차/실업	차별	장애인(사회참여)	이민/다문화	여성결혼이민	새터민/북한이탈/조선족/재외동포
1960-1980	15	0	0	0	0	0	0	0	0	0	0	0
1981-1986	23	0	0	0	0	1	0	0	0	0	0	0
1987	1	0	0	0	0	0	0	0	0	0	0	0
1988	3	0	0	0	0	0	0	0	0	0	0	0
1989	10	0	0	0	0	0	0	0	0	0	0	0
1990	8	1	0	0	0	0	0	0	0	0	0	0
1991	11	0	0	0	0	0	0	0	2	0	0	0
1992	10	2	0	0	1	0	0	0	2	0	0	0
1993	16	2	0	0	1	0	0	0	0	0	0	0
1994	26	9	0	2	1	0	0	0	1	0	0	0
1995	21	2	0	0	2	0	0	0	0	0	0	0
1996	44	4	6	1	6	0	0	0	3	0	0	0
1997	59	5	2	0	13	3	0	0	5	0	0	0
1998	71	3	1	1	7	0	0	0	7	0	0	0
1999	79	9	1	1	10	0	0	0	7	0	0	0
2000	76	3	1	0	10	2	0	0	5	0	0	0
2001	56	0	0	0	10	3	0	0	11	0	0	0
2002	52	2	0	0	5	3	0	0	11	1	0	0
2003	88	1	0	1	2	5	0	1	12	0	0	0
2004	106	3	2	0	6	6	2	0	9	0	0	0
2005	114	1	3	0	2	4	4	2	7	1	0	2
2006	150	5	2	0	4	6	2	2	4	0	3	5
2007	159	4	3	1	3	2	0	0	7	25	1	2
2008	184	6	1	1	1	6	1	1	13	34	1	4
2009	279	5	6	1	1	12	5	1	7	61	2	3
2010	344	12	8	0	2	17	1	2	18	68	1	4
2011	341	9	5	0	1	13	3	4	6	80	2	3
2012	360	15	7	0	6	10	2	5	5	93	1	7
2013	349	11	6	0	2	13	0	2	12	67	3	6
2014	299	10	2	1	3	11	1	4	10	70	3	5
2015	339	6	4	0	6	7	1	4	11	51	1	7
2016	326	10	6	0	4	8	1	1	13	52	0	11
2017	302	8	0	0	1	2	1	2	6	55	0	7
2018	597	22	8	0	16	23	6	7	27	58	2	21
2019	692	24	12	0	8	28	1	10	31	63	0	29
2020	625	13	8	1	9	19	5	7	42	68	1	23
2021	357	8	3	1	1	17	2	6	15	24	0	14
합계	12,916 (1949~)	450 (1990~)	315 (1964~)	20 (1989~)	339 (1990~)	913 (1973~)	146 (1973~)	131 (2002~)	552 (1991~)	1,207 (1990~)	21 (2006~)	515 (1997~)

자료: 2021년 1월 11일 검색(국회DB).

이해하고 존중하는 사회환경을 조성하여' 궁극적으로는 이민자의 사회통합에 이바지하는 것을 목적으로 한다고 명시했다. '다문화가족지원법'(제1조)에서도 '다문화가족 구성원이 안정적인 가족생활을 영위할 수 있도록' 하여 삶의 질 향상과 사회통합에 이바지함을 목적으로 한다고 하고 있다.

사회통합은 학술적 연구와 국가정책 측면에서 매우 중요한 개념이다. 개념은 사물이나 현상을 지칭하기 위해 만들어졌기 때문에 한 사람이 특정한 개념을 사용하는 것은 자신이 나중에도 동일한 것을 보기 위함이며, 다른 사람도 똑같은 것을 보도록 하기 위함이다. 이것은 의사소통의 기본적인 조건이다. 따라서 개념은 명확하고 정확하게 정의되어야 한다. 동일한 상징물(숫자, 기호, 또는 글자로 이루어진 하나의 단어/단어군)이 사람마다 다른 의미로 사용하면, 서로 다른 것을 보게 되어 소통이 제대로 이루어질 수 없고, 협력도 이루어질 수 없다. 예를 들면, 사자는 이러저러한 특징을 가진 동물이라고 정의할 경우, 사냥에 참여한 모든 사람이 사자라고 하면 동일한 동물을 연상해야 협력하여 사자를 잡을 수 있다(Chafetz 1978).

그런데, 다른 개념도 그렇듯이. 사회통합도 사용하는 사람에 따라 다르기도 하고, 명확하고 정확하게 정의하지 않고 사용하기도 한다. 그 결과 학술적인 연구는 서로 비교하기도 어렵고 연구성과가 제대로 축적되지도 않는다. 사회통합의 개념을 정부 부처마다 다르게 이해하고 사용하면 국가적인 차원에서 정책이 하나의 방향으로 통일되지 못하고 시기마다 개념을 다른 의미로 사용하면 정책의 연속성을 잃게 되어 정책의 효과가 누적되기 어렵다. 예를 들면, 어떤 사람은 사회통합을 '사회 구성원 간 갈등이 없는 상태'라는 의미로 사용하고, 다른 사람은 '사회 구성원 간에 충돌이 없고, 서로 신뢰하고 공감하여 공동체 전체의 목표를 위해 서로 협력하려는 의향을 가졌거나 실제로 그렇게 하는 상태'라는 의미로 사용한다고 가정하고, 각자 사회통합에 영향을 미치는 요인을 연구했다고 하자. 서로 소통도 안 될 것이고 정책제안도 다른 것이며, 사회통합의 다른 측면을 연구했으니 연구성과도 축적되지 않을 것이다. 이들이 각각 다른 정부기관에 정책제언을 했다면 정부의 사회통합정책이 일관된 것일 수 없을 것이며, 정책의 효과도 떨어질 것이다.218)

따라서 사회통합 관련 연구성과와 정책효과를 높이려면 개념을 하나로 통일되게 사용해야 한다. 이런저런 이유로 어쩔 수 없이 다른 의미로 사용해야 한다면, 자신이 의도하는 의미를 명확하고 분명하게 밝힐 필요가 있다(Sartori 1970; Govert 2017).

사회통합의 개념을 정확히 정의하는 것은 학술적인 차원에서만 아니라 국가정책의 일관성과 효율성을 확보한다는 차원에서도 매우 중요하다. '사회통합'의 개념이 정확하고 또한 사회적으로 합의되어야 분업체계에서 각 주체들이 추진하는 정책들이 하나의 통일된 목표로 향하게 되고, 이들 간 협력이 원활해지며, 각종 프로그램에 대한 평가도 객관적이고 통일적으로 이루어질 수 있기 때문이다. 이처럼 학계나 정부에서 사용하고 있는 사회통합의 개념을 체계적으로 정리하고 분석하는 것은 매우 중요하다. 그럼에도 불구하고, 국내에서 이러한 연구는 아직까지 찾아보기 어렵다.219)

이러한 문제의식에서 이 장에서는 다음과 같은 세 가지 주제를 다룰 것이다. 첫 번째, 기존 연구나 국가정책에서 나타나는 사회통합의 개념을 요소별로 정리하고, 두 번째, 각각의 정의방식이 갖는 장점과 단점을 파악한 뒤, 마지막으로, 연구자나 정책결정권자 간의 소통과 협력을 용이하게 할 수 있는 개념을 제안할 것이다.

첫 번째, 최근까지 학계와 정부(법률 포함)에서 사용하고 있는 사회통합의 개념을 요소(components)별로 구분하여 비교, 분석할 것이다. 예를 들면, 국내연구에서는 사회통합의 개념을 크게 두 가지 방식으로 정의하고 있다. 하나는 구성원들이 통합되어 있는 사회의 특성이나 구성원의 심리적 상태나 행동에 초점을 맞추어 그 특성을 열거하는 방식이고, 다른 하나는 구성원들이 통합되어 있는 상태에 도달하는 과정이나 노력(정책)으로 정의하는 것이다. 전자는 다시 통합된 사회의 객관적인 특성220)과 구성원의 심리상태나 행동221)을 구분하지 않고 모두 사회통합의 구성요소로 한 것(설동훈·김명아 2008; 손기호 2010; 문유경·전기택 2011; 민소영 2009; 문형표 1994; 김준현 2014; 이재열 외 2014; 사회통합위원회 2012; 강신욱 외 2012)과, 통합사회의 객관적 특성과 구성원의 심리적 상태를 구분하고 심리적 상태만을 사회통합의 구성요소로 한 것(장용석 외 2014; 노대명 2009; 강신욱 2010; 이희길 2013)으로 구분된다. 다른 한편, 사회통합을 과정이나 노력으로 보는 연구들은 구성원이 통합된 사회의 특성이나 구성원의 심리적 상태가 나타나도록 하기 위한 노력(정책)이나 과정으로 정의한다(정기선 2012; 김이선·이아름·이은아 2012; 박기관 2011; 신명숙 2013; 방승주 2013; 김영란 2013).

두 번째, 각각의 개념정의 방식이 갖는 장단점을 파악한다. 우선, 상태와 과정을 분리하지 않고 이 둘을 동시에 사회통합의 개념이나 지표에 포함할 경우 발생하는 문제점을 보기로 하자. 첫째, 각 지표는 그 자체가 목표가 될 수밖에 없고, 그럴 경우 각 지표와 이에 근거한 정책 간 충돌이 발생할 가능성이 크다. 둘째, 사회통합의 개념 속에 상태의 특징뿐만 아니라 과정이나 (정책적) 노력도 포함할 경우, 통합된 사회로 나아가는 과정에 있었던 이민자나 국가 또는 국민의 전략과 행동이 그러한 전략과 행동의 결과물(상태 또는 목표)에 미친 영향을 파악하기 어려워지고, 따라서 목표를 달성하기 위한 추가적인 노력을 해야 하는지, 해야 한다면 어떤 노력이 필요한지를 파악하기 어렵다.

따라서 사회통합의 개념을 정의할 때, 결과 또는 상태로서의 사회통합과, 그것에 영향을 미치는 요인 또는 영향을 미치기 위한 전략과 행동(국가정책, 이민자와 국민의 노력)이 작용하는 과정으로서의 사회통합을 분리하고, 과정으로서의 사회통합은 다시 그것에 영향을 미치는 요인과 개입 전략·행동으로 구분할 필요가 있다. 그리고 상태로서의 사회통합은 이민자가 잘 통합된 사회의 상태가 가지고 있는 특징이어야 하고, 개입 전략·행동으로서의 사회통합이 지향하는 목표 내지 도달점으로 되어야 하며, 동시에 개입 전략·행동을 평가하는 기준이 되어야 한다. 이러한 이유에서 상태로서의 사회통합은 수식어 없이 '사회통합', 과정으로서의 사회통합 중에서 상태로서의 사회통합에 영향을 미치는 요인은 '사회통합 영향요인', 사회통합에 영향을 미치기 위한 이민자나 국가 또는 사회의 노력(전략과 행동)은 '사회통합정책요인'으로 사용할 것을 제안할 것이다.

사회통합영향요인과 분리하여 사회통합의 개념을 정의한 경우에도 문제가 없지 않다. 그것은 상태(결과, 목표)로서의 사회통합의 특징에 대한 것이다. 기존 연구에서 사회통합의 개념 또는 구성요소로 언급된 것을 보면, 한국어능력, 한국사회에 대한 이해, 공정성(또는 형평성), 평등(또는 기회균등, 차별 없는 것), 안전(폭력·범죄 피해 없는 것, 건강, 사회보장), 상호이해와 존중, 다양성 존중, 포용, 사회적 지지, 정치·사회적 효능감, 정부의 반응성에 대한 인식, (정치·사회) 참여, (이민자의) 사회 적응과 능력 발휘, 삶에 대한 만족, 행복, 희망, 결속, 신뢰, 소속감, 정체성, 정서적 유대감, 협력(의지), 충성심, 공동목표 실천(의지) 등 실로 다양하다. 요약하자면, 상태(또는 목표)로서의 사회통합의 지표로 내세우는 것에는 한국어능력이나 한국사회에 대한 이해 등과 같이 이민자의 적응노력의 결과도 있고, 공정성이나 평등보장 또는 안전 등과 같이 한국사회의 여건이나 노력의 결과도 있으며, 참여나 소속감 또는 신뢰 등과 같이 잘 통합된 사회에서 이민자들이 가질 것으로 여겨지는 심리적 특성도 있다.

세 번째, 사회통합의 특징(또는 구성요소)을 핵심적인 것과 부수적인 것으로 구분하는 등 특징 간의 우선순위(위계질서)를 매기고, 이에 대한 사회적 합의가 이루어져야 한다.222) 그리고 사회통합의 특징 간 위계질서는 규범적으로 결정할 문제가 아니라 이들 간의 인과관계에 대한 경험분석을 통해 규정되어야 할 문제라는 것을 강조할 것이다.

사회통합 개념의 기능과 기존 연구

사회통합은 국가정책의 중요한 목표 중 하나다. 목표는 '하나의 움직임의 종착점'으로, 궁수가 활을 잘 쏘는지를 알기 위해서는 표적이 정확하게 정해져야 하듯이, 하나의 정책이 목표를 효과적으로 달성하기 위해서는 목표의 내용이 명확해야 한다(안정수 2004). 목표설정이론(goal-setting theory)에서는 목표가 애매하거나 추상적인 것보다는 구체적이고 명확할수록 개인이나 조직의 성과가 극대화된다고 주장하고 있으며, 최근 연구들도 정부기관의 과업, 프로그램 수준에서 조직 목표가 명확할수록 성과를 향상시킬 수 있다고 본다(권오영 2015).

사회통합의 개념을 정확히 정의하는 것은 학술적인 차원에서만 아니라 이민정책의 일관성과 효율성을 확보하는 차원에서도 매우 중요하다. '사회통합'의 개념이 정확하고 또한 사회적으로 합의되어야 분업체계에서 각 주체들이 추진하는 정책들이 하나의 통일된 목표로 향하게 되고, 이들 간 협력이 원활해지며, 각종 프로그램에 대한 평가도 객관적이고 통일적으로 이루어질 수 있기 때문이다(〈그림 5-1〉).

〈그림 5-1〉 사회통합 개념의 기능

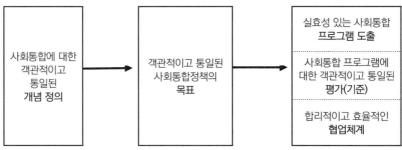

국내연구에서는 사회통합의 개념을 크게 두 가지 방식으로 정의하고 있다. 하나는 구성원들이 통합되어 있는 사회의 특성이나 구성원의 심리적 상태나 행동에 초점을 맞추어 그 특성을 열거하는 방식이고, 다른 하나는 구성원들이 통합되어 있는 상태에 도달하는 과정이나 노력(정책)으로 정의하는 것이다. 전자는 다시 통합된 사회의 객관적인 특성223)과 구성원의 심리상태나 행동224)을 구분하지 않고 모두 사회통합의 구성요소로 한 것(설동훈·김명아 2008; 손기호 2010; 문유경·전기택 2011; 민소영 2009; 문형표 1994; 김준현 2014; 이재열 외 2014; 사회통합위원회 2012; 강신욱 외 2012)과, 통합사회의 객관적 특성과 구성원의 심리적 상태를 구분하고 심리적 상태만을 사회통합의 구성요소로 한 것(장용석 외 2014; 노대명 2009; 강신욱 2010; 이희길 2013)으로 구분된다. 다른 한편, 사회통합을 과정이나 노력으로 보는 연구들은 구성원이 통합된 사회의 특성이나 구성원의 심리적 상태가 나타나도록 하기 위한 노력(정책)이나 과정으로 정의한다(정기선 2012; 김이선·이아름·이은아 2012; 박기관 2011; 신명숙 2013; 방승주 2013; 김영란 2013).

이처럼, 사회통합의 개념은 연구자에 따라 다양하게 정의되고 있다. 그런데 개념정의는 어느 것이 옳고 그름 또는 우월의 문제가 아니라, 연구자의 필요나 목적에 따라 선택할 문제다. 따라서 연구자는 자신의 목적에 맞는 개념을 선택하되, 상호간 이해를 위해서 자신이 사용하는 개념의 의미를 분명히 제시하고 일관되게 사용할 필요가 있다(Cohen 1980. 오명호 1995: 69에서 재인용).

최근까지도 사회통합 관련 정부부처들은 물론 연구자들도 사회통합의 개념을 명확하게 정의하지 않거나 각자 편의에 따라 자의적으로 사용하고 있다. 〈부록 5-2〉는 최근까지 국내 연구자나 기관에서 사용하고 사회통합의 개념들을 살펴보면, 다음 세 가지의 특징을 찾아볼 수 있다.

첫째, 사회통합의 개념을 정의하는 방식에는 두 가지 있는데, 하나는 국가적·사회적·개인적 노력을 통해 실현하고자 하는 또는 궁극적으로 도달하게 되는 사회의 상태에 초점을 맞추는 것이고, 다른 하나는 거기에 도달하는 과정이나 노력에 초점을 맞추는 것의 두 가지가 있을 수 있다. 과정과 상태를 모두 포함한 경우에는 사회통합의 개념을 '개인, 집단, 결사체 등 사회적 단위들 간의 연결 및 관계를 다루는 사회적 노력' 또는 '구성원 간 신뢰, 희망, 상호호혜를 바탕으로 가치를 공유하고, 도전의식을 공유하며, 기회균등이 보장되는 공동체를 발전시키는 과정'이라는 식으로 정의하는데, 사회통합의 개념 속에 조화로운 관계, 신뢰, 희망, 상호호혜, 기회균등 등과 같이 통합된 사회의 특징(또는 구성요소)과, 그것을 실현하는 과정(또는 노력) 둘 다 포함하고 있다. 이러한 방식으로 개념을 정의한 연구로 정기선(2012), 김이선·이아름·이은아(2012), 신명숙(2013), 김영란(2013) 등을 들 수 있다. 이 중에서 가장 최근에 이민자의 사회통합 수준을 경험적으로 조사·연구한 김이선·이아름·이은아(2013)을 보면, 사회통합 자체와 그것에 영향을 미치는 요인 즉 사회통합변인을 구분하지 않고 양자 모두를 사회통합 지표로 삼고 있음을 알 수 있다.

그렇다면, 상태와 과정을 분리하지 않고 이 둘을 동시에 사회통합의 개념이나 지표에 포함할 경우 발생하는 문제점을 보기로 하자. 첫째, 각 지표는 그 자체가 목표가 될 수밖에 없고, 그럴 경우 각 지표와 이에 근거한 정책 간 충돌이 발생할 가능성이 크다. 둘째, 사회통합의 개념 속에 상태의 특징뿐만 아니라 과정이나 (정책적) 노력도 포함할 경우, 통합된 사회로 나아가는 과정에 있었던 이민자나 국가 또는 국민의 전략과 행동이 그러한 전략과 행동의 결과물(상태 또는 목표)에 미친 영향을 파악하기 어려워지고, 따라서 목표를 달성하기 위한 추가적인 노력을 해야 하는지, 해야 한다면 어떤 노력이 필요한지를 파악하기 어렵다. 따라서 사회통합의 개념을 정의할 때, 결과 또는 상태로서의 사회통합과 그것에 영향을 미치는 요인 또는 영향을 미치기 위한 전략과 행동(국가정책, 이민자와 국민의 노력)이 작용하는 과정으로서의 사회통합을 분리하고, 과정으로서의 사회통합은 다시 그것에 영향을 미치는 요인과 개입 전략·행동으로 구분할 필요가 있다. 그리고 상태로서의 사회통합은 이민자가 잘 통합된 사회의 상태가 가지고 있는 특징이어야 하고, 개입 전략·행동으로서의 사회통합이 지향하는 목표 내지 도달점으로 되어야 하며, 동시에 개입 전략·행동을 평가하는 기준이 되어야 한다. 이러한 이유에서 상태로서의 사회통합은 수식어 없이 '사회통합', 과정으로서의 사회통합 중에서 상태로서의 사회통합에 영향을 미치는 요인은 '사회통합 영향요인', 사회통합에 영향을 미치기 위한 이민자나 국가 또는 사회의 노력(전략과 행동)은 '사회통합정책요인'으로 사용할 것을 제안한다. 이를 정리하면, 〈표 5-3〉과 같다.

〈표 5-3〉 사회통합(지표), 사회통합영향요인(지표), 사회통합정책요인(지표)

주체	사회통합 영향요인(지표)		사회통합(지표)
	통합 촉진	통합 지체/저해	
이민자 (속성, 적응 전략과 행동, 경험)	I	IV	
국민 (이민자 수용 전략과 행동, 경험)	II	V	
법과 정책 (사회통합정책)	III*	VI*	
환경 (국내외 사건 등)	직접 통제하기 어려움		

다음, 사회통합영향요인과 분리하여 사회통합의 개념을 정의한 경우에도 문제가 있다. 그것은 상태(결과, 목표)로서의 사회통합의 특징에 대한 것이다. 선행연구에서 사회통합의 개념 또는 구성요소로 언급된 것을 보면, 한국어능력, 한국사회에 대한 이해, 공정성(또는 형평성), 평등(또는 기회균등, 차별 없는 것), 안전(폭력·범죄 피해 없는 것, 건강, 사회보장), 상호이해와 존중, 다양성 존중, 포용, 사회적 지지, 정치·사회적 효능감, 정부의 반응성에 대한 인식, (정치·사회) 참여, (이민자의) 사회 적응과 능력 발휘, 삶에 대한 만족, 행복, 희망, 결속, 신뢰, 소속감, 정체성, 정서적 유대감, 협력(의지), 충성심, 공동목표 실천(의지) 등 실로 다양하다. 요약하자면, 상태(또는 목표)로서의 사회통합의 지표로 내세우는 것에는 한국어능력이나 한국사회에 대

한 이해 등과 같이 이민자의 적응노력의 결과도 있고, 공정성이나 평등보장 또는 안전 등과 같이 한국사회의 여건이나 노력의 결과도 있으며, 참여나 소속감 또는 신뢰 등과 같이 잘 통합된 사회에서 이민자들이 가질 것으로 여겨지는 심리적 특성도 있다.

어떤 개념이든 정의하는 사람의 관점이나 목적에 따라 다른 측면이 부각되는 것은 당연하다고 할 수 있다. 그러나 문제는 개념의 다양성은 건전한 논쟁을 유발하고 사물이나 현상의 새로운 측면을 볼 수 있게 한다는 장점도 있지만, 정부가 사회통합을 위한 정책을 추진할 때 사회통합이라는 공통의 목표를 추구하는 관련 부처들이 사회통합의 개념을 서로 다르게 해석할 경우 동일한 사회통합을 추구한다고 하지만 실제로는 서로 다른 목표를 추구하는 결과를 초래할 수 있다. 뿐만 아니다. 사회통합의 개념 또는 구성요소가 사용자(즉 정부부처나 연구자)에 따라 달라질 경우, 각 사용자들이 사회통합을 위해 제안 또는 추진하는 구체적인 프로그램도 달라지고 평가기준도 달라질 수밖에 없다. 그 결과 사각지대, 중복지원, 내국인에 대한 역차별 등 불평등성 내지 불공정성의 문제와, 부처 간 경쟁 내지 비협조(비효율적인 분업체계)의 문제를 유발할 수밖에 없다.225)

따라서 이러한 문제를 해결하기 위해서는 사회통합의 특징(또는 구성요소)을 핵심적인 것과 부수적인 것으로 구분하는 등 특징 간의 우선순위(위계질서)를 매기고, 이에 대한 사회적 합의가 이루어져야 한다.226) 그리고 사회통합의 특징 간 위계질서는 규범적으로 결정할 문제가 아니라 이들 간의 인과관계에 대한 경험분석을 통해 규정되어야 할 문제다. 그럼에도 불구하고, 국내에서 이러한 과정과 방법으로 사회통합의 특징을 파악한 연구는 아직까지 찾아보기 어렵다.

이민자 집단과 개별 이민자가 한국사회에 적응하고 통합해 가는 과정에서 겪는 어려움과 욕구를 고려하는 이민자 사회통합정책을 만들기 위해서는, 우선, 목표나 상태로서의 사회통합과 이에 영향을 미치는 요인 즉 사회통합영향변인(간단히 줄여서, 영향변인)으로 구분하고, 정책적 개입의 근거를 파악하기 위해 후자는 다시 일반변인과 정책변인으로 구분할 것이다.[227] 다음, 사회통합을 신뢰, 소속감, 협력의사의 세 가지 구성요소(지표)를 포함하는 개념으로 재정의하고 이에 영향을 미치는 변인, 즉 사회통합영향변인을 파악해야할 것이다.[228] 그 다음, 사회통합이 충분히 되지 않은 이민자 집단에게 필요한 국가적 지원을 파악하기 위해 각 집단별로 사회통합의 수준을 측정·제시하고, 사회통합이 상대적으로 덜 된 집단이나 개인을 지원하기 위한 방안을 제시해야할 것이다. 이를 정리하면, 〈그림 5-2〉와 같다.

〈그림 5-2〉 사회통합정책 다양화 방안 흐름도

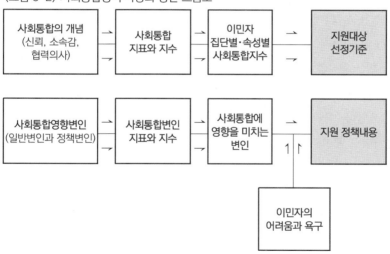

사회통합 개념의 재구성

국내외 학계에서 사용하고 있는 사회통합의 개념은 직접적으로는 영어권의 '통합하다'(integrate)는 용어에서 유래하였고, 이는 다시 라틴어인 integer에서 유래하였다. 라틴어 integersms '정수(定數)' '완전체' '완전한 것' 등을 의미하며, 동사형인 integrare는 '전체로 만들다' '완전하게 만들다'라는 뜻이다. 다른 한편, 한자어에서 통(統)의 어원은 실타래(사, 糸)와 뭉치(충, 充)가 합하여 이루어진 '실뭉치'를 의미한다(中文大辭典의 '統'항목). 실뭉치에서 실이 계속 뽑아져 나오면 사물의 이음과 계속이 있고, 실뭉치에서 실마리를 찾으면 질서 있게 풀어낼 수 있기 때문에 통은 '사물의 통일과 질서'를 의미한다. 유교적 관념에서 통 개념은 가통(家統), 도통(道統), 왕통(王統) 등에서 보듯이 '핵심적인 질서의 전승'이라는 의미로도 사용되었다. 합(合)은 '쪽문 합(閤)'의 간자체로서 ① '그릇의 몸통과 뚜껑을 맞추다'(盒) ② '사람들이 소리를 모아 대답하다'(答) ③ '물건을 모으다' 등의 의미로 쓰였다. 따라서 동서양을 막론하고 통합은 '둘 이상의 것을 하나의 큰 줄거리로 모으다' 혹은 '다양한 입장을 아울러 조화롭고 질서 있게 만든다'는 의미를 가진다(이재열 외 2014: 116-117).

한국에서 사회통합(social integration)과 혼용하여 사용되고 있는 사회적 결속/결합(social cohesion)의 경우, 한글사전에서는 '한 덩어리가 되게 묶음', '뜻이 같은 사람끼리 서로 단결함', '여행을 떠나거나 싸움터에 나설 때에 몸단속을 함. 또는 그럴 때의 몸단속', '하던 일이나 말을 수습하고 정리하여 끝맺음', '전선 따위를 서로 통할 수 있도록 연결함' 등으로 나왔다. 이로 볼 때, 결속의 의미는 둘 이상을 하나로 묶거나 서로 뭉친다는 것이라 할 수 있다. 영어사전에서도 거의 같다. 포켓판 옥스퍼드영어사전(Concise Oxford Dictionary)에서는 'cohere 결속(결합)하다'를 '(구성요소 또는 각 부분들이) 함께 꽉 붙어서 하나의 전체를 이루다(hold firmly together, form a whole)'라는 의미로 해석하고 있고, 옥스퍼드 미국 현대영어사전(Oxford American Dictionary of Current English)에서는 '(부분이나 전체가) 서로 달라붙어서 합쳐져 있다((of parts or a whole) stick together, remain united)'라는 의미로 설명되어 있다. 콜린스 코빌드 영어사전(Collins Cobuild English Language Dictionary)에서는 '결속(cohesion)'을 '모든 부분이나 생각들이 아귀가 잘 맞아서 통일된 하나의 전체를 이루고 있는 상태나 상황'(a state or situation in which all the parts or ideas fit together well so that they form a united whole)을 의미한다고 설명하고 있다(Chan et al. 2006: 288).

사회통합과 사회적 결속, 이 두 용어의 영어 표현 자체가 유사한 것을 고려할 때, 한국에서 사회통합이라는 용어가 사회적 결속과 혼용하여 사용되고 있는 것은 이해할만하다. 어쨌든, 어떤 용어든지 간에 그 의미가 (국내외 사회에서) 일상적으로 사용하는 의미와 크게 달라서는 안된다는 점을 생각하면, 통합은 '구성요소들이 함께 달라붙어서 실질적인 또는 유의미한 하나의 전체를 이루고 있는 상태'로 정의하는 것이 바람직할 것이다. 따라서 사회통합은 '한 사회의 구성원들이 서로 간 간격이 벌어지지 않아 결속(결합) 또는 밀착해 붙어 있는 상태'로 볼 수 있다. 그런데, 구성원들이 서로 잘 통합되어 있는 사회의 상태 자체는 직접 관찰·확인할 수가 없고, 대신 잘 통합된 사회가 보여주는 특징이나 구성원이 다른 사람 또는 사회 전체에 대한 태도와 행동을 통해서 간접적으로 추측할 수 있을 뿐이다.229) 전자의 경우 사회적 갈등 빈도나 강도나 자연재앙이나 국가적 위기(예, 전쟁) 시 실제로 관찰되는 국민의 단결된 행동 등이 지표(proxy indicators)가 될 수 있을 것이며, 후자의 경우 신뢰감, 소속감, 협력의사 등이 지표가 될 수 있을 것이다. 전자도 결국 후자의 산물이라는 점을 고려하면, 사회가 결속(결합)/밀착되어 있는 상태의 속성(즉 결속/밀착성)은 궁극적으로는 행동으로 표현되는 개별 사회구성원들의 심리적 상태(특성)를 반영한 것이다.

잘 통합되어 있는 사회 구성원들의 심리적 특성이 무엇인지에 대해서는 연구자에 따라 각양각색이다. 국내연구에서는 (한국사회 구성원, 시민단체, 국가 기관에 대한) 신뢰감, 소속감, (다른 구성원이나 시민단체 또는 국가기관과의) 협력의 사, 삶의 만족도, 행복감, (지역사회와 지역주민에 대한) 친근감, 포용력 등 실로 다양하다. 국외연구에서도 집단 소속감과 집단구성원으로서의 자부심 (Bollen and Hoyle 1990), 신뢰(trust), 원조(help), 협력의사(willing to cooper-ate), 구성원이 살고 있는 사회에 대한 공통의 정체성(common social iden-tity)이나 소속감(sense of belonging), 이러한 심리적 특성이 표현된 행동 (Chan et al. 2006; Berman and Phillips 2004) 등230) 다양하다. 따라서 여기서 는 사회통합의 개념을 잘 통합된 사회의 구성원들이 가지고 있는 심리적 특성을 중심으로 정의하되, 사회구성원이나 국가기관에 대한 협력의사(와 행동)를 핵심지표로 하고, 다른 지표는 국내외 연구에서 제시된 것 중에서 회귀분석방법을 통해 협력의사(와 행동)에 유의미한 영향을 미치는 것만 골 라 하위 지표로 삼는 것이 나을 것이다.231)

사회구성원의 협력의사(와 행동)를 사회통합의 핵심적인 구성요소(즉 지 표)로 삼는 것은 사회통합정책의 궁극적 목표가 구성원들이 전사회적 위기 가 발생하거나 공동목표를 추진할 때 기꺼이 동참하고 협력하는 분위기의 사회를 만드는 것이어야 하기 때문이다(사회통합위원회 2012: 42-44; 노대명 2009: 18; 강신욱 외 2012. cf. Boix and Posner 1998). 실제로 서구에서 '사회통 합'을 중요시하는 것은 단지 이민자의 사회적응을 돕고 이민자와 내국인 간 갈등을 방지하기 위한 것만은 아니다. 국가나 지역사회가 자연재해나 전쟁 등과 같은 위기상황에 직면하거나 국가나 지역사회가 경제·사회·정 치발전 등과 같은 공동의 목표를 추구할 때 그 구성원들이 기꺼이 참여하 여 자신의 몫을 다하는 사회를 만들기 위함이기도 하다.232) 한국정부가 외국인정책의 기본 목표 중의 하나로 사회통합을 포함한 것도 바로 이런 이유 때문일 것이다. 다시 말하면, 사회통합정책은 단지 이민자들이 한국 사회에 잘 적응하고 자신의 능력을 최대한 발휘하도록 여건을 조성해주거 나 이민자와 한국인이 갈등을 일으키지 않고 조화롭게 사는 사회를 구축하는 것을 넘어서 한국사회가 어려운 상황에 처하거나 정치·경제·사회·문화발전이라는 공동의 목표를 추구하려고 할 때 이민자도 한국인과 더불어 참여하고 협력하는 사회로 발전시키는 것으로 나아가야 한다.

구성원의 협력의사를 사회통합의 궁극적인 목표로 설정해야 하는 또 다른 이유는 학술적인 것이다. 국가, 기업체, 시민단체를 포함한 모든 조직의 성공적인 위기극복이나 괄목할만한 발전은 구성원 간의 협력과 결속이 결정적인 역할을 했다는 연구들은 수없이 많다. 최근의 연구만 보더라도, 소방방재청, 행정안전부, 시도 및 시군구 재난관리과 등의 조직 간 협력이 재난관리 업무성과에 긍정적인 영향을 미쳤다는 연구(황은하·장덕훈 2011), 협력적 노사관계가 기업성과에 긍정적인 영향을 미친다는 연구(엄동욱·이정일·김태정 2008; 나인강 2008; 황보작·허찬영·주용준 2011), 기술력이 부족한 기업이 외부 연구기관이나 기업과의 협력을 통해 성공적인 기술혁신을 이루었다는 연구(김종운 2012; 양동우·김다진 2010) 등이 있다.[233]

바로 이런 이유에서 여기서는 사회 구성원의 협력의사(와 행동)을 사회통합의 핵심적 가치 내지 목표(지표)로 삼고, 나머지 요소들은 핵심 목표(지표)를 매개하는 하위 목표(지표)로 삼으려고 한다. 그러면, 먼저, 사회 구성원들의 협력의사(와 행동)에 영향을 미치는 요소는 무엇인지를 살펴보기로 한다. 기존 연구에 의하면, 개인이 가족처럼 친밀한 사이가 아닌 다른 사람이나 집단 또는 조직(예, 국가)에 도움을 주거나 협력하게 하는 요인에는 의식적인 계산과 관련된 요소와, 사회적 가치지향성과 관련된 요소의 두 가지가 있다. 전자에는 직접적이고 즉각적인 호혜행동(direct reciprocity), 간접적인 호혜행동(indirect reciprocity, 즉 상대방으로부터 직접 혜택을 받지 않지만 향후 제3자나 사회로부터 혜택을 받을 것이라는 기대), 제도(강요된 협력, 즉 보상이나 처벌

등 협력을 유인하는 인센티브 제공하는 제도) 등이 포함되고(Jordan Peysakhovich, and Rand 2014; Rand and Norwak 2012; Gardner, Griffin and West 2009), 후자에는 신뢰감(권석균 2010; 이주호·이한재·권경득 2013; 양건모·배귀희 2013; 권기대·이상환 2003; 최경일 2010; 구정대 2014; 최대정·박동건 2002; 배병룡 2005; 최춘산·김범식 2011; Simpson 2006; Dakhli 2009; Sønderskov 2011; Lee, Stajkovic, and Cho 2011; McAllister 1995; Acedeo-Carmona and Gomila 2014; Cozzolino 2010; Rudolph and Riely 2014; Pagotta et al. 2014; Waggonner 2009; Hooghe and Marien 2010; Flanagan 2003; Boix and Posner 1998; Acedo and Gomila 2013), 사회적 정체성(social identity) 또는 우리의식(we-feeling) 또는 소속감(sense of belonging, 자기범주화 self-categorization)[234] 등과 같은 사회적 가치지향성(social value orientations)이 포함된다(Williams 2001; Loobuyck 2012; Montoya 2011; O'Hare, Ford, and Henderson 2013; Helly 2003; Simpson 2014; Haslam et al. 2003; Haslam 2004).

이상에서 본 것처럼, 협력의지와 행동에 영향을 미치는 요인에는 호혜(reciprocity), 제도(institutions), 신뢰(trust or confidence), 사회적 정체성(social identity) 또는 소속감(sense of belonging, 귀속감) 등이 포함된다. 이 중에서 신뢰는 협력의지의 핵심적 영향요인으로 가장 많이 언급되고 있다(최대정·박동건 2002: 131-132; 이주호·이한재·권경득 2013: 371; Smith, Carroll, and Ashford 1995: 10-11). 신뢰는 '위험에도 불구하고 신뢰 대상이 신뢰자의 이해에 부합하도록 행동하리라는 주관적인 기대와 그러한 기대를 근거로 자신을 취약한 상태에 두려는 자발성'(Mayer et al. 1975; 이주호·이한재·권경득 2013: 368), 또는 '위험으로부터 발생하는 취약성을 기꺼이 받아들이려는 의지, 위험감수의 의지'로 정의될 수 있다(박통희·원숙연 2003). 또한 신뢰의 차원 또는 구성 요소로 감정적 신뢰(affect-based trust)와 인지적 신뢰(cognition-based trust)로 보기도 하고(McAllister 1995; Dakhli 2009),[235] 전문성 등 능력에 대한 신용(credibility)와 상대방의 의도나 동기에 대한 호의

(benevolence)(Ganesan 1994. 조현진 2006: 175에서 인용)로 보기도 하며, 신뢰의 대상에 따라 대인신뢰(interpersonal trust), 조직신뢰(organizational trust), 체제신뢰(제도신뢰, institutional trust)로 구분하기도 한다(원숙연 2001: 66). 여기서는 신뢰의 유형을 대등한 개인이나 조직 간의 신뢰를 의미하는 수평적 신뢰, 상하관계(즉 의사결정권의 여부)에 놓여있는 개인이나 조직 간의 신뢰를 의미하는 수직적 신뢰로 구분하기로 한다.236)

지금까지 논의한 사회통합의 개념과 구성요소 그리고 구성요소 간의 관계를 정리하면, 〈그림 5-3〉과 같다.

〈그림 5-3〉 사회통합의 개념과 구성요소

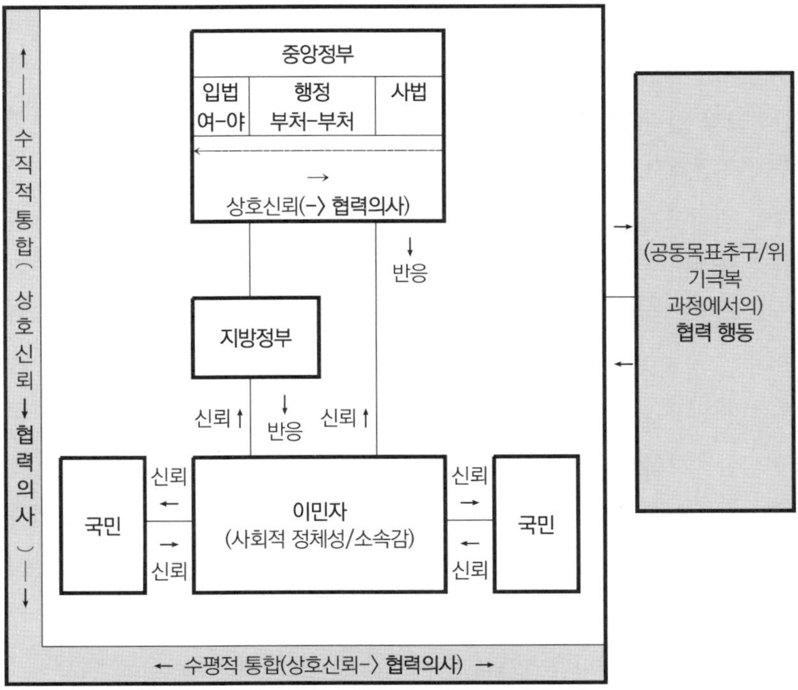

주: 국민 = (가족, 이웃, 지역사회, 한국사회의 구성원) + (학교, 직장, 동호회, 계모임, 이익집단, 시민단체, 정당 등의 구성원); 소속감(sense of belonging)/일체감(social identification) = 한국사회/국가에 대한 소속감 + 한국국민과의 일체감

결론

이 장에서는 최근 이민자의 사회통합에 대한 학문적, 정책적 관심이 높아짐에 따라 사회통합개념의 의미를 명확하고 정확하게 한 정의할 필요성과 방법에 대해서 설명하였다. 연구자나 정부는 사회통합의 개념을 정확하고 명확하게 정의하여 통일적으로 사용하여야 한다. 동일한 의미로 사용하지 않거나 의미를 정확하고 명확하게 정의하지 않고 사회통합이라는 용어를 사용할 경우, 연구자나 정부부처 간 소통도 제대로 이루어지지 않을 것이고, 연구성과도 축적되기 어렵고 정책효과도 클 수가 없을 것이다.

이러한 관점에서 사회통합의 개념과 관련하여 다음 세 가지 방법을 제안하고자 한다. 첫째, 과정이 아니라 상태 또는 '행동이나 정책을 추진한 끝에 최종적으로 나타난 사회상태', 즉 '한 사회의 구성원들이 서로 간 간격이 벌어지지 않아 결속(결합) 또는 밀착해 붙어 있는 상태'로 정의해야 한다. 둘째, 구성원들이 서로 잘 통합된 사회의 상태 자체는 직접 관찰·확인할 수 없으므로, 잘 통합된 사회가 보여주는 특징이나 구성원이 다른 사람 또는 사회 전체에 대한 태도와 행동을 통해서 추론해야 한다. 셋째, 사회통합은 잘 통합된 사회의 구성원들이 가지고 있는 심리적 특성 - 이민자의 한국사회에의 소속감, 한국 국민과 국가와의 일체감, 대인신뢰와 기관신뢰 - 을 중심으로 정의하되, 사회구성원이나 국가기관과의 협력 의사와 행동을 핵심 요소로 하고, 국내외 연구에서 제시된 것 중에서 회귀분석 방법 등을 통해 협력의사(와 행동)에 유의미한 영향을 미치는 요소를 추가하는 방식을 제안하고자 한다.

사회통합 관련 국내 법규

법령	내용
장애인복지법 (1981.6.5. 심신장애자복지법 제정; 1989.12.30. 장애인복지법으로 전부개정; 1999.2.8 전부개정; 현행 2017.12.19. 일부개정)	▪ 이 법은 장애인의 인간다운 삶과 권리 보장을 위한 국가와 지방자치단체 등의 책임을 명백히 하며, 장애발생의 예방과 장애인의 의료, 교육, 직업재활, 생활환경개선등에 관한 사업을 정함으로써 장애인복지대책의 종합적 추진을 도모하며, 장애인의 자립, 보호 및 수당의 지급 등에 관하여 필요한 사항을 정함으로써 장애인의 생활안정에 기여하는 등 장애인의 복지증진 및 사회활동 참여증진에 기여함을 목적으로 한다(제1조: 목적). =〉2007. 4. 11 전부 개정 "제1조 (목적) 이 법은 장애인의 인간다운 삶과 권리보장을 위한 국가와 지방자치단체 등의 책임을 명백히 하고, 장애발생 예방과 장애인의 의료·교육·직업재활·생활환경개선 등에 관한 사업을 정하여 장애인복지대책을 종합적으로 추진하며, 장애인의 자립생활·보호 및 수당지급 등에 관하여 필요한 사항을 정하여 장애인의 생활안정에 기여하는 등 장애인의 복지와 사회활동 참여증진을 통하여 사회통합에 이바지함을 목적으로 한다." (제3조의 기본이념은 그대로 유지) ▪ ①장애인은 신체적·정신적 장애로 인하여 장기간에 걸쳐 일상생활 또는 사회생활에 상당한 제약을 받는 자를 말한다. ②이 법의 적용을 받는 장애인은 제1항의 규정에 의한 장애인중 다음 각호의 1에 해당하는 장애를 가진 자로서 대통령령이 정하는 장애의 종류 및 기준에 해당하는 자를 말한다. 1. 신체적 장애라 함은 주요 외부신체기능의 장애, 내부기관의 장애등을 말한다. 2. 정신적 장애라 함은 정신지체 또는 정신적 질환으로 발생하는 장애를 말한다(제2조: 장애인의 정의). ▪ 제3조 (기본이념) 장애인복지의 기본이념은 장애인의 완전한 사회참여와 평등을 통한 사회통합을 이루는데 있다(제3조: 기본이념. 2000년 전면 개정하면서 포함).
국가장법 (국장·국민장에관한 법률 1967.1.16. 제정; 2011.5.30. 전부개정)	▪ 제1조(목적) 이 법은 국가 또는 사회에 현저한 공훈을 남겨 국민의 추앙을 받는 사람이 서거(逝去)한 경우에 그 장례를 경건하고 엄숙하게 집행함으로써 국민 통합에 이바지하는 것을 목적으로 한다(제1조: 목적 – 2011. 5. 30. 전부개정하면서 제1조에 '국민통합' 포함됨). ▪ 다음 각 호의 어느 하나에 해당하는 사람이 서거한 경우에는 유족 등의 의견을 고려하여 행정안전부장관의 제청으로 국무회의의 심의를 마친 후 대통령이 결정하는 바에 따라 국가장(國家葬)으로 할 수 있다. 1. 전직·현직 대통령, 2. 대통령당선인, 3. 국가 또는 사회에 현저한 공훈을 남겨 국민의 추앙을 받는 사람(제2조: 국가장의 대상자),
광주민주화운동 관련자 보상 등에 관한 법률 (약칭: 5·18보상법, 1990.8.6. 제정;	▪ 국회에서 1995년 12월 21일에 광주 민주화 운동으로 규정해, 계엄군의 진압 과정에서 죽거나 부상당한 광주 민주화 운동 관련자들에 대한 명예 회복 및 피해 배상을 위한 5·18 민주화운동 등에 관한 특별법(1995. 12. 21 – 1979년 12월 12일과 1980년 5월 18일을 전후하여 발생한 헌정질서 파괴행위에 대한 공소시효정지에 관한 사항 등을 규정한 법률

법령	내용
현행 2014.12.30 일부개정)	(1995.12.21. 법률 5029호))과 5·18 광주 민주화운동 관련자 보상 등에 관한 법률(1997. 12. 17.)이 제정되면서 전두환 정권의 비(非)민주성과 폭력에 맞서 싸운 민주화 운동으로 다시 평가받았다 ■ 광주민주화운동 관련자 보상 등에 관한 법률은 1990년 제정(광주민주화운동과 관련하여 사망·행방불명 또는 상이를 입은 자와 그 유족·가족에 대한 명예회복과 실질적 보상을 통하여 생활을 안정시키고, 나아가 국민화합과 민주발전에 이바지하기 위해 제정한 법률: 1990. 8. 6, 법률 제4266호) 뒤, 2000년에 법률 제6122호까지 4차례 개정되었다. 유족의 범위와 보상지원을 위한 위원회 설치, 보상금과 각종 지원금 등에 관한 규정을 담고 있다. 광주민주유공자 예우에 관한 법률(법률 제6650호 – 광주민주화운동에 공헌하거나 희생한 자와 그 유족에게 국가가 예우함으로써 민주주의의 숭고한 가치를 널리 알려 민주사회 발전에 기여하기 위해 제정한 법)로 2002년 1월 26일에 제정된 뒤, 2004년에 개정되면서 현재의 명칭으로 바뀌었다 ■ 이 법은 1980년 5월 18일을 전후한 광주민주화운동과 관련하여 사망하거나 행방불명된 자 또는 상이를 입은 자(이하 "關聯者"라 한다)와 그 유족에 대하여 국가가 명예를 회복시켜 주고 그에 따라 관련자와 그 유족에게 실질적인 보상을 함으로써 생활안정과 복지향상을 도모하며 나아가 국민화합과 민주발전에 이바지함을 목적으로 한다(제1조: 목적 – 제정 당시 1990년부터 '국민화합' 포함). ■ ①이 법에서 "유족"이라 함은 민법의 규정에 의한 관련자의 재산상속인을 말한다. 다만, 행방불명된 자의 경우에는 그가 행방불명된 당시 민법의 규정에 의하여 재산상속인이 될 자를 유족으로 본다(제2조: 유족의 범위 등). ②제1항의 규정에 의한 유족은 민법의 규정에 의한 재산상속분에 따라 이 법에서 정한 보상금과 생활지원금의 지급을 받을 권리를 공유한다.
고용정책기본법 (1993.12.27. 제정; 현행 2017.7.26. 일부개정)	■ 이 법은 국가가 고용에 관한 정책을 수립·시행하여 국민 개개인이 평생에 걸쳐 직업능력을 개발하고 더 많은 취업기회를 가질 수 있도록 하는 한편, 근로자의 고용안정, 기업의 일자리 창출과 원활한 인력 확보를 지원하고 노동시장의 효율성과 인력수급의 균형을 도모함으로써 국민의 삶의 질 향상과 지속가능한 경제성장 및 고용을 통한 사회통합에 이바지함을 목적으로 한다(제1조: 목적 – 2009년 10월 9일 전부개정(2010. 1.1. 시행)하면서 '사회통합' 포함). ■ 제2조(정의) 이 법에서 "근로자"란 사업주에게 고용된 사람과 취업할 의사를 가진 사람을 말한다(제2조: 정의). ■ 국가는 이 법에 따라 고용정책을 수립·시행하는 경우에 다음 각 호의 사항이 실현되도록 하여야 한다. 1. 근로자의 직업선택의 자유와 근로의 권리가 확보되도록 할 것, 2. 사업주의 자율적인 고용관리를 존중할 것, 3. 구직자(求職者)의 자발적인 취업노력을 촉진할 것, 4. 고용정책은 효율적이고 성과지향적으로 수립·시행할 것, 5. 고용정책은 노동시장의 여건과 경제정책 및 사회정책을 고려하여 균형 있게 수립·시행할 것, 6. 고용정책은 국가·지방자치단체 간, 공공부문·민간부문 간 및 근로자·사업주·정부 간의 협력을 바탕으로 수립·시행할 것(제3조: 기본원칙).

법령	내용
정신보건법 (1995 제정 →) 정신건강복지법 2017 전부개정)	▪ 이 법은 정신질환의 예방·치료, 정신질환자의 재활·복지·권리보장과 정신건강 친화적인 환경 조성에 필요한 사항을 규정함으로써 국민의 정신건강증진 및 정신질환자의 인간다운 삶을 영위하는 데 이바지함을 목적으로 한다 (제1조: 목적) ▪ ① 모든 국민은 정신질환으로부터 보호받을 권리를 가진다; ② 모든 정신질환자는 인간으로서의 존엄과 가치를 보장받고, 최적의 치료를 받을 권리를 가진다; ③ 모든 정신질환자는 정신질환이 있다는 이유로 부당한 차별대우를 받지 아니한다; ④ 미성년자인 정신질환자는 특별히 치료, 보호 및 교육을 받을 권리를 가진다; ⑤ 정신질환자에 대해서는 입원 또는 입소(이하 "입원등"이라 한다)가 최소화되도록 지역 사회 중심의 치료가 우선적으로 고려되어야 하며, 정신건강증진시설에 자신의 의지에 따른 입원 또는 입소(이하 "자의입원등"이라 한다)가 권장되어야 한다(제2조: 기본이념).
사회보장기본법 (1995.12.30. 제정; 2012.1.26. 전부개정; 현행 2017.7.26. 타법개정)	▪ 이 법은 사회보장에 관한 국민의 권리와 국가 및 지방자치단체의 책임을 정하고 사회보장정책의 수립·추진과 관련 제도에 관한 기본적인 사항을 규정함으로써 국민의 복지증진에 이바지하는 것을 목적으로 한다(제1조: 목적). ▪ 사회보장은 모든 국민이 다양한 사회적 위험으로부터 벗어나 행복하고 인간다운 생활을 향유할 수 있도록 자립을 지원하며, 사회참여·자아실현에 필요한 제도와 여건을 조성하여 사회통합과 행복한 복지사회를 실현하는 것을 기본 이념으로 한다(제2조: 기본이념. 2012년 1월 전면개정되면서부터 '사회통합'1 포함). ▪ 이 법에서 사용하는 용어의 뜻은 다음과 같다. 1. "사회보장"이란 출산, 양육, 실업, 노령, 장애, 질병, 빈곤 및 사망 등의 사회적 위험으로부터 모든 국민을 보호하고 국민 삶의 질을 향상시키는 데 필요한 소득·서비스를 보장하는 사회보험, 공공부조, 사회서비스를 말한다. 2. "사회보험"이란 국민에게 발생하는 사회적 위험을 보험의 방식으로 대처함으로써 국민의 건강과 소득을 보장하는 제도를 말한다. 3. "공공부조"(公共扶助)란 국가와 지방자치단체의 책임 하에 생활 유지 능력이 없거나 생활이 어려운 국민의 최저생활을 보장하고 자립을 지원하는 제도를 말한다. 4. "사회서비스"란 국가·지방자치단체 및 민간부문의 도움이 필요한 모든 국민에게 복지, 보건의료, 교육, 고용, 주거, 문화, 환경 등의 분야에서 인간다운 생활을 보장하고 상담, 재활, 돌봄, 정보의 제공, 관련 시설의 이용, 역량 개발, 사회참여 지원 등을 통하여 국민의 삶의 질이 향상되도록 지원하는 제도를 말한다. 5. "평생사회안전망"이란 생애주기에 걸쳐 보편적으로 충족되어야 하는 기본욕구와 특정한 사회위험에 의하여 발생하는 특수욕구를 동시에 고려하여 소득·서비스를 보장하는 맞춤형 사회보장제도를 말한다(제3조: 정의).
북한이탈주민의 보호 및 정착지원에 관한 법률 (약칭:	▪ 이 법은 군사분계선 이북지역에서 벗어나 대한민국의 보호를 받으려는 군사분계선 이북지역의 주민이 정치, 경제, 사회, 문화 등 모든 생활 영역에서 신속히 적응·정착하는 데 필요한 보호 및 지원에 관한 사항을 규정함을 목적으로 한다(제1조 목적).

제5장 사회통합 개념과 이론 / 251

법령	내용
북한이탈주민법, 1997 제정)	■ ① 대한민국은 보호대상자를 인도주의에 입각하여 특별히 보호한다; ② 대한민국은 외국에 체류하고 있는 북한이탈주민의 보호 및 지원 등을 위하여 외교적 노력을 다하여야 한다; ③ 보호대상자는 대한민국의 자유민주적 법질서에 적응하여 건강하고 문화적인 생활을 할 수 있도록 노력하여야 한다(제4조: 기본원칙). ■ 제4조의3(기본계획 및 시행계획) ① 통일부장관은 제6조에 따른 북한이탈주민 대책협의회의 심의를 거쳐 보호대상자의 보호 및 정착지원에 관한 기본계획(이하 "기본계획"이라 한다)을 3년마다 수립·시행하여야 한다. ② 기본계획에는 다음 각 호의 사항이 포함되어야 한다. 〈개정 2014. 5. 28.〉1. 보호대상자의 보호 및 정착에 필요한 교육에 관한 사항. 2. 보호대상자의 직업훈련, 고용촉진 및 고용유지에 관한 사항. 3. 보호대상자에 대한 정착지원시설의 설치·운영 및 주거지원에 관한 사항. 4. 보호대상자에 대한 의료지원 및 생활보호 등에 관한 사항. 5. 보호대상자의 사회통합 및 인식개선에 관한 사항 (2014. 5. 28 개정 때부터 '사회통합' 포함)
삶의 질 향상 기획단 설립 (대통령훈령 제80호, 1999.7.12)	■ 국민의 삶의 질 향상과 사회통합을 목적으로 한 대통령 보좌기구 ■ 사회통합기획단으로 개편(대통령 훈령 109호, 2003.5.6.): 빈부격차 및 차별시정T/F로 업무시작 ■ '빈부격차·차별시정위원회' 규정안 국무회의 통과(2004.5) ■ 사회통합기획단의 '빈부격차·차별시정T/F'를 '빈부격차·차별시정위원회'로 개편(대통령령 제18410호, 2004.6.5.)
노사정위원회의 설치 및 운영 등에 관한 법률 (1999.5.24. 제정)	■ 경제사회발전노사정위원회법(2007) -〉 경제사회노동위원회법(2018, 전부개정) ■ 이 법은 근로자·사용자 등 경제·사회 주체 및 정부가 신뢰와 협조를 바탕으로 고용노동 정책 및 이와 관련된 경제·사회 정책 등을 협의하고, 대통령의 자문 요청에 응하기 위하여 경제사회노동위원회를 설치하며, 그 기구 및 운영 등에 필요한 사항을 규정함으로써 사회 양극화를 해소하고 사회통합을 도모하며 국민경제의 균형 있는 발전에 기여하는 것을 목적으로 한다(제1조: 목적 - 2018. 6. 12. 경제사회노동위원회법으로 전부개정하면서 '사회통합' 포함)
노무현	■ 2002년 대선공약: 노동정책의 핵심 공약 - '사회통합적 노사관계' ■ 참여정부 국정과제 중 '사회통합적 노사관계 구축'(노동3권을 국제기준에 맞게 보장하는 것 등), '국민통합과 양성평등의 구현'이 포함됨 ■ 노무현 대통령 2003년 7월 4일 권양숙여사와 함께 서울 여성플라자 국제회의장에서 열린 '양성평등 원년 선포식'을 겸한 제8회 여성주간 기념식에서 "'국민통합과 양성평등의 구현'은 참여정부가 중점적으로 추진하고 있는 국정과제"라고 밝혔습니다. 또한 노 대통령은 "아직도 정치와 행정 분야에서의 여성 참여 비율은 만족할만한 수준에 와있지 못하다."며 참여정부는 여성 일자리 50만개 창출을 위해서 빠른 시일 안에 구체적이고 범정부적인 종합계획을 수립 및 추진 뜻을 밝혔습니다.

법령	내용
민주화운동 관련자 명예회복 및 보상 등에 관한 법률 (약칭: 민주화보상법, 2000.1.12. 제정)	▪ 이 법은 민주화운동과 관련하여 희생된 자와 그 유족에 대하여 국가가 명예회복 및 보상을 행함으로써 이들의 생활안정과 복지향상을 도모하고, 민주주의의 발전과 국민화합에 기여함을 목적으로 한다(제1조: 목적 – 제정 당시 2000.1.12.부터 '국민화합' 포함). 이 법에서 사용하는 용어의 정의는 다음과 같다. 1. "민주화운동"이라 함은 1969년 8월 7일 이후 자유민주적 기본질서를 문란하게 하고 헌법에 보장된 국민의 기본권을 침해한 권위주의적 통치에 항거하여 민주헌정질서의 확립에 기여하고 국민의 자유와 권리를 회복·신장시킨 활동을 말한다. 2. "민주화운동관련자(이하 "關聯者"라 한다)"라 함은 다음 각목의 1에 해당하는 자중 제4조의 규정에 의한 민주화운동관련자명예회복및보상심의위원회에서 심의·결정된 자를 말한다. 가. 민주화운동과 관련하여 사망하거나 행방불명된 자, 나. 민주화운동과 관련하여 상이를 입은 자, 다. 민주화운동으로 인해 대통령령이 정하는 질병을 앓거나 그 후유증으로 사망한 것으로 인정되는 자, 라. 민주화운동을 이유로 유죄판결·해직 또는 학사징계를 받은 자 (제2조: 정의)
성매매방지 및 피해자보호 등에 관한 법률 (2004.3.22. 제정)	▪ 이 법은 성매매를 방지하고, 성매매피해자 및 성을 파는 행위를 한 사람의 보호, 피해회복 및 자립·자활을 지원하는 것을 목적으로 한다(제1조: 목적). ▪ 3. 성매매피해자등의 보호와 자립을 지원하기 위한 시설(외국인을 위한 시설을 포함한다)의 설치·운영; 4. 성매매피해자등에 대한 주거지원, 직업훈련, 법률구조 및 그 밖의 지원 서비스 제공(제3조: 국가 등의 책임) ===〉 자활지원센터를 통한 사회통합 지원 사업
사회통합을 위한 국가실천계획 (2005. 7. 16)	▪ 최근 선진국에서는 빈곤과 사회적 차별 문제가 새롭게 주요한 사회문제로 등장하고 있다. 특히 서유럽의 경우 1990년대 이후 실업률의 상승과 더불어 빈곤이 다시 심화되고, 동유럽은 시장경제로의 전환과정에서 빈곤과 사회적 차별현상이 심각해지고 있다. 이에 따라 유럽연합과 각 국가들은 이 문제에 대해 다양한 노력을 기울이고 있다. 이러한 노력은 그동안 세 차례의 빈곤관련 프로그램(제1차 1975-80, 제2차 1986-89, 제3차 1990-94) 시행과, 2000년 유럽정상회담을 거쳐 "사회통합을 위한 공동보고서"(Joint Report on Social Inclusion)를 발간함으로써 그 결실을 맺게 되었다. ▪ 이 과정에서 우리는 다음의 두 가지 주요한 사항에 주목하고자 한다. 첫째, 빈곤정책의 초점이 전통적인 "빈곤"(poverty)으로부터 "사회적 배제"(social exclusion)로 전환했다. 제2차 대전 이후 눈부신 경제성장과 잘 발달된 사회보장제도는 경제적 소득의 부족(전통적인 빈곤) 문제는 어느 정도 해결하였지만 비경제적인 요소들, 예컨대 교육, 직업훈련, 노동능력, 건강, 주거, 사회적 참여 등의 상대적 박탈(deprivation) 문제는 여전히 해결하지 못하고 경우에 따라서는 오히려 악화되었다. 이에 따라 최소한의 기본적인 생계유지를 위한 국가의 지원을 받을 권리로부터 각종 사회생활에의 참여를 보장받을 권리에 이르기까지 폭넓은 영역을 포괄하는 "사회적 배제"로 정책의 초점이 이동하게 되었다. 이제 빈곤정책은 ...... 사회적 배제를 가져올 수 있는 모든 위험요소들을 사전에 예방하

법령	내용
	고 이에 적극적으로 대응하도록 설계되었다. 둘째, 유럽연합 회원국들은 국가별로 통일적이고 구체적인 "국가실천계획"을 작성하였다는 점이다.
국가보훈기본법 (2005.5.31. 제정; 현행 2016.12.20 일부개정)	■ 이 법은 국가보훈(國家報勳)에 관한 기본적인 사항을 정함으로써 국가를 위하여 희생하거나 공헌한 사람의 숭고한 정신을 선양하고 그와 그 유족 또는 가족의 영예로운 삶을 도모하며 나아가 국민의 나라사랑정신 함양에 이바지함을 목적으로 한다(제1조: 목적). ■ 대한민국의 오늘은 국가를 위하여 희생하거나 공헌한 분들의 숭고한 정신 위에 이룩된 것이므로 우리와 우리의 후손들이 그 정신을 기억하고 선양하며, 이를 정신적 토대로 삼아 국민통합과 국가발전에 기여하는 것을 국가보훈의 기본이념으로 한다(제2조: 기본이념 - 2005.5.31. 제정 당시부터 '국민통합' 포함). ■ 이 법에서 사용하는 용어의 정의는 다음과 같다. 1. "희생·공헌자"라 함은 다음 각 목의 어느 하나에 해당하는 목적을 위하여 특별히 희생하거나 공헌한 사람으로서 국가보훈관계 법령이 정하는 적용대상 요건에 해당하는 사람을 말한다. 가. 일제로부터 조국의 자주독립, 나. 국가의 수호 또는 안전보장, 다. 대한민국의 자유민주주의의 발전, 라. 국민의 생명 또는 재산의 보호 등 공무수행, 2. "국가보훈대상자"라 함은 희생·공헌자와 그 유족 또는 가족으로서 국가보훈관계 법령의 적용대상자가 되어 예우 및 지원을 받는 사람을 말한다. 3. "국가보훈관계 법령"이라 함은 국가보훈 대상자에 대한 예우 및 지원과 관련된 법령을 말한다(제3조: 정의).
장애인 등에 관한 특수교육법 (약칭: 특수교육법, 2008.5.25. 제정)	■ 이 법은「교육기본법」제18조에 따라 국가 및 지방자치단체가 장애인 및 특별한 교육적 요구가 있는 사람에게 통합된 교육환경을 제공하고 생애주기에 따라 장애유형·장애정도의 특성을 고려한 교육을 실시하여 이들이 자아실현과 사회통합을 하는데 기여함을 목적으로 한다(제1조: 목적 - 2008.5.25. 제정 당시부터 '사회통합' 포함). ■ 6. "통합교육"이란 특수교육대상자가 일반학교에서 장애유형·장애정도에 따라 차별을 받지 아니하고 또래와 함께 개개인의 교육적 요구에 적합한 교육을 받는 것을 말한다(제2조: 정의)
여성결혼이민자 가족의 사회통합 지원대책 (2006.4.26)	■ 100대 국정과제 로드맵 포함 과제는 아니나, 여성결혼이민자 가족의 문제가 심각한 사회문제로 제기됨에 따라, '외국인 이주여성', 자녀의 인권실태 파악 및 차별개선 추진을 대통령 지시과제로 관리할 것을 지시(2005. 5. 22) ■ 이에 따라 정부는 1차 지원대책('05.8, 사회문화장관회의)과 2차 지원대책('05.11.25 수보회의 보고)을 마련, 시행해 옴 ■ 차별시정위원회에서는 지난해 12월부터 관계부처 협의, 전문가 간담회와 베트남·필리핀 현지실태 조사를 거쳐, 결혼과정상 문제점, 추진체계, 정책관계자 교육방안 등 3차 종합지원 대책을 서면보고('06.3.15)함 -〉 서면보고 관련 대통령님 지시 : 관계 장관들이 참석한 가운데 토론으로 방향과 원칙을 마무리 짓고 책임 있는 추진을 당부할 수 있도록 차별시정위원회 중요정책과제 보고회의 개최('06.3.19) ■ 빈부격차·차별시정위원회(위원장 이혜경)는 '06.4.26(수) 09:30~

법령	내용
	11:00, 청와대에서 대통령 주재로 국무총리와 여성가족부·보건복지부·법무부 등 관계부처 장관, 빈부격차·차별시정위원회 위원 등이 참석한 가운데 제74회 국정과제회의를 개최하여 『혼혈인 및 이주자의 사회통합 기본방향』과 『여성결혼이민자 가족의 사회통합 지원대책』을 확정하였다.
	■ 국가간 인적교류 활성화와 혼인율 하락 등으로 국제결혼이 대폭증가 하고 있으며, 2005년도에는 국제결혼의 비율이 전체결혼의 13.6%를 차지하나, 이들 중 상당수가 결혼과정에서의 인권침해와, 한국생활 정착과정에서 언어소통문제, 문화적 차이, 가정폭력, 자녀교육문제, 빈곤 등으로 인해 정착에 어려움을 겪고 있는 실정이다. 향후에도 한국남성과 외국여성의 국제결혼은 지속적으로 증가할 것으로 전망되고 있어, 이들의 문제를 방치할 경우 사회통합에 심각한 장애요인으로 대두됨은 물론 국가의 대외이미지 실추와 함께 향후 외국여성 출신 국가와의 마찰도 유발될 수 있음에 따라, '04년말 '여성결혼이주자 가정' 실태조사에 착수하였고, 2차례에 걸쳐 1, 2차 대책을 대통령께 보고하고, '05년말 베트남·필리핀 등 현지 실태조사를 거쳐 이번 국정과제회의에 3차 종합대책을 발표하게 되었다. (1차 대책 : 체류안정화 방안('05.8.16, 사회문화관계 장관회의; 2차 대책 : 생활안정대책 중심('05.11.25, 수석보좌관회의 보고). 이번 3차 대책은 여성'결혼이민자'에 대한 차별과 복지 사각지대 해소를 통한 사회통합과 열린 다문화사회 실현'에 주안점을 두고 있다.
	■ 우리사회의 혼혈인 및 이주자 정책은 차별해소를 통한 인권신장 및 사회통합을 넘어 보다 장기적이고 거시적인 차원에서 미래 한국사회의 문화·외교·경제인력 양성의 전략으로 접근할 필요가 있다는 점에서 『아시아를 선도하는 다문화 인권국가 구현』을 비전으로 제시하였다. 이를 위한 3대 주요 추진과제로 ①법·제도적 기반 구축, ②사회적 인식 개선 ③'맞춤형 지원대책' 마련으로 설정하였다.
	■ 이번 국정과제회의에서 『혼혈인 및 이주자의 사회통합 기본방향』이 확정됨에 따라 각 부처별로 유형별 실태조사를 한 후 금년 중 구체적인 종합지원대책과 세부실행방안을 마련·확정할 계획이다.
외국인근로자의 고용 등에 관한 법률 (약칭: 외국인고용법, 2004.8.17. 제정)	■ 이 법은 외국인근로자를 체계적으로 도입·관리함으로써 원활한 인력수급 및 국민경제의 균형 있는 발전을 도모함을 목적으로 한다(제1조: 목적).
	■ 제7조(외국인구직자 명부의 작성) ① 고용노동부장관은 제4조제2항제3호에 따라 지정된 송출국가의 노동행정을 관장하는 정부기관의 장과 협의하여 대통령령으로 정하는 바에 따라 외국인구직자 명부를 작성하여야 한다. 다만, 송출국가에 노동행정을 관장하는 독립된 정부기관이 없을 경우 가장 가까운 기능을 가진 부서를 정하여 정책위원회의 심의를 받아 그 부서의 장과 협의한다. 〈개정 2010. 6. 4.〉② 고용노동부장관은 제1항에 따른 외국인구직자 명부를 작성할 때에는 외국인구직자 선발기준 등으로 활용할 수 있도록 한국어 구사능력을 평가하는 시험(이하 "한국어능력시험"이라 한다)을 실시하여야 하며, 한국어능력시험의 실시기관 선정 및 선정취소, 평가의 방법, 그 밖에 필요한 사항은 대통령령으로 정한다. 〈개정 2010. 6. 4.〉

법령	내용
	■ 제11조(외국인 취업교육) ① 외국인근로자는 입국한 후에 고용노동부령으로 정하는 기간 이내에 대통령령으로 정하는 기관에서 국내 취업활동에 필요한 사항을 주지(周知)시키기 위하여 실시하는 교육(이하 "외국인취업교육"이라 한다)을 받아야 한다. 〈개정 2010. 6. 4.〉 ■ 제12조(외국인근로자 고용의 특례) ① 다음 각 호의 어느 하나에 해당하는 사업 또는 사업장의 사용자는 제3항에 따른 특례고용가능확인을 받은 후 대통령령으로 정하는 사증을 발급받고 입국한 외국인으로서 국내에서 취업하려는 사람을 고용할 수 있다. 이 경우 근로계약의 체결에 관하여는 제9조를 준용한다. 1. 건설업으로서 정책위원회가 일용근로자 노동시장의 현황, 내국인근로자 고용기회의 침해 여부 및 사업장 규모 등을 고려하여 정하는 사업 또는 사업장; 2. 서비스업, 제조업, 농업 또는 어업으로서 정책위원회가 산업별 특성을 고려하여 정하는 사업 또는 사업장. ② 제1항에 따른 외국인으로서 제1항 각 호의 어느 하나에 해당하는 사업 또는 사업장에 취업하려는 사람은 외국인 취업교육을 받은 후에 직업안정기관의 장에게 구직 신청을 하여야 하고, 고용노동부장관은 이에 대하여 외국인구직자 명부를 작성·관리하여야 한다. 〈개정 2010. 6. 4.〉
건강가정기본법 (2004.2.9. 제정; 현행 2018.1.16 일부개정)	■ 이 법은 건강한 가정생활의 영위와 가족의 유지 및 발전을 위한 국민의 권리·의무와 국가 및 지방자치단체 등의 책임을 명백히 하고, 가정문제의 적절한 해결방안을 강구하며 가족구성원의 복지증진에 이바지할 수 있는 지원정책을 강화함으로써 건강가정 구현에 기여하는 것을 목적으로 한다(제1조: 목적). ■ 가정은 개인의 기본적인 욕구를 충족시키고 사회통합을 위하여 기능할 수 있도록 유지·발전되어야 한다(제2조: 기본이념 – 2004.4.29. 제정 당시부터 '사회통합' 포함). ■ 이 법에서 사용하는 용어의 정의는 다음과 같다. 1. "가족"이라 함은 혼인·혈연·입양으로 이루어진 사회의 기본단위를 말한다. 2. "가정"이라 함은 가족구성원이 생계 또는 주거를 함께 하는 생활공동체로서 구성원의 일상적인 부양·양육·보호·교육 등이 이루어지는 생활단위를 말한다. 3. "건강가정"이라 함은 가족구성원의 욕구가 충족되고 인간다운 삶이 보장되는 가정을 말한다. 4. "건강가정사업"이라 함은 건강가정을 저해하는 문제(이하 "가정문제"라 한다)의 발생을 예방하고 해결하기 위한 여러 가지 조치와 가족의 부양·양육·보호·교육 등의 가정기능을 강화하기 위한 사업을 말한다(제3조: 정의).
특수목적고등학교의 지정 및 운영에 관한 훈령 (교육부훈령 제182호, 2010)	■ 이 훈령은 「초·중등교육법 시행령」(이하 '영'이라 한다) 제90조의 규정에 따라 특별시·광역시 또는 도 교육감(이하 "교육감"이라 한다)이 특수목적고등학교의 지정 및 운영에 필요한 사항과 해당 학교의 운영 성과 등을 평가하여 지정을 연장하는 절차 및 기준에 대해 필요한 세부사항을 정함을 목적으로 한다(제1조: 목적). ■ 제17조(사회적 배려대상전형) 영 제90조 제1항 제5호, 제6호의 학교는 자기주도 학습전형을 실시하는 입학정원의 20퍼센트 이상을 다음 각 호에 해당하는 사람을 대상으로 선발하여야 한다. 1. 「국민기초생활 보장법」 제2조제1호에 따른 수급권자 또는 그 자녀; 2. 「국민기초생활 보장

법령	내용
	법」제2조제11호에 따른 차상위계층으로서 교육감이 정하는 사람 또는 그 자녀; 3.「국가보훈기본법」제3조제2호의 국가보훈대상자 또는 그 자녀; 4. 그 밖에 교육 기회의 균등을 위하여 교육감이 특별히 필요하다고 인정하는 사람(제17조: 2010년 처음 법안: 사회적 배려대상전형 -> 2015년 개정: 사회통합전형)
사회적 기업 육성법 (약칭: 사회적기업법, 2007.1.3. 제정; 현행 2012.2.1. 일부개정)	■ 이 법은 사회적기업을 지원하여 우리 사회에서 충분하게 공급되지 못하고 있는 사회서비스를 확충하고 새로운 일자리를 창출함으로써 사회통합과 국민의 삶의 질 향상에 기여하는 것을 목적으로 한다(제1조: 목적 - 2007.1.13. 제정 당시부터 '사회통합' 포함). ■ 이 법에서 사용하는 용어의 정의는 다음과 같다. 1. "사회적 기업"이라 함은 취약계층에게 사회서비스 또는 일자리를 제공하여 지역주민의 삶의 질을 높이는 등의 사회적 목적을 추구하면서 재화 및 서비스의 생산·판매 등 영업활동을 수행하는 기업으로서 제7조의 규정에 따라 인증 받은 자를 말한다. 2. "취약계층"이라 함은 자신에게 필요한 사회서비스를 시장가격으로 구매하는데 어려움이 있는 계층을 말하며, 그 구체적인 기준은 대통령령으로 정한다. 3. "사회서비스"라 함은 교육·보건·사회복지·환경 및 문화 분야의 서비스 그 밖에 이에 준하는 서비스로서 대통령령이 정하는 분야의 서비스를 말한다. 4. "연계기업"이라 함은 특정한 사회적 기업에 대하여 재정지원, 경영자문 등 다양한 지원을 행하는 기업으로서 그 사회적기업과 인적·물적·법적으로 독립되어 있는 자를 말한다. 5. "연계지방자치단체"라 함은 지역주민을 위한 사회서비스 확충 및 일자리 창출을 위하여 특정한 사회적 기업을 행정적·재정적으로 지원하는 지방자치단체를 말한다(제2조: 정의).
공공기관의 갈등 예방과 해결에 관한 규정 (대통령령 제19886호, 2007.2.12. 제정; 현행 2016.1.22. 타법개정)	■ 이 영은 중앙행정기관의 갈등 예방과 해결에 관한 역할·책무 및 절차 등을 규정하고 중앙행정기관의 갈등 예방과 해결 능력을 향상시킴으로써 사회통합에 이바지함을 목적으로 한다(제1조: 목적 - 2007.2.12., 제정 당시부터 '사회통합' 포함). ■ 이 영에서 사용하는 용어의 정의는 다음과 같다. 1. "갈등"이라 함은 공공정책(법령의 제정·개정, 각종 사업계획의 수립·추진을 포함한다. 이하 같다)을 수립하거나 추진하는 과정에서 발생하는 이해관계의 충돌을 말한다. 2. "갈등영향분석"이라 함은 공공정책을 수립·추진할 때 공공정책이 사회에 미치는 갈등의 요인을 예측·분석하고 예상되는 갈등에 대한 대책을 강구하는 것을 말한다(제2조: 정의). ■ ①이 영은 중앙행정기관(총리령으로 정하는 대통령 소속기관 및 국무총리 소속기관을 포함한다. 이하 같다)에 적용함을 원칙으로 한다. ②지방자치단체, 그 밖의 공공기관은 이 영과 동일한 취지의 갈등관리제도를 운영할 수 있다(제3조: 적용대상).
재한외국인처우 기본법 (2007.10.31. 제정)	■ 이 법은 재한외국인에 대한 처우 등에 관한 기본적인 사항을 정함으로써 재한외국인이 대한민국 사회에 적응하여 개인의 능력을 충분히 발휘할 수 있도록 하고, 대한민국 국민과 재한외국인이 서로를 이해하고 존중하는 사회 환경을 만들어 대한민국의 발전과 사회통합에 이바지함을 목적

법령	내용
	으로 한다(제1조: 목적 - 2007.10.31. 제정 당시부터 '사회통합' 포함).
출입국관리법 (1963년 제정)	■ 제2절 사회통합 프로그램 〈신설 2012. 1. 26.〉 제39조(사회통합 프로그램) ① 법무부장관은 대한민국 국적, 대한민국에 영주할 수 있는 체류자격 등을 취득하려는 외국인의 사회적응을 지원하기 위하여 교육, 정보 제공, 상담 등의 사회통합 프로그램(이하 "사회통합 프로그램"이라 한다)을 시행할 수 있다. ② 법무부장관은 사회통합 프로그램을 효과적으로 시행하기 위하여 필요한 전문인력 및 시설 등을 갖춘 기관, 법인 또는 단체를 사회통합 프로그램 운영기관으로 지정할 수 있다. ③ 법무부장관은 대통령령으로 정하는 바에 따라 사회통합 프로그램의 시행에 필요한 전문인력을 양성할 수 있다. ④ 국가와 지방자치단체는 다음 각 호의 경비의 전부 또는 일부를 예산의 범위에서 지원할 수 있다.
다문화가족지원법 (2008.3.21. 제정)	■ 이 법은 다문화가족 구성원이 안정적인 가족생활을 영위할 수 있도록 함으로써 이들의 삶의 질 향상과 사회통합에 이바지함을 목적으로 한다(제1조: 목적 - 2008.3.21. 제정 당시부터 '사회통합' 포함).
재외동포의 출입국과 법적 지위에 관한 법률 (약칭: 재외동포법. 2008.3.14. 개정)	■ 이 법은 재외동포(在外同胞)의 대한민국에의 출입국과 대한민국 안에서의 법적 지위를 보장함을 목적으로 한다(제1조: 목적).
사회통합위원회 규정 [시행 2009.10.19] [대통령령 제21781호, 2009.10.19, 제정]	제1조(목적) 이 영은 사회 각계각층의 화합과 통합 증진을 위한 정책과 사업을 효과적으로 추진하기 위하여 사회통합위원회를 설치하고, 그 운영에 필요한 사항을 규정함을 목적으로 한다. 제2조(설치 및 기능) ① 사회 각계각층의 화합과 통합 증진을 위한 정책과 사업에 관하여 대통령의 자문에 조언하게 하기 위하여 대통령 소속으로 사회통합위원회(이하 "위원회"라 한다)를 둔다. ② 위원회는 다음 각 호의 사항을 심의한다. 1. 사회통합을 위한 기본방향 설정과 전략 수립에 관한 사항, 2. 사회 각계각층의 의견 수렴과 소통 활성화에 관한 사항, 3. 계층 등 경제적 지위 문제에 따른 갈등 해소에 관한 사항, 4. 이념 등 가치 문제에 따른 갈등 해소에 관한 사항, 5. 지역 간의 갈등 해소에 관한 사항, 6. 세대, 성(性), 인종, 다문화 간의 갈등 해소에 관한 사항, 7. 시민사회와 공공부문, 중앙과 지방 간의 소통 활성화에 관한 사항, 8. 사회통합에 대한 조사ㆍ연구에 관한 사항, 9. 그 밖에 위원회의 운영과 관련하여 위원장이 필요하다고 인정하는 사항
협동조합 기본법 (2012.1.26. 제정, 현행 2017.8.9. 일부개정)	■ 이 법은 협동조합의 설립ㆍ운영 등에 관한 기본적인 사항을 규정함으로써 자주적ㆍ자립적ㆍ자치적인 협동조합 활동을 촉진하고, 사회통합과 국민경제의 균형 있는 발전에 기여함을 목적으로 한다(제1조: 목적 - 2012.1.26., 제정 당시부터 '사회통합' 포함). ■ 이 법에서 사용하는 용어의 뜻은 다음과 같다. 1. "협동조합"이란 재화 또는 용역의 구매ㆍ생산ㆍ판매ㆍ제공 등을 협동으로 영위함으로써 조합원의 권익을 향상하고 지역 사회에 공헌하고자 하는 사업조직을 말한다. 2.

법령	내용
	"협동조합연합회"란 협동조합의 공동이익을 도모하기 위하여 제1호에 따라 설립된 협동조합의 연합회를 말한다. 3. "사회적협동조합"이란 제1호의 협동조합 중 지역주민들의 권리·복리 증진과 관련된 사업을 수행하거나 취약계층에게 사회서비스 또는 일자리를 제공하는 등 영리를 목적으로 하지 아니하는 협동조합을 말한다. 4. "사회적협동조합연합회"란 사회적협동조합의 공동이익을 도모하기 위하여 제3호에 따라 설립된 사회적협동조합의 연합회를 말한다(제2조: 정의).
난민법 (2012.2.10. 제정; 현행 2016.12.20. 일부개정)	■ 이 법은 「난민의 지위에 관한 1951년 협약」(이하 "난민협약"이라 한다) 및 「난민의 지위에 관한 1967년 의정서」(이하 "난민의정서"라 한다) 등에 따라 난민의 지위와 처우 등에 관한 사항을 정함을 목적으로 한다(제1조: 목적). ■ ① 법무부장관은 난민인정자에 대하여 대통령령으로 정하는 바에 따라 한국어 교육 등 사회적응교육을 실시할 수 있다. ② 법무부장관은 난민인정자가 원하는 경우 대통령령으로 정하는 바에 따라 직업훈련을 받을 수 있도록 지원할 수 있다(제34조: 사회적응교육 등).
난민법 시행령 (대통령령 제24628호, 2013.6.21. 제정; 현행 2018.5.8. 타법개정)	■ 법무부장관은 법 제34조제1항에 따라 난민인정자에 대한 사회적응교육으로 「출입국관리법」 제39조에 따른 사회통합 프로그램을 시행할 수 있다(제14조: 사회적응교육).
국민대통합위원회의 설치 및 운영에 관한 규정 [시행 2013.5.6.] [대통령령 제24527호, 2013.5.6., 제정]	제1조(목적) 우리 사회에 내재된 상처와 갈등을 치유하고, 공존과 상생의 문화를 정착하며, 새로운 대한민국의 가치를 도출하기 위한 정책과 사업에 관하여 대통령의 자문에 응하게 하기 위하여 대통령 소속으로 국민대통합위원회를 둔다. 제2조(기능) 국민대통합위원회(이하 "위원회"라 한다)는 국민통합 정책 및 사업과 관련된 다음 각 호의 사항에 관하여 대통령의 자문에 응한다. 1. 국민통합을 위한 기본방향에 관한 사항, 2. 국민통합을 위한 국가전략의 수립·변경 및 시행에 관한 사항, 3. 관계 중앙행정기관의 국민통합에 관한 정책의 조정·평가 및 지원에 관한 사항, 4. 국민적 통합가치의 도출 및 확산에 관한 사항, 5. 사회갈등의 예방 및 해결에 관한 사항, 6. 국민통합 공감대 형성 및 문화의 확산에 관한 사항, 7. 국민통합에 관한 법제도에 관한 사항, 8. 국민통합에 관한 사회 각계각층의 의견 수렴 및 소통 활성화에 관한 사항, 9. 국민통합에 관한 조사·연구 및 모니터링에 관한 사항, 10. 그 밖에 국민통합에 관하여 대통령이 위원회에 자문할 필요가 있다고 인정하거나 위원회의 위원장이 위원회 회의에 부치는 사항
문화다양성의 보호와 증진에 관한 법률 (약칭:	■ 이 법은 국제연합교육과학문화기구(이하 "유네스코"라 한다)의 「문화적 표현의 다양성 보호와 증진에 관한 협약」 이행을 위하여 문화다양성의 보호 및 증진에 관한 정책수립 및 시행 등에 관한 기본사항을 규정함으로써 개인의 문화적 삶의 질을 향상시키고 문화다양성에 기초한 사회통합

법령	내용
문화다양성법. 2014.5.28. 제정; 현행 동일)	과 새로운 문화 창조에 이바지하는 것을 목적으로 한다(제1조: 목적 – 2014.5.28., 제정 당시부터 '사회통합' 포함). ■ 이 법에서 사용하는 용어의 뜻은 다음과 같다. 1. "문화다양성"이란 집단과 사회의 문화가 집단과 사회 간 그리고 집단과 사회 내에 전하여지는 다양한 방식으로 표현되는 것을 말하며, 그 수단과 기법에 관계없이 인류의 문화유산이 표현, 진흥, 전달되는 데에 사용되는 방법의 다양성과 예술적 창작, 생산, 보급, 유통, 향유 방식 등에서의 다양성을 포함한다. 2. "문화적 표현"이란 개인, 집단, 사회의 창의성에서 비롯된 표현으로서 문화적 정체성에서 유래하거나 문화적 정체성을 표현하는 상징적 의미, 예술적 영역 및 문화적 가치를 지니는 것을 말한다(제2조: 정의).
5·18민주화운동 진상규명을 위한 특별법 (2018.3.13. 제정)	■ 이 법은 1980년 광주 5·18민주화운동 당시 국가권력에 의한 반민주적 또는 반인권적 행위에 따른 인권유린과 폭력·학살·암매장 사건 등을 조사하여 왜곡되거나 은폐된 진실을 규명함으로써 국민통합에 기여함을 목적으로 한다(제1조: 목적). ■ 이 법에서 사용하는 용어의 뜻은 다음과 같다. 1. "5·18민주화운동"이란 1980년 5월 광주 일원에서 일어난 시위에 대하여 군부 등에 의한 헌정질서 파괴범죄와 부당한 공권력 행사로 다수의 희생자와 피해자가 발생한 사건을 말한다. 2. "희생자"란 5·18민주화운동 당시 사망하거나 행방불명된 사람을 말한다. 3. "피해자"란 다음 각 목의 어느 하나에 해당하는 사람을 말한다. 가. 5·18민주화운동 당시 구속, 구금, 부상, 가혹행위와 그 후유증으로 고통받았던 사람 중 희생자 외의 사람, 나. 희생자의 배우자·직계존비속·형제자매, 다. 가목에 해당하는 사람의 배우자·직계존비속·형제자매(제2조: 정의). ■ 제4조에 따른 5·18민주화운동 진상규명조사위원회는 다음 각 호의 사항에 대한 진상을 규명한다. 1. 1980년 5월 당시 군에 의해 반인권적으로 이루어진 민간인 학살, 헌정질서 파괴행위 등 위법하거나 현저히 부당한 공권력의 행사로 인하여 발생한 사망·상해·실종·암매장 사건 및 그 밖의 중대한 인권침해사건 및 조작의혹사건, 2. 5·18민주화운동 당시 군의 시민들에 대한 최초 발포와 집단발포 책임자 및 경위, 계엄군의 헬기사격에 대한 경위와 사격명령자 및 시민 피해자 현황, 3. 1988년 국회 청문회를 대비하여 군 보안사와 국방부 등 관계기관들이 구성한 '5·11 연구위원회'의 조직 경위와 활동사항 및 진실왜곡·조작의혹사건, 4. 집단학살지, 암매장지의 소재 및 유해의 발굴과 수습에 대한 사항, 5. 행방불명자의 규모 및 소재, 6. 5·18민주화운동 당시 북한군 개입 여부 및 북한군 침투조작사건, 7. 제4조에 따른 5·18민주화운동 진상규명조사위원회가 이 법의 목적 달성을 위하여 진상규명이 필요하다고 인정한 사건(제3조: 진상규명의 범위).
포용국가전략회의 (2018.9.6.)	■ 오늘 회의에 국민의 관심이 매우 큽니다. 포용국가 비전이 국민 앞에 소개되는 첫 자리이기 때문입니다. 이미 세계은행, IMF, OECD, 세계경제포럼 등 많은 국제기구와 나라들이 '포용'이라는 용어를 사용하고 있습니다. 성장에 의한 혜택이 소수에게 독점되지 않고 모두에게 골고루(공정하게: 筆者 注) 돌아가는 '포용적 성장'을 주장하며, 중·하층 소득자들의

법령	내용
	소득증가, 복지, 공정경제 등을 아우르고 있습니다. 우리 정부가 추구하는 '포용'도 같은 취지입니다. 사회정책에서 시작해, 경제, 교육, 노동 등 전 분야에서 포용이 보편적 가치로 추구되어야 할 것입니다. 포용적 사회, 포용적 성장, 포용적 번영, 포용적 민주주의까지, '배제하지 않는 포용'이 우리 사회가 지향하는 가치이고 철학이 되어야 합니다. 그러나 우리에게 주어진 정책 환경이 결코 쉽지 않습니다. 우리 앞에 놓인 여건과 상황들은 과거 북구와 서구 선진국들이 복지국가를 만들던 당시의 인구, 산업, 고용구조, 높은 사회 연대의식과 비교할 수 없을 만큼 매우 다릅니다. 따라서 우리의 현실에 맞는 정확한 목표를 설정하고, 재원대책을 포함하여 중장기적 계획을 확실하게 세워야 합니다. 그래야 국민들에게 신뢰를 줄 수 있고, 포용국가로 가는 길도 보여드릴 수 있습니다. 오늘 함께한 국회, 정부, 지자체의 역할이 어느 때보다 중요합니다. '포용'은 우리 정부의 중요한 핵심가치가 될 것입니다. 현장 일선 공무원까지 '포용'에 대한 이해와 공감이 이루어지도록 당부 드립니다. 국민의 지지와 공감을 얻는 노력도 함께해 주십시오. ■ 이제 국가는 지속가능한 사회를 위해 국민들의 삶을 전 생애주기에 걸쳐 책임져야 합니다. 그것이 포용국가의 시작입니다. 포용국가는 국민 모두의 나라입니다. 첫째, 모든 국민이 안심하고(최저 생활 보장) 살아갈 수 있어야 합니다. 사회안전망과 복지를 강화해 출산과 양육, 교육, 건강, 주거, 노후에 대해 걱정을 덜어드려야 합니다. 둘째, 공정한 기회(기회 균등)와 정의로운 결과(공정한 경쟁을 통한 정당한 보상)가 보장되어야 합니다. 불평등이 신분처럼 대물림되어서는 안 됩니다. 계층 이동이 가능한 사회가 되어야 합니다. 실패해도 다시 일어설 수 있도록 돕고, 내일이 오늘보다 나을 것이라는 희망을 드려야 합니다. 셋째, 국민 단 한명(지역, 노동, 성, 장애 등)도 차별받지 않고 함께 잘살아야 합니다. 국가균형발전을 이루고, 노동존중 사회를 만들어야 하며 성평등을 실현하고, 장애인의 인권과 복지가 보장되어야 합니다. 포용국가는 대한민국의 미래비전입니다. 첫 걸음을 제대로 떼는 것이 우리 정부에게 주어진 시대적 사명입니다. ■ 대통령 직속 정책기획위원회는 관계 부처, 국책연구기관 등과 함께 마련한 '문재인정부 포용국가 비전과 전략'을 통해 '포용'과 '혁신'의 가치에 기반한 사회정책 3대 비전과 9대 전략을 제안했다. 사회정책의 3대 비전은 첫째, 소득·젠더·교육·주거·지역 등 삶의 기본 영역의 불평등과 격차를 해소하기 위한 '사회통합 강화', 둘째, 저출산·고령화, 일자리, 안전과 환경 등 미래·현재의 위기에 대응하는 '사회적 지속가능성 확보', 셋째, 전생애에 걸친 인적 자본의 축적과 활용을 통한 '혁신능력 배양 및 구현'이며 이를 달성하기 위해 다양한 전략과 함께 사회정책의 분야별로 새로운 패러다임을 제시했다.

학술적 개념으로서의 '사회통합'

연구자	개념
설동훈·김명아 (2008), 손기호(2010)	이민자가 대한민국 사회에 적응하여 개인의 능력을 충분히 발휘할 수 있도록 하고, 출생국가에서 습득한 문화·가치와 우리나라의 문화·가치를 접목하여 대한민국 국민과 재한외국인이 서로 상대방을 이해하고 존중하는 것
정기선(2012)	개인, 집단, 결사체 등 사회적 단위들 간의 연결 및 관계를 다루는 사회적 노력; 구성원 간 신뢰, 희망, 상호호혜를 바탕으로 가치를 공유하고, 도전의식을 공유하며, 기회균등이 보장되는 공동체를 발전시키는 과정
문유경·전기택 (2011)	이민자의 다양성을 인정하고, 서로의 문화를 상호존중하면서 권리와 기회가 동등한 이상적인 사회통합의 상태는 사실상 어떤 국가에도 존재하기 어렵다
김이선 외 (2011)	실질적 의미의 사회통합은 다양한 배경의 사회 성원들이 사회 각 분야에서 활발하게 활동하면서 서로 관계를 증진시킴으로써 진전된다. 이러한 과정이 활성화될 때 비로소 다양성을 토대로 사회 발전이 가능하며 다문화사회가 긍정적 방향으로 전개될 수 있다
김이선·이아름·이은아(2012)	국경을 넘은 이민자가 새로운 사회, 경제, 문화적 환경 속에서 직면하는 각종 과제에 적절히 대응해가면서 사회성원으로서 갖추어야 할 역량과 자질을 갖추어 가는 '사회통합 과정'(p. 8)
박기관(2011)	통합 – 개별요소들이 하나의 단위를 형성하거나 또는 근본적으로 공통의 가치와 규범들에 기반한 요소들을 결속 유지하며, 구성원들이 하나의 통합된 전체로 결합해 나가는 과정; 사회통합 – 통합이 지니고 있는 의미에 그치지 않고 다양한 사회집단의 조화로운 관계나 안정된 관계의 형성과정
신명숙(2013)	통합은 구성원들이 하나의 통합된 전체로 결합해 가는 과정으로 사회복지학적인 의미에서는 다양한 사회집단이나 인종집단들을 결합하여 조화로운 관계를 형성해가는 과정237)
방승주(2013)	흩어져 있는 인간이나 인간집단들을 일정한 구심점을 매개로 삼아서 하나의 단체나 공동체로 만드는 과정
김영란(2013)	인종적·민족적·문화적 배경이 다른 사람들을 한 사회에서 제한 없이 평등한 공동체로 진입시키는 과정; 사회적 연대와 사회발전을 근간으로 이주민들이 살고 있는 국가에서 사회적 안정과 충성심을 갖게 되는 것; 이주민과 그들을 수용한 이주국의 상호 권리와 의무를 이해하고 수용하는 과정
박수경·이익섭	장애인의 사회통합은 장애인이 평등의 기초 위에서 사회의 일부분이 되어 장애인

연구자	개념
(2005); 박수경(2008)	이 속한 사회적 그리고 문화적 활동에 참여하는 것을 의미하는 것으로, 비장애인이 영위하는 수준과 동등하게 장애들이 지역사회 내에 존재(presence)하고 참여(participation)하는 정도를 의미한다(p. 7).
민소영(2009)	지역사회통합이란 일상생활의 다양한 활동을 충분히 수행할 수 있고(물리적 통합), 비정신장애인 이웃과 상호작용하며(사회적 통합), 지역사회에 대해 소속감을 느끼면서(심리적 통합), 지역사회에 적응하는 상태라고 정의할 수 있다(p. 40)..... 물리적 차원과 심리사회적 차원으로 분류된다. 물리적 (차원의) 지역사회통합은 지역사회의 일상적 활동에 참여 혹은 관여하든지, 즉 시설이나 주거 밖에서 물리적 사회참여가 이루어지는지를 의미하는 것이다. 거주시설 내에서의 참여를 '내부적 참여', 거주시설 밖에서의 참여를 '외부적 참여'로 정의한다면, 정신장애인의 지역사회통합은 '외부적 참여'에 해당된다. '외부적 참여'는 크게 세 가지로 측정되는데, 첫째, 지역사회에서 보낸 시간을 의미하는 현재성 (presence), 둘째, 재화나 서비스 또는 사회적 접촉에 대한 접근성(access), 셋째, 다른 사람들과의 활동에 참여하는 참여성(participation), 넷째, 소득활동의 참여를 의미하는 생산성(productivity), 다섯째, 금전을 관리하고 재화나 서비스를 구입하는 등의 소비성(consumption)이다(p. 39). 반면에 심리사회적 지역사회통합은 사회적 통합과 심리적 통합으로 구성된다. 사회적 통합이란 지역사회의 비정신장애인과 동료 정신장애인과의 사회적 접촉이나 상호작용을 개발하고 유지하는 것을 의미하며, 지역사회에서 갖는 사회적 지지망도 포함한다 (p. 39). 심리적 통합이란 이웃 및 지역사회 속에서 갖는 지역사회의식(sense of community)의 개념에 바탕을 둔다. 지역사회의식이란 크게 네 가지 요소로 구성되는데, 첫째, 지역사회에 대한 소속감, 둘째, 이웃과의 정서적 유대감, 셋째, 자신이 필요한 요구를 지역사회로부터 달성할 수 있는 상태, 넷째, 지역사회 주민의 일원으로서 자신의 영향력을 발휘하는 것(exercising influence)이다. 즉 심리적 통합이란 지역사회에 소속되어 있으면서 지역사회 일원으로서 효능감을 개발하고 유지하는 상태라고 할 수 있다(p. 40).[238]
문형표(1994)	개인이나 집단이 한 사회에서 어떻게 적응하고 함께 살아가느냐에 대한 사회적 유대라는 의미로서 주류집단과 비주류집단 사이의 갈등을 최소화하고 상호 존중하는 것
김미숙 외 (2012)	사회적 갈등을 최소화하고 동등한 기회를 제공하여 공동체에의 소속감을 느끼게 함으로써 공동체를 복원하는 것(p. 39)
김준현(2014)	이민자가 유입국 사회의 정치, 경제, 사회, 문화 제도의 정당성을 인정하고 적극 참여하며 (legitimacy and participation), 문화와 언어 및 종교 등 배경의 다양성과 차이를 인정받고(recognition), 기회에서 평등하고 동등한 권리를 가짐으로써 사회관계 속에 포용되면서(inclusion), 공동체의 일원으로서 정체성과 소속감을 느끼는 상태(belonging)를 의미한다고 할 수 있다. 표준적 의미의 사회통합은 최종적 단계에서 이민자가 성취하게 될 궁극적인 통합의 상태를 지칭한다고 할 것이다(p. 362).
이재열 외 (2014)	사회통합은 소극적 의미에서는 "개인이나 집단 간 균열과 갈등, 배제의 원인이 효과적으로 해소되어 조화를 이루는 것"을 의미한다. 이러한 조화는 개인과 사회

연구자	개념
	의 삶의 질이 모두 높은 사회에서 가장 잘 구현될 수 있다는 의미에서 적극적 의미의 사회통합은 높은 수준의 사회의 질을 유지하는 것을 뜻한다. 사회통합과 공정성은 동전의 양면과 같다. 잘 통합된 사회는 공정한 사회이고, 공정한 사회는 정당성을 가지고 지속가능한 성숙한 사회를 뜻한다(p. 131).[239]
장용석 외 (2014)	사회통합과 갈등이 인간들의 존재와 관계로부터 비롯된다면, 사회구성원 간 인지적·심리적 차원에서 사회적 갈등을 유발하는 개별 요인에 대한 고찰을 통해 사회통합을 재구성할 필요가 있다. 사회통합의 구성요소로서 신뢰, 포용성, 행복을 제시하고자 한다. 사회통합 그 자체는 안정적인 상태를 의미하므로 갈등이 표출되는 불안정한 상황과 비교하여 직접적인 관찰이 어려울 뿐만 아니라 표면적으로 안정적일지라도 이면에 놓여 있는 불안정 요소를 완전히 배제하기 어렵다. 따라서 불안정한 사회갈등 요소를 바탕으로 사회통합의 이면에 접근하는 것이 보다 용이하다. 신뢰, 포용성, 행복은 각각 사회구성원들 간의 태도, 관계, 가치를 기준으로 사회갈등의 주된 요인인 불신, 배제, 불행의 반대 개념이다. 즉 불신, 배제, 불행은 각각 신뢰, 포용, 행복과 반비례한다(p. 397).[240]
노대명(2009)	국가의 발전전략과 중요한 정책현안 등과 관련해서 '사회구성원 간 가치공유와 협력이 이루어지는 상태'를 의미; '사회구성원들이 공동체에 대한 귀속감을 가질 뿐 아니라, 그것이 공동의 목표를 달성하기 위한 실천으로 이어지는 상태'를 의미; 이는 강한 사회적 결속력과 소수자에 대한 관용을 전제로 지속될 수 있다.[241]
강신욱(2010)	사회구성원들을 사회적 위험으로부터 보호하고 사회적 갈등의 크기를 줄임으로써 사회구성원들로 하여금 공동체에 대한 귀속감을 느끼도록 하는 것(p. 122). 통상적으로 사용되는 넓은 의미의 사회통합이 아닌 사회적 귀속감에 주로 초점을 맞춘 좁은 의미의 사회통합 개념으로 이해하는 것이 타당(p. 123).
사회통합위원회 (2012); 강신욱 외 (2012)	사회통합을 한마디로 정리하면 '사회격차를 최소화하고 양극화를 예방함으로써 사회구성원 모두의 복지를 보장할 사회적 역량'을 지칭한다. 통합적 사회란 '민주적 수단을 통해 공통의 목표를 추구하는 자유로운 개인들로 구성된 상조적 공동체'를 지칭한다(p. 41).... 최근 들어 이루어지는 논의들에서 공통적으로 발견되는 문제의식은 사회구성원들의 응집력에 대한 강조이다. 이는 모든 구성원이 획일적 가치에 동의하고 국가나 사회가 제시하는 바대로 행동해야 한다는 전체주의적 사고방식과는 다른 것으로, 오히려 개인의 위험을 사회가 보호하고 사회에 대한 귀속감을 느끼도록 하는 기제가 과거에 비해 약화된 데에 따른 반작용의 측면이 있는 것으로 해석될 수 있다(p. 42).... 사회통합은 사회적 결속(결과), 사회적 안전성(요인), 사회적 형평성으로 구성된다(pp. 81, 85, 88-89).
이희길(2013)	여기서는 상대적으로 개별사회의 역사적 맥락에 의존하는 사회통합의 조건을 제외하고, 상태로서의 사회통합에 대한 차원을 측정하는 방법을 제시하고자 한다. 이 차원에서 사회통합은 주관적 요소와 객관적 요소, 그리고 수평적 통합과 수직적 통합의 두 차원으로 구분한다. 객관적 요소에는 사람들의 실제 참여와 협력의 행동을 포함하고, 주관적 요소에는 신뢰, 소속감(sense of belonging), 협력의지(willingness to cooperate)를 포함한다. 다른 한편, 수평적 통합은 시민사회 내의 상이한 개인과 집단 간의 관계에 초점을 맞추고, 수직적 통합은 정부와 시민 혹은 시민사회의 관계에 초점을 맞춘다(p. 95).[242]

연구자	개념
장희경(2021)	대체로 독일 통합을 얘기할 때, 정치적, 경제적 측면의 체계통합 혹은 제도적 통합(system integration)과 사회통합(social integration)을 구분하여 설명한다. 체계통합은 노동시장과 교육기구가 상호 호환적 관계가 이루어지고 있는지와 정치적 참여를 보장하고 이해조정이 이루어지고 있는지에 관한 것이라면 사회통합은 일상생활에서 접촉이 생겨나는 모든 공간에서 감정적으로 연결되는지의 문제이다(문태운 2012). 트롬스도르프와 콘아트(Trommsdorf and Kornadt)는 사회통합을 내적통합(Innere Einheit)으로 표현하며, 내적통합을 측정하는 지표로 경제사회적 조건과 같은 객관적 조건뿐만 아니라 삶의 만족도, 가치관과 같은 주관적인 특성, 그리고 동서독사람들 사이의 상호작용과 서로에 대한 인식과 평가와 같은 공통의 인식, 마지막으로 국가와 사회체계의 구성원으로서 공통적인 목적, 가치, 규범을 함께 공유하는지 제시하였다(Trommsdorf and Kornadt 2001: 368-369). 경제적 차원에서는 통일 30년의 시간이 지나면서 신연방주와 구연방주 사이에 어느 정도 격차가 줄어들었다. 그러나 독일 통일 30주년을 맞아 여전히 문제로 제기되는 것은 사회통합이다. 통일 직후에 동서독인들은 급작스런 통일에 따른 불만을 동독인을 지칭하는 '오씨(Ossi)'와 서독인을 지칭하는 '베씨(Wessi)'라는 용어126　한국정치연구 제30집 제2호(2021)를 사용하여 상대 집단을 폄하하는 방식으로 드러냈다. 이는 통일된 독일 사회통합 문제를 제기할 때 항상 등장하는 대표적인 사례이다. 하지만 통일 30주년이 지난 지금도 여전히 사회통합은 해결해야 할 과제이다. 특히 이주민에 대한 태도 차이가 사회통합에 가장 걸림돌로 평가되고 있다. 구동독 지역에서 이주민에 대한 반대 성향이 더 높고, 그에 따라 극우정당에 대한 지지도가 높아지는 원인에 대해 최근에 연구가 확대되고 있다. 이주민에 대한 태도의 사이는 곧 통일 이후 사회통합이 난항을 겪고 있는 이유에 대한 연구와 같은 맥락에 있다. 사회통합에 대한 연구가 곧 왜 구동독 사람들이 잘 적응하지 못하고, 예전의 동독의 제도와 상품들을 그리워하는 '오스탈기(Ostalgie)'가 발생하고 있는지, 왜 구동독 지역에 반이주민 정서가 강한지에 대한 연구이기 때문이다(pp. 125-126).
육수현·장주영 (2021)	재한외국인처우기본법과 다문화가족지원법은 재한외국인과 한국인 선주민이 상호 이해하고 존중하는 사회 환경을 조성하고 다문화가족 구성원이 사회구성원으로 사회에 통합될 수 있도록 지원하는 것을 목적으로 하는데(각 법 제1조), 이를 위해서 국가와 지방자치단체가 적극적으로 정책을 수립하고 시행할 것을 규정한다(각 법 제3조). 그러나 이 법들에서는 사회통합의 개념을 정의하고 있지는 않으며, 재한외국인처우기본법에서는 특히 결혼이민자와 그 자녀가 "대한민국 사회에 빨리 적응하도록" 한국어와 한국의 제도·문화 교육, 보육·교육·의료 지원을 할 수 있다고 규정하여(제12조) 한국 정착에 필요한 문화적 행동 양식이나 가치 체계의 수용이 사회통합에 필요한 전제조건이라는 관점을 보여주고 있다. 국제이주기구(IOM, 2017)에서는 통합을 이주민과 수용국이 상호 적응하는 과정으로 이주민이 수용국의 사회, 경제, 문화, 정치적 영역에 편입되는 것으로 정의하며, OECD(2018)에서는 사회통합을 이주민이 개인적 특성이 유사한 선주민과 동일한 사회적, 경제적 성취를 이룰 수 있는 능력으로 정의한다(p. 47)
전병국 (2021).	노렌(Nohlen, 2001)에게 있어서 통합은 공동의 규범과 가치를 바탕으로 통일된

연구자	개념
	것을 창출, 개별적 요소의 결합을 촉진하는 능력2)이었다. 루프트와 쉬마니 (Luft&Schimany, 2010)는 사회통합정책의 목표를 합법적으로 거주하는 모든 이들이 성별, 빈부, 출신과 상관없이 사회의 모든 분야에서 동등한 권리를 공유할 수 있게 만드는 것3)으로 보았다.....이러한 개념들을 통해서 볼 때, 사회통합정책이란"개별적 요소를 가진 개인 또는 단체가 동등한 권리를 바탕으로 공동의 가치와 결속력을 유지해 가도록 돕는 국가적 행위를 의미"한다. 그리고 이 개념을 바탕에 둔 사회통합정책이 차이의 갈등을 극복하고, 동행이라는 힘을 얻게 된다. 만일, 외부적 혹은 내부적 요인으로 인해서 이러한 최소한의 개념마저 부정되는 정책이 있다면, 사회통합정책으로 분류되어서는 안 될 것이다(pp. 213-214).
국민대통합위원회의 설치 및 운영에 관한 규정 [시행 2014. 11. 19.] [대통령령 제25751호, 2014. 11. 19., 타법개정, 2017. 7. 11 폐지]	제1조(목적) 우리 사회에 내재된 상처와 갈등을 치유하고, 공존과 상생의 문화를 정착하며, 새로운 대한민국의 가치를 도출하기 위한 정책과 사업에 관하여 대통령의 자문에 응하게 하기 위하여 대통령 소속으로 국민대통합위원회를 둔다. -〉 개념정의 없음

cf. .관련 법령 – 공공기관의 갈등 예방과 해결에 관한 규정(2013.11.29.) 제1조(목적) 이 영은 중앙행정기관의 갈등 예방과 해결에 관한 역할·책무 및 절차 등을 규정하고 중앙행정기관의 갈등 예방과 해결 능력을 향상시킴으로써 사회통합에 이바지함을 목적으로 한다. -〉 '사회통합'의 개념 정의 없음 |
| 윤건·김철우 (2021) | 사회통합에 대한 연구는 포용(inclusion), 통합(integration), 응집(cohesion)의 세가지 차원에서 접근해왔다. 사회적 포용(social inclusion)으로 정의할 경우 정치·사회적 참여 기회와 경제적 배분 등으로부터 배제되고 있는 대표적 계층이 누구인가를 파악하는 것이 우선적 과제이다. 선행연구들은 사회적 배제의 대상을 빈곤층(최재성 외 2009), 장애인(이익섭·최정아 2005), 청소년(강영배 2009), 노인(최재성 외 2007), 여성(배미애 2007), 저숙련 외국인근로자(김순양 외 2008) 등으로 설정하고, 이들이 처한 경제적 불평등의 상황과 이들의 기본적 권리에 대한 사회적 보호가 부족한 현실을 지적한다. 사회통합을 법적·정치적 통합의 의미로 사용하면 이민자 및 소수인종 등 이질적인 문화적 정체성을 가진 집단이 내국인 사회와 조화를 이루며 공존(coexistence)하거나 내국인 사회의 가치와 규범에 동화(assimilation)되는 과정이 중요시된다(Bosswick & Heckmann 2006: 4-6). 국내 문헌에서도 사회통합을 다문화주의와 동화주의의 수립을 위한 과정으로 보았고(고상두 2012), 허찬행과 심영섭(2014)은 사회통합은 동화, 편입, 융합 등의 유사 개념 중에서, 융합보다는 편입을 현실적인 사회통합 모델로 제시하였다. 이상윤(2014)은 다문화주의, 차별적 배제, 동화주의 등 Castles & Miller(1998)가 제시한 사회통합 모형에 근거하여 우리나라 외국인정책 관련 법령을 분석하였다. 이진석(2014)은 정부주도의 보호와 동화에 입각한 탈북자정책을 비판하면서 문화적 위계구조와 불평등 해소에 대한 노력이 필요하다고 강조하였다. 사회적 응집(social cohesion)으로서의 사회통합은 구조적 분화가 심화되는 근대사회에서 사회통합을 어떻게 유지될 수 있는가에 핵심이 있다. 관련 연구들은 사회통합에서 결속강화를 강조(장용석 외 2012)하고 있으 |

연구자	개념
	며 이를 유지하기 위해 근본적으로 공통의 가치와 규범들(김태원 2010), 공동체에 대한 소속감과 공동의 비전(신중섭 2013) 등을 통해 구성원들이 하나의 통합된 전체로 결합해 가는 과정으로 보았다. 같은 맥락에서 사회통합이 이루어지는 사회는 개인의 분열행위 및 충돌이 최소화되는 사회이며(이건 2013), 이를 위해 제도권과 시민사회가 가진 갈등관리역량을 사회통합의 중요한 구성요소로 판단한다(이재열 외 2014). 따라서 본 연구에서는 사회통합을 구성원들 간에 관계적 속성으로, 공통의 가치와 일체감을 기반으로 하고, 상호 존중과 협력, 그리고 책임의식이 발휘되어 개인과 집단 간 차이로 인해 발생하는 사회갈등이 조화롭게 극복되어가는 과정으로 정의한다.(pp. 4–5).
이민화·황태연·서미경 (2021)	지역사회통합은 정신장애를 가진 사람들이 그렇지 않는 사람들과 동등한 시민적 권리와 주거, 고용, 학업, 여가활동, 이웃 관계 등의 기회를 보장받는다는 전제를 가진다. 이는 전문가 통제하에 있던 정신건강체계를 소비자의 서비스통제권, 선택권에 초점을 두는 체계로의 변화를 꾀하는 일종의 소비자주의 운동이라 할 수 있다(Wong and Solomon 2002). 따라서 이를 지역사회통합운동(community integration movement)이라고도 한다. Carling(1995: 21)은 이런 운동이 장애가 있든 없든 모든 사람이 지역사회에 참여하고, 구성원으로서 동등한 권리를 가진다는 기본 신념에 바탕을 둔다고 하였다.... 지역사회통합의 개념은 초기에는 단순히 집 밖에서의 활동으로 정의되다가 점차 관련 연구들이 진행되면서 다차원적 개념으로 발전되었고 최근에는 당사자의 주관적 인식까지 포함하는 것으로 정의되고 있다..... Aubry와 Myner(1996)는 물리적 통합에만 초점을 두는 초기의 연구들을 비판하면서 심리적 통합과 사회적 통합을 포함한 다차원적 개념을 제안하였다. 이들의 제안을 수용하면서 2000년대 이후의 연구들은 지역사회통합을 다차원적으로 정의하고 대부분 물리적, 사회적, 심리적 통합으로 분류하고 있다. Wong과 Solomon(2002)은 단순한 물리적 통합을 넘어 지역사회 내 다른 사람들과의 사회적 관계와 효율성, 소속감 등의 중요성을 강조하며 지역사회통합을 물리적, 심리적, 사회적 통합으로 나눌 것을 제안하였다. Prince와 Gerber(2005) 역시 지역사회에서 제공되는 서비스와 프로그램들의 최종 목표가 지역사회통합에 있다고 하면서 이를 평가하기 위해서는 일상생활을 수행할 능력을 가지고 있고(물리적 통합), 비장애인과 정상적인 상호작용을 하며(사회적 통합), 지역사회 내에서 소속감을 갖는 것(심리적 통합)을 측정해야 한다고 제안하였다. 그러나 각 통합영역을 측정하는 방식은 연구자에따라 다양하다(pp. 8–9).
이중섭·모지환 (2013)	장애인이 평등의 기초위에서 사회의 한 부분이 되어 장애인이 속한 지역사회의 사회적·문화적 활동에 참여하는 것, 즉 장애인이 장애를 가졌다 할지라도 지역사회의 일원으로서 권리와 의무를 실천할 능력이 있는 평범한 인간으로 인식될 때 장애인은 사회에 완전하게 통합되는 것이다(이익섭 1994; 1998)(p. 88).... 지역사회통합은 사회통합의 연장선상에서 논의되는데, Power(1981)는 사회통합을 사회의 다양한 단위들이 안정된 사회적 관계를 형성하게 되는 역동적인 과정이자 어떤 통합적 과정의 산출이나 결과적 상황으로 정의한다. 이 같은 사회통합을 지역사회통합개념으로 한정하고 이를 개인의 지역사회 연관 활동의 수행정도로 측정하게 된 것은 Segal과 Aviram(1978)이 정신질환자들의 사회통합에 대한 연구를 시작하면서 그 체계를 갖추게 되었다. 이들은 경험적

연구자	개념
	연구를 위해 사회통합을 지역사회통합(community integration)으로 구체화하고, 주로 개인의 역할수행을 지역사회연관기능으로 조작화하였다.2) 지역사회통합의 개념에는 장애인이 일반 시민들의 이용하는 지역사회자원을 똑같이 이용하는 것, 일반시민들이 참여하는 지역사회활동에 동등하게 참여하는 것, 장애가 없는 일반 시민들과 함께 지역사회에서 정기적으로 만나는 것 등이 포함된다(이익섭 외 2003)(pp. 91-92)..... 지역사회통합은 그 영역에 따라 신체적 통합과 사회적 통합이라고 하는 두 가지 차원의 다차원적 개념으로 정의되기도 한다 (Wolfensberger, 1972; Wolfensberget & Thomas, 1983; Wolfensberger, 1993). 여기서 신 신체적 통합은 비장애인이 생활하는 일상적인 환경, 활동, 맥락에서 장애인과 비장애인의 물리적 존재를 의미한다. 반면, 사회통합은 장애인이나 비장애인이 질적으로나 양적으로 공히 문화적으로 정상적인 비장애인들과의 사회적 상호작용과 사회적 관계에 대한 참여를 의미한다(pp. 92-93).
홍석한 (2021)	국가는 통합에 의하여 비로소 구성되고 또 존속할 수 있다. 지속적인 사회통합이 국가의 헌법상 과제가 될 수밖에 없는 이유이다. 국가란 무엇을 의미하는가의 문제와 관련해서는 매우 많은 이론들이 제시되고 있다. 그러나 모든 이론들의 공통점은 국가를 정치적 사회경제적 문화적 공동체로 이해하는 것이다. 특히, 헌법과 통합의 관계를 체계적이고 종합적으로 고찰한 루돌프 스멘트(Rudolf Smend)에 따르면 국가는 자연발생적이거나 정적인 존재가 아니라 개별적인 생활들이 지속적으로 형성되는 가운데 존재하는 동적인 존재이다. 국가는 그 자체로 국민 상호 간의 공동생활을 매개로 하여 구성부분의 총합을 뛰어넘는 하나의 통일체로 나아가는 통합의 과정을 의미한다. 과거 계급사회에서는 통합의 문제가 기본적으로 신분에 따른 분열에 관한 것이었다. 이에 비하여, 근대 국가에서 법적인 의미의 평등이 확립된 이후에는 공동체 구성원 내지 시민으로서 권리의 동등한 향유 및 의무의 공평한 부담, 소득과 부에 따른 양극화 및 성별 종교 세대 지역 사회적 신분 등에 따른 불평등과 갈등의 해소, 구성원들이 경험하는 문화적 배경과 내용의 동질성 유지 등 세 측면이 통합의 핵심적인 과제가 되고 있다. … 헌법이 추구해야 할 통합의 과제는 정치적, 사회경제적, 문화적 영역으로 나누어 볼 수 있다. 우선, 정치적 통합은 무엇보다 대의과정 및 정치적 의사형성에 대한 동등한 참여를 보장함으로써 실현될 수 있다. 구체적으로는 민주주의의 사각지대에 놓이는 개인과 집단이 발생하지 않도록 하고, 모든 국민이 실질적으로 정치적인 영향력을 행사할 수 있는 여건을 마련해야 한다. 개인이 정당 및 다양한 사회단체의 활동에 참여함으로써 선거에 영향을 미칠 수 있도록 보장하는 것이 가장 대표적이다. … 다음으로, 사회경제적 통합을 위한 핵심적 요소는 국가의 직접적인 개입을 통해 소득보장과 인간다운 생활에 대한 배려, 양극화와 갈등의 해소를 달성하는 것이다. 특히, 근대국가는 신분 해방과 함께 경제적 번영을 달성한 반면, 사회적 권력의 불평등, 빈곤 및 계급화의 심화를 초래하였고, 현대 사회국가는 이러한 현상을 수정하고 공동체의 통합과 안정을 이루기 위한 국가의 적극적인 역할을 강조하면서 등장하였다. 헌법상 사회적 기본권 및 경제질서와 관련된 규정들은 가장 대표적으로 공동체의 사회경제적 통합을 목표로 한다. … 마지막으로, 국가는 국민들의 공통된 문화적 정체성을 기반으로 한다. 문화적 통합은 구성원 모두가 공동체의 정신적 창조물에 대한 접근과 공유, 정신적 가치의 창조 및 전달을 위한 기회를 자유롭고 평등하게 누리도록 함으로써 실현될 수 있다. 이에 비하여, 최근 첨

연구자	개념
	단과학기술의 급속한 발달과 세계화에 따라 국민 상호간에 접근 및 향유가 가능한 문화적 요소에 괴리가 발생하고, 구성원 사이의 문화적 단절을 야기할 가능성이 확대되고 있다. 그만큼 오늘날 문화적 통합을 국가공동체의 구성과 유지를 위한 중요한 요소로 인식해야 할 필요성이 크다. 한편, 가족은 문화적 통합을 위해 매우 핵심적인 기능을 담당한다. 가족은 개인이 자신과 다른 성별 및 세대를 이해하도록 하고, 더 큰 사회집단과 국가공동체의 문화적 규범을 교육하며, 적응력을 향상시키는 최소 단위이기 때문이다. … 위와 같이 통합을 위한 과제와 관련된 헌법의 규정을 정치적 사회경제적 문화적 영역으로 나누어 살펴보았지만, 각 영역의 통합은 독립적으로 이루어지는 것이 아니라 상호보완적 관계를 유지하는 가운데 융합적으로 이루어지는 것이다(pp. 435-437).

제6장

이민자의 사회통합 영향요인 분석
– 결혼이민자와 외국국적동포의 사회통합을 중심으로

단체활동 관련 변수 중에는 주민자치회·반상회 참석 여부와 방식만 유의한 영향을 미치고, 국가제도 및 사회 인식과 경험 관련 변수 중에는 한국생활 적응 저해요소로서의 다른 문화, 법 집행 공정성, 정부의 나의 의견에 대한 관심도, 전반적인 생활만족도 등 대부분의 변수들이 유의한 영향을 미치는 것으로 나타났다. 이와 같은 여러 요인 중에서 특히 법 집행의 공정성이 사회신뢰에 미치는 영향이 가장 큰 것으로 나타났는데, 이는 이민자의 사회통합에 있어서 국가제도 특히 법이나 정책 집행과정의 공정성이 매우 중요한 역할을 한다는 것을 의미한다. 이민자의 단체활동, 문화 차이 인식, 생활만족도 등 시민사회의 조건도 사회신뢰의 생성에 어느 정도 영향을 미치는 것임에 틀림없으나, 국가가 단체활동의 내용이 사회신뢰를 생성하는 방향으로 이루어질 수 있는 환경을 조성하고, 이민자와 내국인 간의 문화차이와 차별을 해소하여 삶의 질을 높이는 것이 더 중요할 수 있기 때문이라고 할 수 있다(본문 중에서).

들어가는 말

법무부 출입국·외국인통계에 따르면, 국내에 체류하는 외국인은 1990년
에 49,507명에 지나지 않았으나 1991년 산업연수생제도로 시작하여
2004년 고용허가제로 정착된 비전문취업 외국인근로자제도로 외국인근
로자가 들어오고, 1990년대 초반부터 국민의 배우자로 결혼이민자가 국
내에 체류하기 시작한데다가 2004년 2월에 개정된 재외동포법에 따라 중
국, 중앙아시아, 러시아 등지에서 외국국적동포들이 대거 입국함에 따라
외국인의 수는 기하급수적으로 증가하였다. 그 결과 1990년 이후 17년이
지난 2007년에는 1,066,273명으로 늘어나 외국인 백만 시대로 들어섰으
며, 2014년 말에는 1,797,618명으로 증가했다. 이 중에서 90일 이상 장
기체류하는 등록외국인과 거소 신고 외국국적동포의 수는 2002년
271,666명에서 2005년 510,509명으로 불과 3년 사이 두 배 가량 늘었
고, 2010년에는 1,002,742명으로 백만 명을 넘어섰으며, 2014년 말에는
1,377,945명으로 증가했다.

　지금과 같은 외국인 증가 추세는 저출산·고령화 현상 등으로 말미암아
앞으로는 더욱 가속화될 것으로 전망된다. 한국경제연구원(KERI)의 분석
에 의하면, 생산가능인구를 2017년 수준으로 유지하기 위해서는 2020년
에는 생산가능인구의 1.7%인 37만4천명의 이민자가 필요하고, 2030년
에는 생산가능인구의 13%인 427만4천명이 필요하다고 한다(한국경제연구
원 2014). 이러한 예측은 향후 20~30년 내 우리 사회도 20% 내외의 이민
자들이 살고 있는 서구 국가들과 같이 '명실상부한' 다문화사회가 될 것임
을 의미한다.

　우리와 다른 법·관습·언어·문화를 가진 외국인들이 우리 사회에 들어
와 살다보니 적응을 못해 생활상의 어려움이나 정신적 고통도 겪게 되고,

우리 국민과 부딪히는 일도 생기고 있다. 그렇지 않아도 우리 사회는 이미 빈부, 지역, 계층, 이념 간 갈등으로 다른 어느 선진국보다 많은 사회적 비용을 지불하고 있는데,243) 우리 국민과 외국인이 더불어 조화롭게 살아가는데 필요한 제도와 실천을 게을리 할 경우 국민과 이민자 간의 개인적인 갈등은 더욱 빈번하고 격화될 것이고, 이민자들이 집단으로 대응하게 될 경우 서구보다 더 많은 대가를 치러야할 지도 모른다.

우려스러운 것은 국민의 이민자에 대한 태도와 이민자의 한국사회 경험이다. 국민의 이민자에 대한 편견과 차별이 매우 심하고 이에 대한 이민자들의 불만 수준은 매우 높다. 2012년 전국 다문화가족 실태조사 결과에 의하면, 결혼이민자의 41.3%가 직장이나 상점 또는 동네에서 차별 당한 적이 있다고 답했다(여성가족부 2012). 비슷한 시기에 이루어진 다른 조사결과를 보면, 영주권자의 76%, 귀화자의 67.1%가 차별 당한 적이 있다고 답했고, 영주권자의 16%, 귀화자의 14.2%가 언어폭력을 당한 적이 있다고 답했다(정기선 2012). 2013년에 조사·발표된 정기선 외(2013)에 의하면, 고용허가제 외국인 근로자의 34.5%, 특례 고용허가제 외국인 근로자(중국동포)의 36.8%가 차별 받은 경험이 있다고 했다.

이처럼 차별을 받았다는 외국인이 많은 것은 우리 국민들의 편견이 심하기 때문이다. 여성가족부의 '2012 국민 다문화수용성 조사' 결과에 의하면, '어느 국가든 다양한 인종, 종교, 문화가 공존하는 것이 좋다'는 생각과 '외국 이주민들이 늘어나면 우리나라 문화는 더욱 풍부해진다'는 생각을 가진 국민은 각각 36.2%, 30.3%로, 유럽연합 회원국 평균인 73.7%, 58.3%에 비해 턱없이 낮은 수준이다. 외국인과 외국문화에 대한 편견이 심하고 그만큼 문화다양성과 이(異)문화에 대한 믿음을 가진 국민이 적다는 뜻이다. 우리 국민의 편견과 그에 따른 차별의식을 이보다 더 잘 보여주는 것은 '합법적 외국인 근로자에게는 우리나라 근로자와 같은 노동법적 권리가 주어져야 한다'는 주장에 대한 찬성율이다. 대부분의 서유럽 국가 국민들은 60~70%가 찬성한 반면, 우리 국민은 53.2%(적극 찬성 9.7% + 찬성 43.5%)가 찬성했다. 법 앞에서의 평등이라는 측면에서조차 이민자를 대등하게 받아들이는 국민이 적다는 뜻이다(여성가족부 2012).

우리 국민들의 외국인과 외국문화에 대한 심한 편견과 낮은 다문화수용성, 그리고 이민자들의 많은 차별 경험을 근거로 판단할 때, 최근 영국이나 프랑스와 같은 서유럽의 다문화사회가 겪고 있는 갈등이나 폭동이 우리나라에서도 발생하지 않을 것이라 장담하기는 어렵다. 최근에 이민자 폭동이나 테러를 겪은 영국이나 프랑스가 우리보다 다문화수용성이 강하고 이민자에 대해서도 개방적이라는 점을 고려하면, 더욱 그렇다. 특히 잘 조직된 종교단체나 강한 국가를 배경에 두고 있는 이민자 집단의 경우 개별 이민자에 대한 편견과 차별이 전체 집단으로 확대되고 국내외 환경이 급변할 때 개별적인 불만이 집단화되어 내국인과의 집단갈등으로 확대될 가능성이 크다. 얼마전 이슬람 수니파 극단주의 무장단체 '이슬람국가'(IS)에 의한 프랑스 파리 테러사건과 터키에서 발생한 한국인 실종 사건 발생 직후 있었던 이슬람 창시자 무함마드의 탄생일을 축하하기 위한 거리행진 과정에서 재한 이슬람교도들의 우려와 불만, 그리고 이를 지켜보는 국민의 우려나 경찰의 경계심은 바로 이러한 가능성을 보여주는 것이라 할 수 있다(오승훈 2015).

이민자의 사회통합에 대한 관심을 가질 수밖에 없는 것은 바로 이러한 이유에서다. 이민자가 체류국 사회에 잘 통합되면 체류국 국민과의 갈등을 줄일 수 있을 뿐만 아니라, 이민자가 체류국 사회생활에 보다 깊이 참여할 수 있게 되어 심리적 만족감도 높아지고 이웃이나 지역사회 또는 국가가 어려운 상황에 처했을 때 적극적으로 나서서 도와주게 될 것이다(Bollen & Hoyle 1990; Boix & Posner 1998). 한국정부도 이러한 점을 인식하고 2008년 제1차 외국인정책 기본계획을 수립할 때 이민자 사회통합을 중요한 정책 목표의 하나로 설정하고 다양한 정책을 시행해왔다.

이러한 맥락에서 이민자가 우리 사회에 얼마나 통합되었는지를 분석하는 것은 매우 중요한 일이다. 그럼에도 불구하고, 아직 이민자의 사회통합 수준과 영향요인을 분석한 연구는 거의 전무한 상태다. 본 논문에서는 최근에 이민자를 대상으로 설문조사의 원자료(raw data)를 사용하여 결혼이민자와 외국국적동포의 사회통합에 영향을 미치는 요인을 파악해보고자 한다. 이민자 중에서 결혼이민자와 외국국적동포를 택한 것은 이 두 집단은 외국인 주민 중에서 외국인근로자를 제외하면 가장 많은 비중을 차지하고 있으며, 결혼이민자는 국민의 배우자이라는 점에서 그리고 외국국적동포는 같은 민족이라는 점에서 우리 사회에 영구히 또는 장기 정주할 가능성이 다른 어느 집단보다 높기 때문이다(〈표 6-1〉).[244]

이후 서술의 순서는 먼저, 사회통합 영향요인에 대한 기존연구를 검토한다. 다음, 『2012년 체류외국인 실태조사』의 원자료를 이용하여 사회통합 영향요인을 파악할 것이다.

〈표 6-1〉 외국인 주민 현황 (2014년 12월말 기준)

구분		인원수
국적 미취득자	취업자격(전문인력, 단순기능인력)[1]	617,145
	결혼이민자[2]	150,994
	유학생	86,410
	외국국적동포[2]	421,866
	기타[3]	521,203
	소계	1,797,618
국적취득자	혼인귀화자	101,507
	기타 사유 국적 취득자	82,436
	소계	183,943
외국인주민자녀	외국인 부모	13,512
	외국인·한국인 부모	179,283
	한국인 부모	11,409
	소계	204,204
전체		2,185,765

주 [1] 취업자격을 가진 외국국적동포(단기취업, 전문취업, 비전문취업, 방문취업) 포함. [2] 재외동포(F-4)와 영주자격(F-5) 포함. [3] 단기체류자격 외국인(419,673명) 포함.
자료: 출입국외국인정책본부, 『2013년 출입국외국인 통계연보』와 『2014년 12월 통계월보』.

기존연구 검토와 연구방법

사회통합의 개념

사회통합의 영향요인을 파악하기 전에, 사회통합의 개념을 살펴볼 필요가 있다. 기존 연구들은 대부분 '사회통합'을 내국인과 외국인이 상호 이해와 존중으로 조화로운 관계를 형성·유지하기 위한 '제도적·정책적 조건', 또는 그러한 조건을 갖추어 나가는 '과정'이나 내국인과 외국인의 '노력'으로 정의하고 있다(설동훈·김명아 2008; 설동훈 2010; 전경옥 외 2011; 정기선 2012; 문유경·전기택 2011; 김이선·이아름 2012; 신명숙 2013; 김영란 2013).

이러한 접근방식은 우선, 사회통합(을 위한) 제도·정책과 (일반적으로 '상태'를 의미하는) 사회통합 그 자체를 동일시한다는 문제점이 있다. 예를 들면, 유럽이나 한국에서 개발한 이민자사회통합(정책)지표(MIPEX)는 사회통합을 촉진하기 위한 정책에 지나지 않는다. 그럼에도 불구하고 그것이 사회통합 그 자체로 착각할 경우, 수단과 결과를 혼돈할 뿐만 아니라 사회통합에 영향을 미치는 다른 요인을 무시할 수 있다.

다음, 사회통합을 과정으로 정의하거나 과정과 최종 도달점을 구분하지 않을 경우, 세 가지 문제가 생길 수 있다. 첫째, 통합된 사회에 도달하는 과정과 도달점인 통합된 사회(또는 상태)가 같을 수 없다. 둘째, 이민자가 통합되는 '과정'과 통합된 사회를 실현하기 위한 '정책'을 동일시하는 경우 통합된 사회에 이르는 과정에서 영향을 미치는 정책 이외의 다른 요인을 고려하지 않게 만들거나 정책만 잘 만들어 시행하면 이민자를 통합할 수 있다는 착각을 불러일으킬 우려가 있다. 셋째, 마지막으로, 목표 또는 상태로서의 사회통합과 이를 실현하기 위한 정책적 노력 또는 환경적 (제도적) 조건을 구분하지 않을 경우, 후자 특히 정책이 실제로 사회통합에 얼마나 영향을 미쳤는지를 객관적으로 파악할 수 없고, 또한 이민자 사회통합 정책성과를 평가하기도 어렵다(정영태 외 2014).

이러한 일반적인 연구 흐름과는 달리, 일부 연구는 사회통합의 개념을 사회구성원이 통합되어 있는 상태라는 관점에서 통합된 사회의 구성원(내국인이나 외국인)이 가지고 있는 주관적 인식과 행동의 특성에 초점을 맞추고 있다. 예를 들면, 노대명(2009)은 사회통합을 '사회구성원 간 가치공유와 협력이 이루어지는 상태' 또는 '사회구성원이 공동체에 대한 귀속감을 가지고 공동의 목표를 달성하기 위해 실천하는 것'으로 정의하고 있으며, 이희길(2013)은 사회통합의 개념을 객관적 요소와 주관적 요소로 구성되어 있는 것으로 보고 주관적 요소에는 신뢰, 소속감, 협력의지, 그리고 객관적 요소에는 사람들의 실제 참여와 협력의 행동을 포함시키고 있다.245)

본 논문에서는 후자의 개념정의 방식을 받아들여, 사회구성원들이 통합된 상태와 그러한 상태에 도달하는 과정을 분리하고, 전자만 사회통합의 개념 속에 포함시킨다. 즉 기존 연구에서 말하는 사회통합은 이러한 상태에 도달하기 위한 '개입 전략·행동·정책'과 그러한 상태에 도달하는 것을 용이하게 또는 어렵게 하는 '영향요인'도 함께 포함하고 있지만, 본 논문에서는 사회통합의 개념을 '이민자를 포함한 사회구성원이 잘 통합된 상태'만을 포함하여 정의한다.246) 따라서 통합된 상태에 도달하는 과정에서 작용하는 영향요인과, 통합된 사회를 실현하기 위한 이민자·체류국(국민, 단체, 정부)의 전략적 선택(적응능력, 민간지원, 공공정책)은 사회통합의 개념 정의에서 제외하고, 오로지 사회구성원들이 통합된 상태가 가지고 있는 특성만 포함한다.

이러한 관점에서 사회통합의 개념을 정의하면 다음과 같다. 사회통합의 학술적인 개념은 일상적인 용법을 볼 수 있는 사전적 의미에서 벗어나서는 안된다. 동서양을 막론하고 통합의 일상적인 의미는 '둘 이상의 것을 하나의 큰 줄거리로 모으는 것' 혹은 '다양한 입장을 아울러 조화롭고 질서 있게 만드는 것'으로 되어 있다(이재열 외 2014: 116-117). 따라서 통합은 이러한 일상적인 의미를 반영하여 '구성요소들이 함께 달라붙어서 실질적인 또는 유의미한 하나의 전체를 이루고 있는 상태'로 정의하고, 사회통합은 '사회구성원들이 서로 간 거리가 벌어지지 않고 결속(결합) 또는 밀착해 붙어 있는 상태'로 정의하는 것이 바람직할 것이다.

다음, 잘 통합된 사회의 상태를 직접 관찰할 수 없기 때문에 그러한 사회가 가지고 있는 특성을 파악하든지, 구성원이 다른 구성원 또는 전체 사회에 대해서 느끼는 감정·인식이나 그에 따른 행동의 특성을 통해 간접적으로 파악할 수밖에 없다.[247] 그리고 전자 즉 통합된 상태의 특성은 궁극적으로는 후자 즉 구성원의 심리적 상태나 행동의 결과물이라고 할 수 있기 때문에, 통합된 상태에 있는 구성원들이 보여주는 심리적 특성이나 행동을 사회통합의 지표(proxy indicator)로 삼을 수 있다.

통합된 사회의 구성원들이 갖는 심리적 특성 즉 사회통합의 지표는 다양하다. 국내연구에서는 (한국사회 구성원, 시민단체, 국가기관에 대한) 신뢰감, 소속감, (다른 구성원이나 시민단체 또는 국가기관과의) 협력의사, 삶의 만족도, 행복감, (지역사회와 지역주민에 대한) 친근감, 포용력 등이 제시되고 있으며(장용석 외 2014; 노대명 2009; 강신욱 2010; 이희길 2013), 해외연구에서는 집단 소속감과 집단에 대한 자부심(Bollen and Hoyle 1990), 신뢰(trust), 협력의사 (willingness to cooperate), 사회적 정체성(common social identity), 소속감 (sense of belonging)[248] 등과 같다(Chan et al. 2006; Berman and Phillips 2004). 이 중에서 국내외 연구자들이 공통적으로 제안하고 있는 것은 협력의사, 신뢰, 소속감(또는 사회적 정체성)이다.

그런데 협력의사, 신뢰, 소속감, 이 세 가지 중에서 국가 또는 사회 전체의 관점에서 가장 중요한 것은 협력의사라고 할 수 있다. 우선, 사회구성원들이 어려운 처지에 놓여 있는 다른 구성원을 돕고 전체 사회의 공동목표를 위해 협력하지 않는 사회는 통합되어 있다고 보기 어렵기 때문이다(Chen et al. 2006: 289). 이런 이유에서 국내외 연구자나 정책관계자들은 구성원들이 전사회적 위기가 발생하거나 공동목표를 추진할 때 기꺼이 동참하고 협력하는 분위기를 조성하는 것이 사회통합의 궁극적 목표가 되어야 한다고 강조한다(사회통합위원회 2012: 42-44; 노대명 2009: 18; 강신욱 외 2012. cf. Boix and Posner 1998). 실제로 국가, 기업체, 시민단체를 포함한 모든 조직의 위기극복이나 발전에서 가장 중요한 요소는 구성원 간의 협력과 결속이라는 연구결과들이 많이 나와 있다.249) 이러한 점들을 고려할 때, 협력(의사나 행동)이 사회통합의 지표가 되어야 한다는 것은 분명하다.

여기서 말하는 사회통합 지표로서의 '협력'은 테러공격이 발생했을 때 서로 돕는 것과 같이 일회성 또는 단기간이 아니라 장기간 반복적으로 나타나는 것이어야 한다. 일회성 내지 단기적인 협력은 동정심 등과 같은 보편적인 인간본성에서 나타날 수 있고, 그런 성격의 협력이 가끔 나타나는 사회를 보고 통합이 잘되었다고 하지도 않고 그래서도 안되기 때문이다.250) 장기적으로 지속되거나 반복적으로 나타나는 협력은 금전적인 비용과 혜택의 비교에 따른 합리적 선택이라는 계산적 요인(calculative orientation) 이외에도 다른 요인을 필요로 한다(Williams 2001).251) 그러한 요인에는 다른 사람의 복지를 고려하는 심성(예를 들면, 배려심, Jordan et al. 2014; Smith et al. 1995), 특정한 사람·제도·기관에 대한 신뢰 또는 일반인·제도·기관에 대한 신뢰(trust, 최대정·박동건 2002; 권기대·이상환 2003; 배병룡 2005; 권석균 2010; 최경일 2010; 최춘산·김범식 2011; 이주호·이한재·권경득 2013; 양건모·배귀희 2013; 구정대 2014; McAllister 1995; Jones & George 1998; Quigley et al. 2007; Dakhli 2009; Hooghe & Marien 2010; Lee, Stajkovic, and Cho 2011; Sønderskov 2011; Pagotta et al. 2014; Acedo and Gomila 2013; Acedeo-Carmona and Gomila 2014),252) 사회적 정체성(social identity, Simpson 2006; Brewer 1996; Montoya 2011; O'Hare, Ford, and Henderson 2013; Koopmans & Veit 2014) 또는 소속감(또는 귀속감 sense of belonging, Haslam et al. 2003; Haslam 2004; Simpson 2014) 등이 포함된다.253)

이와 같은 기존 연구의 결과에 따르면, 협력의사는 신뢰와 소속감의 결과물이라고 할 수 있다. 물론 협력의사는 실제 협력행동으로 옮겨지고 성과를 거두면 신뢰나 소속감을 강화하는 측면도 있다(Rousseau et al. 1998; Jones 1998; Lewicki & Tomlinson 2003; Waggonner 2009; Loobuyck 2012; Cagala et al. 2014)는 점에서 신뢰·소속감과 협력의사는 쌍방향의 인과관계에 놓여 있다고 할 수 있지만, 협력행동이 신뢰·소속감을 강화하는 한에서 또 다른 협력행동이 나올 수 있다는 점에서, 협력행동은 신뢰나 소속감의 결과물이라고 할 수 있다(〈그림 6-1〉). 이러한 점을 고려할 때, 이민자의 한국사회 신뢰와 한국국가 소속감을 사회통합의 기본 지표로 하고, 이두 가지 요소의 효과로 볼 수 있는 한국사회나 국가에 대한 협력의사와 행동은 부수 지표로 삼을 수 있다.

이상의 논의를 바탕으로, 본 논문에서는 사회통합의 기본 지표 중 사회신뢰에 초점을 맞추어, 그 영향요인을 파악함으로서 이민자의 사회통합의 영향요인을 가늠해 보고자 한다.254)

〈그림 6-1〉 이민자 사회통합 지표 간 관계

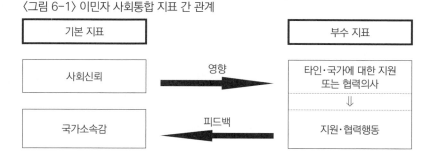

사회신뢰의 영향요인

신뢰의 사전적 의미는 '굳게 믿고 의지함'이다. 신뢰의 영어 표현은 'trust', 'confidence', 'faith'로 신뢰, 신임, 믿음 등으로 해석된다. 학술적인 의미는 연구자에 따라 각기 다르게 정의되고 있으나,[255] '둘 또는 그 이상의 사람 간의 관계에서 발생하는 정서(feeling)로서 상대의 행위를 완벽하게 통제하거나 예측할 수 없어 어느 정도의 위험(risk)발생할 수 있는 상황임에도 불구하고 상대의 행위가 반규범적이거나 본인에게 해를 끼치지 않을 것이라는 기대감'(김은미 외 2012: 48)으로 정의하고자 한다. 다시 말하면, '불확정한 위험 상황 속에서 내가 아는 사람 또는 모르는 누군가가 나의 이해관계에 부합하는 방향으로 행동할 것이며, 그렇지 않은 경우라 할지라도 최소한 나의 이해관계에 반하는 행동을 하지 않을 것이라는 기대'를 신뢰로 정의할 수 있다(김욱진 2014: 3).

사회신뢰는 타인에 대한 신뢰의 한 유형으로[256] 사회적 자본(social capital)의 가장 중요한 구성요소이며,[257] 사회적 연결망(social network)이나 호혜성(reciprocity)와 같은 다른 유형의 사회적 자본을 형성하는 기반이 된다(임완섭 2014). 또한 사회신뢰는 가시적·비가시적 거래비용을 절감하여 시장경제의 효율성을 제고하며 경제성장에도 기여한다(Fukuyama 1995; Delhey & Newton 2003; 이동원 2013). 뿐만 아니라, 사회신뢰는 서로 처음 만나거나 익명의 사람들을 통합하여 조화로운 관계를 맺도록 하여 사회통합에도 기여하고, 현안에도 적극 관여케 하고 자발적으로 공동의 문제해결에 협력하도록 하며, 정치인이나 관료의 부패를 줄이고 국민에 대한 반응성을 높여 민주주의를 발전시키며 공공재를 효율적으로 공급할 수 있게 한다(이동원 2013; 김욱진 2014; Delhey & Newton 2003). 나아가 사회신뢰는 개인의 차원에서도 삶의 질을 높이고 정신건강을 증진시켜 삶의 만족도를 제고하고 수명을 늘리는데도 기여한다(박종민·김왕식 2006; 김욱진 2014; Delhey & Newton 2003).

이처럼 중요한 역할을 하는 사회신뢰를 생성하게 하는 요인은 무엇인지 알아보기 위해 덜헤이 와 뉴튼의 논의(Delhey and Newton 2003)를 살펴보기로 한다. 이들에 의하면, 사회신뢰의 영향요인에 대한 접근방법에는 크게 개인에 초점을 맞추는 개인중심 접근방법과 사회에 초점을 맞추는 사회중심 접근방법의 두 가지가 있다. 전자는 사회신뢰를 개인의 성향(personality traits, 즉 신뢰성향) 또는 사회인구학적 특성에 초점을 맞추는 반면, 후자는 신뢰문화나 신뢰를 촉진하는 정치·사회제도 등과 같은 사회체제 또는 사회의 특성 내지 제도에 초점을 맞춘다.

개인의 특성에 초점을 맞추는 개인중심이론에는 다시 개성이론과 사회적 성공이론의 두 가지가 있다. 개성이론(personality theory)에서는 사회심리학적인 측면에 초점을 맞추어, 사회신뢰를 초기 아동기의 사회화과정을 통해 부모로부터 습득한 뒤 정신적 외상을 초래하는 경험을 하지 않는 한 대체로 지속되는 개성의 핵심 요소로 파악하고 있다(Erikson 1950; Allport 1961; Cattell 1965; Uslaner 1999, 2000. Delhey & Newton 2003에서 인용).258) 이 이론을 내세우는 연구자들은 사회신뢰(성향)가 낙천주의(optimism)나 외부세계(또는 자신의 삶)를 통제할 수 있는 능력 또는 주관적인 감정과 밀접한 관계가 있다고 본다(Uslaner 1999). 즉 사회적 성공이론(social success and well-being theory)에서도 개인 관련 요인에 관심을 가진다는 점에서 개성이론을 유사하나 사회심리학적인 측면이 아니라 삶의 경험에 영향을 미치는 소득, 사회적 지위, 교육수준, 삶의 만족도, 직업만족도, 행복감, 불안감 등과 같은 사회인구학적인 조건에 초점을 맞춘다. 예를 들면, 신뢰는 일반적으로 위험부담이 따르지만 특히 가난한 이들에게는 그 부담이 더욱 크기 때문에 신뢰가 약하나, 부유한 이들은 그 부담을 감수할 여력이 있기 때문에 신뢰가 강하다는 것이다(Banfield 1958. Delhey & Newton 2003: 96에서 재인용). 오렌(Orren) 등도 금전, 사회적 지위, 직업·삶의 만족도, 주관적인 행복감의 측면에서 승자인 이들이 상대적으로 사회신뢰가 높다는 연구들도 사

회적 성공이론에 속한다(Orren 1997; Newton 1999a; Whiteley 1999).259)

다른 한편, 사회체제나 사회의 특성·제도에 초점을 맞추는 사회중심이론에서는 신뢰는 좀처럼 변치 않는 개성의 구성요소가 아니라 경험의 산물로서 환경이나 상황에 따라 신뢰와 불신 사이를 왔다 갔다 하면서 바뀔수 있다고 가정한다. 이러한 관점에서 보면, 사회조사에서 나타난 신뢰수준은 응답자가 살고 있는 사회가 얼마나 신뢰할만한 지를 말해주는 것이지 응답자의 개성에 대해서 말해주는 것은 아니라는 것이다. 사회신뢰가환경의 영향을 받는다면 사회체제 수준의 요인과 통계적으로 유의한 상관관계를 가질 것이라고 본다. 이러한 사회중심이론에는 자발적 결사체이론, 사회적 연결망이론, 공동체이론, 사회구조이론 등의 네 가지가 있다.

먼저, 자발적 결사체론(voluntary association theory)은 다양한 성격의 결사체와 조직이 많은 사회일수록 높은 수준의 사회신뢰가 생성된다고 주장한다(Tocqueville 1956; Almond and Verba 1963; Putnam 1993; Warren 2001. 박종민·김왕식 2006에서 재인용). 이 이론에 의하면, 지역사회(local community)수준의 자발적 단체에 참여하여 구성원들이 지속적으로 접촉함으로서 시민덕성과 민주규범을 학습하게 되고 나아가 참여기술과 자원을 습득할 수있도록 한다. 또한 사람들이 자발적 결사체에 참여하여 다른 구성원과 친밀하게 지냄으로써 참여의 미덕은 물론 신뢰, 상호성, 협력, 타인에 대한공감, 공동의 이익과 공공선을 가슴으로 받아들이는 습관을 배우게 된다는 것이다(박종민·김왕식 2006; Dedley &Newton 2003). 자발적 결사체이론은주로 사회신뢰와 자발적 결사체의 가입과 활동의 상관관계를 분석하여 그타당성을 검증한다.

다음, 사회적 연결망이론(network theory)에서는 공식적인 결사체보다는매일매일 일상생활에서 맺는 사회적 연결이 사회신뢰의 형성에 더 중요하다고 본다. 이 경우 일상적인 사회적 연결망은 동네 선술집, 직장, 독서모임, 봉사단체 등에서 우연히 만나거나, 학교, 주민센터, 거주지 등에서 카풀(car pool)이나 어린이 돌봄 또는 지역문제해결을 위한 일시적인 모임에 참여하는 사람들 간에 느슨한 형태로 엮어진 네트워크를 의미한다. 사회적 연결이론은 주로 비공식 사회적 네트워크와 사회신뢰의 상관관계를 분석하여 그 타당성을 검증한다.

그 다음, 지역공동체론(community theory)은 지역공동체 내의 비공식 사회적 연결망이 아니라 지역공동체 그 자체의 특성, 예를 들면, 도시규모 또는 공동체에 대한 만족도나 안전성 등에 초점을 맞추어 사회신뢰 형성을 설명한다. 마지막으로, 사회구조이론(societal theory)은 지역공동체가 아니라 전체 사회 또는 국가의 특성에 초점을 맞춘다. 여기서 주로 인용되는 사회신뢰 영향요인은 국민소득, 소득불평등, 보편적 사회복지, 사법부의 독립, 행정부에 대한 견제와 감시, 소득이나 에스니시티(ethnicity) 등에 의한 사회양극화 등이고, 핵심 주장은 계급, 소득집단, 또는 에스니시티(ethnicity)를 근거한 사회균열의 정도가 사회신뢰에 영향을 미친다는 것이다. 이 경우 방금 언급한 요소와 관련된 제도 등 객관적인 조건보다는, 사회갈등의 강도나 정치적 자유, 공공안전, 민주제도 등에 대한 사람들의 감정이나 인식을 측정하여 가설을 검증한다. 지금까지 살펴본 덜헤이와 뉴턴(2003)의 논의를 정리하면, 〈표 6-2〉와 같다.

최근 들어 국내에서도 사회신뢰에 대한 연구가 크게 늘어났는데, 이들은 초기 국내외 연구들의 문제점을 지적하면서 기존의 이론을 정교화하고

〈표 6-2〉 사회신뢰 영향요인에 대한 접근방법과 이론

접근방법	이론	주요 영향요인
개인중심	개성이론	낙천주의, 외부세계나 나의 삶에 대한 통제력
	사회적 성공이론	소득, 사회적 지위, 삶의 만족도, 직업만족도, 행복감, 불안감
사회중심	자발적 결사체론	자발적 결사체 가입·활동 여부
	사회적 연결망이론	타인과의 비공식적인(또는 사적인) 네트워크
	공동체론	도시규모, 공동체에 대한 만족도, 공동체의 안전성
	사회구조론	사회갈등, 민주주의제도에 대한 만족도, 정치적 자유, 공공안전

자료: Delhey & Newton(2003).

있다. 여기서는 앞에서 검토한 다양한 관점의 연구들을 종합적으로 평가하고 설문조사자료를 활용하여 경험적으로 검증한 박종민과 김왕식(2006)의 논의를 중심으로 살펴보기로 한다.

박종민과 김왕식(2006)은 사회신뢰의 생성에 대한 기존의 이론들을 '시민사회론'과 '국가제도론'의 두 가지로 나누어 각각의 설득력을 살펴 본 뒤, 다중회귀분석기법을 활용하여 유의미한 설명변수를 가려냈다. 먼저, 자발적 결사체가 사회신뢰 형성에 미치는 영향을 강조한 초기 '시민사회론'이 실제로는 네 가지 측면에서 문제가 있다는 점을 지적하면서 대안을 제시하였다. 초기 연구에서는 첫 번째, 지역에서 활동하는 많은 자발적 결사체에 사람들이 가입하여 신뢰와 상호성의 규범을 학습한다고 했으나, 실제로는 과장되었다. 두 번째, 자발적 결사체가 신뢰형성에 영향을 줄 수도 있지만, 원래 사회신뢰가 많은 사람이 자발적 결사체에 참여할 수 있다는 점을 고려하지 않았다.

세 번째, 자발적 결사체에 적극 참여하여 대면접촉과 상호작용이 빈번한 사람이 그렇지 않은 사람보다 신뢰와 상호성 규범을 확실히 학습한다고 했으나 실제로는 별 차이가 없는 것으로 밝혀졌기 때문에 정기적이거나 빈번한 대면접촉이 없어도 단체가입만으로도 사회신뢰가 형성될 수 있다는 것을 의미한다. 마지막으로, 초기 연구자들은 교차적 상호작용과 접착적 상호작용을 구분하고, 전자만이 사회신뢰의 생성에 기여한다고 했으나, 일반적으로 대부분의 사람들은 사회적 배경이 유사한 단체에 가입하기 때문에 사회적으로는 자발적 결사체의 사회신뢰 형성에 기여하는 바가 의외로 적을 수 있다.

초기 연구에 대한 이러한 분석에 근거하여 박종민과 김왕식은 모든 유형의 자발적 결사체가 사회신뢰의 형성에 긍정적이지는 않으며, 사회신뢰의 생성에 기여하는 단체는 대면적 상호작용이 일어나고(대면성), 회원들의 사회배경이 다양하고 이질적이며(교차성), 수평적 상호작용이 일어나는 자발적 결사체(수평성)일 것이라고 가정한다(박종민·김왕식 2006: 156).

다음, 국가제도론은 덜헤이와 뉴턴(Dulhey & Newton 2003)이 설명한 사회구조론과 유사하지만, 사회의 전반적인 특성에 초점을 맞추는 후자와는 달리 정치제도와 국가기관에 초점을 맞추어 보다 자세하게 설명하고 있다. 사회신뢰는 오랜 시간 서서히 형성된 역사적 산물로 보는 초기 연구와는 달리, 국가제도론에서는 제도와 국가정책도 사회신뢰 형성에 기여할 수 있다는 전제 하에, 사회신뢰 생성에 기여하는 제도와 국가의 특성을 파악하고 있다. 이들이 파악한 제도와 국가의 특성은 세 가지로 정리할 수 있다.

하나는 민주적인 정치제도로, 독재나 권위주의 체제에서는 억압을 통해 정권을 유지하기 때문에 자발적 결사체의 결성과 활동이 어려울 뿐만 아니라 도청이나 정보원을 이용하여 국민을 감시하고 상호불신을 조장하기 때문에 사회신뢰의 형성이 어렵지만, 시민적 권리와 정치적 자유를 보장하는 민주적 정치체제에서는 자발적 결사체의 결성과 자유로운 활동을 보장하기 때문에 사회신뢰가 형성되기 쉽다는 것이다. 다른 하나는 국가기관이 시민들이 법을 지키지 않으면 안되는 여건을 조성하지 못하면 시민들은 다른 사람을 대할 때 조심하게 될 뿐만 아니라 스스로 법도 지키려 하지 않아 전체 사회는 '만인에 의한 만인의 투쟁'이 난무하는 사회가 되어, 사회신뢰가 발전하기 어렵다는 것이다. 이런 맥락에서 특히 법원, 검찰, 경찰 등 법질서를 담당하는 국가기관의 공정성은 사회신뢰가 발전할 수 있는 여건 조성에 결정적으로 중요하다.

민주제도와 국가의 공정성 이외에도 국가제도의 측면에서는 집행기관의 부패, 권력남용, 자의적 결정, 시민요구에 대한 무관심, 체계적 차별 등도 사회신뢰에 영향을 미칠 수 있다고 언급하고 있다. 나머지 하나는 사회적 불평등과 차별을 줄이기 위한 복지제도와 정책이다. 승자와 패자 간의 불평등이 격심한 사회에서는 공동체적인 연대성이 약해져 상호 불신과 사회갈등이 심해질 수 있기 때문에 불평등을 완화하고 패자의 수를 줄이는 복지제도와 정책은 신뢰형성에 기여할 수 있다는 것이다. 같은 맥락에서 성, 인종, 지역 등에 따른 차별도 신뢰형성에 장애가 될 수 있음을 지적하고 있다.

이러한 논의에 바탕으로, 박종민과 김왕식(2006)은 사회신뢰를 종속변수로 하고, 가입단체와 관련된 두 개의 변수(유형, 수)와, 국가제도의 질과 관련된 4개의 변수(공정성, 부패성, 편파성, 민주성)를 설명변수로 하여 다중회귀분석을 실시한 결과, 가입단체 중에서 사적 모임, 국가제도의 질과 관련된 4개 변수 모두가 사회신뢰에 영향을 미치고, 4개의 통제변수(성, 연령, 교육, 소득) 중에서는 소득만이 영향을 미친다는 것을 밝혔다. 공식단체가 아니라 사적 모임이 영향을 미친 것은 대면접촉과 수평적 상호작용이 나타날 가능성이 더 크기 때문인 것으로 추론하였다. 국가제도의 질이 중요한 것은 정책과정이 공정하게 이루어지고 사회적 연대성과 통합성을 지향할수록 신뢰형성에 유리한 여건이 조성되기 때문이라고 설명했다. 또한 인구사회학적 변수 중에서 소득이 영향력을 가진 것은 사회적 승자를 규정하는 핵심적인 요소이기 때문이라고 보았다.

지금까지 살펴본 것을 정리하면, 사회신뢰에 영향을 미치는 요인으로 단체 내에서의 대인관계나 국가제도(또는 사회관계)의 내용 또는 질적 수준이 중요하다. 다시 말하면, 사회신뢰 수준은 얼마나 많은 단체 가입해 있느냐 하는 것보다는 단체 내 구성원 간 관계의 내용 또는 질(quality)이 어떤가 하는 것과, 국가가 얼마나 민주적이고 공정·공평하게 정책을 결정하느냐 하는 것에 달려 있다(이병기 2009; 이동원 2013; 임완섭 2014). 개인의 사회경제적 지위와 관련해서는 사회적 승자일수록 사회신뢰 수준이 높다는 점에서, 사회적 지위나 소득수준 또는 삶의 만족도(또는 가정·직장·경제 만족도)를 사회신뢰의 중요한 독립변수로 삼을 수 있다(김욱진 2014). 사회경제적 지위 이외 개인의 특성과 관련된 사회신뢰 영향요인에는 신뢰성향, 외부세계 통제가능성에 대한 믿음(예, 정치적 효능감 political efficacy), 사회적응의 의지나 전략 등이 포함될 수 있다.

분석모형

본 연구에서는 기존 연구의 결과에서 사회신뢰의 유의미한 영향을 미치는 것으로 밝혀진 변수들을 참고로 하고, 이민자의 특성을 고려하여, 정기선 외(2013)의 『2012년 체류외국인 실태조사: 영주권자와 귀화자를 중심으로』의 원자료(raw data)에서 사용된 문항 중에서 다음과 같은 문항을 사회신뢰의 영향요인지표(설명변수)로 선정하였다.

먼저, '단체활동'과 관련된 변수는 가입단체(동호회·여가모임, 종교단체, 주민자치회·반상회) 참여도로 하고, 다음, '국가제도나 사회에 대한 평가나 인식'과 관련된 변수에는 차별당한 경험 여부, 문화 차이의 심각성(즉 문화 차이가

〈그림 6-2〉 사회통합 분석모형

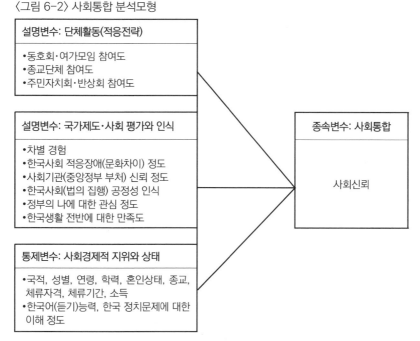

이민자의 한국사회 적응에 문제가 되는 정도), 정부의 나에 대한 관심 정도, TV 방송국에 대한 신뢰 정도, 언론·대중매체의 공정성에 대한 평가, 한국생활 전반에 대한 만족도를 포함시켰다. 마지막으로, 통제변수인 '개인의 사회경제적 지위나 상태'와 관련된 변수에는 국적, 성별, 연령, 학력, 혼인상태, 종교, 체류자격, 체류기간, 한국어(듣기)능력, 한국 정치·행정문제에 대한 이해 정도 등을 선정했다(〈그림 6-2〉).

자료와 분석방법

본 논문에서 활용한 통계자료는 정기선 외(2013)의 『2012년 체류외국인 실태조사: 영주권자와 귀화자를 중심으로』의 원자료(raw data)이고, 260) 종속변수와 설명변수를 다음과 같이 선정, 리코딩(re-cording)하였다(〈표 6-3〉). 다음, 각 설명변수 내 집단별 평균의 차이가 유의미한지, 각 설명변수가 종속변수인 사회신뢰에 개별적으로 유의미한 영향을 미치는지를 파악하기 위해 SPSS 통계프로그램을 활용하여 일원배치 분산분석(One-way ANOVA)을 실시하였다. 마지막으로, 이들 설명변수와 통제변수가 사회신뢰에 미치는 영향을 파악하기 위해 회귀분석을 실시하였다.

<표 6-3> 변수 선정 및 코딩

범주	문항	코딩	비고
사회신뢰	한국사회가 어느 정도 믿을 수 있는 사회라고 생각하는가(A1)	0-완전불신, 10-완전신뢰	종속 변수
단체활동	동호회·여가모임(D3-2)	0-참여하지 않음 3-온라인·오프라인 모두 비슷한 정도로 참여	
	종교단체(D3-4)		
	주민자치회·반상회 (D3-5)		
국가제도와 사회 경험·인식	정부는 나 같은 사람의 의견에 관심이 없다 (D7-2)	1-매우 그렇다 5-매우 그렇지 않다	독립 변수
	중앙정부 부처를 이끌어가는 사람들을 얼마나 신뢰하는가(A2-8)	1-거의 신뢰하지 않음 3-매우 신뢰	
	법의 집행이 얼마나 공정하다고 생각하는가 (A11-3)	1-매우 불공정 5-매우 공정	
	차별당한 경험(D-1)	있다=1, 없다=0	
	한국사회의 구성원으로 살아가는데 있어서 다른 문화가 얼마나 큰 문제인가(A10-2)	0-전혀 아님 3-매우 큰 문제	
	경제적인 면, 직업, 건강 등을 고려할 때 현재 생활에 어느 정도 만족하는가(A7)	1-매우 불만족 5-매우 만족	
사회경제적 지위·상태	국적(B5), 성별(SQ3), 연령(B1), 학력(B10: 정규학교를 다닌 햇수), 한국체류기간(B4)	연속	통제 변수
	혼인상태(E1)	1-기혼동거 0-미혼·사별·이혼	
	체류자격(Type)	1-영주권자 0-귀화자	
	종교(B14)	개신교, 천주교, 불교, 없음(각각 1-0, dummy)	
	한국어 듣기(A4-2)	1-매우 못함 5-매우 잘함	
	나는 한국이 당면하고 있는 중요한 정치문제를 잘 이해하고 있다(D7-3)	1-매우 그렇지 않음 5-매우 그러함	
	월평균 가구수입(F4)	1-100만원 8-700만원	

분석결과

〈표 6-4〉는 본 연구에서 설명변수로 선정된 단체활동(주민자치회·반상회, 동호회·여가모임, 종교단체 참여도)과, 국가제도와 사회에 대한 경험과 인식(문화차이, 차별경험, 법집행 공정성, 중앙정부 부처 신뢰, 정부의 나에 대한 관심, 생활만족도)의 사회신뢰 점수를 내부 집단 간에 비교한 것이다. 이를 통해 다음과 같은 것을 알 수 있다.

첫째, 이민자들이 참여하는 단체 중에서 주민자치회나 반상회만이 참여여부와 방식이 사회신뢰 수준에 영향을 미친다. 즉 온라인과 오프라인상으로 주민자치회와 반상회에 비슷한 정도로 참여하는 이민자의 사회신뢰수준이 참여하지 않는 이민자와, 온라인이나 오프라인 중 어느 한 방식으로만 참여하는 이민자보다 높았다. 전체적으로 온라인이든 오프라인이든 주민자치회나 반상회에 참여하는 이들이 참여하지 않는 이들보다 사회신뢰수준이 높았다. 동호회나 여가모임 또는 종교단체의 경우에도 참여여부와 방식에 따라 사회신뢰 수준에서 약간 차이가 있으나, 통계학적으로 유의미한 정도는 아니다. 아마도 다양한 신념과 취향을 가진 사람들이 참여하는 공적인 모임인 주민자치회나 반상회와는 달리, 동호회나 종교단체는 신념이나 취향을 같이하는 사람들의 사적 모임이기 때문에 일반신뢰(사회신뢰) 형성에는 영향을 덜 미치는 것이라고 추측된다. 이러한 분석결과는 참여하는 단체의 수나 활동의 적극성보다는 단체 내 구성원 간 관계의 내용 또는 질(quality)이 더 중요하다는 박종민과 김왕식(2006)의 연구결과를 다시 입증하는 것이라 할 수 있다.

둘째, 국가제도나 사회에 대한 경험이나 인식과 관련된 설명변수들은 모두 통계학적으로 유의미한 차이를 보였다. 먼저, 문화 차이가 외국인이 한국사회의 구성원으로 살아가는데 심각한 문제가 된다고 생각할수록 사회신뢰수준이 낮다. 즉 문화차이가 문제가 된다고 하는 이민자(그룹 1)와 그렇지 않다고 하는 이민자(그룹 2)의 사회신뢰는 확연한 차이를 보인다. 또한 차별을 경험한 이민자는 그렇지 않은 이민자보다 사회신뢰가 낮다. 다음, 법의 집행이 매우 공정하다(그룹 4), 약간 공정하다(그룹 3), 그저 그렇다 또는 약간 불공정하다(그룹 2), 매우 불공정하다 또는 약간 불공정하다(그룹 1)의 네 집단 간 사회신뢰 차이가 분명히 나타났다. 또한 중앙정부 부처를 매우 신뢰하는 이민자(그룹 2)와 다소 신뢰하거나 거의 신뢰하지 않는 이민자(그룹 1)간에 사회신뢰수준의 차이가 있었다. 그 다음, 정부가 나의 의견에 관심이 매우 많다는 이민자(그룹 1)는 약간 많다 또는 그저그렇다 또는 별로 없다는 이민자(그룹 2)나 관심이 전혀 없다는 이민자(그룹 3)보다 사회신뢰수준이 높다. 특히 매우 많다는 이민자와 전혀 없다는 이민자 간의 차이가 매우 크다. 이러한 분석결과는 최근의 국내연구 결과(박종민·김왕식 2006; 이병기 2009; 이동원 2013; 임완섭 2014)와 일치한다.

셋째, 전반적인 생활만족도의 경우에도 사회신뢰에 영향을 미쳤는데, 경제적인 면, 직업, 건강 등 전반적인 생활에서 만족도가 높을수록 사회신뢰수준도 높았다. 특히 매우 만족하는 이민자(그룹 3)는 매우 불만족하는 이민자(그룹 1)보다 훨씬 더 사회신뢰수준이 높고, 약간 불만족, 보통, 약간 만족하는 이민자(그룹 2)보다도 사회신뢰수준이 확연히 높았다(〈표 6-4〉). 이러한 통계분석결과는 사회적 승자일수록 사회신뢰가 높다는 기존 연구결과를 뒷받침한다고 할 수 있다.

이제 이들 설명변수들이 사회신뢰에 미치는 상대적 영향을 분석하기로 한다. 이를 위해 사회신뢰를 종속변수, 세 개의 단체활동 관련 변수와 여섯 개의 국가제도와 사회 경험 및 인식 관련 변수를 설명변수, 국적, 성별, 연령, 교육년수, 혼인상태, 체류자격 등 사회경제적 배경과 상태 관련 변수들을 통제변수로 하여 다중회귀분석을 실시하였다. 회귀분석을 실시

〈표 6-4〉 평균비교

범주	변수	집단	M (평균)	SD (표준편차)	F (모수 및 랜덤효과)	P (유의확률)
단체 활동	주민자치회·반상회	참여하지 않는다	7.31[1]	2.04	6.165***	.000
		참여(온라인)	7.46[1]	1.92		
		참여(오프라인)	7.43[1]	1.73		
		참여(온라인/오프라인)	8.21[1]	1.70		
	동호회·여가모임	참여하지 않는다	7.34	2.05	2.248	.081
		참여(온라인)	7.32	1.82		
		참여(오프라인)	7.24	2.01		
		참여(온라인/오프라인)	7.78	1.94		
	종교단체	참여하지 않는다	7.37	2.03	.189	.904
		참여(온라인)	7.50	1.81		
		참여(오프라인)	7.40	1.88		
		참여(온라인/오프라인)	7.48	2.07		
국가 제도 및 사회 경험·인식	문화차이	매우 큰 문제	6.79[1]	2.13	20.709***	.000
		대체로 문제	7.10[1]	1.97		
		별로 문제되지 않음	7.63[2]	1.98		
		전혀 문제 되지 않음	8.18[3]	1.81		
	차별경험	없다	7.91	1.96	24.652***	.000
		있다	7.30	2.03		
	법 집행	매우 불공정	6.14[1]	2.52	48.012***	.000
		약간 불공정	6.74[12]	1.97		
		그저그렇다	7.04[2]	1.92		
		약간 공정	7.81[3]	1.69		
		매우 공정	8.69[4]	1.73		
	중앙정부	거의 신뢰하지 않음	7.49[1]	2.28	7.456***	.001
		다소 신뢰	7.35[1]	1.75		
		매우 신뢰	8.07[2]	2.17		
	정부의 나에 대한 관심	관심이 매우 많다	8.37[1]	1.62	16.862***	.000
		관심이 약간 많다	7.74[12]	1.78		
		그저그렇다	7.72[23]	1.85		
		관심이 별로 없다	7.27[23]	1.82		
		관심이 전혀 없다	6.73[3]	2.31		
	생활 만족도	매우 불만족	6.27[1]	2.12	19.326***	.000
		약간 불만족	7.09[2]	1.90		
		보통	7.35[2]	1.97		
		약간 만족	7.77[2]	2.03		
		매우 만족	8.54[3]	1.81		

* $p < 0.1$ ** $p < 0.05$ *** $p < 0.01$
주: 1, 2, 3, 4 등은 동일집단군을 의미함.

하기 전에 사용할 변수 간의 상관관계를 분석한 결과, 모든 변수들은 다른 변수와의 상관관계 계수가 0.9미만으로 모두 유의한 것으로 나타났다. 상관관계 계수가 가장 높게 나온 것은 대만과 한국거주기간으로 0.801이었고, 다음으로 국적(동남아)과 단체활동(주민자치회·반상회)(0.508), 단체활동(종교모임)과 종교없음(-0.526), 단체활동(주민자치회·반상회)와 단체활동(동호회·여가모임)(0.519) 등이며, 나머지는 모두 0.5 이하로 나타났다.[261] 다만 국적(조선족)의 경우 공선성 값(VIF)이 10을 넘어 문제가 없지 않으나, 반드시 필요한 변수이기 때문에 포함시켰다(〈표 6-5〉).

〈표 6-5〉는 이상과 같은 절차를 거쳐 다중회귀분석을 실시한 결과를 정리한 것이다. 〈표 6-5〉에서 보듯이, 본 연구에서 채택한 모형은 사회신뢰의 17.8%를 설명하는 것으로 나타났는데, 이는 여기서 선정한 설명변수들이 사회신뢰를 어느 정도 설명한다는 것을 의미한다(R^2 = .178, F = 5.947, p 〈0.001).

구체적으로 살펴보면, 우선, 단체활동 관련 설명변수 가운데 주민자치회·반상회(참석여부와 방식)만이 유의한 정의 방향으로 영향을 미치고 있고(β = .115, p〈0.05), 동호회·여가모임과 종교모임은 유의한 영향을 미치지 않는 것으로 나타났다. 단체의 수나 활동의 적극성보다는 단체의 성격이나 구성원 간 관계의 내용 또는 질(quality)이 더 중요하다는 것을 시사한다고 할 수 있다.

다음, 사회 관련 설명변수 중에는 '한국사회의 구성원으로 사는데 다른 문화가 문제이다'(다른 문화)는 부의 방향으로 영향을 미치는 것으로 나타났는데(β = -.079, p〈0.05),[262] 이민자가 문화차이를 한국인이나 한국사회에 통합되는데 장애로 생각할수록 신뢰형성은 지체된다는 상식을 입증한 것이라 할 수 있다. 특이한 것은 기존 연구에서 사회신뢰의 중요한 영향요인인 '차별경험'이 부의 방향으로 영향을 미치는 것으로 나왔지만, 통계학적으로 유의하지 않다는 점이다. 차별 당한 이유나 강도가 아니라 차별 경험

유무만 묻는 것이었기 때문이 아닌가 싶다. 추후 조사연구가 필요한 부분이다.

국가제도와 관련된 변수 중 법집행의 공정성은 정(+)의 방향으로 영향을 미치고(β = .196, p⟨0.001), '정부의 내 의견에 대한 관심'은 정의 방향으로 영향을 미치는 것으로 나타났다(β = .126, p⟨0.01). 전자는 법질서의 공정성에 대한 인식이 사회신뢰 형성에 결적으로 중요하다는 기존 연구결과(박종민·김왕식 2006)를 재확인하는 것이고, 후자는 사회신뢰 형성에 있어서 정부의 민주성 내지 국민에 대한 반응성(responsiveness)이 갖는 중요성을 말해준다고 할 수 있다. 마지막으로, 생활만족도는 사회신뢰 형성에 정의 방향으로 영향을 미치는 것으로 나타났는데(β = .128, p⟨0.001), 이 역시 생활만족도가 높은 사람을 사회적 승자로 볼 수 있기 때문에 사회적 승자일수록 사회신뢰가 높다는 기존 연구결과와 일치하는 것이라 할 수 있다.

마지막으로, 대부분의 사회경제적 배경변수는 사회신뢰수준에 유의한 영향을 미치지 못하는 것으로 나타났다. 다만, 일부 국적과 일부 종교, 그리고 나이는 사회신뢰수준에 어느 정도 유의한 영향을 미치고 있는 것으로 보인다. 즉 이민자 중에서 일본 출신과 북미 출신의 β값은 각각 -.195, -.182(둘 다 모두 p⟨0.05)로 양 국적 출신은 사회신뢰에 부의 방향으로 영향을 미쳤다. 다른 국적 출신 이민자들도 부의 방향을 보이고 있지만 유의하지 않다. 그럼에도 불구하고, 이러한 조사결과는 문화차이가 한국사회 생활에서 문제가 된다고 하는 사회신뢰에 부의 방향으로 영향을 미친다는 조금 전의 분석결과와 연결하면 이해될 수 있다. 특히 선진국인 일본과 미국 출신의 경우 한국문화의 부정적인 측면을 더 많이 인식할 수 있다고 할 수 있을 것이다.

다른 한편, 나이와 종교(개신교)는 정의 방향으로 사회신뢰수준에 영향을 미친다. 즉 나이의 β 값은 .125(p⟨0.05)이고, 개신교의 β 값은 .120(p⟨0.05)이다. 나이가 많을수록 사회신뢰수준이 높게 나오는 것은 비슷한 시기에 태어난 사람들은 다른 시대 사람들과 다른 가치관을 가진다는 세대효과일 수도 있고, 나이가 들면 누구나 특정한 가치나 태도를 갖게 된다는 생의 주기 효과일 수도 있을 것이다(FEW Research 2007; Robinson and Jackson 2001). 어느 것이 더 설득력을 갖는지에 대해서는 별도의 연구가 이루어져야할 것이다. 본 연구에서 조사된 다른 종교 신자일 경우 정의 방향으로 사회신뢰에 영향을 미치지만, 개신교의 경우에만 통계적으로 유의하게 나왔는데, 기존 연구에서는 종교와 사회신뢰 간의 관계가 반드시 정의 방향으로 나타나는 것은 아니다(Berggren and Bjørnskov 2011). 따라서 이에 대해서는 후속 연구가 필요하다.

또한 기존 연구에서 사회적 승자의 지표로 제시된 '높은 소득수준'은 사회신뢰 형성에 부(-)의 방향으로 작용하는 것으로 나타났지만, 통계학적으로 유의하지 않았다. 이러한 분석결과는 본 연구에서 사용한 소득이 연속변수가 아니라 순위변수이기 때문일 수도 있고, 소득을 사회적 승자의 지표로 삼는데는 적절하지 않을 있기 때문이 아닌가 싶다. 이에 대해서는 추후 연구가 필요할 것이다.

마지막으로, '한국의 당면 정치문제에 대한 이해'와 '한국어 듣기 능력'은 비록 통계학적인 유의성은 없지만 사회신뢰에 부의 방향으로 작용한 것으로 나타났는데, 이는 한국사회에 대한 지식이나 문자해독능력 그 자체가 사회신뢰를 형성하는 것이 아니라 그것을 통해 파악할 수 있는 한국의 정치와 사회의 질적 수준이 더 중요하다는 것을 의미한다고 해석할 수 있을 것이다.

〈표 6-5〉 사회신뢰 영향요인 분석

요인	제곱합	자유도	평균 제곱	F-Value	Prob〉F	Adjusted R-Square
회귀 모형	523.983	28	18.714	5.947	.000	.178
잔차	1922.753	611	3.147			
합계	2446.736	639				

설명변수		비표준화 계수		표준화 계수	t-Value	Pr〉｜t｜	공선성 통계량	
		B	표준 오차	베타			공차	VIF
(상수)		4.990	.836		5.967	.000		
단체 활동	주민자치회, 반상회	.246	.111	.115	2.221	.027	.479	2.086
	동호회, 여가모임	.048	.079	.027	.599	.550	.632	1.583
	종교집단(교회, 절, 성당 등)	-.158	.090	-.092	-1.763	.078	.476	2.099
국가 제도 와 사회 인식 경험	한국사회의 문제점_다른 문화	-.175	.087	-.079	-2.009	.045	.832	1.202
	차별대우를 받은 경험	-.196	.172	-.045	-1.141	.254	.823	1.215
	공정성_법의집행	.341	.072	.196	4.709	.000	.741	1.350
	사회기관_중앙 정부 부처	.081	.127	.025	.635	.525	.804	1.244
	정부의 나 의견 관심도	.208	.067	.126	3.119	.002	.791	1.265
	전반적인 생활에 대한 만족도	.256	.080	.128	3.192	.001	.804	1.244
사회 경제 적 배경 및 상태	국적-조선족	-.606	.489	-.153	-1.240	.216	.085	11.818
	국적-중국	-.538	.493	-.097	-1.091	.276	.164	6.092
	국적-대만	-.930	.679	-.143	-1.369	.171	.119	8.434
	국적-일본	-1.350	.598	-.195	-2.257	.024	.172	5.806
	국적-동남아	-.586	.483	-.111	-1.213	.226	.153	6.520
	국적-북미	-1.528	.661	-.182	-2.311	.021	.206	4.843
	성별-남	-.050	.191	-.012	-.262	.793	.637	1.570
	나이	.021	.009	.125	2.424	.016	.483	2.068
	정규교육 년수	-.013	.026	-.023	-.488	.626	.577	1.734
	혼인상태-기혼동거	-.102	.211	-.019	-.483	.629	.828	1.208
	체류자격-영주권자	.084	.184	.021	.458	.647	.605	1.653
	종교-개신교	.628	.302	.120	2.080	.038	.385	2.600
	종교-천주교	.329	.368	.046	.893	.372	.485	2.060
	종교-불교	.142	.311	.029	.455	.649	.314	3.186
	종교-없음	.133	.293	.034	.455	.650	.233	4.284
	한국의 당면 정치 문제 이해	-.132	.075	-.071	-1.750	.081	.781	1.280
	한국어 듣기 능력	-.063	.080	-.032	-.794	.428	.794	1.260
	한국 거주 기간	.003	.012	.021	.276	.783	.219	4.576
	월평균 총 가구소득	-.021	.050	-.019	-.420	.674	.664	1.507

맺음말

지금까지 사회신뢰를 종속변수로 하고, 단체활동과 국가제도 및 사회에 대한 인식과 경험 관련 변수들을 설명변수로 하여, 이민자의 사회통합의 영향요인을 통계학적으로 분석해 보았다. 단체활동 관련 변수 중에는 주민자치회·반상회 참석 여부와 방식만 유의한 영향을 미치고, 국가제도 및 사회 인식과 경험 관련 변수 중에는 한국생활적응 저해요소로서의 다른 문화, 법 집행 공정성, 정부의 나의 의견에 대한 관심도, 전반적인 생활만족도 등 대부분의 변수들이 유의한 영향을 미치는 것으로 나타났다. 이와 같은 여러 요인 중에서 특히 법 집행의 공정성이 사회신뢰에 미치는 영향이 가장 큰 것으로 나타났는데, 이는 이민자의 사회통합에 있어서 국가제도 특히 법이나 정책 집행과정의 공정성이 매우 중요한 역할을 한다는 것을 의미한다. 이민자의 단체활동, 문화 차이 인식, 생활만족도 등 시민사회의 조건도 사회신뢰의 생성에 어느 정도 영향을 미치는 것임에 틀림없으나, 국가가 단체활동의 내용이 사회신뢰를 생성하는 방향으로 이루어질 수 있는 환경을 조성하고, 이민자와 내국인 간의 문화차이와 차별을 해소하여 삶의 질을 높이는 것이 더 중요할 수 있기 때문이라고 할 수 있다.

사회신뢰 형성에 있어서 국가의 역할이 중요하다는 것에 대해서는 국민을 대상으로 한 기존 연구에서 경험적으로 검증되어 있지만(서문기 2001; 박종민·김왕식 2006), 이민자의 경우에도 이 가설이 설득력을 가질 수 있음을 경험적으로 확인했다는 점에서 본 연구의 의미가 있다고 할 수 있다. 또한 본 연구는 각종 정책이나 제도가 이민자의 사회통합 즉 신뢰형성에 얼마나 영향을 미쳤는지를 분석하고 평가하는데도 활용할 수 있을 것이다. 이러한 장점에도 불구하고, 본 연구가 가진 한계와 추후 과제도 분명히 있다.

우선, 본 연구의 모형으로는 사회신뢰의 일부(17.8%)만을 설명할 수 있다는 점을 들 수 있다. 특히 단체활동과 관련하여 참여여부와 방식 이외 구성원 간 상호작용 또는 관계의 질적 내용을 파악할 수 있는 변수를 개발하여 설명변수로 추가할 필요가 있다. 다음, 차별경험과 관련해서도 단순히 유무만이 아니라 차별의 이유나 강도를 측정할 수 있는 문항을 개발할 필요가 있다. 이외에도 결과적 평등성, 청렴성, 정직성, 국민과의 소통, 시민적 권리와 정치적 자유 보장 등과 같은 국가와 관련된 다른 요소들도 포함해서 국가제도와 관련된 보다 종합적인 분석이 필요할 것이다. 그 다음, 본 연구의 대상은 외국국적동포와 결혼이민자에 한정되어 있어, 이들과 전문외국인력, 유학생, 단순외국인력, 난민 등 다른 유형의 이민자, 그리고 한국 국민과의 차이나 공통점을 파악할 수 없었다. 여건이 허락하면, 이들 집단을 모두 포함한 조사를 실시하여 국민과 이민자, 서로 다른 유형의 이민자 간 차이점과 공통점을 분석할 필요가 있다. 그럴 경우 본 연구의 모형이 갖는 타당성을 보다 확실하게 검증해 볼 수 있을 것이다. 마지막으로, 본 연구에서는 사회통합의 지표로 사회신뢰로 하였으나, 소속감 등 다른 지표에 대해서도 분석해 볼 필요가 있다. 이는 추후 과제로 남겨두기로 한다.

참고문헌

Acedo, Crinstina, & Antoni Gomila (2013). Trust and cooperation: a new experimental approach. *Annals of the New York Academy of Sciences* 1299(1), 77-83.

Acedo-Carmona, Cristina, & Antoni Gomila(2014). Personal trust increases cooper ation beyond general trust. PLOS ONE. 9(0). http://www.plosone.org/article/ fetchObject.action?uri=info:doi/10.1371/journal.pone.0105559&representati on=PDF (2015. 1. 27 검색)

Allport, Gordon W.(1961). *Pattern and Growth in Personality.* Holt, Rinehart and Winston.

Almond, G.(1960). Introduction: A functional approach to comparative politics. In G. Almond and J. C. Coleman (eds). The Politics of the Developing Areas. Princeton: Princeton University Press.

Aneshensel, C. S. (1992). Social Stress: Theory and Research. *Annual Review of Sociology,* 18, 15-38.

Apter, D.(1965). The Politics of Modernization. Chicago: University of Chicago Press.

Atyeo, D.(1979). *Blood and buts, violence in sports.* Paddington Press.

Australian Bureau of Statistics(2008), *Perspectives on Migrants 2007.*

Averill, J. R.(1980). On the paucity of positive emotions. In K. Blankstein, P. Pliner, & J. Polivy (Eds.), *Advances in the study of communication and affect* (Vol. 6, p. 745). New York: Plenum.

Axelrod, Robert(1984). *The Evolution of Cooperation.* New York: Basic Books,

Bagby, I., P. M. Perl and B. T. Proehle(2001), *The Mosque in America: A National Portrait.* CAIR, Washington, D. C.

Balliet, D., & Van Lange, P. A. M.(2012). Trust, Conflict, and Cooperation: A Meta-Analysis. *Psychological Bulletin.* December 10. Advance online publication. doi: 10.1037/a0030939.

Baumeister, Roy F. et al.(2001). Bad is stronger than good. *Review of General Psychology* 5(4), 323-370.

Belien, Paul(2007). Utrecht: Ethnic riots after Dutchman is killed by police. *The Br ussels Journal* (March 14, 2007). http://www.brusselsjournal.com/node/1976.

Berger, Mark T.(2003). Decolonialization, modernization and nationa-building: Political development theory and the appeal of Communism in Southeast Asia, 1945-1975. Journal of Southeast Asian Studies 34(3), 412-448.

Berger-Schmitt, R. and H.-H. Noll(2000). 'Conceptual framework and structure of a European system of social indicators', *EuReporting Working Paper* No. 9 (Centre for Survey Research and Methodology (ZUMA), Social Indicators Department, Mannheim).

Berggren, Niclas, and Christian Bjørnskov(2011). Is the importance of religion in daily life related to social trust? Cross-country and cross-state comparisons. *Journal of Economic Behavior & Organization* 80. 459-480.

Bernard, T. J.(1981). Distinction Between Conflict and Radical Criminology. Journal of Criminal Law and Criminology 72(1), 362-379.

Bernhardt, Dan, & Ghosh, Meenakshi(2014). Positive and negative campaigns in p rimary and general elections. https://www2.warwick.ac.uk/fac/soc/economi cs/staff/mdbernhardt/campaigning_12_29_14.pdf

Berry, John W.(1997). Immigration, Acculturation, and Adaptation. *Applied Psychology* 46(1): 10.

Betz, Hans-Georg and Stefan Immerfall, eds.(1998). *The New Politics of the Right: Neo-populist parties and movements in established democracies.* New York, St. Martin's Press.

Betz, Hans-Georg and Stefan Immerfall, eds.(1998). *The New Politics of the Right: Neo-Populist Parties and Movements in Established Democracies.* New York: St. Martin's Press.

Boix, Carles, & Daniel N. Posner(1998). Social capital: Explaining its origins and effects on government performance. *British Journal of Political Science* 28(4), 686-693.

Bonoli, Giuliano(2012). Blame avoidance and Credit claiming revisited. In Giuliano Bonoli and David Natali (Eds.). *The politics of the new welfare state.* Oxford University Press.

Brewer, Marilynn B.(1996). When contact is not enough: Social identity and inter-group cooperation. *International Journal of Intercultural Relations* 20(3/4), 291-301.

British Council and Migration Policy Group(2007). *Migrant Integration Policy Index.* September.

Brobakk, Jostein(1998). After the cold war: Structural changes and Israeli-Palestinian rapprochment. The fourth Nordic conference on Middle Eastern Studies: The Middle East in globalizing world. Oslo, 13-16 August.

Brueck, Hilary(2017). What power does to your brain and your body. Business Inside. December 16;

Bushwick, Sophie(2011). What Causes Prejudice against Immigrants, and How Can It Be Tamed? *Scientific American.* July 29. https://www.scientificamerican.c om/article/what-causes-prejudice-aga/

Cagala, Tobias, Ulrich Glogowsky, Veronika Grimm, and Johannes Rincke(2014). Cooperation and trustworthiness in repeated interaction. http://www.wirtsc haftspolitik.rw.uni-erlangen.de/CAGALA_GLOGOWSKY_GRIMM_RINCKE_C oop_and_Trust_12_2014.pdf

Callero, Peter L.(2017). What Does Identity Have to Do With Inequality? Identity la bels are more than words. *Psychology Today*, October 15. https://www.psyc hologytoday.com/us/blog/identity-and-inequality/201710/what-does-identi ty-have-do-inequality

Castles, Stephen(2002). The Myth of the controllability of difference: Labor migration, transnational communities and state strategies in East Asia. A paper presented at the International Conference on Transnational Communities in the Asia-Pacific Region: Comparative Perspectives. Singapore, 7-8 August.

Cattell, Raymond B.(1965). *The Scientific analysis of personality*. Penguin Books.

CBS(Statistics Netherlands) (2007). Unemployment among foreigners down slightl y. January 30. https://www.cbs.nl/en-gb/news/2007/05/unemployment-amo ng-foreigners-down-slightly

CBS(Statistics Netherlands) (2008). Sharper fall in unemployment among non-west erners. March 18. https://www.cbs.nl/en-gb/news/2008/12/sharper-fall-in- unemployment-among-non-westerners

Cemalcilar, Zeynep(2010). Schools as socialization contexts: Understanding the impact of school climate factors on students' sense of belonging. *Applied Psychology* 59(2), 243-272.

Census of Canada(2001). Population by religion, by province and territory. *2001 Census of Canada*.

Chafetz, Janet Saltzman(1978). *A premier on the construction and testing of theories in sociology*. F.E. Peacock Publishers, INC.

Chan, Josephm To, Ho-Pong, and Chan, Elaine(2006). Reconsidering social cohe- sion: Developing a definition and analytical framework for empirical research. *Social Indicators Research* 75, 273-302.

Cherry, Kendra(2022). What is consciousness? *verywellmind*. October 3. https://w ww.verywellmind.com/what-is-consciousness-2795922

Clore, G. L., Schwarz, N., & Conway, M.(1994). Affective causes and consequences of social information processing. In R. Wyer & T. Srull (Eds.), *Handbook of social cognition* (2nd ed., pp. 323-417).

Council of Europe(1997). *Measurement and indicators of immigration*. Council of Europe, 1997.

Cozzolino, Philip J.(2010). Trust, cooperation, and equality: A psychological anal- ysis of the formation of social capital. *British Journal of Social Psychology* 50, 302-320.

Crul, Maurice(2008). The second generation in Europe. *Canadian Diversity*, Spring.

Daalder, Ivo H.(2002). *The Anti-Immigrant Parties are Racists, Xenophobiic and Intolerant and Could Undermine the European Union*, Brookings, June 2.

Dahrendorf, R.(1959). *Class and Class Conflict in Industrial Society*. Stanford, CA:

Stanford University Press.

Dakhli, Mourad(2009). Investigating the effects of individualism-collectivism on trust and cooperaton. *Psychology Journal* 6(3), 90-99.

Darnell, Alfred T. and Parikh, Sunita(2010). Religion, ethnicity, and the role of the state: Explaining conflict in Assam. *Ethnic and Racial Studies* 11(3), 263-281.

Deaux, Kay(2001). Social identity. In J. Worell (Ed.) *Encyclopedia of Women and Gender.* San Diego: Academic Press.

Delhey, Jan, and Kenneth Newton(2003). Who trusts? The origins of social trust in seven societies. *European Societies* 5(2), 93-137.

Delhey, Jan, and Kenneth Newton(2005). Predicting cross-national levels of social trust: Global pattern or Nordic exceptionalism? *European Sociological Review* 21(4), 311-327.

Denny, Steven(2014). World Value Survey Data and the Resilience of Materialist Va lues in South Korea. *Sino-NK.* May 2. https://sinonk.com/2014/05/02/world -values-survey-resiliance-of-materialist-values-in-south-korea/

Deutsch, K.(1953). *Nationalism and Social Communication.* Cambridge: MIT Press.

Dixon, John, Kevin Durrheim, and Colin Tredoux(2005). Beyond the Optimal Contact Strategy: A Reality Check of the Contact Hypothesis. *American Psychologist.*

Dlugos, Günter(1981). The Relationship Between Changing Value Systems, Conflic ts, and Conflict-Handling in the Enterprise Sector. In Günter Dlugos, Klaus Weiermair and Wolfgang Dorow(eds.). *Management Under Differing Value S ystems: Political, Social and Economical Perspectives in a Changing World,* De Gruyter. https://doi.org/10.1515/9783110863659-030

Dorfman, Anna, Tal Eyal, & Yoella Bereby-Meyer(2014). Proud to cooperate: The consideration of pride promotes cooperation in a social dilemma. *Journal of Experimental Social Psychology* 55, 105-109.

Duh, Helen I.(2015). Antecedents and consequences of materialism: An integrated theoretical framework. J*ournal of Economics and Behavioral Studies.* 7(1).

Dür, Andreas, and De Bièvre, Dirk(2007). The Question of Interest Group Influence, *Journal of Public Policy* 27(1), 1-12.

Encyclopedia of the New American Nation(연도미상). Religion – The cold war and the fifth great awakening. https://www.americanforeignrelations.com/O-W/ Religion-The-cold-war-and-the-fifth-great-awakening.html

Erickson, Eric H.(1950). *Childhood and society.* Norton.

Esse, V. M., & M. P. Zanna(1995). Mood and the expression of ethnic stereotypes. *Journal of Personality and Social Psychology* 69, 1052-1068.

European Commission(2004). *Citizenship and sense of belonging,* Special Eurobaromter.

European Commission(2008). Discrimination in the European Union: Perceptions, Experiences and Attitudes. *Special Barometer* 296 (March 2008)

European Commission(2014). Discrimination in the European Union: Perceptions, Experiences and Attitudes. *Special Barometer*, 296, March.

European Committee against Racism and Intolerance(ECRI)(2008). *Annual Report 2007.* ECRI.

European Science Foundation(General Science)(2008), Survey shows significant education discrepancies among second generation immigrants in the Netherlands, November 19. https://phys.org/news/2008-11-survey-significant-discrepancies-immigrants-netherlands.html

European Union Agency for Fundamental Rights(2008). *Annual Report 2008.* TK-AG-08-001-EN-C.

Faircloth, Beverly S., and Jill V. Hamm(2005). Sense of belonging among high school students representing 4 ethnic groups, *Journal of Youth and Adolescence* 34(4), 293-309.

Fearon, James D. and David D. Laitin(2003). Ethnicity, insurgency, and civil war. *American Political Science Review* 97(1), 75-90.

Feffries, Ftancis L. and Thomas E. Becker(2008). Trust, norms, and cooperation: Development and test of a simplified model. *Journal of Behavioral & Applied Management* 9(3), 316-336.

FEW Research Center(2006). *Americans and social trust: Who, where, and why.* 22 February. http://www.pewsocialtrends.org/files/2010/10/SocialTrust.pdf

Fiske, Susan T.(1993). Controlling other people. *Amercian Psychologist* 48(6), 621-628.

Fiske, S. T.(2004). *Social beings: A core motives approach to social psychology.* Wiley.

Fiske, Susan T.(2002). What We Know Now About Bias and Intergroup Conflict, The Problem of Century. *Current Directions in Psychological Science* 11(4), 123-128.

Flanagan, Constance(2003). Trust, identity, and civic hope. Developmental Science 7(3), 165-171.

Fleischmann, Fennella and Jaap Dronkers(2007). *The Effects of Social and Labor Market Policies of EU-countries on the Socio-Economic Integration of First and Second Generation Immigrants from Different Countries of Origin.* A paper presented at the meeting of the ISA Research Committee on Social Stratification and Mobility, Brno, Czech Republic, 25-27 May.

Ford, Jane, David O'Hare, and Robert Henderson(2013). Putting the "We" Into Teamwork: Effects of Priming Personal or Social Identity on Flight Attendants' Perceptions of Teamwork and Communication. *Human Factors* 55(3), 499-508.

Fowler, Erika Franklin, & Travis N. Ridout(2012). Negative, angry, and ubiquitous: Political advertising in 2012. *The Forum* 19(4), 51-61.

Fox, Jonathan(2001). Religion: An oft overlooked element of international studies. *International Studies Review* 3(3), 53-73.

Fox, Jonathan(2002). *Ethnoreligious Conflict in the Late Twentieth Century.* Lanham: Lexington Books.

Fox, Jonathan(2004). Religion and state failure: An examination of the extent and magnitude of religious conflict from 1950 to 1996. *International Political Science Review* 25(1), 55-76.

Fox, Jonathan(2007). Religion, politics and international relations: The rise of religion and the fall of the civilization paradigm as explanations for intra-state conflict. *Cambridge Review of International Affairs* 20(3), 361-382.

Frances Stewart(2009). Religion versus ethnicity as a source of mobilization: Are there any differences? *CRISE Working Paper* No. 70;

Fukuyama, Francis(1995). *Trust: The social virtues and the creation of property.* Free Press.

Gaertner, S. L., and J. F. Dovidio(2000). Dovidio, John F., and Samuel L. Gaertner(2000). Aversive Racism and Selection Decisions: 1989 and 1999. *Psychological Science* 11(4), 267-351.

Gaertner, S. L., and J. F. Dovidio(2000). *Reducing intergroup bias: The common ingroup identity model.* Philadelphia, PA: Psychology Press.

Gardner, Andy, Ashleigh S. Griffin, & Stuart A. West(2009). Theory of cooperation. *Encyclopedia of Life Sciences*, John Wiley & Sons Ltd. 1-8.

Geddes, A. et al.(2005). *European Civic Citizenship and Inclusion Index 2004.* British Council, Brussels. http://www.britishcouncil.org/brussles-eur ope-inclusion-index.htm

George Lakoff(2004). Don't Think of an Elephant: Know your Values and Frame the Debate. *Chelsea Green Publishing Company.* ISBN 1931498717.

Gilbert, D. T., E. C. Pinel, T. D. Wilson, S. J. Blumberg, & T. P. Wheatley(1998). Immune neglect: A source of durability bias in affective forecasting. *Journal of Personality and Social Psychology* 75, 617-638.

Giovanni Sartori(1970). Concept misformation in comparative politics. *The American Political Science Review* 64(4), pp. 1033-1053;

Govert(2017). The role of concepts in social science. *Govert Valkenburg.* August 31. https://www.govertvalkenburg.net/socialscienceconcepts

Guiraudon, Virginie(2008). Immigration Policy in France. *Brookings*, December 10. https://www.brookings.edu/articles/immigration-policy-in-france/

Ha, Yong C.(2007). Late industrialization, the state, and social changes: The emergence of neofamilialism in South Korea. *Comparative Political Studies* 40(4), 363-382.

Haddad, Yvonne Y and Michael J. Balz(2006). The October Riots in France: A failed immigration policy or the empire strikes back? *International Migration* 44:2.

Hall, Edward T.(1966). *The Hidden Dimension.* Anchor Books. ISBN 978-0-385-08476-5.

Hamilton, Kimberly and Patrick Simon(2004). The challenge of French diversity. *Migration Information Source*, November.

Hammond, Peter(2005). *Slavery, Terrorism & Islam.* Xulon Press. (2009년과 2010년 증보판)

Haslam, S. Alexander(2004). *Psychology in organizations: The social identity approach.* (2nd Ed.) London.

Haslam, S. Alexander, Tom Postmes, and Naomi Ellemers(2003). More Than a Metaphor: Organizational Identity Makes Organizational Life Possible. *British Journal of Management* 14(4), 357–369.

Hau, Werner, Paul Compton, and Yousef Courbage, eds.(2003). *The demographic characteristics of immigrant populations.* Population Studies. No. 38, Counc il of Europe Publishing. https://book.coe.int/en/population-studies-series/2 681-the-demographic-characteristics-of-immigrant-populations-populatio n-studies-no-38.html

Helly, Denise(2003). Social cohesion and cultural plurality. *Canadian Journal of Sociology* 28(1), 19-42.

Hermann, Margaret G.(2001), How Decision Units Shape Foreign Policy: A Theoretical Framework. *International Studies Review.* Summer, 3(2).

Hill, Doris Leal(2006). Sense of belonging as connectedness, American Indian worldview, and mental health. *Archives of Psychiatric Nursing* 20(5), 210-216.

Hooghe, Marc, & Sofie Marien(2010). Trust in institutions, reciprocity and coop- erative behavior: An experimental study on the relation between political and generalized trust and reciprocity. Paper presented at the APSA Annual Meeting, Washington D.C. September 2-5.

Horak, Sven and Yuliani Suseno(2022). Informal networks, informal institutions, and social exclusion in the workplace: Insights from subsidiaries of multinational corporations in Korea. J*ournal of Business Ethics.* 08 September.

Howlett, Michael(2014). Why are policy innovations rare and so often negative? Blame avoidance and problem denial in climate change policy-making. *Global Environmental Change* 29, 395-403.

Huntington, Samuel P.(1996), *The Clash of Civilizations and The Remaking of World Order,* 이희재 역(1997), 문명의 충돌, 김영사.

ILO(2006). Discrimination against native Swedes of immigrant origin in access to employment. *Synthesis Report of Research Study on Stockholm, Malmo and Gothenburg,* December.

IMD(2022). *IMD World Competitiveness Booklet.* http://www.imd.org/wcc/world-competitiveness-center-mission/center-history-bris-garelli/

Inglehart, Ronald(1999). Trust, well-being and democracy. In Mark E. Warren (ed.), *Democracy and Trust.* Cambridge University Press.

International Helsinki Federation of Human Rights(IHF)(2005). *Intolerance and Discrimination against Muslims in the EU - Developments since September 11.* IHF, March.

International Organization for Migration (IOM)(2005). *World Migration 2005: Costs and benefits of international migration.*

International Organization for Migration(2005). *Determining the goals of integration.* http://www.iom.org/jahia/jihia/about_migration, retrieved on January 10.

International Organization for Migration, Integration measures. http://www.iom.org/jihia/jahia/cache/offonce/pid/022.

Jeannotte, M. Sharon(2008). *Promoting Social Integration – A Brief Examination of Concepts and Issues.* Prepared by M. Sharon Jeannotte for Experts Group Meeting. July 8-10, 2008. Helsinki, Finland

Jeffries, Francis L., & Thomas E. Becker(2008). Trust, Norms, and Cooperation: Development and Test of a Simplified Model. *Journal of Behavioral and Applied Management* 9(3).

Jones, G., & J. George(1998). The experience and evolution of trust: Implications for cooperation and teamwork. *Academy of Management Review* 23(3), 531-546.

Jones, G. R.(1998). The experience and evolution of trust: Implications for cooperation and teamwork. *Academy of Management Review* 23(3), 531-548.

Jordan, Jillian J., Alexander Peysakhovich, & David G. Rand(2014). Why we cooperate. In Jean Decety & Thalia Wheatley (eds.). *The moral brain: Multidisciplinary Perspectives.* Cambridge: MIT Press.

Kahneman, Daniel, & Amos Tversky(1979). Prospect theory: An analysis of decision under risk. *Econometrica* 47(2), 263-292.

Kang, Minah, & Michael R. Reich(2014). Between credit claiming and blame avoidance: The changing politics of priority-setting for Korea's national health insurance system. *Health Policy* 115(1), 9-17.

Keltner, Archer(2016). The Power Paradox: He we gain and lose influence. Penguin Books.

Kenrick, Douglas T. et al.(2010). Renovating the pyramid of needs: Contemporary extensions built upon ancient foundations. *Perspectives on Psychological Science* 5(3), 292-314.

Kesebir, Selin, David H. Uttal and Wendi Gardner(2010). Socialization: Insights from social cogntion. *Social and Personalty Psychology* 4(2), 93-106.

Kestenberg, M., and J. S. Kestenberg(1988). The sense of belonging and altruism in children who survived the Holocaust. *Psychoanalytic Review* 75(4), 533-560.

Kirby, Dianne(2003). *Religion and the Cold War*. Basingstoke: Palgrave.

Klaas, Brian(2021). *Corruptible: Who gets power and how it changes us*. Scribner.

Klein, Jill Gabrielle(1996). Negativity in impressions of presidential candidates revisited: The 1992 election. *Personality and Social Psychology Bulletin* 22(3), 288-295.

Knifton, Lee, and Greig Inglis(2020). Poverty and mental health: Policy, practice and research implications. *BJPsych Bulletin*, 44, 193-196.

Koopman, Ruud(2008). Tradeoffs between equality and difference: The crisis of Dutch multiculturalism in cross-national perspective. Discussion Paper, SP N 2008-701, Social Science Research Center, Berlin (WZB).

Kramer, R., & T. Tyler(1996). *Trust in organizations: Frontiers of theory and research*. Thousand Oaks, CA, Sage.

Kraus, Michael W., and Wendy Berry Mendes(2014). Satorial symbols of social class elicit class-consistent behavioral and physiological responses: A dyadic approach. *Journal of Experimental Psychology* 143(6), 2330-2340.

Lau, Richard R.(1982). Negativity in political perception. *Political Behavior* 4(4), 353-377.

Lau, Richard R.(1985). Two explanations for negativity in political behavior. *American Journal of Political Science* 29(1), 119-138.

Lee, Dongseop, Alexander D. Stajkovic, & Bongsoon Cho(2011). Interpersonal trust and emotion as antecedents of cooperation: Evidence from Korea. *Journal of Applied Social Psychology* 41(7), 1603-1631.

Lee, Jaehoon, and L. J. Shrum(2012). Conspicuous consumption versus charitable behavior in response to social exclusion: A differential needs explanation. *Journal of Consumer Research* 39(3), 530-544.

Lemaitre, Georges, and Cecile Thoreau(2006). *Estimating the foreign-born population on a current basis*. OECD, December.

Levett-Jones, Tracy, Judith Lathleen, Jane Maguire, and Margaret MacMillan(2007). Belongingness: A critique of the concept and implications for nursing education. *Nurse Education Today* 27, 210-218.

Lewis, J. D., & A. Weigart(1985). Trust as a social reality. *Social Forces* 63, 967-985.

Liebig, Thomas(2007), *The Labor Market Integration of Immigrants in Germany*. OECD Social, Employment and Migration Working Papers, 47.

Loobuyck, Patrick(2012). Crating mutual identification and solidarity in highly diversified societies: The importance of identification by shared participation.

South African Journal of Philosophy 31(3), 560-575.

Mael, F., & B. Ashforth(1992). Alumni and their alma mater: A partial test of the reformulated model of organizational identification. *Journal of Organizational Behavior* 13.

Mahoney, Christine(2007). Lobbying Success in the United States and the European Union, *Journal of Public Policy* 27(1), 35-56.

Maslow, A. H.(1987). Motivation and personality (3rd ed.). Delhi, India: Pearson Education.

Mayer, Roger C., James H. Davis, and F. David Schoorman(1995). An integrative model of organizational trust. *Academy of Management Review* 20(3).

McAllister, D. J.(1995). Affect- and cognition-based trust as foundation for inter-personal cooperation in organizations. *Academy of Management Review* 38(1), 24-59.

McKnight, D. Harris, Larry I. Cummings, & Norman I. Chervany(1998). Initial trust formation in new organizational relationships. *Academy of Management Review* 23(3), 473-490.

McLeod, Saul(2007). Maslow's hierarchy of needs. *Simply Psychology*. April 4. http s://www.simplypsychology.org/maslow.html

Mevorach, Katya Gibel(2007). Race, Racism and Academic Complicity. *American Ethnologist* 34(2). 219-240.

Minbaeva, Dana, Alena Ledeneva, and Maral Muratbekova-Touron(2022). Explaining the persistence of informal institutions: The role of informal networks. *ESCP Impact Paper* No. 2022-10-EN

Mirowsky, J., and C. E. Ross(1989). *Social causes of psychological stress*. Aldine de Gruyter.

Montoya, R. Mathew(2011). When increased group identification leads to outgroup liking and cooperation: The role of trust. *The Journal of Social Psychology* 15(6), 784-806.

Moody, Kim(2005). Harvest of empire: Immigrant workers in the United States. *Socialist Register 2008*. Vol. 44.

Morewedge, Carey K.(2009). Negativity bias in attribution of external agency. *Journal of Experimental Psychology: General* 138(4), 535-545.

National Conference of State Legislatures(연도미상). Building the New American C ommunity: Selected integration indicators. http://www.ncsl.org/programms/ immig/indicators.htm.

Newton, Kenneth(1997). Social Capital and Democracy. *American Behavioral Scientist* 40(5) 575-586.

Newton, Kenneth(1999). Social capital and democracy in modern Europe. In Jan van Deth, Marco Maraffi, Ken Newton and Paul Whiteley (eds.). *Social Capital and European Democracy*. Routledge.

Neyberg Steven L., et al.(2014). Religion and intergroup conflicts: Findings from the global group relations project. *Psychological Science* 25(1), 198-206.

Niessen, Jan and Yongmi Schibel(2004). *Handbook on Integration for policy-makers and practitioners, European Communities.*

Niland, Amanda(2015). 'Row, row, row your boat': singing, identity and belonging in a nursery. *International Journal of Early Years Education* 23(1), 4-16.

Nyiri, Zsolt, and Cynthia English(2007). Is Europe a Good Place for Racial and Eth nic Minorities? Gallup. December 14. http://www.gallup.com/poll/103258/E urope-Good-Place-Ethnic-Minorities.as...

O'Hare, David, Jane Ford, and Robert Henderson(2013). Putting the "We" Into Teamwork: Effects of Priming Personal or Social Identity on Flight Attendants' Perceptions of Teamwork and Communication. *Human Factors* 55(3), 499-508.

OECD(2005). *Counting Immigrants and Expatriates in OECD Countries: A New Perspective.* Coordination Meeting on International Migration. UN Department of Economic and Social Affairs, 26-27 October.

OECD(2008). *Jobs for Immigrants, Volume 2: Labor Market Integration in Belgium, France the Netherlands and Portugal.* OECD.

Oklahoma State University (2016). 5 Reasons physically formidable men rule the world. *News and Information(I).* March 16.

Ontario Consultants on Religious Tolerance(1996-2013). Conflicts within and bet ween religions, conflicts between science & religion, a current conflict exam ined: Same-sex marriage. http://www.religioustolerance.org/past_mor1.htm

Ontario Consultants on Religious Tolerance(2013). Past & current conflicts involving religious beliefs. http://www.religioustolerance.org/past_mor.htm

Open Society Institute(2007). *Muslims in the EU: Cities Report - France.* Open Society Institute.

Open Society Institute(2007). *Muslims in the EU: Cities Report - The Netherlands.* Open Society Institute.

Orren, Gary(1997). Fall from grace: the public's loss of faith in government. In Joseph S. Nye, Philip Zelikow and David C. King(eds.), *Why Americans mistrust government.* Harvard University Press.

Pagotto, Lisa, Emilio Paolo Visintin, Giulia De Iorio, & Alberto Voci(2012). Imagined intergroup contact promotes cooperation through outgroup trust. *Group Processes & Intergroup Relations* 16(2), 209-216.

Palmie, Stephan(2007). Genomics, Divination, 'Racecraft', *American Ethnologist* 34:2.

Parekh, B.(2005). *Unity and disunity in multi-cultural societies.* Geneva.

Parks, Crig D., Jeff Joireman, and Paul A. M. Van Lange(2013). Cooperation, trust, and antagonism: How public goods are promoted. *Psychological Science in the Public Interest* 14(3), 119-165.

Phalet, K. and A. Kosic(2005). Acculturation in European societies. In D. Sam and J. Berry(eds.). *The Cambridge Handbook of Acculturation Psychology*, Cambridge, Cambridge University Press.

PHYS.ORG(2008). Survey shows significant education discrepancies among second generation immigrants in the Netherlands. November 19. https://phys.org /news/2008-11-survey-significant-discrepancies-immigrants-netherlands.ht ml

Pierson, Paul(1996). The new politics of the welfare state. *World Politics* 48(2). 143-179.

Pink, Daniel H.(2009). *Drive: The surprising truth about what motivates us.* Riverhead Books. Pp. 1-9, chapter 2.

Portes, A.(2003). Conclusion: Theoretical convergencies and empirical evidence in the study of immigrant transnationalism, *International Migration Review* 37(3).

Portes, A.(2003). Conclusion: Theoretical convergencies and empirical evidence in the study of immigrant transnationalism. *International Migration Review* 37(2).

Pruitt, Dean G. & Sung Hee Kim(2004), *Social Conflict: Escalation, Stalemate, and Settlement*(Third Edition), McGraw-Hill Companies, Inc., NY.

Putnam, Robert(2000). *Bowling alone: The collapse and revival of American community.* Simon and Schuster.

Quigley, Narda R., Paul E. Tesluk, Edwin A. Locke, and Kathryn M. Bartol(2007). A multilevel investigation of the motivational mechanisms underlying knowledge sharing and performance. *Organization Science* 18(1), 71-88.

Rand, David G., & Martin A. Nowak(2013). Human cooperation. *Trends in Cognitive Sciences* 17(8), 413-425.

Reyes, Giovanni E.(2001). Four main theories of development: Modernization, dependency, world-system, and globalization. *NOMADAS* 4. Revista critica de ci encias sociales y juridicas. http://pendientedemigracion.ucm.es/info/nomad as/4/

Robinson, Robert V., and Elton F. Jackson(2001). Is trust in others declining in America? An age-period-cohort analysis. *Social Science Research* 30, 117-145.

Rousau, D. M.(1998). Why workers still identify with organizations? *Journal of Organizational Behavior* 19(3), 217-233.

Rovai, A. P.(2002). Development of an instrument to measure classroom community. *Internet and Higher Education* 5, 197-211.

Rozin, Paul, & Royzman, Edward B.(2001). Negativity bias, negativity dominance, and contagion. *Personality and Social Psychology Review* 5(4), 296-320.

Rudolph, B. A., & S. J. Riley(2014). Factors affecting hunters' trust and cooperation. *Human Dimension of Wildlife* 19, 469-479.

Sander, Ake(2004). Muslims in Sweden. In Muhmmad Anwar, Jochen Blaschke and Ake Sander(eds.). *State Policies toward Muslim Minorities in Sweden, Great Britain and Germany*. European Migration Center.

Sartori, Giovanni(1970). Concept Misformation in Comparative Politics. *The American Political Science Review* 64(4): 1033-1053.

Schain, Martin, Aristide Zolberg, and Patrick Hossary(2002). *Shadow over Europe: The development and impact of the extreme right in Western Europe*, Palgrave & Macmillan, 2002

Schneph, Sylke V.(2004). How different are immigrants? A cross-country and cross-survey analysis of educational achievement. *IZA Discussion paper* No. 1398, November.

Scott, Maura L., Martin Mende, and Lisa E. Bolton(2013). Judging the Book by its cover? How consumers decode conspicuous consumption cues in buyer-seller relationships. *Journal of Marketing Research* 50(3), 334-347.

Sidanius, Jim, and Felicia Pratto(1999). *Social Dominance: An intergroup theory of social hierarchy and oppression*. Cambridge, pp. 43-45.

Simon, Rita J., and Keri W. Sikich(2007). Public Attitudes toward Immigrants and Immigration Policies across Seven Nations. *International Migration Review* 41(4), 956-962.

Simpson, Brent(2014). Social identity and cooperation in social dilemmas. *Rationality and Society* 16(4), 443-470.

Skowronski, John J., & Donal E. Carlston(1987). Social judgment and social memory: The role of cue diagnosticity in negativity, positivity, and extremity biases. *Journal of Personality and Social Psychology* 52(4), 689-698.

Smith, D. E.(1970). *Religion and Political Development*. Boston: Little Brown.

Smith, Ken G., Stephen J. Carroll, & Susan J. Ashford(1995). Intra- and inter-or-ganizational cooperation: Toward a research agenda. *Academy of Management Review* 38(1), 7-23.

Sønderskov, Kim Mannemar(2011). Explaining large-N cooperation: Generalized social trust and the social exchange heuristic. *Rationality and Society* 23(1), 51-74.

SORA(2001). *Attitudes towards minority groups in the European Union: A special analysis of the Eurobarometer 2000 survey on behalf of the European Monitoring Center on Racism and Xenophobia*.

Statistics Netherlands(CBS)(2007). Unemployment among foreigners down slightly. January 30. https://www.cbs.nl/en-gb/news/2007/05/unemployment-among-foreigners-down-slightly

Statistics Netherlands(CBS)(2008). Sharper fall in unemployment among non-west erners. March 18. https://www.cbs.nl/en-gb/news/2008/12/sharper-fall-in-unemployment-among-non-westerners

Steele, Claude M.(2010). *Whistling Vivaldi: How stereotypes affect us and what we can do*. W.W. Norton & Company.

Stern, Eric & Bengt Sundelius(2002). Crisis Management Europe: An Integrated Regional Research and Training Program, *International Studies Perspectives* 3(1).

Stewart, Frances(2009). Religion versus ethnicity as a source of mobilization: Are there any differences? *CRISE Working Paper* No. 70.

Strandmark, K. Margaretha(2004). Ill health is powerlessness: a phenomenological study about worthlessness, and limitations and suffering. *Scandinavian Journal of Caring Science*. 18, 135-144.

Tajfel, H., and J. C. Turner(1979). An integrative theory of intergroup conflict. In W. G. Austin and S. Worchel (Eds.), *The social spychology of intergroup relations*. Monterey, CA: Brooks/Cole.

Tajfel, H., and J. C. Turner(1986). The social identity theory of behavior. In S. Worchel and W. G. Austin (Eds.), *Psychology of intergroup relations*. Nelson-Hall.

Tajfel, Henri(1970). Experiments in Intergroup Discrimination. *Scientific American* 223(5), 96-103.

Tesser, Paul and Jaap Dronkers(2007). Equal Opportunities or Social Closure in the Netherlands? *Proceedings of the British Academy*, 137.

The Sydney Morining Herald(2004). Jail death spurs Palm Island riot. November 2 6.. http://www.smh.com.au/news/National/Jail-death-spurs-Palm-Island-riots/2004/11/26.

Thelen, Kathleen, and Sven Steinmo(1992). Historical institutionalism in comparative politics. In Sven Steinmo, Kathleen Thelen, and Frank Longstreth(eds.). *Structuring politics: Historical institutionalism in comparative analysis*, Cambridge University Press.

Theurl, Theresia, and Jochen Wicher(2012). Comparing informal institutions. *CESifo DICE Report* 3.

This French Life(2006). Survey says a third of French racist. March 25. http://www.thisfrenchlife.com/thisfrenchlife/2006/03/survey_says_a_t.html,.

Thoits, P. A.(1995). Stress, coping, and social support processes. Where are we? What next? *Journal of Health and Social Behavior* (Extra Issue), 53-79.

Ting-Toomey, Stella, & John G. Oetzel(2001), *Managing Intercultural Conflict Effectively*, Sage Publications, Inc.

Trei, Lisa(2002). In post-Cold War era, civil wars' causes misunderstood Post-colonial conflicts in small, weak states more to blame than ethnic, religious strife. *Stanford Report*, September 25. http://news.stanford.edu/news/2002/sept

ember25/civilwar-925.html

Tversky, Amos, & Daniel Kahneman(1992). Advances in prospect theory: Cumulative Representation of uncertainty. *Journal of Risk and Uncertainty* 5(4), 297-323.

Twight, Charlotte(1991). From claiming credit to avoiding blame: The evolution of congressional strategy for asbestos management. *Journal of Public Policy* 11(2), 153-186.

UNESCO MOST(2009). Integration, Glossary, *International Migration and Multicult ural Policies.* http://www/unesco.org/most/migration/glossary_integration.h tm. (2009. 1. 11).

US FBI(2006). *Hate Crime Statistics 2006.*

Uslaner, Eric M.(1999). Democracy and social capital. Mark Warren(ed.), *Democracy and Trust.* Cambridge University Press.

Uslaner, Eric M.(2000). Producing and consuming trust. *Political Science Quarterly* 115(4), 569-590.

Vaish, Amrisha, Tobias Grossman, & Amanda Woodward(2008). Not all emotions are created equal: The negativity bias in social-emotional development. *Psychological Bulletin* 134(3), 383-403.

van Dijk, Jan, Robert Manchin, John van Kestern, and Gegerly Hideg(2005). The Burden of crime in the EU. *Research Report: A comparative analysis of the European Survey of crime and safety (EU ICS).*

van Dijk, Teun A.(1992). Racism, Elites, and Conversation. *Atlantis*(Revista de la Asociacion española de estudios anglo-norteamericanos) 14(1-2), 201-257.

van Ours, Jan C., and Justus Veenman(2001). The Educational Attainment of Second Generation Immigrants in The Netherlands. *IZA Discussion Paper* No. 297.

Vasta, Ellie(2007). From ethnic minorities to ethnic majority policy: Multiculturalism and the shift to assimilation in the Netherlands. *Ethnic and Racial Studies* 30(5), 713-740.

Veenman, Justus(2006). Integrating Migrants in the Netherlands: The Role of Education, Employment and the Media, A lecture delivered in the *International Seminar for Experts on "Integrating Migrants in Europe"* organized by the Cicero Foundation in the series of Great Debates, Paris, 15-16 June.

Waggonner, Cristina Nicolescu(2009). Is trust a cause or by-product of cooperation? The case of the European Union. Paper prepared for delivery at Annual Meeting of the Midwest Political Science Association. Chicago, April.

Waldinger, R.(2008). Between "Here" and "There": Immigrant cross-border activities and loyalties. *International Migration Review* 42(1), 3-29.

Wang, Yajin, and Vladas Criskevicius(2014). Conspicuous consumption, relationships, and rivals: Women's luxury products as signals to other women. *Journal of Consumer Research* 40(5).

Weaver, R. Kent(1986), The Politics of Blame Avoidance. *Journal of Public Policy* 6(4), 371-398.

Weinberg, Leonard and Peter Merkl(2003). *Right-wing extremism in the twenty-first century. Cass series on Political Violence* 4, Taylor & Francis Group.

Whiteley, Paul F.(1999). The origins of social capital. In Jan van Deth, Marco Maraffi, Ken Newton and Paul Whiteley (eds.), *Social capital and European Democracy*. Routledge.

Wikipedia. 2005 civil unrest in France, http://en.wikipedia.org/wiki/2005_civil_u nrest_in_France

Wikipedia. 2005 Cronulla riots. http://en.wikipedia.org/wiki/2005_Cronulla_riots

Wikipedia. 2007 civil unrest in Villers-le-Bel. http://en.wikipedia.org/wiki/2007_c ivil_unrest_in_France

Wikipedia. multiculturalism. https://en.wikipedia.org/wiki/Multiculturalism

Wikipedia. September 11 attacks. http://en.wikipedia.org/wiki/September_11_20 01_Terrorist_Attack

Williams, Michele(2001). In whom we trust: Group membership as an affective context for trust development. *The Academy of Management Review* 26(3), 377-396.

Williams, Michelle Hale(2006). *The Impact of radical right-wing parties in West European democracies*. Europe in Transition: The NYU European Studies series, Palgrave Macmillan.

Wood, C.(2010). *The Blame game: Spin, bureaucracy, and self-preservation*. Princeton: Princeton University Press.

World Crime & Justice(2009). World Riosts Timeline. http://www.mapreport.com/ subtopics/i.html, retrieved on January 29.

World Value Survey (2020). *Inglehart-Welzel Cultural Map*. https://www.worldvalu essurvey.org/WVSContents.jsp?CMSID=Findings

Yin, Robert K.(1989), *Case Study Research: Design and Methods*, Applied Social Research Methods Series Volume 5, Sage Publications, Inc.

강돈구(2008), 현대 한국의 종교, 정치 그리고 국가. 종교연구 51, 1-28.

강승빈(2015). 이슬람의 한국진출. 뉴스윈 코리아. 12월 25일. http://www.newswinkore a.com/news/article.html?no=386

강신욱(2010). OECD 사회통합지표(Social Cohesion Indicator)의 이해. 보건복지포럼. 9 월, 122-127.

강신욱(2013). 2012년도 사회통합위원회 연례보고서. 한국보건사회 연구원.

강신욱·이현주·김석호·박수진·박은경(2012). 사회통합지수 개발연구. 사회통합위원회.

강원택(2009). 2007 대통령 선거와 네거티브 캠페인의 효과. 한국정치학회보 43(2), 131-146.

강인철(2010), 해방후 한국 종교-정치 상황의 특성과 변동: 분석틀 구성을 위한 시론. 종교문화비평 18, 163-203.

강희영·권용희(2013). 서울시 다문화가족 생활실태분석을 통한 정착 및 사회통합지원방안 연구. 서울: 서울시여성가족재단.

경찰청. 경찰통계자료 중 경비. https://www.police.go.kr/www/open/publice/publice0206.jsp

곽재민(2015). 히잡 쓰고 버스 탔더니 손가락질까지 하던데요. 중앙일보 2월 28일. https://www.joongang.co.kr/article/17246551#home

교육부(2022). 출발선 평등을 위한 2022년 다문화교육 지원계획. 교육기회보장과. https://moe.go.kr/boardCnts/viewRenew.do?boardID=316&boardSeq=90662&lev=0&searchType=null&statusYN=W&page=1&s=moe&m=0302&opType=N 참조.

구인회 외.(2009). 외국인 이주자의 사회통합 방안 탐색 – 영주권자에 대한 사회복지제도 적용을 중심으로. 보건사회연구 29(2), 126-150.

구정대(2014). 기업의 조직문화와 팔로워십 및 조직유효성간의 관계. 관광산업연구 8(2), 1-18

구정모(2011). 공무원들, 다문화 배우기 한창. 연합뉴스, 6월 2일. https://www.yna.co.kr/view/AKR20110601191900372

구해근(2022). 특권중산층: 한국 중간계층의 분열과 불안. 창비.

권기대·이상환(2003). 벤처기업-대기업 협력에 대한 실증적 연구: 의존성, 권력, 신뢰를 중심으로. 벤처경영연구 6(2), 53-75.

권석균(2010). 부서 간 관계에서 협력당사자 간 신뢰의 영향요인과 효과성. 인적자원관리연구 17(2), 95-120.

권오영(2015). 중앙행정기관 목표 모호성에 미치는 영향요인에 관한 연구 – 모니터링, 정치적 현저성을 중심으로. 한국행정학회보 24(2), 363-390.

권지혜(2012). 고정관념 위협이 성취동기에 미치는 영향. 고려대학교 대학원 심리학과 석사학위논문.

권혁률(2007). 정치와 종교의 잘못된 만남. 새가정 54(595).

권혁률(2015). 이슬람포비아와 기독교포비아. 새가정 62(676). https://www.dbpia.co.kr/pdf/pdfView.do?nodeId=NODE01411760&googleIPSandBox=false&mark=0&useDate=&ipRange=false&accessgl=Y&language=ko_KR&hasTopBanner=true

금준경(2021). 중국 동포는 범죄집단? 미디어가 만든 편견. Next Literacy Review. 3월 8일. http://www.nextliteracy.co.kr/news/articleView.html?idxno=247

김남근(2014). [Competition I] 끝 모르는 우리 사회의 경쟁구도, 어디까지인가. Issue Maker, 4월 1일. https://www.issuemaker.kr/news/articleView.html?idxno=1674

김도흔(2009). 이슬람의 현황과 한국교회의 대책. 하학봉 목사 블로그. https://m.blog.naver.com/PostView.naver?isHttpsRedirect=true&blogId=hansero21&logNo=80063766888

김동춘(2022). 시험능력주의: 한국형 능력주의는 어떻게 불평등을 강화하는가. 창비.

김명현(2012). 한국의 외국인 정책과 사회통합프로그램. 대구가톨릭대학교 다문화연구소 학술대회. 10월. 5-23.

김문길(2017). 사회갈등 및 사회통합에 대한 인식과 시사점. 보건복지포럼, 3월호, 37-49.

김문조 외(20134). 한국인은 누구인가. 21세기 북스.

김문조(2009). 한국 사회통합의 과제와 전망. 보건복지포럼. 150, 2-4.

김미경(1995). 가족내 종교갈등에 관한 연구. 한국가정관리학회지. 28, 199-213.

김미숙 외(2012). 사회통합 중장기 전략개발연구. 사회통합위원회·한국보건사회연구원 정책보고서.

김미영(2016). 아차차, 무심코 썼는데 비하표현이었구나. 헌겨레신문. 5월 12일. https://www.hani.co.kr/arti/society/society_general/743640.html

김미향(2016). 이주민은 위험?…나부터 "그건 아니다" 말해요. 한겨레신문. 3월 31일. https://www.hani.co.kr/arti/society/society_general/733314.html

김선아(2013). 혐오시설 입지정책 갈등관리에서의 지방정부 역할 탐색. 복지행정연구 29, 195-224.

김성환(2005). 사회통합을 위한 국가실천계획(National Action Plan). 서울: 빈부격차·차별시정위원회.

김성희 외(2004). 장애인의 사회통합을 위한 차별해소방안. 서울: 한국여성개발원·한국보건사회연구원

김소영(2022). 농업 외국인 계절근로자제도 개선. 농민신문. 9월 14일. https://www.nongmin.com/362748)

김솔·이유진(2017). "조선족은 다 범죄자? 편견 심해질까 걱정입니다". 중앙일보, 9월 5일. https://www.joongang.co.kr/article/21905492#home

김순영·추호정·남윤자·손진아(2012). 인도네시아 무슬림의 전통복식과 종교복식에 대한 인식 및 착용현황, 복식 62권 7호. 117-132

김영남(2008). 한국교회의 아시아지역 선교역사와 그 추이. 한국기독교와 역사 28, 91-118.

김용석(2014). "지위 낮아도 곤 많으면 성공" 68% … "내집 꼭 있어야"70%. 동아일보, 1월 14일.

김용철·조영호(2017). 지역주의 정당구도의 지속과 변화. 한국과국제정치 33(2).

김용표(2002). 불교의 관점에서 본 종교간의 갈등 문제. 석림 36집, 115-137.

김욱진(2014). 배고픔은 신뢰 형성에 어떠한 영향을 미치는가? 일반적 신뢰와 식품 미보장의 관계에 관한 연구. 사회보장연구. 30(3), 1-29.

김원숙(2012). 우리나라 이민정책의 역사적 전개에 관한 고찰. IOM MRTC Working Paper Series No. 2012-04.

김은미·김반야·서민향(2014). 온라인에서 형성되는 사적 신뢰와 사회신뢰의 관계: 인터넷상의 교류범위와 인터넷 활용유형을 중심으로. 한국방송학보. 28(3), 7-46.

김은미·정일권·배영(2012). 누구와의 교류인가? 인터넷을 통한 교류의 범위가 사회신뢰에 미치는 영향. 한국방송학보. 26(5), 44-76.

김이선 외(2006). 여성결혼이민자의 문화적 갈등 경험과 소통증진을 위한 정책과제. 한국여성개발연구원, 경제·인문연구회 협동연구총서 06-02-07.

김이선 외(2006). 여성결혼이민자의 문화적 갈등 경험과 소통증진을 위한 정책과제. 한국여

성개발원, 경제·인문연구회 협동연구총서, 06-02-07.

김인영(2013). 정부 사회통합 위원회의 한계와 바람직한 사회통합의 방향. 정치·정보연구 18(2), 145-170.

김재범(2011). 사법청 심사 점점 까다로워 …. 진실한 사랑 여부 확인. 제주신보. 12월 8일. http://www.jejunews.com/news/articleView.html?idxno=1096579

김정수(2012), 신들의 전쟁? 우리나라의 종교갈등과 종교정책에 관한 시론적 분석. 한국행정 학회 학술발표논문집, 1088-1110.

김정순(2009). 외국인 이주민의 사회통합 법제 연구. 서울: 한국법제연구원.

김정아(2003). 무슬림 여성의 정체성 확립에 관한 연구 – 여성보호정책을 중심으로. 중동연구 22(1). 159-175

김종서(2013). 광복 이후 한국종교의 정체성. 종교와 문화 25, 1-25.

김종현(1985). 정치발전을 위한 사회통합의 가치. 해사논문집 22, 1-14.

김준영·김혜영(2012). 사회통합 지표 개발 및 16개 광역시도별 사회통합 수준 평가. 복지행 정논총 22(2), 71-104.

김준현(2014). 이민자 사회통합 서비스 전달체계 비교 연구. 한국지방정부학회 학술발표논문 집 1.

김중관(2015). 무슬림이주자의 결혼만족도에 미치는 문화적 요인 분석 – 주요 영향요인에 대 한 연령군집별 비교. 중동문제연구 14(1), 107-131.

김진경 (1997). 삼십년에 삼백년을 산 사람은 어떻게 자기 자신일 수 있을까. 당대.

김진균(1967). 근대화와 사회통합. 정경연구 3(5), 148-155.

김철용(2019). 스테레오타입, 편견, 사회적 거리 연구를 위한 모형 모색: 스테레오타입 내용 모형 수정 및 확장. 사회과학연구 26(4), 191-218.

김태형(2010). 불안증폭사회: 벼랑 끝에 선 한국인의 새로운 희망찾기. 위즈덤하우스.

김태형(2020). 풍요중독사회: 불안하지 않기 위해 풍요에 중독된, 한국사회에 필요한 사회심 리학적 진단과 처방. 한계레출판.

김평화·김하늬(2020). [단독] 월 7만원 내고 4억7500만원 치료받은 중국인, 건보급여 어쩌 나. 머니투데이, 1월 31일. https://news.mt.co.kr/mtview.php?no=2020013017 457643376.

김학린(2013). 공공갈등의 유형, 갈등관리방식, 시민단체개입이 갈등지속기간에 미치는 영향 분석: 갈등해결의 상황적합모델을 중심으로. 정책분석평가학회보 22(4), 345-369.

김한수(2016). 신앙인답게 사는 게 어려운가. 조선일보 9월 28일. https://premium.choso n.com/site/data/html_dir/2016/09/28/2016092800574.html

김현종(2007). 피부색 편견 심해요. 제주일보. 6월 18일. https://www.jejunews.com/new s/articleView.html?idxno=186239

김현준(2008). 이명박 정부 영어공교육완성정책 변화과정의 정치성 분석 – 정책결정자의 비 난회피전략 사용을 중심으로. 교육정치학연구15(2), 27-49.

김혜순(2007). 한국적 "다문화주의"의 모색 – 세계화 시대 이민의 보편성과 한국의 특수성. 한국적 다문화주의의 이론화 최종보고서, 한국사회학회. 동북아시대위원회 용역과제 07-7, 2007.

김혜영(2016). 한국교회 배타성, 성장신학 한계 넘어설 고민 절실. 한국일보 7월 19일.

https://m.hankookilbo.com/News/Read/201607191645353424

김효숙(2010). 위기상황에서 부정적 보도의 강도에 따라 평판의 면역효과는 어떻게 달라지는가? 부정적 보도의 강도와 기업평판이 공중 반응에 미치는 영향에 관한 연구. 언론학보 54(1), 275-292.

김효정(2008). 한국이주 남아시아 무슬림의 현황과 집단화 -남아시아 무슬림의 에스닉 집단화에 관한 연구. 한국이슬람학회 논총 18(3), 105-146.

나무위키. 스테레오타입. https://namu.wiki/w/%EA%B3%A0%EC%A0%95%EA%B4%80%EB%85%90%20%EC%9C%84%ED%98%91

나인강(2008). 협력적 노사관계와 기업의 성과에 관한 실증분석. 인적자원관리연구 15(1), 53-67.

나학진(1990). 종교간의 갈등극복: 기독교와 타종교의 경우. 종교학연구 9, 5-59.

난민인권센터(2019). [기고]이슬람에 대한 우리들의 다섯 가지 오해와 편견들. 1-3편. NANCEN Refugee Rights Center. https://nancen.org/1971

남정욱(2016). 사다리가 사라진 사회. 조선일보 7월 16일. https://www.chosun.com/site/data/html_dir/2016/07/15/2016071501493.html

내일신문(2013). 이슬람사원 건축허가 취소는 종교차별. 10월 10일. http://m.naeil.com/m_news_view.php?id_art=39810

네이버 지식백과. 비동시성의 동시성 [the contemporaneity of the uncontemporary] (선샤인 지식노트, 2008. 4. 25., 강준만). https://terms.naver.com/entry.naver?docId=1838467&cid=42045&categoryId=42045

노길명(2002). 광복이후 한국 종교와 정치 간의 관계. 종교연구 27.

노대명 외(2009). 사회통합을 위한 과제 및 추진전략. 서울: 한국보건사회연구원

노대명(2009). 사회통합의 현황과 향후 정책과제. 보건복지포럼. 150, 6-19.

노도현(2016). 6년간 11명 자살…카이스트에 무슨 일이. 경향신문, 7월 24일. https://m.khan.co.kr/national/national-general/article/201607242256005#c2b

뉴스1 (2022). 사회갈등지수 4년새 거의 2배…대한민국은 '갈등공화국'. 4월 11일. https://www.donga.com/news/Society/article/all/20220411/112792594/1.

뉴시스(2014). 법원, 이슬람사원 건축허가 취소는 부당. 6월 13일. https://mobile.newsis.com/view.html?ar_id=NISX20140613_0012980702

대한불교조계종 자성과쇄신결사추진본부 종교평화위원회(2012). 대한민국 종교차별 사례집, 1945-2011.

마강래(2016). 지위경쟁사회: 왜 우리는 최선을 다해 불행해지는가? 개마고원.

맹영임·김은배(2013). 탈북청소년 사회통합을 위한 정책방안 연구. 서울: 한국청소년정책연구원.

모창환 외(2010). 교통부문의 사회적 통합방안 - 사회적 배제와 갈등 관리방안을 중심으로. 서울: 한국교통연구원.

문빛·박건희(2014). 정책갈등관리에 있어 정부 신뢰와 불신의 역할: 담뱃값 인상 정책을 중심으로. Journal of Public Relations 18(3), 216-240.

문용갑(2011). 갈등조정의 심리학. 학지사.

문유경·전기택(2011). 남녀 결혼이민자 사회통합지표 개발 연구. 서울: 한국보건사회연구원

문현웅·임경업(2015). 객실에는 기도세트 식당엔 할랄 음식···특급호텔 '무슬림 모시기'. 조선일보 4월1일.

문현책(2017). (기고) 조선족 동포 생활공간의 형성과 변화. 도시백과도감. 12월 4일. https://juncholkimso.me/2018/01/03/%EC%A1%B0%EC%84%A0%EC%A1%B1%EB%8F%99%ED%8F%AC%EC%83%9D%ED%99%9C%EA%B3%B5%EA%B0%84/

민소영(2009). 정신장애인의 지역사회통합에 영향을 미치는 요인의 경로분석. 정신건강과 사회복지 33, 36-68.

박고은(2021). 지난 8년, 가정폭력범 718% 늘고 초혼 29% 줄었다. 한겨레신문. 9월 6일. https://www.hani.co.kr/arti/society/women/1010480.html.

박관규·정준호(2015). 불편한 시선, 불안한 공존... 한국에 무슬림 20만. 한국일보 1월 24일. http://www.hankookilbo.com/v/bf454401a3574bfdbb59e4602cb6aef8(2017. 4. 1. 검색).

박권일(2021). 한국의 능력주의 인식과 특징. 시민과세계 38, 1-39.

박길성(2008). 한국사회의 갈등지형과 경향. 한국사회 9(1), 5-30.

박명석(1981). 북한의 사회체제와 사회통합의 특징. 방공 93, 27-37.

박미향·차윤경(2016). 한국 무슬림 유학생의 적응유연성 연구. 다문화교육연구 9(3), 25-62.

박범준(2013a). '이슬람사원 건축허가 취소' 전 기독교계 '좌시 않을 것' 진정서 제출. 인천일보 10월 11일.

박범준(2013b). 이슬람사원 행정심판 결정 보류. 인천일보 12월 26일. https://www.incheonilbo.com/news/articleView.html?idxno=508487

박범준(2014a). 건축허가 행정심판 이슬람사원 현장실사." 인천일보 2월 13일. http://www.incheonilbo.com/news/articleView.html?idxno=512701

박범준(2014b). 이슬람사원 행정소송 첫 재판. 인천일보 3월 7일. http://news.itimes.co.kr/news/articleView.html?idxno=514857

박범준(2014c). 이슬람사원 건축허가 취소 여파 '反韓기류'. 인천일보 3월 28일. http://www.incheonilbo.com/news/articleView.html?idxno=516832

박범준(2014d). 이슬람사원 항소 포기 알고 보니 '檢心'. 인천일보 7월 3일. http://www.incheonilbo.com/news/articleView.html?idxno=525890

박상휘(2022). [NFF2022]사회갈등지수 4년새 거의 2배···대한민국은 '갈등공화국'. News 1. 4월 25일. https://www.news1.kr/articles/?4641343

박수지(2021). "시간보다 돈이 중요해" 한국인 대답 압도적이었다. 한겨레신문, 6월 8일. https://www.hani.co.kr/arti/economy/consumer/998471.html

박숭배(2016). 눈 덮인 조그만 교회당이 필요하다. 국민일보 7월 15일.

박은하(2021). '무엇이 삶을 의미있게 하는가'...한국 유일하게 '물질적 풍요' 1위 꼽아, 경향신문. 11월 22일. https://www.khan.co.kr/world/world-general/article/202111220600031

박종민·김왕식(2006). 한국사회에서 신뢰의 생성: 시민사회와 국가제도의 역할. 한국정치학회보 40(2), 149-169.

박준(2009). 한국의 사회갈등과 경제적 비용. 삼성경제연구소. CEO Information, 제710호, 6월 24일.

박준(2013). 한국의 사회갈등지수. 전국경제인연합회 주최 '제2차 국민대통합 심포지엄' (주제: 한국사회 갈등의 현주소와 관리방안) 발표논문.

박준·정동채(2018). 사회갈등지수와 갈등비용 추정. 한국행정연구원 기본연구과제. 한국행정연구원.

박진우·오세일(2016). 공공 영역에서 종교의 역할과 갈등: "세월호 특별법" 제정에 대한 그리스도교 찬반 논쟁. 사회이론 (봄/여름), 133-165.

박철민(2012). 개인적, 가족적, 사회적 특성이 결혼이민자의 사회통합에 미치는 영향 분석: 문화적 적응의 매개효과를 중심으로. 지방정부연구 16(3), 413-436.

박충구(2018). 교회가 권력이 되고, 전쟁은 정당화 되고. 가톨릭일꾼, 11월 6일. http://www.catholicworker.kr/news/articleView.html?idxno=2420

박치성·정지원(2015). 원자력시설 갈등 네트워크 구조 특성에 관한 연구: 폐기물시설 및 행정시설과 비교를 중심으로. 행정논총 53(1), 165-203.

박치성·백두산(2017). 재난상황 초기 대응실패에 대한 정책행위자의 비난회피 행태 분석: 메르스 사태를 중심으로. 행정논총 55(1), 41-76.

박태순(2010). 갈등해결 길라잡이. 해피스토리.

박통희·원숙연(2000). 조직구성원 간 신뢰와 연줄: 사회범주화를 중심으로. 한국행정학보 34(2), 101-120.

박홍두(2017). 여객기내 갑질 '라면 상무', '해고 부당' 소송 패소 확정. 경향신문. 3월 18일.

방승배(2016). 한국 '사회적 결속지수' 4년 새 반 토막. 문화일보, 7월 18일.

배귀희·이광훈·김권식(2015). 건축설계 진입규제를 둘러싼 갈등의 중층구조 분석: 이해관계와 이념을 중심으로. 정부학연구 21(1), 199-229.

배병룡(2005). 조직 내 신뢰가 반응성에 미치는 영향: 협력, 민주성 및 조직몰입의 매개를 통하여. 한국행정학보. 39(3), 67-86.

법무부 출입국·외국인정책본부. 출입국·외국인정책 통계연보. 각 연도.

법원, 사법연감, 각 년도.

변종임 외(2007). 사회통합을 위한 학습·노동·복지 연계방안 연구. 서울: 한국교육개발원.

보건복지가족부(2007). 2007 보건복지가족백서.

보건복지부의 〈2016년도 정신질환실태조사〉 홍진표 외(2016). 2016년도 정신질환실태 조사. 보건복지부 삼성서울병원.

뿔난 황소(2019). 조선족에 대한 오해와 편견들, 제대로 알려드립니다. 블로그 9월 4일. https://m.blog.naver.com/PostView.nhn?isHttpsRedirect=true&blogId=kkkinging01&logNo=221638737598

사공영호(2014). 비공식제도 – 현상학적 해명. 현상학과 현대철학 62, 5-39.

사람In(2016). 성인남녀 79%, 이민 가고 싶어! 뉴스룸 1월 18일. https://www.saraminhr.co.kr/user/nd58765.do?View&dmlType=&boardNo=2935&pageSV=%EC%9D%B4%EB%AF%BC%20%EC%9D%98%ED%96%A5&page=1&pageSC=REGDATE&pageSO=DESC&dmlType=

사람In(2020). 성인남녀 10명 중 6명, 한국 떠나 이민 가고 싶어!. 뉴스룸. 2월 25일. https://www.saraminhr.co.kr/user/nd58765.do?View&dmlType=&boardNo=3894&pageSV=%EC%9D%B4%EB%AF%BC%20%EC%9D%98%ED%96%A5&page=1&pa

geSC=REGDATE&pageSO=DESC&dmlType=

서상목(2020). 포스트 코로나 시대의 새로운 사회안전망, 복지타임즈, 6월 11일. http://www.bokjitimes.com/news/articleView.html?idxno=23305

서지영(2023). 폭언에 살해협박까지···아파트 관리직원 81%가 입주민 괴롭힘 경험. 아파트 관리신문. 1월 3일.

설동훈 외(2011). 다문화가족 사회통합 관련 정책과제 개발 및 발전방안 연구: 우리나라와 외국의 정책현황 및 추진체계 비교·분석을 중심으로. 서울: 여성가족부.

설동훈·김명아(2008). 한국의 이민자 사회통합 지표 및 지수 개발에 대한 연구. 서울: 한국이민학회

성영애·김민정(2020). 사회적 신뢰와 보험. 보험연구원(KIRI) 연구보고서 20-10.

소영진(2015). 딜레마 이론, 그 의미와 과제: 이론적 정합성을 위한 시론. 한국행정논집 27(1), 23-46.

소윤정(2016). 유럽 이주 무슬림 정착문제와 기독교 선교. 성경과 신학 78, 241-279.

손덕호(2022). 민원인에 '자살·살해 협박' 받은 복지 공무원, 최근 4년간 1만6000건. 조선BIZ. https://biz.chosun.com/topics/topics_social/2022/10/05/X3IV4JGCVRFUXFZBVQT4JGHEYI/

손인서(2022). 편견과 폭력에 노출된 채 가족부양 도구 취급받는 결혼이주여성, 카톨릭 뉴스 지금 여기. 7월 19일. http://www.catholicnews.co.kr/news/articleView.html?idxno=32580

송도영(2014). 국내 무슬림 이주자들의 생활영역과 초국적 성격 – 서울 이태원 출입 무슬림의 사례. 한국이슬람학회논총 24(2), 113-153.

송운석·김경태(2014). 해방이후 한국 정치와 종교 간의 전략적 상호작용에 관한 연구. 한국행정사학지 35, 337-361.

송호근(2006). 한국의 평등주의: 그 마음의 습관. 삼성경제연구소.

송호근(2010). 이제는 문화다! : 한 사회, 다문화 연구. 서울: 서울대학교

송호재(2022). 부산 공무원 절반은 '민원'에 스트레스···주당 노동시간은 48.9시간. 부산 CBS. 12월 29일.

신남호(2019). 우리의 과도한 교육경쟁의 부작용은 얼마나 심각할까? 민중의 소리. 12월 26일. https://www.vop.co.kr/A00001457370.html

신명숙(2013). 장애인고용과 사회통합정책에 관한 연구:한국과 스웨덴의 제도비교를 중심으로. 한국행정사학지 32, 161-192.

신재식(2011). 한국사회의 종교 갈등의 현황과 구조 탐구 – 한국 개신교 요인을 중심으로. 종교연구 63, 27-58.

안국진·유요한(2010). 한국 내 종교갈등 및 종교차별 상황 극복을 위한 제언. 종교와 문화 19, 181-206.

안선희(2022), 권력을 잡으면 인간은 어떻게 변하는가. 한겨레신문. 2월 11일. https://www.hani.co.kr/arti/culture/book/1030697.html

안정국(2009). 한국 이주 인도네시아 여성 무슬림의 혼인과 정착. 한국중동학회논총 30(1), 217-256.

안정국(2012). 국내 이주 무슬림의 현황과 문화적 갈등. 한국이슬람학회논총 22(1), 25-57.

알렉스 캘리니코스(김용학 옮김, 1991). 역사와 행위. 교보문고.

양건모·배귀희(2013). 노사에 대한 신뢰가 조직몰입과 협력에 미치는 영향: 서울메트로 지하철공사 노사를 중심으로. 지방정부연구 17(3), 245-268.

양계민 외(2008). 사회통합을 위한 청소년 다문화교육 활성화방안 연구. 서울: 한국청소년정책연구원

양기민(2011). 경쟁중독에 시달리는 아이들. 한국교육신문. 6월 1일. https://www.hangyo.com/news/article.html?no=76304

양동우·김다진(2010). 기업의 R&D협력이 기업성과에 미치는 영향 −콘텐츠산업 중심으로. 한국콘텐츠학회 논문지. 10(4), 306-316.

양태삼.(2021). 아시안 혐오 ②내가 겪은 차별. 연합뉴스, 1월 5일. https://www.yna.co.kr/view/AKR20210518117800371

양해만·조영호(2018). 한국의 사회경제적 변화와 탈물질주의: 왜 한국인들은 여전히 물질주의적인가? 한국정치학회보, 52(1), 75-100.

양현혜(2016). 일제 식민지 시기까지의 한국교회사와 그 반성. 기독교한국교회협의회, 종교개혁500주년기념토론회자료집, 4-14.

엄동욱·이정일·김태정(2008). 협력적 노사관계와 기업성과에 대한 실증연구. 한국고용노사관계학회 · 한국노사관계학회 학술대회 학술대회자료.

엄주엽(2016). 성역화 사업 수천억 지원, 종교·정치 '불륜 가까운 밀회'. 12월 8일.

여성가족부(2012). 국제결혼 입국 전 현지 교육 내실화 도모. 여성가족부 정책뉴스. 10월 5일. http://www.mogef.go.kr/nw/enw/nw_enw_s001d.do?mid=mda700&bbtSn=698909

여성가족부(2013). 2012년 전국다문화가족실태조사.

여성가족부(2015). 국민 다문화수용성 조사연구.

여성가족부(2016). 2015년 전국다문화가족실태조사.

여성가족부(2019). 2018년 전국다문화가족실태조사

여성가족부(2022). 2021년 전국다문화가족실태조사

예창근(2007). 비선호시설 입지정책과정에서의 갈등관리전략. 정책개발연구 7(2), 51-71.

오경석 외(2012). 어업 이주노동자 인권상황 실태조사. 국가인권위원회 연구용역보고서.

오계택·이정환·이규용(2007). 이주노동자에 대한 한국인의 인식: 일터를 중심으로. 한국노동연구원.

오은진·김이선·최윤정·이묘량(2011). 결혼이민자 현지 사전 교육 표준 프로그램 및 교재개발. 여성가족부 연구보고 2011.

오정은 외(2016). 국내체류 중국동포 현황 조사. 2016 재외동포재단 조사연구용역 보고서.

오종진(2010). 중앙아시아 코슬림(한국 이주 무슬림 2세)들의 정체성과 생활세계에 대한 연구. 중동연구 29(1). 91-120

원숙연(2001). 신뢰의 개념적 , 경험적 다차원성 신뢰연구에 갖는 함의. 한국정책학회보 10(3), 63-86.

유성운(2018). 난민에 우호적 51% 무슬림엔 적대적 67% … 이슬람포비아. 중앙일보, 8월 6일. https://www.joongang.co.kr/article/22861425#home

유승우(2009). 2008년 범불교도대회를 통해서 본 한국사회의 종교 간 갈등: '총성 없는 전

쟁'. 동양사회사상 19, 85-108.

유인화(2003). 정통 기독교인의 '무슬림 껴안기'. 경향신문 11월 26일.

육수현·장주영(2021). 가족초청제도의 사회통합 기여 가능성 탐색: 결혼이민자 지원 관련 실문자 인터뷰 사례를 중심으로. 한국자치행정학보. 35(2), 45-66.

윤경로(2016). 분단 70년, 한국 기독교의 권력유착 사례와 그 성격. 한국기독교와 역사 44, 27-65.

윤승용(2015). 한국종교, 30년간의 변화와 종교사적 과제. 종교문화비평 27, 189-227.

윤오수(2007). 공공 개발 사업 추진의 갈등.분쟁 문제 해소 방안에 관한 연구. 주택과사람들 208, 10-13.

윤인진(2015). 한국인의 갈등의식 현황과 변화: 제1~3차 한국인의 갈등의식조사 결과 분석. 한국사회 제16(1), 3-36.

윤인진(2016). 다문화 소수자에 대한 국민인식의 지형과 변화. 디아스포라연구 10(1), 139-144.

윤인진·김춘석·김석향·김선화·김화순·윤여상·이원웅·임순희(2014). 북한이탈주민에 대한 국민인식 및 차별실태조사. 국가인권위원회 연구용역과제 최종보고서.

윤종설(2012). 사회적 집단갈등의 영향요인과 해결방안에 관한 연구, KIPA 연구보고서 2012-40, 한국행정연구원.

윤희중(2013). 중동 무슬림의 한국 이주에 대한 인식분석: 이란인의 사례를 중심으로. 한국중동학회논총 34(1), 10-20.

은옥주(2020). 인간관계의 물리적, 심리적 거리 4단계. 인천IN. 4월 22일. http://www.incheonin.com/news/articleView.html?idxno=72704에서 인용.

은재호·채종헌·임동진(2011). 공공갈등에 있어서 원원협상 방안에 관한 연구, KIPA 연구보고서 2011-36, 한국행정연구원.

이규용(2014). 고용허가제 10주년 성과 및 향후 정책과제. 한국산업인력공단 주관 고용허가제 10주년 세미나 발표자료. 8월 13일.

이기준·정종문(2016). 프리버스(백악관 비서실장 내정자), "이슬람 출신 이민 중단," 고개 드는 문명충돌론. 중앙일보, 11월 22일.

이노미(2011). 국내 외국인 소수집단 거주지의 갈등과 연대. 한국문화연구 21, 237-263.

이대웅(2016). 기독교 교세 증가, 영향력 증대보다 책임감 늘었다고 봐야. 크리스천투데이 12월 20일. https://www.christiantoday.co.kr/news/295789

이동원(2013). 사회신뢰의 결과와 원인. 한국경제연구원 사회통합센터 Working Paper 13-09.

이명호(2021). 한국사회의 공정과 능력주의 담론 다시 보기: 사회정의(사회복지 가치)의 관점에서. 사회사상과 문화 24(4). 123-153.

이민우(2014). 이슬람사원 건축허가취소 총체적부실, 불신 자초. 경기일보, 12월 29일.

이민정책연구원IOM(2017). 이민자 맞춤형 사회통합교육 및 사회정착지원을 위한 연구. 법무부 출입국·외국인정책본부.

이병기(2009). 사회적 자본의 축적과 경제성장을 위한 정책과제: 신뢰의 정책적 함의. 한구경제연구원. 연구 09-18.

이병량·김서용·전영평(2008). 한국 사회갈등구조의 진단과 해석: 수준, 원인, 대안을 중심으로. 한국공공관리학보 22(4), 49-72.

이부형(2016). 사회적 갈등의 경제적 추정과 시사점. 경제주평, 16-45호, 16.

이상문(2008), 빈곤계층의 정신건강에 관한 연구. 3년간의 패널연구 조사를 바탕으로. 한국사회학 42(3), 119-152.

이상서(2022). "민원업무 종사하는 공무원, 다문화 이해 교육 받아야" 법안 추진. 연합뉴스, 9월 3일. https://www.yna.co.kr/view/AKR20220902105400371

이선우(2004). 갈등관리시스템 구축방안 연구보고서. 대통령자문 지속가능발전위원회 연구보고서

이소영·누르보슨(2014), 한국 이슬람권 이주민의 갈등분석: 중앙아시아 및 남아시아 무슬림을 중심으로. 인문과학연구논총 35(1), 437-471.

이수진·김난도(2020). 인스타그램과 현실공간에서의 과시소비 행동 비교 연구. *Journal of Digital Convergence* 18(5), 205-220.

이슬람사원건축반대 범시민대책위원회(2013), 이슬람사원 건축 반대 진정서, 9월 26일.

이승모·홍진이·하동현(2019). 공공갈등에 대한 시민인식의 변화와 특성 분석: 「한국인의 공공갈등 의식조사」를 중심으로. 한국공공관리학보 33(4), 145-173.

이승현 외(2019). 혐오표현(Hate Speech) 리포트. 국가인권위원회.

이시운·오세일(2015). 한국 종교지형에 대한 이론 분석과 통합 과제. 사회이론 48, 101-134.

이유진 외(2007). 다문화사회 기반 구축을 위한 사회통합교육 프로그램 개발 연구. 서울: 법무부

이은미·고기동(2016). 축소정책에서의 부정성 편향과 비난회피에 관한 연구 -예산절감 요구에 대한 지방정부 대응을 중심으로. 한국정책학회보 25(1), 433-454.

이장열(2014). 이슬람사원 건축허가취소 '행정심판' 또 연기. 인천in 6월 9일.

이재기(2021). 한국은 '갈등공화국'···갈등지수 OECD 3위. CBS노컷뉴스. 2021년 8월 19일. https://www.nocutnews.co.kr/news/5609565

이재열 외(2014). 사회통합: 개념과 측정, 국제비교. 한국사회정책 21(2). 113-149.

이정복(2003). 한국정치의 분석과 이해. 서울대 출판부.

이정복(2017). 여성가족부, 다문화가족지원사업 정책방향 변화 필요. 대전투데이. 11월 6일.

이정옥(2019). 이정옥의 [직접민주주의] - '미투'와 '갑질'의 사회학. 다른 백년(The Tomorrow). 2019년 2월 5일.

이정원(2008). 이주노동자에 대한 오해와 편견 Q&A. 저항의 촛불(노동자연대 발간) 12, 11월 6일. https://wspaper.org/article/6065

이종민·류춘렬·박상희(2007). 광고 메시지 프레이밍 효과에 관한 연구. 한국언론학보 51(3), 282-307.

이종수(2009). 행정학 사전. 서울: 대영문화사.

이주호·이한재·권경득(2013). 허베이스피리트호 유류유출사고 이후의 갈등구조 분석: 협력의지에 미치는 신뢰의 매개효과를 중심으로. 한국지방정부학회 2013 하계학술대회 발표논문집.

이중섭·모지환(2013). 성인 발달장애인의 사회통합에 영향을 미치는 요인 - 사회적 지지의 조절효과를 중심으로. 사회연구 24(2013년 1호), 87-117.

이지희(2017). 한국이슬람대책협의회 출범...종합적 대응방안 모색. 크리스천투데이 1월 16일. https://www.christiantoday.co.kr/news/296559

이진구(2011). 다문화시대 한국 개신교의 이슬람 인식 – 이슬람포비아를 중심으로. 종교문화비평 19, 163-194.

이진구(2015). 최근 한국 불교와 보수 개신교의 갈등: 종교차별, 정교분리, 종교자유 개념을 중심으로. 종교문화비평 28, 183-214.

이창균 외(2010). 사회통합을 위한 갈등관리제도의 효율화 방안. 서울: 경제·인문사회연구회.

이하영(2021). '우리'가 아닌 '너희'...편견에 갇힌 결혼이주여성. YTN, 4월 17일. https://www.ytn.co.kr/_ln/0115_202104170617069420

이한숙·김사강·강혜숙·오경석·우삼열(2017). 이주 인권가이드라인 재구축을 위한 연구. 국가인권위원회 연구용역보고서.

이혁배(2005). 종교갈등, 계층갈등 그리고 신학적 과제. 한국기독교신학논총 37, 147-166.

이형우·양승범(2012). 사회신뢰의 국가 간 비교: 한국과 미국의 대학생들 간의 신뢰정도 비교를 중심으로. 사회과학연구(경희대학교). 38(3), 123-144.

이혜리(2019). '더럽고 위험한 사람들' 영화 속 편견이 중국동포 차별 낳는다. 경향신문, 5월 23일. https://m.khan.co.kr/national/national-general/article/201905230600075#c2b

이혜정(2011). 영남지역의 종교갈등과 쟁점. 종교연구 63, 1-25.

이희길(2013). 사회통합의 의미와 접근방법. KIPA 조사포럼 6.

이희수·조영주(2012). 한국의 무슬림 이주민들의 한국생활 적응방식과 신앙생활 조사 분석. 한국중동학회논총 33(1), 133-163.

이희용(1994). 종교갈등에 휩싸인 지자체들 – 개신교 불교 지자체간 마찰 '불상사' 빈번. 지방자치 132, 51-54.

인천광역시(2013). 업무보고(이슬람사원 건축허가취소관련 행정심판 사항). 11월 15일.

인천광역시(2014a). 업무보고(이슬람사원 행정심판 청구사건 추진사항 보고). (1월 29일).

인천광역시(2014b). 업무보고(이슬람센터 행정심판 청구사건 현장조사 계획보고). (2월 11일).

인천광역시(2014c). 업무보고(이슬람센터 행정심판 청구사건 추진사항 보고). (5월 7일).

인천연대(2013). OO구청장은 형평성 잃은 행정권 남용에 대해 해명하라. 10월 9일.

인천지방법원(2014). 건축허가취소처분등에 관한 판결문. 2013구합3751(6월 12일).

임동진(2011). 관여도가 메시지 측면성 효과에 미치는 영향. 언론과학연구 11(3), 238-260.

임완섭(2014). 국민기초생활보장제도의 사회적 신뢰 제고 효과 분석. 사회복지정책. 41(2), 109-134.

임정덕(2011). 외국의 이민정책 변천과 사회경제적 영향. 서울: 한국보건사회연구원

장경현(2021). 신조어 비하 표현의 특성 연구. 우리말글 90(9월 30일)

장덕진(2019). 한국인은 안보와 성장 중시하는 물질주의자들 많다. 중앙일보 오피니언, 7월 1일. https://www.joongang.co.kr/article/23511516#home

장영호·고숙자(2015). 사회갈등지수 국제비교 및 경제성장에 미치는 영향. 보건복지포럼. 3월호, 44-55.

장용석 외(2010). 한국 경제·사회 선진화의 조건(II) – 통합사회지표. 서울: 경제·인문사회연구회.

장용석 외(2012). 사회통합의 다원적 가치와 영향요인에 관한 탐색적 연구: 국가주의, 개인주의, 공동체주의, 세계시민주의를 중심으로. 한국사회학 46(5), 289-322.

장현주(2008). 공공갈등의 원인과 이해관계 분석: 문화재관람료 징수 갈등 사례를 중심으로. 한국정책과학학회보 12(3), 29-54.

장훈태(2011). 기독교와 이슬람의 갈등. 선교와 신학 27. 143-177.

장희경(2021). 독일 통일 30주년과 사회통합: 이주민에 대한 동-서독 지역 차이와 지배문화. 한국정치연구 30(2). 123-152.

전경련(2013). 한국 사회갈등, OECD 27개국 중 2번째로 심각. 전국경제인연합회, 보도자료 2013년 8월 21일. http://m.fki.or.kr/bbs/bbs_view.asp?cate=news&content_id =80100801-e9b3-46ba-b02b-fb18424c3528

전경련(2021). 국가갈등지수 OECD 글로벌 비교. 전국경제인연합회. 보도자료 8월 19일. http://m.fki.or.kr/bbs/bbs_view.asp?cate=news&content_id=e2a5d591-6445 -49b0-9b32-5d7ad65fd743.

전경옥 외(2013). 2012 재한 외국인 사회통합 지표 및 지수 측정 - MIPEX에 의한 사회통합 도 측정 및 재한 외국인 실태조사. 서울:법무부 출입국외국인정책본부

전광희, 외국인 관련 공공정책의 구조와 향후 전망, 한국사회학회, 『동북아 "다문화"시대 한 국사회의 변화와 통합』, 동북아시대위원회 용역과제 06-8.

전국보건의료산업노동조합(2018). 의료기관내 심각한 갑질과 인권유린 실태조사 결과 발표 기자간담회 진행. 노조뉴스, 5월 20일. https://bogun.nodong.org/xe/khmwu_5_7 /487403

전기택 외(2012). 2012년 전국 다문화가족 실태조사 연구. 한국여성정책연구원.

전성표(2001). 우리 사회 종교갈등의 실태와 잠재력: 1991-2000. 한국사회학회 전기사회학 대회 발표논문.

전성표(2007). 한국사회 종교 갈등의 잠재력: 타종교 및 사회적 이슈에 대한 종교별 관용도 비 교. 종교연구 49, 55-87.

전소윤(연대미상). 세계화에 따른 변화, 국제결혼, 지역 & 문화. https://ncms.nculture.org /ceremonial/story/1554.

전재옥(2001). 그리스도교와 이슬람의 만남. 신학사상 115, 46-66.

전재옥(2003). 기독교와 이슬람. 서울: 이대출판부.

전정윤·황금비(2016). 첫 무슬림 런던시장 "런던은 통합을 택했다". 한겨레신문 5월 9일.

전주상(2015). 지역기반시설 설치사업의 갈등구조 분석: 성미산 배수지 건설사업 사례를 중 심으로. 사회과학연구 26(4), 121-142.

전준홍(2022). [알고보니] 한국은 어쩌다 '갈등공화국'이 되었나 (인터뷰). MBC. 2022년 3월 20일.

정기선 외(2012). 2012년 체류외국인 실태조사: 영주권자와 귀화자를 중심으로. 서울: 법무부

정명화 외(2018). 직장 내 괴롭힘 예방을 위한 산업보건 측면의 정책연구. 산업안전보건연구 원 연구보고서. 12월.

정성원(2016). 유치효과만 보고 추진하다…이슬람 행사 철회한 강원도. 조선일보 8월 8일.

정수복(2007). 한국인의 문화적 문법. 생각의 나무.

정영태 (2000). 민주주의와 제도. 민주화운동기념사업회 연구소(편). 민주주의 강의 3: 제도. 민주화운동기념사업회.

정영태 외(2014). 이민자 사회통합정책 다양화 방안에 대한 연구. 법무부 출입국외국인정책

본부 정책과제 보고서.

정영태 외(2016). 외국인정책 시행계획 평가 연구. 법무부 출입국외국인정책본부. 2016 법무부 용역보고서.

정용화·임은미·김종운(2012). 초등교사의 직무스트레스와 스트레스 대처방식이 직무만족도에 미치는 영향. 수산해양교육연구 24(4), 469-481.

정진상(2000). 한국전쟁과 전근대적 계급관계의 해체. 경상대 사회과학연구소 엮음/지음. 한울

정창근·김홍배(2013). 무슬림 이주여성의 인구통계학적 특성과 이슬람 문화 몰입이 자녀교육 형태에 미치는 영향. 한국중동학회논총 33(3), 335-352.

정태석(2020). 한국인의 에너지 평등주의: 평등주의와 서열주의의 모순적 공존. 피어나.

정한울(2018). 한국사회 공정성 인식조사. 한국리서치 월간리포트. 3월 30일. 이 중 Chapter 2. '한국에서의 정의(justice)란 무엇인가?'.

정한울·정원칠(2009). 여론으로 본 한국 사회갈등 진단 – 11월 정기조사 분석. 고려대학교 동아시아연구소(EAI).

제3의길(2018). "피부색 다르면 외국인" 편견을 깨자. 12월 17일. https://road3.kr/?p=10597&cat=146.

조귀삼(2012). 유럽과 한국의 다문화인 유입에 따른 종교갈등의 비교와 선교전략 연구. 복음과 선교 17, 175-209.

조현성 외(2008). 이주민 문화향수 실태조사. 문화관광체육부.

조혜영 외(2007). 다문화가족 자녀의 학교생활실태와 교사 학생의 수용성 연구. 한국여성정책연구원·한국청소년정책연구원, 경제인문사회협동연구총서, 07-19-05.

조희선 외(2008). 한국사회 이주 무슬림 커뮤니티에 관한 연구. 중동연구 27(2), 81-123.

조희선(2008). 한국 이주 아랍 무슬림이 현황과 조직화. 한국중동학회논총 29(1), 31-66.

조희선(2009). 한국 이주 아랍 무슬림의 혼인과 정착, 그리고 문화적응에 관한 연구. 한국중동학회논총 30(1), 169-215.

조희선(2010). 영국, 프랑스, 독일 무슬림의 이주와 정착 및 갈등에 관한 연구: 한국 이주 무슬림과의 비교를 위하여. 한국중동학회논총 31(1), 105-149.

지종화(2010). 다문화 사회와 한국무슬림의 적응과 대응. 한국지방정부학회 2010년도 하계학술대회논문집, 1-22.

채원호·조강주(2012). 지자체간 협력사업 성과의 영향요인에 관한 연구. 한국사회와 행정연구. 23(3), 209-235.

천남수(2021). 패자부활전. 강원도민일보. 2월 3일. http://www.kado.net/news/articleView.html?idxno=1059156

최경일(2010). 학교사회복지사의 대인관계 능력이 직무만족에 미치는 경로분석: 학교사회복지사와 교사 간 신뢰와 협력의 매개효과. 청소년복지연구. 12(1), 145-164.

최기남·이선제(2006). 한국내 외국인 이주 및 체류자집단 인종문제의 폭동가능성에 관한 시론적 연구. 경호경비연구, 제11호.

최대정·박동건(2002). 가상화된 조직의 환경특성, 신뢰 및 협력행동 간의 관계. 한국심리학회지: 산업 및 조직. 15(2), 123-149.

최민우(2014). 탈권위 → 경제 → 복지 … 프레임 잘 잡아야 권력도 잡는다. 중앙SUNDAY. 2014년 7월 13일.

최연진(2016). 부르카에 따가운 시선⋯파리가 변했어요. 조선일보 8월 8일.

최영신 외(2007). 법치주의 확립을 위한 법교육 프로그램(III) - 결혼이주여성의 사회통합을 위한 법교육 프로그램 개발 연구. 서울: 한국형사정책연구원.

최영신(2016). 외국인 범죄에 대한 오해와 편견. 이슈통계(범죄와 형상사법 통계정보 CCJS), https://www.crimestats.or.kr/portal/crime/selectCrimeIssuePage.do?bbsCd=ISSUE&seq=3974

최영신(2016). 외국인과 내국인 범죄율. 이슈통계(범죄와 형상사법 통계정보 CCJS), https://www.crimestats.or.kr/portal/crime/selectCrimeIssuePage.do?bbsCd=ISSUE&seq=3974#

최원진(2015). 이슬람 자본과 음식에 대한 한국교회의 선교적 대응. 복음과 선교 31. 207-240

최장집(2002). 민주화 이후 민주주의. 후마니타스.

최재석(1968). 가족제도와 사회통합. 한국사회과학논집 8, 12-14.

최종술(2016). 프레임 분석 방법론의 모색에 관한 연구. 공공정책연구(동의대학교) 32(2), 133-154.

최춘산·김범식(2011). 베이징 대학생의 올림픽 기대감과 사회신뢰, 공동체의식, 협력의사의 관계에 관한 연구. 한국체육학회지. 50(3), 215-225.

최항섭(2018). 모두가 갑이 되고 싶은 사회. 사회과학연구 30(2), 265-288.

최형근(2004). 이슬람의 세계화와 기독교의 선교적 대응. 선교신학 8, 1-14.

컵뉴스(2017). 이슬람 대응 위한 한국이슬람대책협의회 창립. http://blog.naver.com/cupnewskr/220910884331

통계청, 국가소송, 행정소송, 국가통계포털(KOSIS)

통계청, 국가통계포털(KOSIS) - 사회통합실태조사. https://kosis.kr/statisticsList/statisticsListIndex.do?vwcd=MT_ZTITLE&menuId=M_01_01#content-group.

통계청, 사회조사. 각 년도.

통계청, 사회통합실태조사, 각 년도.

통계청. 인구주택총조사 - 성·연령·종교별 인구, 각 년도.

하혜영(2008), 공공갈등의 연구방법론에 대한 소고. 분쟁해결연구. 7-35.

하혜영(2009). 공공갈등연구의 경향과 과제. 한국사회와 행정연구 20(2), 163-186.

한국보건사회연구원(2009). 경제위기와 사회통합에 관한 외국사례 비교를 통한 사회정책 추진방향에 관한 연구. 서울: 한국보건사회연구원.

한국보건사회연구원(2010). 2009년 전국 다문화가족실태조사 연구. 보건복지가족부·법무부·여성부

한국사회갈등해소센터 (2021). 2020 (제8차) 한국인의 공공갈등 인식조사. 2020년 1월 13일.

한국사회학회(2007), 한국적 "다문화주의"의 이론화. 동북아시대위원회 용역과제, 07-7.

한승동(2016). 논쟁의 판도를 바꾼 시대의 아이콘. 한겨레신문 12월 2일.

행정안전부(2008). 다문화사회에 대비한 공무원 교육과정 신설 - 다문화사회 이해 및 상호 공존방안 모색 기대. 보도자료. 3얼 7일. https://www.mois.go.kr/frt/bbs/type010/commonSelectBoardArticle.do%3Bjsessionid=Gnk1h8cWzC5QSnyTO8VFMHmlqZee6KeCapbaEelprrAAF1fX9vdJTk2YBbt8U623.mopwas54_servlet_engine

1?bbsId=BBSMSTR_000000000008&nttId=25291

홍석기 외(2010). 글로벌 도시 서울을 위한 사회통합 정책. 서울: 서울시정개발연구원.

홍석우(2013), OO이슬람사원 돌연 건축허가취소...반발. KBS, 11월 7일.

홍진표 외(2016). 2016년도 정신질환실태 조사(The survey of mental disorders in Korea). 보건복지부 삼성서울병원.

황보작·허찬영·주용준(2011). 통합적 인적자원관리 유형에 따른 노사협력과 기업성과에 관한 연구 = 도시철도운영기업을 중심으로. 한국철도학회논문집 14(3), 300-311.

황상민(2011). 한국인의 심리코드. 후마니타스.

황아란(2012). 제19대 국회의원 선거와 투표행태: 긍정적, 부정적 정당태도와 회고적, 전망적 평가를 중심으로. 한국과 국제정치 28(4), 133-159.

황정미 외(2009). 다민족·다문화사회로의 이행을 위한 정책패러다임 구축(III) – 이주민의 사회통합을 위한 지역사회 참여현황과 증진방안. 서울: 한국여성정책연구원·고려대 아세아문제연구소

BSstory(2015). [기획기사] 피부색, 외모, 경제력, 장애 등 우리 사회의 편견. 11월 19일 참조. https://m.blog.naver.com/PostView.naver?isHttpsRedirect=true&blogId=ebsstory&logNo=220543986303

CGN(2008), 다문화가정 이민자들 상담으로 접근해야. CGN 투데이, 11월 17일.

JTBC(2015). '손님은 왕?'···종업원 잡는 고급 음식점 'VIP 갑질'. 2015년 1월 15일.

YTN(2016). 사회 '갑질 횡포' 특별단속...100일 만에 7천6백 명 검거. 12월 15일. https://www.ytn.co.kr/_ln/0103_201612152326034554

제1장 갈등공화국의 한국인과 이민자

1) 한국사회는 '갈등공화국'이라는 표현을 누가 언제 사용했는지 정확하지는 않지만, 2021년 대선국면에서 남녀갈등을 포함한 여러 가지 갈등이 동시 다발적으로 또한 엄청난 규모로 발생하면서 언론매체에서 사용하기 시작한 듯하다. (이재기 2021; 전준홍 2022; 박상휘 2022).

2) 사회갈등지수 = 사회갈등요인(소득불균형)/갈등관리시스템(민주주의 성숙도와 정책 수행능력). 사회갈등지수가 클수록 사회갈등이 심하다는 것을 의미함. (박준 2009).

3) 조사분석을 수행했던 박준 삼성경제연구소 수석연구원은 "한국은 지역 간, 노사 간, 이념 간, 공공정책 목표 간 갈등이 원만히 관리되지 못하고 물리적으로 표출되며 갈등의 목표도 비현실적인 경우가 많다"고 지적하면서 이 같은 사회갈등으로 발생한 경제적 비용을 연간 82조~246조원으로 추산했다. 이어서 박 연구원은 "한국의 사회갈등지수가 10%만 낮아지더라도 1인당 GDP가 1.8~5.4% 높아지고, OECD 평균수준(0.44)으로만 개선되더라도 7~21% 증가하는 효과를 가져올 수 있다"고 주장했다(전경련 2013).

4) 2021년 6월 영국 킹스컬리지가 여론조사기관인 입소스에 의뢰해 28개국 2만 3천여 명을 상대로 조사를 했는데 당초 목표는 영국 사회의 갈등이 얼마나 심각한지를 다른 나라와 비교하기 위함이었지만, 가장 '튀는' 국가는 공교롭게도 '한국'이었다. 조사결과에 의하면, 전체 12개 갈등 항목 가운데 7개에서 한국 국민들이 "갈등이 심각하다"고 대답한 비율이 제일 높았다. 12개 갈등 항목 가운데 7개 부문에서 한국이 1위를 했다는 말이 나오고 있다. 우리 국민의 91%가 빈부격차가 심각하다고 응답했는데 칠레와 함께 공동 1위이고, 우리가 유별난 건 '성별, 나이, 교육 수준(대학교육 유무)'에 따른 갈등인데, 세계 평균의 두 배 수준이었다. 우리가 피부로 느끼는 젠더갈등, 세대갈등, 학력차별은 유독 우리나라에서 심각하다고 받아들여지고 있는 것이다(전준홍 2022).

5) 한국사회의 갈등이 동시다발적이고 중첩적인 이유를 박준·정동채(2018)는 다음과 같이 설명하고 있다.
"1987년 민주화 이후 30년간 우리나라는 다양한 종류의 사회갈등을 경험하였다. 첫 20년 동안에는 임금과 고용문제를 둘러싼 노사갈등, 영남과 호남간 지역갈등, 진보와 보수간의 이념갈등, 그리고 정부의 정책이나 대형국책사업의 결정 및 시행을 둘러싸고 정부와 이해당사자(집단)들이 서로 충돌하는 공공갈등이 주요 이슈가 되었다. 그리고 지난 10년간은 기존의 갈등들이 해소되지 않은 상태에서 세대, 젠더 등을 축으로 하는 새로운 갈등이 심화되면서 한국사회의 갈등 구조는 더욱 복잡해지는 양상을 보이고 있다. 한국사회는 비교적 짧은 기간 동안 전근대/근대/탈근대, 독재/민주화 등 상이한 역사적 경험들이 동시대에 공존하는 '비동시성의 동시성'을 겪었다. 따라서 한국사회에서 집단간의 갈등은 서구사회에 비해 더욱 다층적이고 복합적이며 동시다발적인 특징을 보이고 있다. 연구자들은 한국사회 복합갈등의 중요한 특징으로 계층, 지역, 세대 등의 갈등요인과 이념갈등의 결합을 지적하고 있다. 박길성(2008: 16-17)은 경제적 이해관계가 이념갈등을 일으키는 주된 원천이라고 보고, 정당과 언론이 이념갈등을 정체성 정치와 대중 동원에 이용하기 때문에 이념갈등이 우리 사회의 실제 이념균열 정도에 비해 과도하게 포장되는 경향이 있다고 설명했다. 강원택(2014)은 한국사회에서 이념갈등이 영호남 지역주의나 세대갈등과 같은 다른 갈등요인과 중첩되어 표출되고 있음을 지적하면서 정치권과 언론에 의한 '편향성의 동원'을 이념갈등 심화의 원인으로 보았다. 우리나라에서 청년세대와 노년세대 간의 세대갈등은 진보와 보수 세력이 충돌하는 이념갈등의 측면과 중첩되어 나타나고 있다. 이재광(2013: 8)은 한국사회의 주요 이념갈등 사례로 역사교과서, 이승만 정권 평가, NLL 논쟁 등을 들었는데, 이러한 이념적 이슈들을 둘러싼 세대간 간극은 상당히 크게 나타나고 있다. 세대간 가치관의 격차가 커질수록 분배이슈인 일자리와 복지 문제에 있어서 세대간 합의 가능성은 줄어들 가능성이 있다. 또 다른 예로 노사갈등도 이념갈등과 중첩되는 양상을 보이고 있다. 노동운동 진영 내부에서 노동계급의 생활수준 향상보다는 급진적 이념의 실현을 목표로 하는 분파의 목소리가 과잉대표되면서 노사간에 타협이 성립되기 어려웠고 적대적 노사관계는 지속되어 왔다. 이와 같이 동일한 이슈에 대해 서로 다른 유형의 갈등이 중첩되어 나타나는 경우가 여러 가지 이슈에 대한 갈등이 병렬적으로 발생하는 경우보다 사회통합의 관점에서 볼 때 더 문제가 된다. 사회학자 Lewis Coser가 지적한 대로 집단 간의 갈등이 병렬적으로 일어나는 다중적 갈등(multiple conflicts)의 사회구조는 개인이 다양한 집단에 대해 소속감을 갖기 때문에 갈등이 분산되고 서로 상쇄되는 효과가 있다. 그러나 노사, 지역, 세대, 젠더 등 집단간 갈등이 이념갈등과 중첩될 때 해결하기가 더 어렵다. 이념 균열과 결합된 갈등은 Lewis Coser가 말한 '비현실적인 갈등(nonrealistic conflicts)'으로 전환될 가능성이 높다. 현실적인 갈등에서 당사자들은 갈등을 목표를 달성하기 위한 수단으로 인식하는 반면, 비현실적인 갈등의 경우 자신에게 부족한 권력이나 자원의 획득이 아니라 상대방에게 피해를 가하는 적대적인 행위 자체가 목적이 된다(Coser 1964). 이러한 유형의 갈등은 애초에는 경제적 불만에서 비롯된 것이라고 해도 당사자들이 양립할 수 없는 가치관과 세계관의 충돌로 인식하기 때문에 타협이 어렵고 장기화되는 경향이 강하다." 박준·정동채(2018).

다른 연구자들도 한국사회의 갈등이 갖는 특성으로 동시다발성과 중첩성을 언급하고 있다. 예를 들면, 박길성(2008)에 의하면, 한국은 압축성장을 겪은 만큼 시간적으로 공간적으로 압축적인 갈등을 겪었다고 지적한다(박길성 2008). 한국이 중첩적인 갈등 특히 계층이나 빈부, 지역, 남녀, 노사 갈등과 이념갈등이 중첩된 갈등이 빈번한 이유는 "(1987년 민주화 이후) 지난 10여 년 동안 (주로 정치영역에서) 한국사회에서 심화된 이념대립과 이념갈등으로 인해 일반국민조차도 이;념이라는 도식을 갖고 사회현상을 바라보는 것이 일상화되었기 때문"일지도 모른다(윤인진 2015). 이러한 특성을 가진 한국사회를 사회갈등이 공공영역뿐만 아니라 시민사회 영역에서도 보편화되고 일상화되었다는 점에서 '갈등사회'라고 지칭했다(윤인진 2015).

6) 예를 들면, 2021년 사회실태조사 결과로 드러난 집단 간 갈등의 심각성에 대한 국민 인식(매우 심하다 + 약간 심하다는 응답자의 비율)을 보면, 보수와 진보 간 갈등이 88.9%로 가장 많고, 다음으로, 빈곤층과 중·상층 간 갈등(81.2%), 근로자와 고용주 간 갈등(71%), 노인층과 젊은 층 간 갈등(60.5%), 남자와 여자 간 갈등(51.7%), 종교 간 갈등(55.5%), 내국인과 외국인 간 갈등(55.0%) 등의 순이다. 이러한 조사결과는 대다수의 국민이 사회갈등을 직간접적으로 경험하고 있으며, 어떤 국민은 여러 가지 갈등을 동시에 경험하고 있다는 것을 잘 보여준다 할 수 있다(통계청, 국가통계포털 (KOSIS) - 사회통합실태조사). 유형별 갈등 인식에 있어 공공부문 갈등에 비해 전통적인 사회갈등이 보다 심각한 것으로 나타났다. 구체적으로 보면, 모든 연도에 걸쳐 상대적으로 더 심각하게 인식하는 사회갈등의 상위 4순위는 진보세력과 보수세력, 경영자와 노동자, 정규직과 비정규직, 못사는 사람과 잘사는 사람 간의 갈등이며, 2016년도에서만 진보세력과 보수세력 간의 갈등이 4순위를 차지하였다. 그 다음, 사회갈등과 공공부문 갈등의 유형별 심각성 인식은 응답자의 성별, 연령, 지역, 이념 등의 특성에 따라 상이한 분포를 보였다. 여자가 남자에 비해 남자와 여 자 간의 갈등을 보다 심각하게 인식하였다. 연령에서는 젊은 사람과 나이든 사람 간의 갈등은 20-30 대, 진보세력과 보수세력 간의 갈등은 60대 이상, 수도권과 지방의 갈등은 40-50대, 그리고 남자와 여자 간의 갈등은 20-30대의 응답자 집단이 다른 집단에 비해 상대적으로 갈등을 보다 심각하게 인식하였다. 학력에서는 대학재학 이상의 응답자 집단이 경영자와 노동자 및 남자와 여자 간의 갈등을 상대적으로 더 심각하게 인식하였다. 지역에서는 젊은 사람과 나이든 사람, 영남주민과 호남주민, 진보세력과 보수세력 간의 갈등은 수도권 소재 응답자 집단이, 수도권과 비수도권의 갈등은 비수도권 소재 응답자 집단이 상대적으로 더 심각한 갈등 인식을 보고하였다. 이념에서는 못사는 사람과 잘사는 사람, 경영자와 노동자, 젊은 사람과 나이든 사람, 남자와 여자 간의 갈등은 진보 응답자 집단이 보다 심각한 갈등 인식을 보고한 데 비해, 진보세력과 보수세력 간의 갈등은 2015년도 조사에서는 진보 응답자 집단이, 2016년도 이후의 조사에서는 보수 응답자 집단이 상대적으로 심각한 갈등 인식을 나타내고 있다(이승모·홍진이·하동현 2019).

7) 국가나 지방자치단체가 당사자로 포함되는 공공갈등은 1991년부터 2012년까지의 기간 중에서 792건이 발생했고, 유형별로 보면 노동갈등(200회, 25.3%), 지역갈등 (180회, 22.7%), 계층갈등(163회, 20.6%), 환경갈등(117회, 14.8%), 교육갈등(86

회, 10.9%), 이념갈등(46회, 5.8%) 등과 같다. 그리고 경찰청이 수집한 2001년부터 2012년까지의 집회 및 시위 현황을 보면, 전국에서 연평균 11,035회, 하루 평균 30회가 발생했다(윤인진 2015). 2013년 이후의 집회 시위 건수도 별로 줄지 않았다.

〈표〉 집회시위 건수(2008-2021)

	2008	2009	2010	2011	2012	2013	2014	2015	2016	2017	2018	2019	2020	2021
경찰력 동원 집회시위건수	13,406	14,384	8,811	7,762	8,328	9,738	10,504	11,311	11,061	10,438	9,627	13,864	12,465	10,300

*출처: 경찰청(각년도), 경찰통계자료 중 경비. https://www.police.go.kr/www/open/publice/publice0206.jsp

8) 2008년과 2021년 사이 중앙정부나 지방자치단체 등 공공기관을 대상으로 소송을 제기한 건수는 시기에 따라 변동이 있으나 전체적으로 1만 건이 넘는다.

〈표〉 공공기관 대상 소송사건 건수(2008-2021)

	2008	2009	2010	2011	2012	2013	2014	2015	2016	2017	2018	2019	2020	2021
국가소송	11,667	10,624	9,929	10,086	10,887	11,891	13,412	14,874	10,390	9,982	10,116	10,549	10,988	11,534
행정소송	30,866	32,176	33,424	34,847	36,854	36,444	38,182	38,882	36,799	36,969	37,130	37,772	40,073	42,076

*출처: 통계청(각년도), 공공기관 대상 소송사건 건수. 국가통계포털(KOSIS). https://www.index.go.kr/unity/potal/main/EachDtlPageDetail.do?idx_cd=1723

9) 2008년과 2021년 사이 제기된 민사사송, 가사소송, 행정소송, 특허소송, 선거소송, 형사소송, 소년소송 등 각종 소송사건 건수는 시기에 따라 약간의 차이가 있으나 전체적으로 6백만 건이 넘는다. 전체 인구 대비 소송사건(본안사건 + 본안외사건)은 매년 인구 100명당 12명 정도 소송을 제기한다.

〈표〉 각종 소송사건 (국가소송 제외, 2008-2021)

	2008	2009	2010	2011	2012	2013	2014	2015	2016	2017	2018	2019	2020	2021
소송사건	6,345,561	6,345,439	6,216,196	6,287,823	6,318,042	6,590,720	6,500,844	6,361,785	6,747,513	6,742,783	6,585,580	6,634,344	6,679,233	6,291,467
소송사건/ 총인구	0.1243	0.1234	0.1188	0.1197	0.1198	0.1244	0.1218	0.1184	0.1252	0.1249	0.1218	0.1225	0.1234	0.1169

*출처: 법원(각년도), 각종 소송사건(제6장 통계). 사법연감. . https://www.scourt.go.kr/portal/news/NewsListAction.work?gubun=719

10) 여성가족부는 5일 '2021 통계로 보는 여성의 삶' 보고서를 발표했다. 여가부는 1997년부터 양성평등주간마다 이 보고서를 발표했다. 올해는 사회인식 분야를 추가해 총 8개 분야(인구와 가구·의사결정·일생활균형·여성폭력·고용·소득·건강·사회인식) 40개 통계를 분석했다. 여성폭력 분야에서 가정폭력, 데이트폭력 등 여성폭력사건의 검거 건수는 큰 폭으로 늘었다. 2019년 가정폭력사건 검거 건수는 5만277건으로 2011년(6848건)과 비교해 7.3배 수준이다. 같은 해 데이트폭력·스토킹 검거 건수는 각각 9858건·581건으로 2013년보다 36.2%, 86.2% 증가했다. 2020년 불법촬영 발생 건수는 5032건으로 2011년(1535건)에 비해 3.2배 늘었다. 검거 인원 5151명 가운데 남성이 94.1%였다. 2019년 성폭력 사건 발생 건수는 3만1400건으로 2010년(2만375건)보다 1.5배 증가했다. 성폭력 검거 인원 가운데 동종재범자는 2133명으로 전체 검거 인원의 6.3%였다(박고은 2021). 학교폭력 또한 폭력적인 갈등의 한 유형으로 볼 수 있다. 교육부는 16개 시도교육감이

초·중·고등학교(초4~고3) 학생들을 대상으로 실시한 '2022년 1차 학교폭력 실태
조사(전수조사)' 결과를 보면, 피해 응답률은 1.7%(5.4만 명)로 2021년 1차 조사
대비 0.6%p 증가했으며, 코로나19감염병 확산 이전 실시된 2019년 1차 조사 대
비 0.1%p 증가했다. 학교급별로는 초등학교 3.8%, 중학교 0.9%, 고등학교 0.3%
로 나타나, 모든 학교급에서 2021년 1차 조사 대비 증가하는 양상을 보였다(교육
부 2022). 이외에도 폭력에 의해 상대방의 의사에 반하는 행동을 하는 살인, 강도,
강간·강제추행, 절도, 폭력 사범도 갈등의 한 유형으로 볼 수 있다(한국사회갈등해
소센터 2021).

11) 국가소송11,534건, 행정소송 42,076건, 이외의 각종 소송사건 6,291,467건, 가
정폭력과 성폭력 약 8만 건(2019년 기준), 집회·시위 10,300건 등

12) 여기서 인용한 자료 이외에도 한국의 사회갈등이 심각하다는 것을 보여주는 조사들
이 적지 않게 있다. 2009년부터 2011년까지 3년 간 OECD 34개 회원국의 사회갈
등지수를 비교한 한국보건사회연구원의 2015년 연구에서는 한국의 사회갈등지수가
세 번째(2009년) 내지 다섯 번째(2011년)로 높게 나타났다(장영호·고숙자 2015).
현대경제연구원이 분석한 바에 의하면, 한국은 OECD 29개국 중 일곱 번째로 사회
적 갈등 수준이 높게 나왔으며, OECD 29개 회원국 평균과 격차도 확대되고 있는
것으로 밝혀졌다(이부형 2016). 마지막으로, 2005년, 2010년, 2015년의 세 시기
OECD 회원국의 사회갈등에 대한 비교연구 결과에 따르면, 한국은 세 시기 모두 회
원국 37개국 중 32위로 사회갈등이 매우 높았다(박준·정동채 2018).

13) 질병에 비유한다면, 만성질환, 부정적인 표현으로 고질병이라고 할 수 있다.

14) 〈뉴스1〉과 타파크로스는 우리 사회의 갈등을 진영·젠더·세대·불평등·일터 등 5개
유형으로 나누고 지난 2018년 1월 1일부터 2022년 3월 15일까지 총 4억 4323만
5993개의 언급량(버즈양)을 수집, 분석했다. 직전 4개 분기 평균치를 기준으로 해
당 분기 전체 언급량 증감과 긍정언급량 대비 부정언급량 초과유입치 증감을 토대
로 각 유형별 분기별 증감지수를 산출한 다음, 이를 시기별로 합산해 누적지수를
작성했으며, 종합갈등지수는 다시 이들 5개 유형별 갈등 지수를 합산하는 방식으
로 산출했다. 그렇게 한 것은 각 갈등에 대한 사람의 참여도와 상관없이 각 갈등이
사회에서 갖는 무게나 중요성은 같다고 가정했기 때문이다. 해당분기 전체 언급량
이 늘수록, 부정 언급량이 상대적으로 많이 유입될 수록 갈등 전선이 확산되고 갈
등 정도도 깊어지는 것으로 해석했다. 분석결과를 보면, 2022년 1분기 한국사회
종합갈등 지수는 누적기준 178.4로 2018년에 비해 거의 두배로 높아졌다(2018년
=100). 한국사회 갈등이 전체적으로 가장 많이 증폭되었던 2019년 3분기 누적지
수가 184.5에서 2021년 2분기 159.5로 잠시 내려갔지만 2021년 하반기 '진영 갈
등'이 격화되고 다른 갈등이 다시 누적되면서 2022년 1분기 종합갈등지수는 누적
기준으로 다시 2020년 3분기 수준인 178.4까지 올라갔다(뉴스1 2022).

15) 사회갈등의 심화는 '사회적 결속'의 약화로 귀결되었다. 스위스 국제경영개발원

(IMD)이 1989년부터 발표한 '국가경쟁력지수'를 보면, 한국의 '사회적 결속 (Social cohesion)' 지수는 지난 2012년 8.04, 2013년 3.83, 2014년 5.77, 2015년 4.36으로, 매년 낮아지다가 2016년에는 4.17로 2012년의 절반 수준에 머물렀다. 2022년도 '국가경쟁력지수'를 보면, 조사대상 63개국 중 한국의 '사회적 결속'(또는 사회응집력) 정도는 2016년 40위에서 2017년 42위로 떨어진 뒤 점차로 나아져 2020년에는 31위를 차지하였으나, 2021년 33위, 2022년 35위로 다시 나빠지고 있다(IMD 2022)

16) 조사 대상 시기가 2005년, 2010년, 2015년 중 어느 연도인가에 따라 이 5개국의 순위는 달라진다.

17) 자연환경으로부터의 위협에 대응하는 과정에서도 갈등이 발생하기도 하지만, 그것은 자연환경으로부터의 위협에 함께 대응하는 다른 사람들과의 관계에 문제가 생겨서 발생하는 것이다. 물론 자연의 위력에 대항하여 싸우기도 하지만, 함께 대응하는 사람들과의 관계가 협력적이라면 갈등은 인간과 자연과의 싸움이지 사회갈등은 아니다.

18) 이 경우 대상은 기본 욕구를 충족시킬 수 있는 수단으로서 가치를 갖는다. 그러한 대상에는 경제적인 부(자본주의 사회에서는 돈을 포함한 물질적 자원), 권력, 명예, 사랑·우정·신뢰를 주고받을 수 있는 사람 등이 포함된다.

19) 여기서 주의할 점은 인간은 누구나 기본 욕구를 가지지만, 개인이 어떤 환경에서 어떤 사회화과정을 겪었느냐에 따라 다섯 가지 중 어느 욕구를 우선 그리고 얼마나 적극적으로 추구하느냐가 달라진다(Kenrick, et al. 2010). 예를 들면, 어쨌든, 자연환경이 척박한 사회에서 의식주에 필요한 물질을 추구하는 것을 가장 중요한 인생목표로 배운 사람은 의식주와 그것을 충족시키는 수단을 확보하는 것을 가장 중요한 가치로 여길 것이다. 즉 물질주의 가치관를 가진 사람이 많다는 것이다. 그런데 물질적으로 풍요로워서 의식주를 걱정할 필요가 없는 자본주의사회에서도 고가의 사치품이 사회적 지위의 상징물인 경우가 많아서 다른 사람의 인정과 존경을 받기 위해 경제적인 부의 축적 즉 물질주의 가치관을 가진 사람이 많을 수 있다(Duh 2015).

20) 프레임(Frame)은 생각을 더 효율적으로 하기 위해 '생각의 처리 방식을 공식화한 것'을 뜻한다. 미국의 언어학자이자 인지과학자인 조지 레이코프(George Lakoff)는 프레임을 '특정한 언어와 연결되어 연상되는 사고의 체계'라고 정의한다. 그에 의하면, 프레임은 우리가 사용하는 모든 언어에 연결되어 존재하는 것으로, 우리가 듣고 말하고 생각할 때 항상 프레임이 작동한다. 프레임 이론이 대중적 폭발력을 갖게 된 것은 조지 레이코프(George Lakoff)의 『코끼리는 생각하지 마』가 2004년 출간되면서였다. 민주당 지지자인 그는 미국의 진보 세력이 번번이 선거에서 패하는 원인을 분석하면서 "공화당이 제시하는 이슈에 반박할수록 그 프레임에 빠져든다"고 주장해 큰 반향을 일으켰다(Lakoff 2004). 레이코프의 주장처럼, 정치계에서 선거 전략상으로도 프레임은 중요한 의미를 갖게 되는데, 정치적 상황을 유리

하게 이끄는 데 프레임은 유용한 도구가 된다. 전략적으로 짜인 프레임을 제시해 대중의 사고 방향과 방식을 먼저 규정하는 쪽이 정치적으로 승리할 가능성이 크며, 먼저 제시된 프레임을 반박하려고 하면 오히려 해당 프레임을 강화하는 딜레마에 빠지게 되기 때문이다. 프레임이 일시적인 유행이나 단순한 선동을 뛰어넘어 학술적 지위를 획득한 데엔 미국 프린스턴대 대니얼 캐너먼(Daniel Kahneman) 교수의 역할도 컸다. 심리학자이자 행동경제학자로 2002년 노벨상을 수상했던 그는 600명의 미국인을 대상으로 다음과 같은 실험을 했다. "특정 지역에 질병이 몰아닥쳤다. 프로그램 A를 실시하면 200명을 살릴 수 있다. 프로그램 B를 실행하면 살아날 확률은 3분의 1이며, 사망할 확률은 3분의 2다. 어떤 것을 선택하겠는가." 둘 중 어느 것을 선택해도 사실 결과는 동일하다. 단지 표현을 달리했을 뿐이다. 하지만 실험에 참가한 이들 중 78%는 앞쪽, 프로그램 A를 택했다. 인간이 갖는 손실 혐오 경향이 반영됐다는 분석이다. 언뜻 보면 조삼모사(朝三暮四)를 연상시키지만, 결국 이는 문제를 어떻게 바라보는가에 따라 상황을 인식하는 방향도, 대응 방안도 달라질 수 있음을 수치적으로 입증한 실험이었다. 인간이 합리적이라기보다는 오류투성이라는 사실을 환기시키면서, 프레임의 위상과 중요성을 각인시켜 줬다(최민우 2014).

21) 프레임은 일상적인 용어로 표현하면 '세상을 보는 눈' 또는 관점에 가깝고, 학계에서는 이론적 분석틀(theoretical framework)이라고 한다. 세상을 보는 눈이 다르면 같은 것을 보고도 전혀 다르게 인식하고 반응한다. '개 눈에는 똥만 보인다', '제 눈에 안경', '색안경을 끼고 본다', '돼지 눈에는 돼지만 보이고 부처 눈에는 부처만 보인다'(무학대사의 말. 豚眼只有豚 佛眼只有佛), '내 눈에 콩깍지' 등과 같은 속담도 프레임의 기능과 중요성을 잘 표현하고 있다.

22) 자신만의 프레임을 통해 갈등상황을 분석한 뒤 선택한 목표달성방법이 뒤에서 보게 될 갈등관리능력의 중요한 구성요소가 된다.

23) 개인과 개인 간의 갈등 즉 대인갈등(interpersonal conflict)이든, 집단 간 갈등 즉 집단갈등(intergroup conflict), 또는 시민사회 내 갈등(conflict in civil society)이든 하나 이상의 공공기관을 당사자로 포함하는 공공갈등(conflict in public sector 또는 public conflict)이든, 똑같이 적용된다.

24) 어떤 연구자는 구조라는 표현 대신 '우리 자신의 몸과 생각을 구성하는 요소', 줄여서 '근원적인 배경'(박태순 2010: 15-16, 18)이라고 하기도 하고, '갈등을 촉진하는 조건'(conditions that encourage the development of conflict: Pruitt and Kim 2004: 20-27)이라는 표현을 사용하기도 한다.

25) 이런 점에서 여기서 말하는 구조는 신제도주의(new institutionalism)에서 주장하는 제도와 같은 기능을 한다. 신제도주의에 의하면, 제도는 '정체(polity)나 경제(economy)를 구성하는 여러 단위에 속해 있는 구성원(또는 요소) 간의 관계를 규정하는 공식적인 규칙(formal rules), 의사결정 절차와 방법(copliance

procedures), 표준화된 업무처리방식(standard operating practices)'을 의미하고(Peter Hall, cited in Thelen and Steinmo 1992), 제도는 특정한 조직이나 집단 구성원의 의사결정이나 행동이 일정한 테두리 내에서 이루어지도록 하는 기능을 한다. 그런 연유로 해서 제도는 구성원 간의 관계 또는 상호작용 이루어지는 과정에 나타날 수 있는 불확실성을 줄이고 구성원 간의 관계와 상호작용이 안정적으로 유지되고 일정한 방향으로 이루어질 수 있게 한다(정영태 2000; Thelen and Steinmo 1992). 제도는 알렉스 캘리니코스(Alex Callonicos)가 말하는 구조라는 개념으로 대체할 수도 있다. 그에 의하면, 구조는 '인간의 행위는 어떻게 해서 사회적 상호작용의 지속적인 (반복적인) 유형을 드러내는가' 라는 질문에 답하기 위해 사용하는 개념이고, 사회를 구조로 인식하는 것은 다음과 같은 이유에서다. 첫째, 사회에는 인간의 행위 간에는 어느 정도의 상호의존성 또는 체계성(pattenrs)이 있고, 둘째, 사회는 여러 세대 동안 지속(또는 유지/재생산)되며, 셋째, 사회 구성원 간의 관계가 갖는 특성은 구성원 또는 행위주체(의 성격)들이 바뀌어도 변하지 않고, 넷째, 사회 구성원 간의 관계는 구성원(또는 행위주체)들이 이해하지 못하고 심지어는 인식하지도 못하는 규칙성이 나타나고, 마지막으로, 어떤 사회가 구조를 가지고 있다는 것은 다른 종류 사회로 넘어가지 않는 한 그 사회가 변하는 데는 한계(제약)이 있기 때문이라고 했다(알렉스 캘리니코스, 김용학 옮김, 1991). 여기서 사용하는 구조나 제도의 개념은 높은 산에서 낮은 곳으로 궁극적으로는 바다나 호수로 흘러가게 하는 만유인력과 같다. 강물은 만유인력의 법칙에 의해 위에서 아래로 흘러가기 때문에 순방향으로 가기는 쉬워도 역류는 불가능하지는 않지만 매우 어렵다. 제도나 구조가 만유인력과 같은 기능을 하는 것이다.

26) 여기에는 피부색, 성(性), 인종, 생김새 등과 같은 외형적인 특성과 언어, 종교, 의식(rituals)과 같은 사회문화적인 특성 등이 포함된다.

27) 국내에서 드문 갈등 전문가인 문용갑(2011)은 갈등의 종류를 사실갈등, 신념갈등, 평가(선호) 및 이해관계 갈등, 가치지향 갈등, 자기이익 추구 갈등, 권리 갈등, 규범 갈등, 관계 갈등 등으로 구분하고 있는데, 종류이기도 하지만 직접적인 다툼을 유발하는 이슈라는 의미도 있기 때문에, 갈등의 직접적인 요인으로도 볼 수 있다.

28) 갈등과 유사한 개념으로 분쟁이 있다. 갈등(conflict)의 개념에는 광의와 협의가 있고, 광의의 개념에는 개인이나 집단 간의 의견 불일치(Dlugos 1981), 사회세력 간 표면상의 충돌 이외 싸움, 경쟁, 논쟁, 긴장(Dahrendorf 1959), 관점의 차이에서 오는 충돌(Sharpe, 1973)로 보는 경우가 포함된다. 협의의 갈등 개념에는 명백하고 물리적인 충돌(T.J. Bernard 1981), 전쟁이나 스포츠에서의 폭력과 같은 폭력적이고 파괴적인 상호작용(Atyeo 1979) 등이 포함된다. 다른 한편, 일반적으로 분쟁은 사회적인 갈등을 의미하거나 외부로 표출된 의견 불일치 상태만을 의미하는 것으로 본다. 이 경우 분쟁은 협의의 갈등과 거의 같은 의미를 갖는다(윤오수 2007). 따라서 갈등은 분쟁보다 넓은 의미로 사용된다. 여기서 사용하는 갈등의 개

념은 분쟁을 포함하는 광의의 의미로 사용한다.

29) 조상에게 제사를 지내는 것을 우상숭배라는 비난을 들으면, 가톨릭 신자들은 자신의 종교적 신념 또는 정체성을 공격한다고 생각하여 그런 비난을 한 사람과 다투는 것이 하나의 예가 될 수 있다.

30) 사건(형사, 민사)이나 사고(교통사고)에 대한 책임을 둘러싼 다툼은 대부분 사실관계가 주요 쟁점이다.

31) 여기서 '압축적인 갈등'은 상대적으로 짧은 기간에 다양한 갈등을 집중적으로 경험하는 시간적 단축만이 아니라, 산업화의 과제(계급이나 계층 갈등), 민주화의 과제(또는 탈근대의 과제; 성, 연령, 세대 등의 차이 또는 정체성의 차이에 따른 갈등), 세계화의 과제(인종이나 민족 간 갈등), 정보화의 과제, 탈근대의 과제가 동시대의 공간 위에서 매우 복잡하게 얽혀 있는 상태를 의미한다. 박길성(2008)과 박준·정동채 (2018)가 갈등공화국이 될 수밖에 없는 이유 또는 구조적 조건으로 제시한 '압축성장'과 '비동시성의 동시성'이 의미하는 바를 간략하게 잘 설명한 것은 김진경(1997)의 책에서 나오는 표현이다. "우리 사회는 60년대 이래 미국·일본을 절대적 모델로 하여 가능한 빠른 속도로 따라잡아야 한다는 근대화 패러다임에 맞추어 무서운 속도로 변화해 왔습니다. 일본이 메이지 유신 이후 100년 동안에 서구의 근대 300년의 변화를 압축해 따라갔다면, 한국은 60년대 이래 30년 동안에 서구의 300년을 압축해 따라갔습니다. 이러한 속도 속에서, 이러한 광기 어린 변화 속에서 – 좀 과장해 말한다면 – 우리는 30년의 생물학적 시간에 300년의 서사적 시간을 살아버린 것입니다..... 이러한 경우에 자연스럽게, 30년에 300년의 변화를 살아버린 나는 도대체 어떻게 나 자신일 수 있는 거지, 하는 질문이 마음 속에 떠오를 수밖에 없지 않습니까. 농경사회적인 농촌에서부터 최첨단의 현대사회까지 살고 있는 나는 나 자신 속에 그에 따른 매우 이질적인 경험과 이질적인 인식을 뭉뚱거려 안고 살아갑니다. 이 이질적인 경험과 인식들에 어떻게 통일성을 부여할 수 있을까요"(김진경 1997: 82-83).

32) 다른 시대에 존재하는 사회적 요소들이 같은 시대에 공존하는 현상을 가리키는 것으로, 복합적 중층성(complex overdetermination) 또는 불균등연합발전(uneven and combined development)이라고 할 수 있다. 독일 철학자 에른스트 블로흐(Ernst Bloch)가 1930년대 독일 사회를 규정하면서 쓴 용어다. 블로흐는 "모든 사람들이 동일한 현재에 존재하는 것은 아니다. 그들은 오늘 보일 수 있다는 사실을 통하여 외형적으로만 동일한 현재에 존재할 뿐이다"라고 말했다. 김정훈은 "해석에 차이는 있지만 많은 학자들이 한국 사회의 특징을 비동시성의 동시성으로 설명한다. 전근대, 근대, 탈근대의 특징이 공존하고 있다는 것이다. 세계 최고의 과학적 합리성과 경제적 효율성을 자랑하는 삼성전자가 전근대적인 세습을 통해 경영권을 유지하는 현상을 생각하면 쉽게 이해될 수 있다"며 다음과 같이 말했다. "한국 사회에서 과거의 것이 현재의 것, 그리고 미래의 것과 공존하는 현상을 더 자세히 살

펴보면 과거의 것이 단순히 유지되는 것이 아니라 지속적으로 재생산되고 있음을 발견하게 된다. 전근대적이고 비합리적인 제도와 관행이 특정 세력에 의해 재생산되고 있는 것이다. 과거의 것을 재생산하는 가장 중요한 제도 중의 하나가 학교다. 얼마 전 학생들과 이야기하면서 고등학교에 운동장 조회가 남아있음을 알고 깜짝 놀란 적이 있다. 아직도 일제시대의 유산이 남아있는 것이다. 그러고 보니 일제시대의 유산은 조회에만 있지 않다. 아이들의 교복에, 두발 단속에 일제시대의 유산은 배어있다. 조회가, 교복이, 그리고 두발 단속이 문제가 되는 것은 그것이 일본의 것이기 때문이 아니라, 그 과거의 것이 아이들의 개성을 해치고 집단주의적 인성을 어려서부터 체화시키기 때문이다." 도정일은 한국인은 의식과 태도가 쪼개져있다며 그걸 '두 개의 다른 시간대를 가리키는 시계'로 비유했다. "한국인은 두 개의 시계를 차고 있다. 하나는 전근대의 시간에 멈추어선 왕조의 시계이고, 다른 하나는 무섭게 내달리는 현대의 시계다. 어떤 때는 왕조의 시계에 맞춰 행동하고 어떤 때는 현대의 시계에 맞춰 행동한다, 뭐 그런 이야기였어요. 그런데 그 두 시계 어느 쪽도 합리적인 것이 아니죠. 지금 우리 사회는 고도의 경쟁주의 사회지만, 그 내부를 들여다보면 파벌·학벌·연줄·서열·신분 같은 전근대적 비효율의 요인들이 선의의 사회적 경쟁력을 다 갉아먹고 있습니다"(네이버 지식백과. 2008).

33) 구조적 조건이 열악할수록 즉 소득 불평등이 심하거나 인종이 다양할수록 갈등이 발생할 가능성이 크지만, 갈등관리시스템이 효과적으로 작동하면 사회갈등은 완화될 수 있다고 보았다(박준 2009:4-5)

34) 이러한 입장은 '사회분업구조가 세분화되고 상호의존도가 높을수록 갈등이 발생할 가능성은 크지만, 갈등의 강도, 즉 강렬성과 폭력성은 줄어든다'고 본 코저(Lewis A. Coser)의 이론에 따른 것이다.

35) 여기서 문화규범적 공간이라고 함은 갈등을 해결하는 방법을 의미하는데, 갈등 해결방식과 관련된 한국의 문화규범은 합리적 협상이나 절차적 조정의 기제보다는 소모적인 감정적 대응이나 사적 이해의 극대화를 우선시하는 태도가 주를 이루고 있는 것으로 파악하고 있다(박길성 2008: 6). 윤인진 (2015)도 이와 비슷하게 설명하고 있다.

36) 인류는 자신과 비슷한 (닮은) 사람들과 모여서 집단을 이루어 살아왔다. 모진 자연환경과 외부로부터의 침입에 대응하기 위해 가장 좋은 방법이 상호의존적으로 연결된 집단이기 때문이다. 그래서 사람들은 자기가 속한 집단 내 구성원들에게 시간과 노력을 투자하고, 공정한 교환을 통해 호혜관계를 유지하면서 살아왔다. 서로에게 잘 대해주고 합의된 규범에 따라 행동을 하여 상호 신뢰를 쌓아왔다. 내집단이나 그 구성원에게 해주듯이, 이방인에게는 그런 시간과 노력을 투자하지 않는다. 오히려 외모, 언어, 행동 등에서 내집단 구성원과 다른 이방인은 우리에게 위협이 된다고 생각한다. 그들은 우리의 귀중한 자원을 빼앗아 가고 거래에서 사기를 치고 우리의 중요한 가치와 규범을 무시하고 정당한 몫 이상을 가져간다고 믿는다. 이방

인은 위협이 된다는 편견, 즉 잘못된 (적어도 과장된) 믿음 때문에 그들에 대한 분노와 도덕적 혐오가 생기는 것이다(Bushwick 2011).

37) '세상을 보는 눈' 또는 '관점'이라고 하기도 한다.

38) 의식은 '깨어 있는 상태에서 자기 자신이나 사물에 대하여 인식하는 작용'으로, 타인은 경험할 수 없지만, 체험자 자신은 직접적으로 파악할 수 있으며 현재 느끼고 있는 경험을 말하며, 사람은 누구나 깨어 있을 때 무언가를 항상 느끼고 생각하고 있으므로 이것을 총칭한다고 할 수 있다. 또한 의식은 현실에 있어서 인간 개개인이 직접 경험하는 심리적 현상의 전체를 말한다. cf. Kendra Cherry(2022).

39) 대상에 부여하는 가치 때문에 그것에 대한 취향(taste)이나 기호(preference)가 생긴다.

40) 개인의 경우 가치는 욕구의 종류와 강도에 의해 결정되지만, 집단인 경우 가치는 문화에 의해 결정된다고 할 수 있다. 인간의 기본 욕구가 불변이듯이, 사회의 문화도 좀처럼 변하지 않는다. 이런 점에서 문화도 구조적 조건이다.

41) 직장에서 교육수준과 경험의 두 가지 기준으로 능력을 평가할 때 교육수준이 높은 사람은 교육수준을 더 중시하고, 경험이 풍부한 사람은 경험을 더 중시하는 경향이 있는 상황에서, 이 두 사람이 함께 일을 하면 서로 자기가 더 많은 보상을 받아야 한다고 생각하기 때문에 갈등이 발생할 가능성이 크다. 반면에, 학력, 연령, 경험 등 모든 기준에서 최고인 사람과 그렇지 않은 사람이 함께 일을 할 경우 후자의 전자에 대한 불만의 소지가 훨씬 줄어들고 따라서 갈등의 소지도 줄어든다(Pruitt and Kim 2004: 24).

42) 불신은 '상대방이 나의 복지 향상에 대해서 부정적이거나 무관심하다는 믿음'을 의미한다.

43) 구성원들이 서로 믿거나 제3자인 국가가 불편부당하고 능력 있는 심판관 역할을 잘할 경우 구성원 간의 상호작용은 신뢰관계로 이루어지지만, 그렇지 않을 경우 상호불신이 팽배하여 갈등이 일어날 가능성은 커진다(Pruitt and Kim 2004: 26).

44) 사회적 정체성 이론의 설득력은 최소집단이론(studies of minimal group)과 사회적 범주화 효과 이론(social categorization)에 의해 뒷받침되고 있다(Gaertner and Dovidio 2000). 이러한 연구결과는 왜 자민족중심주의(ethnocentrism)가 인류 사회에 보편적으로 나타나는지를 잘 설명해준다(Tajfel 1970).

45) 박태순(2010)도 사회정체성을 다루고 있지만, 구조적 조건이 아니라 직접적 요인(촉발제)으로 다루고 있다.

46) 한국사회에서 평등주의가 확산된 역사적 배경으로 한국전쟁이 매우 중요하다. 한국전쟁이 평등주의의확산에 미친 영향을 분석한 정진상(2000)은 다음과 같이 설명한다. 한국전쟁 중 단행된 농지개혁과 북한의 남한 지주(양반)에 대한 숙청 등으로 신분제가 해체되었다..... 신분제 해체와 함께 일어난 중요한 변화는 신분 의식이

사라지고 그 자리에 평등주의가 들어섰다. 넓은 의미로 파악하면 신분의식이란 사람의 차별의식인데 한국전쟁은 신분제 해체를 통해 이러한 차별의식의 정당성을 약화시키기도 했지만, 전쟁 체험 자체가 평등의식을 확산시키는 기제로 작용하였다. 한국전쟁은 무차별적으로 파괴한 총력전으로 전개되었기 때문에 그 파괴력 앞에서 견딜 수 있는 것은 없었다. 재산도 명예도 권력도 직접적인 물리력 앞에서는 모두가 평등했다. 피난민 행렬 속에서 양반과 천민이 따로 있을 수 없었다. 거대한 폭력 앞에 모든 사람이 평등하다는 사실이 체험으로 각인되었음에 틀림없다..... 한국전쟁의 경험을 신분의식이 해체되고 그 자리에 대신 평등의식이 확산되었다는 점에서 시민전쟁으로서의 한국전쟁이 시민혁명의 가장 중요한 과제를 철저하게 수행했다고 할 수 있다..... 한국전쟁의 체험은 신분의식과 함께 유교적 가치관에도 큰 타격을 가했다. 생존의 문제가 걸려 있는 마당에 명분이나 예의와 같은 양반의식은 무용지물일 수밖에 없었다. 한계상황에 직면한 상황에서 생존이 최고의 가치가 되었다. 그리하여 한국전쟁은 생존경쟁, 물질만능주의, 개인주의, 경쟁과 같은 가치를 중요한 것으로 받아들이게 했다. 이러한 가치는 자본주의 이데올로기의 심층을 구성하는 것들이다. 또한 한국전쟁은 무차별적 파괴로 초래된 빈민화는 사회적 지위에 따른 위세의 평준화를 수반한다. 다시 새로운 계급과 지위서열이 생겨날 때까지는 누구나 다 같은 처지가 된 셈이다. 이러한 평준화의식은 계층상승 이동의 기회균등화로 나타났고, 이는 교육열을 불러일으킨 중요한 요소로 작용했을 것이다..... 신분제의 해체는 자본주의사회를 실제로 지배하는 이데올로기인 황금만능주의가 모든 제약으로부터 해방되어 힘을 발휘할 수 있는 사회구조를 만들었다. 한국전쟁은 농촌공동체를 흔들어놓는 충격을 가한 데다가 사회신분제 유제를 청산하고 평등의식을 광범위하게 확산시켜 자본주의 발전에 매우 유리한 사회의식을 창출한 것이다. 이러한 사회의식은 자본주의 이데올로기인 경쟁이데올로기, 황금만능주의와 썩 잘 어울릴 수 있는 것이었다. 한국사회만큼 평등주의, 경쟁이데올로기, 황금만능주의가 팽배하고 있는 '전형적인' 자본주의 사회는 지구상에서 드물 것이다. 이런 점에서는 한국전쟁은 어떤 경우보다도 시민혁명의 과제를 철저히 수행했다고 할 수 있다(정진상 2000).

47) 이러한 상향적 평등을 지향하는 한국인의 평등주의는 조선 후기 신분제도에 대한 저항과 개화기 이후 시민사회 사상 및 사회주의 사상이 확산됨에 따라 평등주의 이념과 심성이 발달하게 되었고, 그에 따라 제도적 개혁이 이루어졌다. 그러나 일제 식민통치 시기와 해방 이후 보수우익의 반공주의와 권위주의 통치 시기에는 평등을 확대하기 위한 제도개혁이 억압되고 자본주의시장경제와 사유재산제 하에서 당시 극도로 빈곤했던 한국인은 자신과 가족만이라도 굶지 않고 살아야겠다는 생각으로 다른 사람과 치열한 경쟁에 뛰어 들어야 했다. 이러한 역사적 과정을 통해 한국인의 평등주의적 정서는 사회경제적 불평등을 개선하는 노력보다는 자신의 사회경제적 지위 상승 ― 다른 말로 하면, '상향적 평등' ― 을 추구하는 '따라잡기 위한

평등주의'로 전환되었다(정태석 2020: 20).

48) 5점과 6점에 해당하는 답변은 혼동또는 유보의 여지가 있으므로 산정에서 모두 제외했다(박권일 2021).

49) 김태형(2020)은 한국인의 삶을 '학대를 피해 위계의 사다리를 올라가는 과정'이라고 하면서 '그 위계의 사다리는 끝이 없어서 그 몸부림은 끝없는 투쟁이 되고 불안을 유발한다'고 단언한다. 위계의 사다리에서 현재 차지하고 있는 위치를 지키지 못하면 사회적 학대와 추방을 당할 수 있다는 불안감, 끝없는 위계의 사다리에서 떨어지지 않으려면 반드시 거쳐야 할 (한 사람의 삶에 결정적인 영향을 미칠 수 있는) 평가 스트레스 등이 총체적 불안을 만든다(김태형 2020).

50) 전 세계 100여 개 국가가 참여하여 거의 비슷한 시기에 측정한 국가별 가치관의 특징을 2차원 평면에 그린 '세계문화지도(Cultural Map of the World)'는 1980년대 초반부터 시작되어 대략 5년 주기로 지금까지 수십 개 국가 사람들의 가치관 변화를 추적해온 '세계가치조사(World Values Survey)'를 그림으로 표현한 것이다. 한축은 전통적 가치관과 세속적 가치관, 다른 한축은 생존적 가치관과 자기 표현적 가치관을 대비시키고 이 두 축을 조합한 결과를 보면, 한국인은 매우 세속적이고 생존적인 사람들이다. 사람들의 가치관 변화는 경제성장과 아주 밀접한 관계를 맺고 있다. GNP 2,000달러 미만일 때는 전통적이고 생존적인 가치관을 가지고, 2,000~5,000달러 구간에서는 세속적 가치관으로 급격하게 옮겨가는 변화가 일어난다. 5,000달러를 넘어가면 또 다른 변화가 일어난다. 이번에는 자기 표현적 가치관이 빠르게 늘어나고 이러한 추세는 1만5,000달러까지 계속된다. 1만5,000달러를 넘게 되면 이러한 변화가 더욱 가속화되어, 매우 세속적이고 자기 표현적인 가치관을 가지게 된다. 단순해 보이는 이러한 경향성으로부터 예외는 거의 없다. 특별한 사정이 있었던 두 나라 정도를 제외하면 한국이 세계에서 유일한 예외이다. GNP가 1968달러였던 81년에 한국이 생존적 가치관을 가지고 있었다. 외환 위기 직전인 96년에 한국의 GNP는 1만3,254달러였고, 이때 이미 한국인의 자기 표현적 가치관이 늘어났어야 했는데 실제는 그렇지 않았다. 3만 달러를 넘은 시점에서도 한국인들은 여전히 변하지 않고 2,000달러 시절의 가치관을 그대로 가지고 있다. 이처럼 한국인은 생존적 가치관에 머물러 있을 뿐 자기 표현적 가치가 늘어나지 않는데, 이는 경제적으로 어려운 시기에 겪었던 경험을 중시하고 안보와 성장을 중시하는 물질주의자들이 많고, 개인의 발전과 자유, 정책 결정에 대한 시민 참여, 인권과 환경을 중시하는 탈물질주의자는 적다는 뜻이다. 대부분의 경제협력개발기구(OECD) 국가에서 탈물질주의자의 비중이 45% 내외인 데 비해 한국의 탈물질주의자는 15% 남짓하다(장덕진 2019).

51) 다른 나라의 경우에도 물질적 풍요를 언급한 비중이 낮은 것은 아니었다. 전체적으로 삶에 의미있는 요소로 가족(38%), 직업적 성취(25%) 다음으로 물질적 풍요(19%)를 많이 꼽았다. 모든 국가에서 물질적 풍요는 상위 5개 항목에 포함됐다. 그

러나 물질적 풍요가 1위인 국가는 한국이 유일했다. 충분한 수입, 빚이 없는 상태, 음식, 집 등이 물질적 풍요에 해당한다. 한국인들이 꼽은 순위는 물질적 풍요 (19%), 건강, 가족, 지위, 사회 순이었다. 다른 나라에서는 삶에 가치를 부여하는 원천으로 2~3위에 해당하는 직업적 성취를 꼽은 응답자는 6%에 불과했다. 파트너와의 관계, 친구나 이웃과의 관계 등 인간관계를 꼽는 응답자 비중도 상대적으로 낮았다. 자연 및 야외활동이나 취미가 중요하다고 꼽은 비중도 비교국들 중 최하위였다(박은하 2021).

52) 한국을 포함한 조사 대상 국가의 응답자 평균은 시간(35%), 열정(25%), 돈(23%), 정보(16%), 공간(2%) 순이다. 이 조사는 칸타가 운영하는 '월드 패널'에 포함된 영국과 미국 등 25개국 3만3천명을 대상으로 지난해 1월20일~3월11일까지 진행됐다(박수지 2021).

53) A. H. Maslow(1987). Motivation and personality (3rd ed.). Pearson Education. McLeod(2007)에서 재인용.

54) Inglehart-Welzel 세계 문화 지도는 Ronald Inglehart와 Christian Welzel이 World Values Survey 및 European Values Survey 자료를 사용하여 전통적인 가치-세속적·합리적 가치를 한축으로 하고, 생존 가치-자기표현 가치를 다른 축으로 하여 만든 문화지도로 세계 각국의 가치와 규범을 비교하는 데 도움이 된다 (World Value Survey 2020).

55) 또한 이런 사회에서는 낯선 사람, 인종적 다양성, 문화적 변화 등에 위협을 느끼기 때문에 동성애자 등 외모나 생각 또는 행동이 자신과 다른 사람을 경계하고 억압하며 전통적인 성역할을 강조하고, 권위주의적인 정치에 의존한다. 이러한 사회와 대척점에 놓여 있는 사회, 즉 생존에 대한 물리적 사회적 위협이 별로 없어 개인의 자율성이 보장되는 안전한 사회에서는 자신과 다른 사람에 대한 관용, 신뢰, 주관적 웰빙, 적극적인 사회참여(civic activation), 자기표현(self-expression)이 중요시 된다. 이런 태도를 탈물질주의라고 칭하고, 이와 대척점에 있는 태도를 물질주의라고 한다.

56) 정수복(2007)에 따르면, 한국인들의 가치는 근대 이전과 이후 크게 달라진 것이 없다. 실례로 조선시대에 살았던 한국인들에게 삶의 최고의 목표는 입신양명이라는 현세적 성공이었으며 가문의 번영과 안녕을 위해 과거에 급제하고 높은 관직에 올라 좋은 집안과 혼인관계를 형성하는 것이 삶의 목표이자 효의 완성이었다 마찬가지로 근대화 과정에서 경제성장은 민주주의마저도 양보할 수 있는 최고의 가치였으며 군사정권이 만든 권위주의적 경제성장 이데올로기는 한국인들에게 아무런 저항 없이 받아들여졌다. 나아가 2000년대 이후에도 한국인들에게는 경제성장 제일주의 출세지상주의 등과 같은 물질주의적 가치가 중요한 가치로 자리매김하고 있다(정수복 2007). 전통적인 가치관인 현세적 물질주의로 21세기에도 한국인의 물질주의가 여전히 강한 이유를 설명하는 데는 시기나 세대 또는 지역에 따라 나타나

는 물질주의 가치관의 차이를 설명하기 어렵기 때문이다(양해만·조영호 2018).

57) 다른 사람이나 집단과 구분하려는 집단주의 문화를 강조하는 입장에 의하면, 집단주의 문화의 특징 중 하나는 바로 특정 기준을 통해 우리와 너희를 구분하는 것이다 한국의 경우 전통적으로 나이 성별 신분 등을 기준으로 삼아왔는데 근대화는 이러한 기준의 변화를 야기하여 한국인들의 물질주의적 성향을 강화시킨다고 주장한다. 구체적으로 산업화 과정은 사회를 경제적 기준으로 분화시킨다. 즉 근대화 과정을 거치면서 나이, 성별, 신분 등과 같은 집단을 구분하는 전통적 경계는 점차 모호해짐에 따라 사회집단을 확실히 구분시켜줄 수 있는 새로운 기준은 바로 돈이며, 돈이 확고한 기준으로 등장하면서 한국인들의 물질주의적 경향은 강화되었다는 것이다(황상민 2011). 실제로 근대화 이후 한국 사회를 오랜 기간 지배하고 있는 지역주의의 이면에는 영남 중심의 정치·경제적 이익이라는 물질적 목적이 도사리고 있다(김용철·조영호 2017; 최장집 2002; Ha 2007). 마찬가지로 한국사회의 오랜 병폐로 지적되었던 학벌주의 동문회와 지역중심의 향우회도 단순히 친분을 위해서가 아니라 회원들의 사회경제적 이익이 중요하게 작용하였다. 최근 한국 사회에서 이슈가 되고 있는 금수저 논란은 돈 혹은 재산이 집단을 구분하는 직접적인 기준이 되고 있음을 분명히 보여준다. 이외에도 관련 연구들은 공동체 의식의 변질에 따른 집단 이기주의와 이로 인해 발생하는 과도한 경쟁 그리고 개인수준에서 나타나는 동조소비와 과시소비 등을 근거로 한국인들의 물질주의적 성향이 강화되고 있다고 주장한다(김문조 외 2013).

58) 자기애(즉 자기표현욕 내지 과시욕)가 강한 사람은 약한 사람보다 과시소비를 할 가능성이 2.25배 많고, 물질주의적 가치관을 가진 사람은 과시소비행동을 할 가능성이 그렇지 않은 사람보다 1.67배 많다는 연구결과가 있다(이수진·김난도 2020).

59) 나이가 상대적으로 많고, 여자보다는 남자, 일류고등학교나 대학교 출신, 호남지역보다는 영남지역 출신, 민간기업체 사장보다는 판검사(특히 검사)이면 지위가 높은 것으로 다른 사람으로부터 인정도 받고 존경도 받았다.

60) 남에게 보여 자신의 사회적 지위를 증명(사실상 과시)하기 위한 소비를 과시소비(conspicuous consumption)이라고 한다. 현대 사회에서는 신분이나 계급과 같은 가치는 많이 퇴색되었고, 또 그러한 것은 출생 때부터 결정되기 때문에 본인의 노력과는 상관없지만, '소유'(possession)라는 것은 금전으로 해결할 수 있고, 소유물을 통해 신분 등의 차이를 메꾸려 하는 경우가 있다. Scott, Mende, and Bolton(2013)는 이러한 과시소비가 부의 대체제가 될 수 있으며, 부의 효과 및 능력을 표현하는 수단이 될 수 있다고 보았다(Scott, Mende, and Bolton 2013). 최근의 연구에서도 과시소비가 일종의 신호기능이 있는 행위로 여겨지고 있다. 예를 들면, 남자의 과시소비는 이성의 관심을 끌기 위한 수단이고, 여성의 과시소비는 자신의 남자를 지키기 위한 수단이라는 것이다(Wang and Criskevicius 2014).

61) 과시소비적 성향은 구매의도에 긍정적인 영향을 미치고, 무시 또는 배제당한다는

느낌을 가진 사람이 과시소비를 하는 경향이 있다는 연구결과도 있다(Lee and Shrom 2012). 따라서 자본주의 경제체제가 전 지구로 확산되면서 자기 자신과 타인을 비교하는 경우가 많아질 것이고, 그 과정에서 남보다 못하다는 느낌을 받으면 과시소비를 할 가능성이 크다.

62) 구해근(2022)가 인용한 갤럽 조사 등에 따르면, 우리나라 국민은 1960년대 40%, 70년대 60%, 80년대 초중반 60~70%, 80년대 후반부터 90년대 70~80%가 자신을 중산층으로 여겼다. 압축성장의 과실이 그나마 중산층까지 골고루 분배됐기에 계층 간 체감도도 크지 않던 시절이었다. 누구나 열심히 일하면 적어도 중산층, 더 노력하면 상류층까지도 갈 수 있다고 생각했다. 그러나 1990년대 후반 외환위기를 거치면서 중산층에 균열이 갔다. 화이트칼라 노동자들은 심한 노동 불안과 소득 감소를 경험하면서 중산층 지위를 유지하기 어려워졌고, 일부 소수 전문직·관리직 노동자들과 자산 소유자들은 오히려 더 나은 경제 상태로 올라가게 된 것이다. 외환위기 이후 신자유주의가 강화되면서 "경제적 양극화가 중산층 내"에서도 발생했고, "중산층 내에서도 소수의 수혜자와 다수의 피해자"가 나타났다(구해근 2022).

63) IMF 위기 이후 기술·자본 집약적인 산업이 급성장하여 이 산업에서 주도적인 역할을 하는 대기업이 우수한 인력을 확보하기 위해 파격적인 대우를 해주고 노동시장의 유연화를 위해 임시직·계약직·파견직·일용직 등 비정규직이 늘어남에 따라, 대기업·정규직 위주의 1차 노동시장과 중소기업·비정규직 위주 2차 노동시장의 분절화가 이루어졌다. 이에 따라 중산층이 상층 10%와 나머지 90%로 분화가 이루어졌다. 노동시장의 분절과 함께 1980년대말 이후 대규모 아파트 단지 건설 붐에 따른 부동산 버블현상이 나타나 자산 격차가 크게 벌어졌고, 상층 10%의 지위가 확고하게 굳어졌다. 상위 10%에 속하는 '특권 중산층'은 이렇게 하여 탄생하게 되었고, 명문대를 졸업하고 유학을 갔다 온 고위 전문직, 대기업 관리직, 금융업자, 특수 기술자, 고위 공무원이 여기에 해당한다. 또한 직업과 관계없이 많은 부동산을 소유한 사람들도 포함된다(구해근 2022).

64) cf. 마강래(2016).

65) 상위 10%의 특권 중산층이라고 예외는 아니다. 이전에는 워낙 비싸고 귀해서 일부 계층의 사람들만 누리던 지위재가 과학기술과 생산기술의 발달로 보편화되기 때문에 끊임없이 새로운 지위재를 구해야 하고, 능력주의가 팽배하고 승자독식의 경쟁이 극심한 사회 분위기에서 조금만 실수해도 사회적 지위가 추락할 수 있기 때문이다. 주식시장, 부동산시장 등 시장 사정의 급변으로 부를 언제 잃어버릴지 모르고, 자녀가 부모의 기대대로 성공하는 것도 아니기 때문에 이들도 언제 추락할지 모른다는 불안감을 가지고 있다(구해근, 2022). cf. 김태형(2010).

66) 흔히 이러한 지위나 보상의 배분방식을 능력주의(meritocracy)라고 한다. 이 개념은 마이클 영(Michael Young)의 저서 『능력주의의 발흥』(The Rise of the Meritocracy)에서 처음 등장하였는데, 원래는 '능력에 따른 지배'의 의미로 IQ와

노력에 따른 차별적 교육 시스템을 비판적으로 분석하기 위해 사용하였다. 시간이 지나면서 '노력에 따른 응분의 보상책'이라는 긍정적인 의미로 바뀌게 되었다. 능력주의의 특징과 문제점에 좀더 알기 위해서는 박권일(2021)을 참조할 것.

67) 승자독식을 초래하는 경쟁시스템에는 거의 모든 영역에서 찾아볼 수 있다. 상대평가에 근거하여 1등에게 대부분의 보상이 주어지는 제도는 여기에 해당한다(마강래 2016: 29-38). 정치영역에서는 한표라도 많이 얻은 후보를 당선자로 하는 상대적 최다수제와 소선거구제(대통령, 국회의원, 지방자치단체의 장과 의원), 국회의 의사결정방식으로서 다수결제도 등이 있다.

68) 다양한 경쟁방식이 있지만, 한국 사회에서 가장 중요한 경쟁방식은 시험(필기-구두시험, 이론-실기시험)이라고 할 수 있다. 왜냐하면, 시험에 합격하여 그 자리를 차지한 사람만이 그 자리가 주는 모든 혜택을 누릴 수 있고 불합격한 사람은 그 혜택을 누릴 수 없는 승자독식 시스템이고, 패자부활전도 없는 시스템이기 때문이다 (박권일 2021). 사법고시가 전형적인 사례이고, 대학입시, 공무원 임용고시, 기업체 입사 시험 등도 이러한 성격의 시험에 속한다. 김동춘(2022)에 의하면, 재능이 있는 능력자가 우대받는 것이 당연할뿐더러 정치와 사회를 지배해야 한다는 사고방식을 정당화하는 '능력주의'는 한국에서만 유행하는 현상이 아니라 세계 자본주의의 중심 미국에서 시작해 전지구로 확산된 이데올로기이지만, 시험을 통해 보상을 차등화하는 것이 공정함은 물론 정의롭기까지 하다는 논리를 가진 '능력주의'는 특히 외환위기 이후 한국 사회에서 일반화된 것이라고 한다. 또한 그는 학력·학벌주의, 그리고 능력주의와 관련된 여러 병리적인 사회현상은 단순히 교육과 관련된 현상이 아니라 지위 배분과 권력 재생산, 노동시장이 작동한 결과 중 하나이며, 오랜 시간을 거쳐 굳어진 사회구조라고 보았다(김동춘 2022).

69) 1970년대만 해도 국민적 관심 속에 열렸던 고교야구대회는 청룡기와 황금사자기, 대통령배,봉 황대기 등이 대표적이었다. 그중에서 1946년과 1947년에 시작된 청룡기와 황금사자기 대회는 우리나라 고교야구대회의 시작이라고 할 수 있다. 이들 두 대회는 한때 예선에서 패배했더라도 패자부활전을 통해 한 번 더 기회를 주는 대진 방식을 채택한 적이 있었다.이 방식은 학생 신분의 선수들에게 재기의 기회를 줬다는 점에서 의미 있는 일이었다. 올림픽에서 패자부활전이 있는 경기는 유도와 레슬링,태권도 등 격투기 종목이다. 이 종목은 16강 혹은 8강 이상 진출한 선수가 졌을 때도 패한 선수끼리 다시 경쟁해 동메달을 딸 수 있다. 실력있는 선수가 대진운이 나빠 초반 탈락했을 경우에도 메달(동)을 딸 수 있는 기회를 준 것이다. 격투기 종목 가운데 복싱의 경우는 결승 진출전(준결승)에서 패배한 선수들은 3-4위전 경기를 하지 않고 모두에게 동메달을 수여 한다. 요즘은 TV방송의 서바이벌 오디션 프로그램을 통해 자주 접한다.시청자 입장에서는 경연 참가자들이 탈락했다가 재도전에서 부활하는 모습에 눈길이 쏠리는 것이 인지상정이다. 비록 설정한 상황일 수 있다는 의문도 있지만, 탈락했던 출연자가 재기하는 극적 상황이 연출됨으로

써 시청자의 마음이 움직이게 된다. 이 과정에서 시청자들은 출연자와 자신을 동일시하는 심리가 작동되기도 한다(천남수 2021).

70) 사회안전망은 경제성장의 과실이 사회 구성원에게 고루 분배되도록 하는 구조화된 체계를 말한다. 잘 짜여진 사회안전망은 경쟁에서 밀려서 소득이 부족하더라도 인간다운 삶을 유지하는데 필요한 최소한 소득을 보장하고, 과도한 병원비 때문에 아파도 병원에 가지 못하는 사람이 없도록 해주며, 아동과 노인에 대한 필수적인 돌봄서비스가 충분히 제공될 수 있게 한다. 그래야만 비로소 국민들은 안심하고 미래를 꿈꿀 수 있기 때문이다.

71) 우리나라 사회안전망은 해방 이후 70여 년의 진화과정을 거치면서 나름대로 기본 골격을 갖추었다고 평가할 수 있다. 그러나 자세히 살펴보면 몇 가지 문제점을 안고 있다. 첫 번째, 저소득층 보호를 위한 복지사업 가짓수가 너무 많고 자격 요건 역시 다양하고 복잡해 복지 수혜자가 누락되는 '복지사각지대' 문제와 중복과 탈법으로 복지 혜택을 받는 상황이 동시에 발생하고 있다는 사실이다.. 2014년 2월 송파 세 모녀 사건, 2019년 7월 발견된 탈북자 모자 아사 사건 등 참상이 간헐적으로 발생하는 것은 사회보장정보원 설치 등 정부 차원의 노력에도 불구하고 복지사각지대 문제가 아직 해결되지 않았다는 증거이다. 40%를 상회하는 노인 빈곤 문제 그리고 연령이 높을수록 기하급수적으로 증가하는 자살 문제 역시 오랜 기간 해결되지 않고 있다는 사실 역시 우리나라 사회안전망의 허점을 보여주는 사례이다. 두 번째, 지속가능성이 의심스럽다는 점이다. 특히 공적연금의 경우 매우 심각하다. 역사가 오래된 공무원연금과 군인연금은 2018년 현재 각각 2조2000억원, 1조6000억원의 적자를 내고 있는데 그 규모는 매년 증가할 전망이고 이는 전액 국고로 충당해야 한다. 국민연금 역시 현재는 연금 수급자가 적어 적립금이 2019년 7월 현재 700조원에 달하고 있으나, 현재 9%의 보험료가 그대로 유지된다면 2058년에는 기금이 모두 소진될 전망이기 때문에 이에 따른 정부의 재정부담 역시 막대한 수준이 될 것이다. 이에 더해, '문재인 케어' 정책 추진으로 건강보험 재정도 보험료 인상을 하지 않으면 재정 위기를 맞을 것이고, 코로나19 후속대책으로 논의되고 있는 '전 국민 고용보험' 추진 역시 정부 복지재정에 큰 짐이 될 것이다. 세 번째, 고용이 안정되고 '평생직장'을 전제로 설계된 기존 사회안전망이 소득 격차가 심해지고 고용불안이 커지는 4차 산업혁명 시대에도 적절할지에 대한 의문스럽다는 것이다. 이러한 사실은 최근 코로나19 사태를 겪으면서 우리모두 피부로 느낄 수 있었다. 전혀 예상치 못했던 팬데믹(pandemic)으로 세계 경제가 마비되는 상황에서 기존 사회안전망은 무력하기 짝이 없었다. 한국은 물론 미국, 일본 등 선진국 대다수가 어려움에 처한 기업에 대한 긴급자금지원과 동시에 모든 국민을 대상으로 '긴급재난보조금'을 지급하는 상황에 이르렀다(서상목 2020).

72) 통계청에서 2008년부터 2년마다 실시하는 사회조사 결과에 의하면, 다른 사람들이 법을 아주 잘 + 비교적 잘 지킨다는 응답은 2008년 26.%에서 점차로 많아져

2022년에는 57.3%까지 올라갔다. 그럼에도 불구하고 안 지키는 경우보다 지키는 경우가 많다는 의미의 '보통 정도 지킨다'와 안 지키는 경우가 더 많다'고 해석할 수 있는 '비교적 + 전혀 지켜지지 않는다'는 응답이 많을 때는 74%(2008년), 적을 때도 42.7%에 이른다. 법을 지키는 않는 이유로 '귀찮아서' (2010년 - 44.1%, 2012년 - 37.4%, 2014년 35.0%)로 가장 많은 가운데, '법을 지키면 손해볼 것 같아서'(13.6%, 10.6%, 13.9%), '처벌규정이 약하기 때문', 또는 '단속이 잘 안되기 때문'과 같은 경쟁규칙이 엄격하게 집행되지 않기 때문으로 해석할 수 있는 응답이 17.6%, 25.6%, 21.6%에 달한다. 나머지는 '다른 사람도 지키지 않아서'라는 응답으로 18.2%, 22.1%, 21.9%다(통계청각 년도. 사회조사).

73) OECD(2017)에서 2006~2015년 OECD 국가에 대하여 신뢰와 국제투명성기구 (Transparency Intetnational)의 부패인식지수(점수가 높을수록 투명하고 덜 부패한 것을 의미), 살인율 간의 관계를 실증적으로 살펴본 결과를 보면, 먼저 기관신뢰도인 정부 및 사법부 신뢰도와 부패인식지수 간에는 각각 0.65와 0.74의 높은 정적인 상관관계가 나타나고 있는 것을 알 수 있다. 즉, 각 기관에 대한 신뢰도가 높을수록 투명하고 덜 부패하다고 인식하는 것이다. 아니면 덜 부패할수록 신뢰가 높아진다고 해석할 수 있다. 정부신뢰도와 살인율, 사법부신뢰도와 살인율 간의 상관관계는 각각 -0.02, -0.23으로 나타나서, 전반적으로 상관정도는 낮은 편이나 살인율은 사법부 신뢰도와의 상관이 더 높은 것을 알 수 있다(성영애·김민정 2020). 즉 사법부에 대한 신뢰수준이 높으면 살인율은 더 낮아지는 경향이 있다. 역으로 살인율이 낮을수록 신뢰도는 높아진다고도 할 수 있다(보험연구원 2020). 아래 〈표〉에서 보듯이, 공공기관의 공정성에 대한 국민의 믿음은 매우 약하다. 공공기관이 공정하지 않다고 생각하는 국민이 절반에 가깝기 때문이다(아래 〈표〉 참조). 그만큼 공공기관이 청렴하지 않고 부패했다고 보는 국민이 많다는 해석이 가능하다.

〈표〉 각급 국가기관의 공정성에 대한 인식

기관	공정하지 않다('전혀 공정 하지 않다' + '별로 공정하지 않다')		
	2013	2017	2021
행정기관	52.9	27.1	18.7
국회	78.4	73.9	50.4
법원	61.9	56.8	41.8
검찰	63.4	60.1	45.1
경찰	60.4	55.6	41.5
중앙선거관리위원회	53.9	44.8	33.0

출처: 통계청, 사회통합실태조사, 각 연도.

74) 2013년부터 2022년까지 매년 실시하는 통계청의 사회통합실태조사 결과에 의하면, 중앙행정기관, 국회, 법원, 검경찰 등 정부 기관뿐만 아니라 노동조합, 대기업, 방송사, 신문사, 종교기관 등 시민사회의 주요 기관과 심지어는 정치권과 재계의 부조리 감시를 맡아왔던 그래서 국민의 신뢰를 상당히 받아왔던 시민단체에 대한

불신도 커졌다. 그나마 의료기관, 교육기관, 금융기관은 좀 나은 편이지만 이들 기관에 대한 불신도 40%가 넘는다. 아래 〈표〉 참조.

〈표〉 주요 기관에 대한 신뢰도

기관명	믿지 않는다('전혀 믿지 않는다' + '별로 믿지 않는다')		
	2013	2017	2021
중앙부처	64.6	59.2	44.0
국회	83.3	85.0	65.6
법원	58.9	65.7	48.8
검찰	61.4	68.7	50.0
경찰	54.6	59.3	44.7
지방자치단체	55.1	54.6	41.5
공기업	–	61.9	46.9
군대	40.4	56.7	44.0
노동조합	58.0	62.0	52.3
시민단체	46.5	53.7	46.6
TV방송사	51.6	59.2	44.5
신문사	54.9	61.0	49.9
교육기관	46.2	44.4	30.9
의료기관	41.1	42.2	27.8
대기업	66.4	68.7	43.3
종교기관	55.5	59.1	45.8
금융기관	45.3	48.4	33.8

출처: 통계청, 사회통합실태조사, 각 연도.

75) 이 중에서 Chapter 2. '한국에서의 정의(justice)란 무엇인가?'.

76) 최순실의 자녀 정유라 사건과 조국의 자녀 조민 사건이 대표적인 사례라 할 수 있다.

77) 이 중에서 특히 Chapter 3(한국의 불공정 실태: 문제는 무엇인가?).

78) 지배적인 진단은 과도한 경쟁시스템이라는 것. 2011년 이후 카이스트 구성원 11명(학부생 6명·대학원생 4명·교수 1명)이 스스로 목숨을 끊었다. 2011년 1월부터 4개월간 학부생 4명이 연달아 자살하는 이른바 '카이스트 사태'가 발생했다. 징벌적 등록금 제도, 전면 영어수업 등 서남표 전 총장의 학사운영 방식이 주원인으로 지목됐다. 카이스트는 이후 징벌적 등록금 기준을 3.3점에서 2.7점으로 낮추는 등 학생들의 학업 부담을 줄이고 심리상담 지원을 강화했다. 그러나 2013년 2월 강성모 현 총장 취임 이후에도 5명이 자살했다. 다른 대학과 달리 카이스트 학생들은 전원 기숙사 생활을 한다. 산업·시스템공학과 학부생 ㄷ씨는 "학기 중에는 오전 9시부터 오후 4시까지 시간표대로 수업을 듣고 저녁에는 퀴즈 공부를 하거나 보충수업을 간다"고 말했다. 화학공학과 대학원생 ㄹ씨는 "보통 오전 9시에 출근해서 오후 9~10시에 퇴근한다"고 말했다. 따른 자살을 두고 일각에서는 '서남표 트라우마'를 거론한다. 무한경쟁을 요구하는 학사 시스템이 학생들 심리에 부정적 영향을 미쳤다는 주장이다(노도현 2016).

79) 여성, 장애인, 외국인, 비정규직 노동자 등과 같은 사회적 범주는 통계자료 수집의 목적으로 만들어진 중립적인 용어가 아니다. 자원과 보상의 배분에서 차등을 두거

나 배제하기도 하고 특정 집단은 우대하고 다른 집단은 차별하는 기능도 한다. 이런 이유에서 사회경제적 불평등은 무작위적으로 나타나는 것이 아니고 특정집단 구성원에게는 그 집단에 속했다는 이유만으로 자원과 보상을 많이 받고, 다른 집단 구성원에게는 적게 받게 된 결과라고 할 수 있다. 이런 점에서 사회정체성은 불평등과 밀접한 관련이 있다(Callero 2017).

80) 예를 들면, 사법고시나 공채시험을 봐서 법조인이 되거나 회사 직원이 된 사람은 몇십 대 몇백 대 일의 경쟁률을 뚫고 합격했다는 것은 그만큼 똑똑하고 노력도 많이 했다는 뜻이다. 그러니, 그에 상응하는 특권이나 보상을 요구하거나 누리는 것은 당연하고, 그러한 특권 가운데는 아랫사람으로부터의 존경과 복종도 포함되어 있다고 생각한다.

81) 라면이 안익었다며 비행기 내에서 승무원을 때리는 등 '갑질'을 한 사실이 알려져 해고당한 포스코에너지 전 상무 ㄱ씨(67)가 불복 소송을 냈지만 최종 패소했다(박홍두 2017). 이외에도 가장 최근에는 육군 대장과 그 부인이 공관병과 조리병에게 갑질을 한 사실이 밝혀져 사회적으로 비난이 거셌다. 이들은 병사들에게 자신의 사적인 일들을 무단으로 시키면서도 병사들에게 호출용 전자팔찌를 강제로 차게 하고 벨을 누르고 난 후 병사가 늦게 오면 벨을 집어던지는 등의 갑질을 하였다. 또한 교수들이 제자들을 대상으로 갑질을 하는 사례들도 나왔다. 자신의 사적인 일들에 학생들을 동원하고, 이에 소극적인 학생들에게는 불이익을 주는 교수들이 있으며, 자신의 지위를 이용하여 학생들에게 폭언과 희롱을 하는 교수들도 있었다(최항섭 2018).

82) 백화점 주차장의 두 모녀 사건과 같은 시점인 2015년 한 셀프주유소에서 50대 여성이 주유를 직원들이 해주지 않는다며 주유소 여직원에게 신용카드와 쓰레기를 던지고 폭행을 하는 갑질을 하여 사회적으로 비난을 받기도 했다. 2015년에는 한 아파트에서 도배를 둘러싸고 주민과 업자간에 다툼이 심하게 발생하자 경비원이 경찰출동을 요청하였는데 이후 그 주민은 경비원을 찾아와 왜 경비원이 그 업자를 쫓아내지 못했느냐에 대해 경위서와 시말서를 쓰도록 했다. 그리고 6개월 후 그 경위서와 시말서에 대해 '이 따위로 사과문을 쓰느냐, 다시 써라'라고 경비원에게 요구한 갑질이 행해졌다. 2016년에 용인의 한 아파트 주민들은 주민들의 이익을 위한 시위에 경비관리원들을 강제로 동원하여 한 겨울에 시위텐트를 새벽까지 지키도록 한 갑질을 하였다. 관리원들은 억울했지만 이를 하지 않으면 자리를 잃게 되었기 때문에 억지로 이 일을 해야 했다. 같은 해 2015년에 서울의 어느 고급 호텔 내 부페식당에서 호두아이스크림이 다 떨어지게 되자 40대 여성 고객이 23살의 아르바이트생에게 '내가 돈을 얼마나 많이 내고 먹는 데 서비스를 이따위로 하느냐'라고 하면서 폭언을 하였다(JTBC 2015). '손님은 왕?'…종업원 잡는 고급 음식점 'VIP 갑질'. 2015년 1월 15일. 볶음밥 집에서는 서비스에 불만을 가진 남성 고객 3명이 그 직원에게 땅에 떨어진 볶음밥을 강제로 먹게 하고 물수건을 던지고 쌈장

을 머리에 붓는 갑질을 하였다. 놀라운 것은 직원들이 경찰을 부르기보다 그 고객들에게 죄송하다고 하면서 갑질에 무기력하게 노출되었다는 사실이다. 위의 갑질 사례는 최항섭(2018)에서 인용.

83) 보건의료노조는 2017년 12월부터 2018년 2월까지 2개월여간 전국 54개 병원에 1만 1662명을 대상으로 실시한 대규모 실태조사 결과에 의하면, 태움(괴롭힘)과 직무스트레스, 폭언폭행, 성희롱-성폭력이 매우 심각했다. 병원노동자 74%, 간호사83.3%가 직무스트레스에 시달린다고 답했고, 특히 간호사의 65.5%는 폭언 경험, 40.2%는 태움(괴롭힘) 경험, 13.2%는 폭행경험, 13.2%는 성희롱-성폭력 경험이 있다고 답했다(전국보건의료산업노동조합 2018).

84) 주생활연구소가 공동주택 관리현장에서 근무하는 종사자 375명을 대상으로 2022년 11월 23일부터 12월 7일까지 온라인으로 실시한 설문조사 결과에 의하면, 응답자의 80.5%가 입주민으로부터 폭언 등 부당행위를 당한 것으로 나타났다. 직급별로는 관리소장 86%, 기술직 및 관리직·경리직·서무직 75%이고, 부당행위 경험 빈도수는 전체 70%가 한달에 1회 이상 피해를 겪고 있다(서지영 2023). 이 조사에는 보안직(경비원)과 미화직은 응답자 수가 적어 분석대상에서 제외되었지만, 그간의 언론보도 등을 근거로 보면, 관리사무소 근무자보다 더 많은 부당행위를 경험했으리라 추측된다.

85) 부산노동권익센터는 2022년 12월 29일 일반직과 소방직 등 부산지역 공무원 1079명을 대상으로 실시한 노동시간 실태조사 결과를 발표했는데, 이에 의하면, 부산지역 공무원의 58.5%가 민원인의 무리한 요구나 민원 관련 협박으로 업무에 어려움을 겪고 있는 것으로 나타났다(송호재 2022). 다른 한편, 복지 담당 공무원들은 민원인을 상대하는 과정에서 폭언과 폭력, 성추행, 스토킹과 자살협박, 살해 협박 등 위험한 상황을 겪는 경우가 빈번하다. 2022년 10월 5일 국회 보건복지위원회 소속 강선우 더불어민주당 의원이 전국 17개 시·도로부터 제출받은 자료를 바탕으로 정리한 '찾아가는 보건복지서비스 방문인력 사고발생 현황'에 따르면, 2019년부터 2022년 7월까지 복지 공무원이 민원인으로부터 폭력·폭언 등 위협을 당한 사례는 1만6377건이었다. 이 중 폭언이 1만4068건으로 85.9%를 차지했고, 물리적인 폭력 360건(2.2%), 성적 폭력 239건(1.5%), 전염성 질환 감염 74건(0.5%) 등과 같았다. 심지어는 민원인이 원하는 대로 지원받지 못한 경우 복지 공무원에게 '자살 협박' '살해 협박'을 한 사례도 2022년 각각 34건, 7건 발생했다. 정신질환을 앓는 수급자가 생계비가 부족하다며 담당 공무원에게 4개월간 100건 이상의 전화를 걸어 자살 협박과 폭언을 한 일도 있었고, 본인이 원하는 대로 되지 않을 경우 "농약을 들고 구청 앞에 가서 마신다"는 위협을 한 민원인도 있었다. 주거급여 삭감에 불만을 품고 주민센터에서 칼로 공무원을 위협한 사례, 음주 후 여러 차례 전화를 걸어 "목을 따겠다"며 살해 협박을 한 사례도 있었다(손덕호 2022).

86) 직장 내 괴롭힘 현황 조사인 국가인권위원회 연구용역보고서는 전국 1,506명의 근

로자를 대상으로 설문조사 결과인데, 최근 1년간 1번이라도 직장 내 괴롭힘을 느낀 적이 있는 응답자는 73.3%이었고, 괴롭힘 행위자는 상급자가 42.0%, 임원 또는 경영진이 35.6%, 동료직원이 15.7%이었다. 한국노동연구원 연구보고서는 전국 2,500명의 근로자를 대상으로 설문조사 결과로, 과거 5년간 직장 내 괴롭힘의 피해 경험자는 66.3%이었고, 괴롭힘 가해자는 상사, 선배 직급이 대부분이었다(정명화 외(2018)에서 인용).

87) 이렇게 사회적으로 갑질이 만연하게 되자 경찰은 2016년에 1개월간 갑질횡포에 대한 특별단속을 벌여서 1702명을 검거하고 69명을 구속하기도 했다(YTN 2016).

88) 2016년 문화계 성추문 폭로 사건으로 한국에서도 미투 운동이 있었는데 2018년 1월 검찰청 내부 성추문으로 미투 운동이 한국에서 크게 가속화되었다. 이어서 더불어민주당 이재정 의원이 13년 전 성추행 사건을 알리며 미투에 동참했다. 미투 운동은 기본적으로 성별이 아닌 권력에 의한 갑을 관계 문제라는 시각이 많다. 하지만 남성이 더 많은 권력을 가진 사회구조에서 여성을, 정확히는 "상대를" 힘으로 억누르는 게 남성성의 증명으로 여겨지던 남성 우월주의를 근거로 젠더 문제로 보는 시각도 있다.

89) 우리 사회에서 혐오는 두 가지 근원을 가진다. 첫째, 우리 현대사에서 혐오는 가장 유효한 정치수단 중 하나였다. 국가에 의해 만들어져 국민을 훈육하거나 통제하는 수단 혹은 정치적 반대자들을 솎아내 무력화하는 도구로 동원되어 온 것이다. 둘째, 최근에 급증하는 혐오현상은 사회구조적인 변화에서 비롯되기도 한다. 사회·경제적 불평등이 악화되면서 현실의 불안정한 지위에 대한 불만이나 공포로부터 발생하여 확산되는 혐오가 그것이다. 특히 후자는 급속한 산업화에 따라 사회·경제적인 불평등 현상이 심화되면서 새롭게 등장하거나 강화된 혐오현상이다. 양극화의 한 켠으로 내몰린 것에 대한 불만 혹은 그렇게 내몰릴지도 모른다는 불안을 해소하거나 완화하기 위해 희생양을 찾아 나서는 병리현상이 나타난 것이다. 사회적 취약계층에서 다름과 차이를 찾아내고 그것을 여성, 성소수자, 이주민 등에 연결되는 특정한 속성으로 유형화 한다. 나아가 그렇게 규정한 사람들을 하나의 집단으로 묶어 공격한다. 사회적 약자에게 부과한 속성을 이유로 이들을 열등한 존재로 규정하거나, 이들이 사회적 위험을 야기할 것이라는 공포를 부추겨, 그들을 사회에서 배제하는 것이다. 경우에 따라서는 기존의 차별을 시정하기 위한 국가의 조치를 '역차별'로 매도하면서 여성이나 장애인에 대한 혐오와 적대감을 확산시키는 현상도 나타난다. 몇 가지 사례를 들어보자. 첫째, 2016년 강남역 인근의 노래방 화장실에서 30대 남성이 여성을 살해한 사건은 여성혐오가 범죄로 이어질 수 있는 현실을 드러내면서, 여성혐오 문제에 관한 사회적 논쟁을 촉발하였다. 둘째, 2018년에는 약 550명의 예멘 출신 난민이 제주도에 들어와 난민신청을 하자, 무슬림 난민에 대한 집단적이고 맹목적인 혐오가 표출되면서, 이것이 인종차별과 제노포비아(외국인혐오) 현상을 야기하였다. 이 과정에서 자극적 보도나 추측성 기사, 퍼

나르기 기사, 가짜뉴스 등 혐오표현이 언론에 의하여 증폭, 확산되는 양상이 나타났다. 셋째, 같은 해(2018년) 9월에 열린 제1회 인천퀴어문화축제에서 이에 반대하는 집단이 축제 참가자들에게 혐오를 표출하고, 위협이나 물리력을 행사한 사건이 발생하였다(이승현 외 2019).

90) 스테레오타입이나 편견은 혐오표현과 행동으로 이어진다. 혐오표현에는 모욕형과 선동형의 두 가지 유형이 있다. 먼저, '모욕형' 혐오표현은 모욕, 비하, 멸시, 위협하는 표현으로, 대표적인 혐오표현 중 하나가 '모욕형 혐오표현'이다. 이것은 대상 집단을 모욕(insulting), 비하(degrading), 멸시(abusive), 위협(threatening)하는 표현이며, 영국「공공질서법」(Public Order Act 1986) 등 여러 나라의 혐오표현 규제 법률에서 금지되어 있는 유형이다. 이 유형의 혐오표현은 특정 대상집단에 편견을 드러내거나, 모욕적인 욕설을 하거나, 동물 등에 비유하여 기피되거나 제거되어야 할 대상으로 묘사한다. 먼저, 편견을 드러내는 것은 어떤 대상집단을 부정적인 이미지로 일반화하여 묘사하는 경우가 있다. 예컨대, 여성을 김치녀, 된장녀 등으로 지칭함으로써 마치 여성 일반이 과소비를 일삼고 허영심이 있는 것처럼 규정하는 것이 대표적이다. 특정 국가 출신 이주노동자를 게으르다거나 더럽다는 식으로 묘사하거나, 난민을 '가짜 난민'이라고 부르는 것도 마찬가지다. 영국 프리미어리그에서 활동하는 손흥민 선수를 보고 "그는 래브라도(개의 품종)를 잡아먹는다"는 식으로 발언한 것도 전형적인 동양인 편견이다. 역겨움, 더러움 등으로 불쾌감을 표현하는 경우도 있다. 심지어, 눈에 띄지 않거나 '사라져야 할 존재'로 묘사하기도 한다. 예를 들어, 재일조선인에게 "김치냄새 난다"고 하거나, 동성애자를 HIV/AIDS를 옮기고 다니는 사회악으로 간주하거나 "유전적 돌연변이"로 규정짓는 것이 대표적이다. 직접적으로 욕을 하는 경우도 있는데, 미국에서 흑인들에게 '껌둥이 새끼'(black bastard)라고 부르는 것이 대표적이다. 2009년 국내에서 모욕죄가 적용된 사건으로 한 회사원이 버스에서 인도인에게 "시끄러워, 더러운 ××야! 너 어디서 왔어?" "냄새나는 ××, 너 아랍에서 왔어?"라고 욕설을 한 경우도 여기에 해당한다. 영국 프리미어리그에서 활동한 박지성 선수를 칭크(chink, 눈이 찢어진 동양인 비하)라고 욕했다가 처벌받은 사례도 여기에 해당한다. 불쾌감을 유발하기 위해 동물에 비유하는 경우도 있다. 히틀러는 유대인을 '해충', '쥐'로 묘사하였고, 일본에서는 재일조선인을 비하할 때 바퀴벌레, 기생충이라고 부른다. 르완다의 후투족도 투치족을 바퀴벌레로 부르며 차별하고 탄압한 바 있다.

다음, '선동형' 혐오표현은 차별·폭력을 선전하거나 선동하는 표현으로, 특정 집단에 대한 차별과 폭력을 선전·선동하는 표현도 혐오표현의 중요한 한 유형이다. 선동(incitement)은 특정 집단에 대한 편견을 이용하여 대중들로 하여금 증오심을 고취하고 적대감을 갖도록 유도하여, 차별이나 폭력을 부추기거나, 조장, 선전, 선동하는 것을 뜻한다. 재일조선인들을 향해, "바퀴벌레 조선인을 몰아내자!"고 외치거나, "정부는 즉시 난민들을 모두 추방하라"고 요구하는 것이 대표적이다. 모욕형 혐오표현이 대상집단을 직접 겨냥하는 것이라면, 선동형 혐오표현은 사회 전체, 불특정 다수를 향해 차별과 폭력을 선동한다는 차이가 있다. 다른 청중에게 차별과 폭력에 동참할 것을 호소하는 것이기 때문이다. 이것은 현행법상 금지된 불법인 차별과 폭력을 야기하는 것이기도 하고, 다양한 구성원의 평화로운 공존을 깨는 행위이기 때문에 혐오표현의 여러 유형 중 가장 해악이 큰 행위로 간주되곤 한다. 또한 모욕형 혐오표현은 특별한 의도가 내포되지 않고 발화되는 경우도 있지만, 선동형 혐오표현은 대상집단에 직접적인 공격을 의도한 경우가 대부분이라 더욱 악의적으로 간주된다. 혐오표현 규제 법률을 시행하고 있는 나라들에서 주된 규제 대상으로 삼는 것도 바로 이 차별과 폭력에 대한 선동이다(이승현 외 2019).

91) 특히 39-40쪽과 Chapter 4.

92) 특히 Chapter 5. 영국 유니버시티칼리지런던(UCL) 국제정치학과 교수이자 정치 컨설턴트인 브라이언 클라스(Brian Klaas)도 비슷한 연구결과를 내놓았다. 그가 최근에 펴낸 책에서 주장하는 바는 네 가지다. 첫째, 모든 사람이 권력을 추구하지는 않는다고, 특정 유형의 사람들이 권력을 탐하고 권력을 손에 넣으려 애쓴다. 누군가는 권력에 중독돼 있고, 누군가는 권력을 회피한다. "권력에는 '언제나' 자기선택 편향이 존재한다. (…) 권력은 그 권력을 위해 다른 이들을 제어하려는 사람들을 끌어당긴다." 더 부패하기 쉬운 사람들이 권력을 더 원한다는 것이다. 더구나 이들은 권력을 획득하는 데 더 능하다. 더 승승장구한다. 이들 중 최악은 지은이가 '어둠의 3요소'라고 지칭하는 신호를 드러내는 경우다. 마키아벨리즘, 나르시시즘, 사이코패스 성향이 그것이다. 이들은 채용 면접에서 자신 있고 세련된 태도를 보이고 모든 질문에 능숙하게 대답한다. 이야기를 지어내고 과장하기도 한다. 긴장을 잘하고 소심한 이들보다 훨씬 유리하다. 둘째, 우리가 지도자를 선택할 때 비이성적인 요소가 개입한다는 것이다. 우리는 수렵·채집 생활을 하던 석기시대적 뇌의 영향으로 더 크고 힘센 사람, 즉 여성보다 남성, 키 작은 남성보다 키 큰 남성을 선호한다. 또 소규모 공동체 생활의 잔재 탓에 우리와 닮지 않은 사람보다 우리와 닮은 사람에게 우선순위를 둔다. 능력이 떨어지지만 같은 대학 출신인 사람과 유능하지만 다른 대학 출신인 사람을 제시하면 전자를 선택한다. 셋째, 권력자들은 자제력을 잃는 경향이 있다. '자신이 강력한 사람이라는 기분이 들수록, 타인이 자신을 어떻게 생각하는지에 신경을 덜 쓴다.' 타인과 공감해야 할 필요성을 덜 느끼기 때문이다. '이들은 규칙이 자신에게는 적용되지 않는 듯한 기분을 느끼기 시작한다.' 또한 권력이 커질수록 위험을 감수하게 된다. 지난날 승리한 경험이 있는데다, 더 많이 잃더라도 이를 감당할 수 있기 때문이다. 작은 권력을 가진 사람은 실패를 감당할 수 없으므로 위험을 피해야 한다. '권력자가 된다는 것은 더 이기적이고, 동정심 없고, 위선적이고, 힘을 남용하기 쉬워진다는 것이다.' 넷째, 권력은 사람의 마음뿐 아니라 몸에도 영향을 미친다. 흔히들 더 높은 지위에 올라가면 스트레스가 심해져 건강이 나빠질 것이라고 생각한다. 연구 결과는 반대였다. 같은 시기, 같은

직급으로 공무원 생활을 시작한 집단을 추적해 승진과 건강의 관계를 살펴봤다. 더 높은 지위에 오를수록 사망률이 낮아졌다. 높은 직급 탓에 상당한 압박감을 받더라도 스스로 상황을 이끌 수 있는 지배력이 있다고 느끼면 괜찮았다. '자신이 운전석에 앉아 있다는 느낌을 받지 못하는 사람은 건강에 훨씬 해로운 영향이 있었다'(Klaas 2021). Klaas(2021)에 대한 간략한 소개는 안선희(2022)를 참조할 것.

93) 건강이 나쁜 사람은 사회규범이나 태도 또는 이상적인 인간에 비추어 자신이 가치 없는 존재라는 인식, 자신의 처지에서 벗어날 수 없다는 생각, 정서적 공통으로 인해 무력감을 느낀다. 구체적으로, 무력감과 자신의 존재가치에 대한 회의로 말미암아 자신과 다른 사람을 믿지 않게 되고, 선택지가 별로 없고 능력도 없어 현재의 불행한 상황에서 벗어나기 어렵다는 생각을 갖게 되어 매사에 무관심해 진다. 소외감, 분노, 수치심, 죄책감에 휩싸이기도 하고, 개인의 자율성과 존재가 위협을 받을 수 있으며, 자신의 존재가치에 대한 회의감과 고통으로 말미암아 스스로 낙인을 찍게 된다(Strandmark 2004).

94) 보건복지부의 〈2016년도 정신질환실태조사〉에 의하면, 우울증과 대부분의 정신질환 유병률이 저소득층과 미취업 집단에서 높았다(홍진표 외 2016). 이외에도 빈곤 과정에서 겪는 사회적 스트레스가 정신건강 문제를 발생시킨다는 연구도 있고, 빈곤 상태와 같이 취약한 상황에서는 스트레스를 극복하기 위한 자원이 부족하고 더욱 나빠질 확률이 높아진다는 연구도 있다(Mirowsky and Ross 1989); Aneshensel 1992; Thoits 1995; 이상문 2008). 빈곤과 정신건강의 관계에 대한 최근 연구에는 Knifton and Inglis(2020)를 참조할 것.

95) 특정 집단 특히 사회적 지위가 낮거나 '비정상적'이라고 여기는 집단에 대한 고정관념이나 편견은 의식적으로 작동하기도 하지만, 마음 속 깊숙한 곳에 내재되어 있어서 무의식적으로 말이나 행동으로 표출되어 버리는 경우가 많다. 심리학에서는 이러한 편견을 '내재적/무의식적' 편견(implicit bias)라고 하는데, 교육수준이 높은 '교양인'은 교육 등을 통해 사회적 약자에 대한 편견과 차별은 나쁜 것이고, 피해야 한다는 것을 알고 있어 평상시에는 절제하지만, 의식적으로 대응할 시간적, 심리적 여유가 없는 위급한 상황에서는 이런 성격의 편견을 표출한다. 2020년 1월 13일, 대학입시 수학 강의로 소위 '스타강사' 반열에 오른 주예지는 유튜브 라이브 방송을 하며 시청자들의 질문에 답변하고 있었다. 수학 강사답게 이야기의 주제는 학생들의 수학점수와 성적이었다. "솔직히 이야기해서 가형 7등급은 공부 안 한 거잖아요. 엇! 이러면 안 되나요? (이렇게 말하면 안 되나요?) 전 솔직히 그렇게 생각해요. 노력했으면 3점짜리 다 맞히면 7등급은 아니거든요. 3점짜리 다 맞혀도 5, 6(등급)은 가는데(나오는데), 7등급 나왔다는 건 3점짜리도 틀렸다는 거지. (공부를) 안 한 거지. 그렇게 할 거면은 지이잉~ (용접공 흉내) 용접 배워가지고 저기 호주가야 돼. 돈 많이 줘. 핫~(웃음)".(주예지 용접공 비하 발언 논란, 영상 원본 2020년 1월 14일). 이 발언이 알려지자 비판이 쏟아졌다. 대한용접협회는 '기술직 비하 발언이 분

명하다'면서 공식 사과를 요구했다. 결국 다음날 그는 유튜브 방송을 통해 사과했다. 언론들이 사건을 대대적으로 보도하며 여파는 한동안 지속되었다. 부적절한 발언이라는 비판이 많았지만 "맞는 말 한 건데 저렇게 욕먹을 일이냐" "공부 못하면 기술이라도 배워야지" 등 옹호 발언들도 적지 않게 나왔다. 그도 그럴 것이, 실제로 저런 발언은 한국사회에서 일상다반사이기 때문이다..... 시험 성적이 나쁘다는 이유로, 좋은 대학 출신이 아니란 이유로, 비정규직이라는 이유로 한국인들은 차별, 비하, 멸시적 발언을 일상적으로 듣는다. 환경미화원, 아파트 경비 노동자들은 본인 눈앞에서 "공부 안 하면 저렇게 된다"고 하면서 제 자식을 훈계하는 주민들을 수시로 마주친다. 용접공 비하 발언을 한 '스타 강사', "공부 안 하면 저렇게 된다"고 말하는 주민들 모두 누군가를 비하할 의도를 가지고 그런 말을 한 게 아니었을 것이다. 그들은 단지 용접 노동자나 경비·청소 노동자를 단 한 번도 자신과 동등한 존재로 생각해본 적이 없었을 뿐이다. 어느 사회든 이런 측면을 가지고 있지만 특히 한국의 능력주의가 다른 사회에 비해 두드러지는 지점은 몇몇 직업들, 특히 육체노동에 대한 노골적인 비하가 일상화되어 있다는 것이다(박권일 2021: 23-24).

96) '스테레오타입의 위협(stereotype threat)'은 '어떤 사람이 자신이 깊이 관여하고 있거나 주의를 기울이고 있는 분야에서 도전(예, 시험)받게 되는 경우, 부정적인 스테레오타입(예, 여성은 수학에 약하다)으로 낙인이 찍히면 어떻게 하나 하는 두려움 때문에 제 능력을 제대로 발휘하지 못하게 되는 심리적 기제'를 의미한다. 예를 들면, 원래는 수학을 잘하는데 본인이 여성이라는 사실을 환기시키거나 남성과 경쟁한다는 사실을 환기한 뒤 시험을 치르면 점수가 낮게 나온다(Steele 2010). '스테레오타입 위협' 이론을 한국 상황에 적용한 연구로 권지혜(2012)가 있다. 이 논문은 고정관념 위협 조건에서 고정관념과의 관련성이 높은 과제를 수행할 때, 관련성이 낮은 과제를 수행할 때보다 성취동기 수준이 저하되고, 고정관념 비위협 조건에서는 과제의 고정관념 관련성 수준에 따른 성취동기의 차이가 나타나지 않는다는 것을 확인하였다. 이외에도 스테레오타입의 작동방식을 설명하면서 '능력이 떨어지고 동정하지 않는 집단'에 대한 편견과 사회적 거리를 연구한 논문으로 김철용(2019)이 있다. 특정한 직업이나 국적 또는 피부색을 가진 사람에 대한 스테레오타입에 대해서 나무위키의 '스테레오타입'을 참조할 것. 학술적으로 검증된 것인지 알 수 없지만, 그나마 종합적으로 정리해 놓은 것이라 어느 정도 도움이 될 것이다. 경쟁이라는 상황이 능력발휘에 장애요인이 된다는 것을 잘 설명한 것으로 (Pink 2009)가 있다. 특히 1-9쪽과 chapter 2가 도움이 된다. '팀원 간 경쟁이 팀원이 최선을 다하도록 할 것이라는 기대를 하지 말아라. 경쟁은 내재적 동기를 약화시킨다. 경쟁보다는 협업(collaboration)이나 협력(cooperation)이 더 효과적이다'(Pink 2009: 174).

97) 이런 이유에서 '사회지배성향'을 연구한 Jim Sidanius and Felicia Pratto(1999)는 집단이 서열화되어 있는 사회에서는 위계의 아래쪽에 있는 집단은 지배층이 퍼

뜨린 '자기 집단에 대한 부정적인 이미지'로 말미암아 내집단(ingroup)에 대한 자부심도 없고, 대안의 체제를 꿈꾸지도 않고 체제 순응적인 삶을 산다고 했다(Sidanius and Pratto 1999).

98) 응답자의 특성별로 보면, 여성(81.8%)이 남성(77%)보다 많고, 미혼(80.5%)이 기혼(72.7%)보다 더 많으며, 30대(82.1%)가 가장 많고 다음으로 20(80%), 40대(72.4%), 50대 이상(59%)의 순이다.

99) 연령대별로 살펴보면, 30대가 66%로 이민 의향이 가장 높았다. 직장에서는 실무자로서 많은 업무와 책임에 최선을 다해야 하는 한편 개인적으로도 결혼, 출산, 육아 등 인생의 주요한 중대사를 겪으면서 팍팍한 현실에 직면하게 되는 연령대이기 때문으로 풀이된다. 이어서 '40대'(62.8%), '20대'(56.4%), '50대 이상'(51.5%)의 순이었다.

100) 구체적으로는 '언어 공부'(62.8%, 복수응답), '해외 취업 준비'(32.7%), '이민자금 마련'(31.9%), '경험자에게 조언 구하기'(21.8%), '생활양식, 문화 관련 공부'(18.1%) 등이 있었다(사람In 2016).

101) 사람들은 강해 보이는 사람에게 권력을 주려고 하는 성향이 있다는 연구(Oklahoma State University 2016), 강하게 보이는 옷차림을 한 사람의 심장박동은 주변사람에게 영향을 미친다는 연구(Brueck 2017), 정장을 입은 사람이 평복을 입은 사람보다 협상 성공률이 높다는 연구(Kraus and Mendes 2014) 등을 고려하면, 피지배층이 지배층의 사고·행동 방식을 쉽게 받아들이고 심지어는 따라 하는지 이해가 간다.

102) 예를 들면, 헌법에서 누구에게나 종교의 자유가 보장된다고 하고 국민도 추상적인 (원론적인) 수준에서 그렇게 받아들이면서 현실 상황에서는 이슬람교도의 회당 건축도 반대하는 것, 가족구성에 대한 권리는 누구에게나 보장된다고 하면서 성소수자가 가족을 구성하는 것은 인정하지 않는 것 등이다. 심지어는 법원의 위법 판결을 받아도 당사자들은 인정하지 않는 경우가 있다. 뒤에서 살펴볼 인천과 대구에서 최근에 발생한 종교갈등이 하나의 예가 될 수 있다.

103) 이외에도 비공식제도의 특성과 변화에 대한 이론과 사례 연구로 Horak and Suseno (2022), Minbaeva, Ledeneva and Muratbekova-Touron(2022) 등이 있다.

104) 한국의 이주인구의 증가는 주로 취업과 결혼이라는 경로를 통해 나타난다. 한국에 국제결혼이 본격적으로 도입된 것은 1980년대로 통일교도에 의해 한국 남성과 일본 여성의 혼인이 이루어졌다. 이후 '농어촌 총각 장가보내기 운동'으로 중국 조선족 여성들이 유입되었으며, 동남아시아 여성들도 이주해와 글로벌 상향혼경향이 두드러졌다. 1990년대 이후에는 유학과 여행, 인터넷의 발달로 외국인 남성과 한국인 여성의 결혼 사례가 증가하는 추세다. 2009년 전체 결혼 중 국제 결혼의 비율은 10.8%이다. 국제결혼은 국적이 서로 다른 남자와 여자가 혼인하는

것이다. 일반적으로는 한국 남성과 외국 여성의 결혼을 의미하는 경우가 많지만, 외국 남성과 한국 여성의 결혼도 포함된다. 우리나라에서 국제결혼은 1980년대 통일교도들이 대거 시작했다. 통일교에서는 합동결혼식이 자주 열렸는데, 주로 한국 남성과 일본 여성 간의 혼인이 많았다. 이후에는 종교적인 목적과 관련 없이 동남아시아 여성들과 한국 남성의 결혼이 증가하였다. 1980년대 말부터 농어촌에 결혼적령기의 여성이 없어, '농어촌 총각 장가보내기 운동'을 통해 결혼 문제를 해결하려고 했다. 신부는 동포인 조선족 여성이 대부분이었지만 계속해서 국제결혼이 증가하며 베트남, 캄보디아 등 동남아시아 여성들이 유입되었다(전소윤 연대미상). 지금까지 국내에 체류하고 있는 결혼이민자 수는 아래 〈표〉와 같다.

〈표〉 결혼이민자 추이(2001~2021)

연도	2001	2002	2003	2004	2005	2006	2007	2008	2009	2010
결혼이민자	25,182	34,710	44,416	57,069	75,011	93,786	110,362	122,552	125,087	141,654
귀화자	-	1,734	5,339	5,768	8,419	3,344	4,190	7,916	17,141	10,271
2011	2012	2013	2014	2015	2016	2017	2018	2019	2020	2021
144,681	148,498	150,865	150,994	151,608	152,374	155,457	159,206	166,025	168,594	168,611
10,733	7,733	9,021	8,082	6,966	6,375	6,438	7,689	6,027	6,717	6,345

주: 거주(F-2), 국민배우자(F-2-1), 영주(F-5), 국민배우자(F-5-2), 결혼이민(F-6), 국민배우자(F-6-1), 자녀양육(F-6-2), 혼인단절(F-6-3), 방문동거(F-13) 등과 같은 체류자격을 소지하고 있는 이민자의 합임. 따라서 귀화자는 제외되어 있음.
자료: 2002~2005 – 2005년도 출입국통계연보, 598쪽의 표 3-2; 2005~2009 – 2009년도 출입국외국인정책통계연보, 711쪽의 표 4; 2007~2011 – 2011년도 출입국외국인정책통계연보, 597쪽의 표 4; 2012~2016 – 2016년도 출입국외국인정책통계연보, 62쪽의 표 4-4; 2017~2021 – 2021년도 출입국외국인정책통계연보, 68쪽의 표 4-4.

105) 1980년대 말부터 생산직 인력부족이 본격화되었으나 외국인의 국내취업은 출입국관리법에 의거 교수(E-1), 회화지도(E-2), 연구(E-3), 기술지도(E-4), 전문직업(E-5), 예술흥행(E-6), 특정활동(E-7) 등 전문기술인력에 한하여 고용계약 체결 등 일정한 체류자격 요건을 갖춘 경우 취업을 허용하고, 단순 기능 인력에 대해서는 원칙적으로 취업을 금지하였다. 그러나 서울올림픽을 계기로 한국의 국제적 위상이 높아지고 경제발전수준이 널리 알려짐에 따라 외국의 단순기능인력이 입국하기 시작하여 장기간 체류하면서 기술연수도 받고 불법적으로 취업하는 사계가 늘고, 경제발전에 따른 인건비 상승으로 3D업종의 인력이 크게 부족해지자 경영계의 외국인력 도입 요구가 계속되었다. 이에 정부는 1991년 11월에 산업기술연수생제도를 도입하고 1993년 11월에 산업기술연수제도를 확대하였다. 산업기술연수제도는 외국인력을 사실상 노무에 종사하게 하면서 근로자 신분이 아닌 연수생 신분으로 외국인을 고용함으로써 외국 인력의 편법활용, 사업체 이탈, 임금 체불, 외국인근로자의 인권침해 등의 문제를 야기하였다(박상순, 1997; 이주노동자후원회 이주노동자인권연대, 2004). 마침내 노무현 정부는 2003년 8월 16일 "외국인근로자의 고용 등에 관한 법률"을 제정·공포하여 1년간 준비기간을 거쳐 2004년 8월 17일부터 합법적인 단순기능인력 도입제도인 외국인고용허가제를 시행하였다. 그리고 2007년 1월 1일부터는 산업기술연수제도를 고용허가제로 통합하여 추가적인 산업연수생의 도입을 중단하고 저숙련 외국인력의 고용은 고용허가제로 일원화하고, 해외투자기업연수생제도는 순수한 외국인연수제도

로 운용하도록 하였다(김원숙 2012).

최근에는 외국인 계절근로자 제도가 도입되어 농번기에 한시적으로 체류하면서 노동력을 제공할 수 있도록 하고 있다. 농업 계절근로자 제도는 과수·채소류 등 농업의 계절적·단기적 인력 수요에 대응하기 위해 외국인을 최장 5개월까지 단기간 고용할 수 있도록 한 제도다. 농민 고령화와 농업 노동력 부족 현상이 심화하면서 농식품부가 제안하여 법무부가 2015년에 농업 분야 외국인 계절근로자 제도를 시범적으로 도입하였고 2017년부터 본격적으로 운영하였다(김소영 2022).

지금까지 국내에 들어와 체류하고 있는 외국인 전문인력과 단순기능인력 외국인 근로자 수는 다음 〈표〉와 같다.

〈표〉 외국인 근로자 추이(1992-2021)

	1992	1993	1994	1995	1996	1997	1998	1999	2000	2001
계	1,287	4,588	6,191	9,993	15,245	16,624	13,234	15,832	18,770	21,866
전문인력	-	4,588	6,191	9,993	15,245	16,624	13,234	15,832	18,770	21,866
단순기능인력	(6,400)	(10,118)	(33,943)	(59,327)	(87,404)	(103,598)	(72,135)	(98,410)	(120,825)	(110,250)

	2002	2003	2004	2005	2006	2007	2008	2009	2010	2011
계	47,311	211,583	236,823	199,318	267,540	477,215	549,510	551,858	557,941	595,098
전문인력	28,702	23,067	23,634	25,769	35,767	34,538	38,261	40,698	44,320	47,774
단순기능인력	18,609 (109,620)	188,516 (28,761)	213,189 (54,440)	173,549 (123,677)	231,773 (135,052)	442,677 (87,896)	511,249 (51,962)	511,160 (24,632)	513,621 (5,350)	547,324

	2012	2013	2014	2015	2016	2017	2018	2019	2020	2021
계	529,690	549,202	617,145	625,129	597,783	581,480	594,991	567,261	452,297	406,669
전문인력	50,264	50,166	49,503	48,607	48,334	47,404	46,851	46,581	43,258	45,143
단순기능인력	479,426	499,036	567,642	576,522	549,449	534,076	548,140	520,680	409,039	361,526

*주: 전문인력 – C-4: 단기취업, E-1: 교수, E-2: 회화지도, E-3: 연구, E-4: 기술지도, E-5: 전문직업, E-6: 예술흥행, E-7: 특정활동; 단순기능력 –
　E-9: 비전문취업, E-10: 선원취업, H-2: 방문취업
*1992: 장단기 취업(9-11)
*1992-2010 기간의 단순기능인력 중 ( )속은 산업연수생(장단기)임.
*1993-2004 기간의 전문인력은 단기와 장기로 구분되어 있어, 합산한 것임.

106) 하루도 '갑질'이 보도되지 않는 날이 없다고 해도 과언이 아닐 정도로 서열의 위에 의한 아래에 대한 횡포는 매우 빈번하고, 그 이유를 보면 우열을 가릴 수 있는 것이면 모두 동원되고 있다는 것을 알 수 있다. '빌거', '이백충', '똥고충' 등은 소득수준, 성적 취향을 기준으로 우열을 매기거나 정상-비정상을 구분하여 상대보다 우위에 서거나 멸시하려고 한다. 다양한 비하 표현에 대해서는 장경현(2021)을 참조할 것.

107) 국가인권위원회에서 다음과 같은 용어나 표현은 부정적인 편견을 유발하는 비하 표현이라고 규정하고 사용하지 말 것을 당부하고 있다.

쓰지 말아야 할 표현(예)	쓰지 말아야 할 이유 및 바른 표현	노인·어린이청소년 인권, 성소수자 인권	
장애인 관련		판단이 흐린 노인, 노친네들	노인에 대한 부정적 이미지 담음
꿀 먹은 벙어리, 벙어리 냉가슴, 눈 뜬 장님, 장님 코끼리 만지는 꼴, 절름발이 영어	장애를 빗대어 부정적인 이미지 감음	동성연애	동성 간의 성적인 부분만 부각시킨 표현. 동성애가 적합

'장애를 앓고 있는'	장애를 질병으로 연상시킴	"쟤, 다문화래"	다문화 아동 비하
장애에도 불구하고, 성치 않은 몸으로	장애에 대한 동정어린 시각 담음	꽃제비	탈북 청소년
장님, 귀머거리, 정신지체, 저능아	시각장애인, 청각장애인, 지적장애, 발달장애	민주주의와 인권	
성평등·외국인과 이주민 인권		공권력 투입	경찰 투입을 정당화함
여류 화, 여류 작가	전문직 여성을 불필요하게 강조	불법집회	미신고 집회
꿀벅지, 베이글녀, 쭉쭉빵빵	여성의 신체적 특성을 지나치게 강조	일제시대	일제강점기
김여사	중년 여성을 비하	광주사태	광주민주화운동
접견녀(여성 변호사), 된장녀, 내연녀	여성 비하	한남충(한국남자벌레), 일베충(보수사이트인 일간베스트저장소), 유죽충, 개독교	특정 집단에 대한 혐오
미망인	가부장적인 표현, 유족이나 고인의 아내로 순화	멍청도, 건상도, 전라디언, 개쌍도, 홍어(전라도 비하)	지역 비하
쨍깨(장궤), 왕서방, 짱골라, 뙤놈, 쪽발이, 왜놈, 똥남아, 똥남인	외국인 비하	부천 계모학대	해당지역이 아동학대 온상인 것처럼 비칠 수 있음
용병	외국인 선수	빨갱이, 보수꼴통(수꼴), 종북	정치적, 이념적 성향에 대한 집단비하
불법체류자	미등록 외국인	윤락	'타락한 여성이 몸을 판다'는 가치판단이 포함, 성매매가 적합
		정신분열증	조현병
		편부모	한부모

출처: 김미영(2016).

108) 몽골출신 이주여성 이연경씨의 표현이다. 결혼이주여성에 대한 이런 편견을 가지고 있어서 불쌍하게 여기는 사람도 있지만, 대부분은 돈을 위해서라면 뭐든 하는 사람이라는 부정적인 인식을 심어준다고 한다. 불쌍하게 여기는 사람은 자기 생각으로는 결혼이민자의 처지가 안돼 보여서 하는 말인 양 '남편은 뭐 하냐, 직업은 갖고 있나, 농사짓나, 나이가 많나, 술 마시나, 힘들게 하지 않느냐 하고 물어본다. 이런 질문은 국제결혼가정자녀에게 '다문화냐'고 묻는 것처럼 상처만 받게 된다고 한다(이하영 2021).

109) 대표적인 정책은 결혼이민비자의 발급과 연장 시 필요한 배우자의 신원보증제다. 이 제도는 공식적으로는 2011년 폐지되었지만, 여전히 현장에서는 배우자의 동의를 전제한다. 물론 배우자의 신원보증은 위장결혼과 같은 불법체류를 방지하기 위해 마련된 조항이지만, 결혼이주여성의 체류자격을 혼인 여부에 결부시키는 정책이기도 하다. 이러한 제도로 인해 결혼이주여성은 자신에게 귀책사유가 없다고 해도 결혼생활이 끝나면 체류 허가를 받기가 매우 어렵다. 외국인인 결혼이주민이 이를 입증하기도 어렵고, 외국인이라는 이유로 결혼중단의 책임을 질 가능성이 크기 때문이다. 또한 한국의 결혼이민 제도는 결혼이주민의 체류자격을 가족부양과 연계시켜 놓았다. 자녀 혹은 배우자의 가족을 부양하고 있으면 체류연장이 예외적으로 인정되는 조항이나 이혼한 결혼이주민의 사회보장을 인정하지 않는 조항이 대표적이다. 이런 제도는 결혼이주여성의 시민권이 한국인과의 결혼과 가족부양에 한정되어 있다는 것을 잘 보여 준다(손인서 2022).

110) '다문화 고부열전'이나 '러브 인 아시아' 같은 TV 프로그램은 원래의 의도와 달리 결혼이주여성의 이미지를 가족에 메어 놓는 데 일조했다고 평가되고 있다(손인서 2022).

111) 2016년 7월말 서울, 경기도, 인천 지역 거주 성인 500명 대상 온라인 설문조사 결과에 의하면, 이주노동자들이 우리나라 사람보다 더 위험하다고 생각하는 응답자가 58%, 이주노동자가 증가하면 범죄율이 높아진다고 생각하는 응답자가 75%, 외국인 범죄는 불법체류자에 의해 발생한다고 생각하는 응답자가 76.%이었다(최영신 2016). 국내 체류 외국인에 의해 한국 국민이나 기관 또는 다른 외국인을 대상으로 행해지고 있는 불법 또는 폭력행위인 외국인 범죄는 한국인의 외국인에 대한 인식에 영향을 미친다. 경찰청 범죄통계에 의하면, 전체 범죄 건수는 2011년부터 2021년까지 오르락내리락하면서도 대체로 줄어들고 있는 가운데, 외국인 범죄가 차지하는 비중은 점차로 높아지고 있다. 전체 범죄건수 중 외국인 범죄가 차지하는 비중은 2011년 1.51%에서 조금씩 높아져 2016년에는 2.22%까지 올라갔다. 다음 해인 2017년과 2018년에는 2.0%대로 떨어졌다가 이후 다시 올라가 2021년에는 2.236%까지 외국인 범죄가 차지하는 비중이 높아졌다. 외국인 범죄 비중은 전체 인구 대비 외국인 비중보다는 낮지만, 시간이 갈수록 외국인 범죄의 비중이 높아지는 것은 틀림없다. 이처럼, 범죄 건수나 전체 범죄 중 차지하는 비중을 보면, 외국인 범죄가 증가하고 있는 것은 분명라다. 다른 한편, 내·외국인 인구 10만명 검거인원(2011-2015)을 보면, 내국인의 검거인원이 외국인보다 2배 이상 높았다(최영신 2016).

〈표〉 외국인 범죄

시기	범죄 건수 전체		한국인 범죄		외국인 범죄(건, %)		전체 인구 중 외국인 비중
2011	1,815,233	(100.0)	1,787,797	(98.49)	27,436	(1.51)	2.75
2012	1,723,815	(100.0)	1,700,901	(98.67)	22,914	(1.33)	2.84
2013	1,741,302	(100.0)	1,716,318	(98.57)	24,984	(1.43)	3.14
2014	1,712,435	(100.0)	1,683,979	(98.34)	28,456	(1.66)	3.57
2015	1,771,390	(100.0)	1,735,947	(98.00)	35,443	(2.00)	3.69
2016	1,847,605	(100.0)	1,806,561	(97.78)	41,044	(2.22)	3.96
2017	1,685,461	(100.0)	1,651,556	(97.99)	33,905	(2.01)	4.21
2018	1,581,922	(100.0)	1,549,609	(97.96)	32,313	(2.04)	4.57
2019	1,585,638	(100.0)	1,549,238	(97.70)	36,400	(2.30)	4.87
2020	1,494,421	(100.0)	1,459,031	(97.63)	35,390	(2.37)	3.93
2021	1,247,680	(100.0)	1,218,230	(97.64)	29,450	(2.36)	3.79

자료: 경찰청, 범죄통계, 각 연도; 출입국외국인정책본부, 출입국외국인정책통계연보, 각연도.

112) 1988년 서울올림픽을 계기로 일명 조선족이라 불리는 중국동포의 공식적인 한국 방문이 시작되었고, 이후 방문취업제 시행(2007년 3월) 등 여러 가지 제도변화로 중국동포의 국내 유입이 꾸준히 이어졌다. 오늘날 중국동포는 한국사회에서 가장 많은 수를 차지하는 이주민집단이다. 중국동포의 (단발성) 국내 가족방문이 허용된 1984년부터 정부통계에 중국(중화인민공화국)이 포함되어 1992년까지는 중

국동포(조선족)에 대한 통계를 중국인과 구분하지 않고 중국인으로 발표했다. 1993년부터 중국동포를 한국계 중국인으로 따로 발표하였다. 중국동포의 연도별 수를 보면, 다음과 같다. 1984년 2명, 1987년(서울 올림픽 준비, 364명), 1988년 2,285명(서울올림픽 참가자 포함), 1989년 42명, 1990년 147명, 1991년 67명, 1992년 516명 (여기까지 중국); 1993년 2,143명, 1994년 4,667명, 1995년 7,367명, 1996년 9,345명, 1997년 11,800명, 1998년 11,769명, 1999년 20,305명, 2000년 32,443명, 2001년 42,827명, 2002년 48,293명, 2003년 108,283명, 2004년 128,287명, 2005년 146,338명, 2006년 221,525명, 2007년(3월부터 방문취업 재외동포(H-2) 시행) 310,485명, 2008년 362,920명, 2009년 363,087명, 2010년 366,154명, 2011년 389,398명, 2015년 380,091명, 2019년 332,525명, 2020년 286,933명, 2021년 253,533명 등과 같다(출입국외국인정책통계연보 각 연도). 국내체류 중국동포의 수가 증가하면서 동포의 체류 유형도 다양해졌다. 초기의 중국동포 체류자는 중국산 한약재와 농산물 보따리상으로 활동하며 체류하는 경우가 많았는데, 산업연수생제도와 방문취업제도 도입 이후에는 이른바 3D 업종이라 불리는 단순노무직 종사자 비중이 커졌다. 최근에는 국내 체류 중국동포의 직업은 단순노무직 이외에도 유학생, 교수, 기술자, 결혼이민자, 사업가 등 매우 다양하다. 국내 체류 중국동포의 증가로 서울을 비롯한 전국의 주요 대도시에 중국동포 집중거주지가 조성되고, 평범한 일반인들도 일상생활에서 중국동포를 만나는 기회가 많아졌다. 이러한 상황에 대해 한국인 가운데에는 거부감을 가지는 경우가 있다. 특히 중국동포가 관련된 범죄 등 불미스러운 사건·사고가 보도되면 일반 한국인 사이에 중국동포에 대한 부정적인 선입견과 편견이 크게 확산되었다.

113) "여기(대림동) 조선족들만 사는데 여권 없는 중국인도 많아서 밤에 칼부림도 자주나요. 경찰도 잘 안 들어와요. 웬만하면 밤에 다니지 마세요." 2017년 개봉한 '청년경찰'이라는 영화에 등장하는 대사랍니다. 이 영화는 조선족이라 불리는 중국동포들이 많이 거주하는 서울 대림동을 집단 범죄가 벌어지는 장소처럼 그려요. 중국 동포가 등장한 영화와 드라마 중에 기억 남는 작품이 있나요? 그 작품에서 중국 동포는 어떤 역할을 했나요? 생각해보면 영화에 등장한 중국 동포는 대부분 범죄자였던 것 같아요. 하지만 서울 대림동이 다른 지역보다 범죄가 더 많이 일어나거나 중국 동포나 중국인들이 다른 외국인에 비해 더 많은 범죄를 일으키지는 않았어요. 만일 우리가 중국 동포가 범죄를 많이 일으킨다고 생각하고 있다면 영화나 드라마가 우리도 모르는 사이에 영향을 미친 것일 수 있겠죠. '성급한 일반화의 오류'라는 말이 있죠? 다양한 속성을 가진 사람들에 대해 어느 하나의 부정적인 속성만 놓고 일반화를 하면 안 되는데, 우리도 모르는 사이에 이렇게 판단할 때가 있어요(금준경 2021).

114) 구로동에 사는 주민이 한겨레신문과 한국여성민우회가 공동으로 기획한 〈'해보

면' 달려져요)에 보낸 편지에서 다음과 같이 서술했다.

서울 은평구에서 혼자 살던 저는 3년 전 여동생과 같이 살기 위해 이사를 마음먹었습니다. 여동생과 제 직장의 중간지대인 지하철 7호선 남구로역 인근에 집을 구해 새 둥지를 틀었습니다. 그런데 이사 후 예상치 못한 '불편함'이 찾아왔습니다. 퇴근길에 종종 택시를 타는데, 남구로역으로 가자고 할 때마다 기사님들로부터 "아, 거기 '짱깨'들 사는 데요?" "잡종들 많아서 힘들죠?" "거기 범죄율 높으니까 집 코앞까지 데려다 줄게요" "여자분이 위험하시겠어요" 같은, 이주민들에 대한 온갖 비하의 말을 듣게 된 겁니다. 이곳에 중국 동포가 많긴 하지만 한번도 중국인 때문에 피해를 입은 적이 없는 저로선 도대체 왜 이런 말을 쉽게 하는지 이해가 되지 않더군요. 순간의 불쾌함만 참으면 별 탈 없이 넘어갈 수 있으니 '그러려니' 하고 2년을 살았습니다. 그러던 중 11년 넘게 이 동네에 사는 이웃 언니에게 슬쩍 물었습니다. "언니, 이 동네로 이사 온 뒤로 사실 좀 걱정이 돼요. 주변에서 위험하다고 하는데 괜찮냐"고. 그랬더니 그 언니는 "그건 다 편견이고, '위험하다'는 것도 실체는 없다"고 답하더군요. 언니의 단호한 대꾸에 저도 그간 제 마음속에 있던 편견과 불안을 다시 들여다보게 되더군요(김미향 2016).

115) 한국인은 중국인이나 중국교포가 비위생적이라는 편견을 가지고 있다고 하면서 그렇게 편견이 형성되고 전파되는 데는 미디어의 영향이 크다고 지적하였다.

헤럴드경제는 2020년 1월 '대림동 차이나타운 가보니…가래침 뱉고, 마스크 미착용 '위생불량 심각''이라는 제목의 기사를 썼어요. 영화 '청년경찰'의 배경이 된 대림동 시장을 기자가 직접 방문해 취재를 했는데요. 사람들이 주차장에서 담배를 피우고, 바닥에 침을 뱉고, 노상에 진열된 튀김 앞에서 수다를 떨고, 마스크를 쓰지 않은 모습 등을 문제인 것처럼 묘사했어요. 중국 동포나 중국인들이 비위생적이라는 생각이 들 수밖에 없게 만드는 기사였죠. 그런데 코로나19 확산이 시작되던 2020년 1월 당시를 떠올려보면 어느 동네를 가도 마스크를 제대로 쓰지 않은 사람이 많았어요. 가래침을 뱉는 사람은 한국 전통시장에는 없고 대림동 시장에만 있었을까요? 그리고 이 기사는 "중국인 또는 화교처럼 보이는 사람 중 마스크를 착용하는 비율이 낮았다"는 표현을 쓰기도 해요. 우리가 토론을 할 때는 적절한 근거를 제시하는 게 중요하다고 배우죠. 이 기사는 중국동포와 중국인들이 비위생적이라고 몰아붙이면서도 마스크를 착용하지 않은 사람이 어느 나라 사람인지조차 확인하지 않았어요. 기자는 직접 확인을 한 내용을 써야 하는데 자신의 생각만으로 이렇게 쓰는 건 문제가 있어요. 이런 기사를 가리켜 '뇌피셜'이라고 하죠(금준경 2021).

116) 머니투데이는 자유한국당 의원이 국민건강보험공단으로부터 제출받은 '2017~2019년 외국인 국적별 건강보험 급여 현황' 자료에 근거하여 중국인에게 지급된 연간 건강보험급여 지출액이 연 5,000억원을 넘어선 것으로 확인되었으며, 이는 전체 외국인에 대한 연 지출액 중 72%에 달하는 비중이다"고 보도하였다(김평

화·김하늬 2020). 이러한 자유한국당의 문제 제기방식과 머니투데이의 보도태도
가 갖고 있는 문제점에 대해서 금준영(2021)은 문제점을 다음과 같이 설명했다.

이 기사는 포털 다음 댓글 9200여 개, 네이버 댓글 6800여 개가 달릴 정도로 여
파가 컸어요. 중국인이 '먹튀'를 했다며 중국인을 비난하는 댓글이 정말 많았어
요. 그런데 이 기사에는 중요한 사실이 제대로 언급되지 않았어요. 우선, 1인당
월 7만 원을 내고 전체 4억7500만 원을 타갔다고 하면 엄청난 '먹튀'를 한 것 같
은데 정작 중국인들이 얼마를 냈는지 제대로 언급하지 않은 것이죠. 2019년 지급
된 건강보험 급여를 국적별로 살펴볼게요. 중국 5184억 원, 베트남 392억 원, 미
국 331억 원, 타이완 140억 원 순으로 중국이 압도적으로 많아 보여요. 하지만
이는 중국인의 수가 많아서 일어난 착시라고 할 수 있어요. 이를 1인당 건강보험
급여로 바꾸면 중국 100만 원, 미국 94만 원, 타이완 140만 원이란 결과가 나와
요. 중국을 특별하게 문제 삼을 수 없는 것이죠. 무엇보다 지난 5년 동안 외국인
건강보험 재정을 살펴보면 1조1000억 원 가량 흑자를 기록했어요. 외국인들이
낸 돈이 받아간 돈보다 많은데 통계의 특정 부분만 부각해서 사실을 왜곡한 것이
죠. 이렇게 통계가 들어간 기사를 볼 때는 보이지 않는 요소들을 따져볼 필요가
있어요(금준경 2021).

117) 이러한 편견에 대해서 중국 옌볜(延邊) 출신의 중국동포사회연구소 김정룡 소장
은 다음과 같이 설명했다.

"조선족 동포가 중국을 편들거나 중국인이라는 생각이 굳어져 있고, 그런 선입견
으로 우리를 대한다 … 조선족 동포가 중국에서 왔다고 무조건 중국 편을 들 것이
란 잘못된 선입견을 한국인들이 갖고 있다. 사실 재한조선족 다수가 한국에서 장
기체류하려는 움직임이 강한 것은 한국이 좋아서 그렇다고 보는 게 올바른 시각
이다 … 한국으로 귀화 절차를 알아보다가 중국인으로 분류되기 때문에 한자 이
름을 병기할 수 없고, '선산 김씨'인 내 본관도 쓸 수 없어 '구로 김씨' 또는 '대림
김씨'처럼 내가 정해야 한다는 얘길 듣고 크게 서운했다 … 생활에서나 직장에서
멸시와 무시도 못지않아 사건 현장을 목격해 증인으로 나서려고 하자 경찰로부터
'조선족은 증거 능력이 없다'는 말을 듣고 어이가 없었다"(양태삼 2021).

118) 중국동포들이 입국하기 시작한 1990년대 초반에는 숫자도 1만 명도 되지 않았
고, 3개월 내지 7개월 있다가 중국으로 다시 돌아갔기 때문에 불미스러운 사건도
거의 없었다. 한국인들도 고국을 떠났던 동포가 오래 만나지 못했던 친인척을 방
문한 것이라 동정의 눈길로 친절하게 대해 주었다. 환대를 받고 돌아간 중국동포
들은 "엄청 발달하고, 영어를 많이 쓰고, 예의도 바르더라. 동포라고 50년 동안
헤어져 있었다고 많이 돌봐 주더라. 옷도 신발도 얻어 신었다" 등과 같은 소문을
퍼뜨리면서 고국을 찾는 중국동포들이 늘어났다. 가끔 한국 사람들이 카메라를
메고 중국의 동포거주지역을 지나가기라도 하면 마을 어귀에서 부러운 듯 바라보
곤 했다. 모국에 대한 더욱 확실한 이미지를 심어 준 것이다(문현책 2017).

2007년 구사회주의권 동포들에게도 방문취업의 기회가 주어지면서 한국을 찾는 중국동포들이 급격히 늘어났다. 이 과정에서 불미스러운 일들이 하나씩 둘씩 터지면서 처음에는 동정적인 눈초리로 온정의 손길을 내밀었던 한국인들이 점차로 부정적인 시각을 갖기 시작했다. 2000년대 초반부터 2010년대 중반까지 국민의 이민자에 대한 인식 변화를 분석한 윤인진(2016)에 의하면, 중국동포에 대한 국민의 친밀감은 2005년에는 모든 재외동포 가운데 가장 높은 수준을 유지하였고, 2010년까지도 60% 이상이 친밀감을 표명하고 있었다. 그런데 2015년 조사에서는 중국동포를 포함한 재외동포 모두에 대해서 거리감이 더 커졌다(윤인진 2016). 이러한 분석결과로 토대로, 윤인진(2016)은 한국인은 다문화사회로의 변화에 대해 더욱 유보적인 태도를 취하게 되었고, 한국사회가 외국인을 받아들이는데 한계가 있다고 인식하는 정도가 증가했고, 북한이탈주민과 다문화가족에 대한 정부 지원이 과도하다고 생각하는 정도도 증가했다고 보았다. 즉, 2000년대 초의 다문화 소수자에 대한 온정주의는 2010년대에 들어서 냉담주의로 변화했다고 결론을 내렸다. 다른 조사에서는 2007년에 비해 2010년 재외동포 친밀도 조사에서는 재미동포와 재일동포는 약 5% 상승하였으나, 중국동포와 구소련권 동포는 약 10%, 북한이탈주민은 18% 정도 하락하였다. 이 두 가지 분석을 근거로 볼 때, 은 중국동포에 대한 국민의 인식은 대략 2010년 전후한 시기부터 나빠졌다고 할 수 있다. 그 이유는 2007년부터 중국동포가 대규모로 이주함에 따라 이들이 국민의 일자리를 빼앗아 간다, 위장 결혼을 해서라도 들어온다, 문화가 다르다, 범죄가 증가했다, 거주지역이 게토화된다 등과 같은 주장이 퍼져나갔고, 중국동포가 이주민의 다수를 차지하게 된 상황에서 중국동포가 연루된 사건이나 사고가 많이 발생하였다. 더욱이 중국동포가 연루된 사건이나 사고에 대해서는 언론이 유독 더 선정적으로 보도하여 중국동포에 대한 부정적인 감정을 부추기고 강화하였다. 2012년에 발생한 중국동포에 의한 두 건의 토막살인사건과 2015년에 발생한 또 한 건의 토막살인사건은 그 자체로 끔찍스럽지만, (부정적인 기사 제목, 범죄유형과 방법을 지나치게 상세하게 보도하는 등과 같은) 선정적인 언론보도방식은 국민의 중국동포에 대한 공포감과 혐오를 더욱 강하게 만들었다. 이러한 요인들이 2010년대 들어서면서 중국동포에 대한 부정적인 이미지가 강화된 것이라 할 수 있다(오정은 외 2016).

119) 중앙일보 조사연구팀은 지난 2018년 8월 1일부터 2일까지 난민과 관련한 여론 조사를 했다. 종교를 구별하지 않고 일반적으로 '난민'에 대한 입장을 물었을 땐 우호적인 태도가 50%로, 44.7%인 적대적인 태도보다 많았다. 하지만 질문 대상을 '이슬람 난민'으로 좁혀서 물어보았을 때 우호적인 답변은 (매우 우호, 약간 우호 포함) 28.7%에 그쳤고 적대적인 답변은 (약간 적대, 매우 적대 포함) 66.6%나 되었다. 반면 '비 이슬람계 난민'에 대해서는 우호적인 답변이 53.2%였고, 적대적인 답변은 42.0%가 되었다. 난민이 이슬람이냐 아니냐에 따라 큰 차이가 나타

났다는 것이다. 또한 제주 예멘 난민에 대해선 수용에 대한 반대가 61.1%였고, 찬성은 35.8% 비율을 차지했다. 예멘 난민 수용에 반대하는 답변을 한 사람들은 그 이유로 '테러, 범죄 등 치안 및 안전 때문'(55.4%)을 가장 많이 선택했다. 그 다음이 '이슬람 문화 유입 등 문화 충돌'(18.3%), '세금 증가 등 사회, 경제적 부담'(15.8%)의 순이었다. 응답자 중 대부분의 사람이 '테러, 범죄' 등의 문제로 우려를 하고 난민수용을 반대한다는 것이다(유성운 2018).

120) 인천중학생 추락사건은 (외모로 판단해서) 어머니가 러시아출신인 한 중학생이 '혼혈'이라는 이유로 오래 동안 끔찍한 폭행과 괴롭힘을 당해 결국 숨을 거둔 사건이었다. 이 사건은 피부색만 다르면 외국인이라는 편견이 국민에게 널리 퍼져 있음을 말해주는 사건이었다. 피부색이 다르면 외국인 관광객 아니면 외국인 근로자라는 시각은 저열한 인종주의적 편견과 (서열에 따라 달리 대응하는) 계급주의적 사고가 깔려 있다. "외국인이라 생각되면 서슴없이 태도가 달라지고, 특히 피부색이 짙을 경우 대놓고 차별을 하는 경우도 잦다. 술집에 갔을 때 '외국인'이라고 출입을 거부당했다고, 이거 다른 나라에서는 소송감이라며 인터넷에 호소하는 외국인 관광객들이 종종 있는데, '피부색이 다른 한국인'들이 한국에서 나고 자라고 생활하며 '일상'에서 겪는 수많은 차별에 비하면 새발의 피다... 생각해보라. 한국에서 태어나고 자랐다. 언어도, 문화도, 사고방식도 한국인이다. 그런데 이 정체성을 한국 사회는 인정해주지 않는다. 평생 외국인 취급을 받는다. 그런데 국민으로서 요구되는 의무는 다 해야 한다. 세금도 내고, 건보료나 국민연금도 낸다. 심지어 남자는 군대도 간다. 그런데도 여전히 이 사회의 이방인인 것이다. 이들 중 사회에 대한 불만과 분노를 범죄와 폭력, 테러로 해소하려고 하는 이가 나타나지 않을 것 같나? 실제로 서구국가에서는 이렇게 사회에 포용되지 못한 이들이 테러를 저지르는 경우가 많다. 조직적 지원이나 배후를 두고 테러를 저지르는 게 아니라, 사회에 대한 반감이나 분노를 동기로 독단적으로 테러를 계획하고 실행하는 '외로운 늑대형 테러' 말이다. 한국에서 이런 테러들이 발생하지 않을 거라 믿는 것은 큰 오산이다. 게다가 IS와 같은 테러단체들도 젊은 테러리스트들을 모집하기 위해 한국으로 사람들을 보내고 있다. 실제로 얼마 전 한 시리아인이 IS 포섭활동을 하다 체포되기도 했다"(제3의길 2018). 다른 예로, 제주도에 거주하는 필리핀에서 온 결혼이주여성 조이스 멘도자씨(37세)의 사례를 들 수 있다. 그는 도민 중 일부가 자신의 피부색을 보고 다짜고짜 '외국인이냐, 어디서 왔냐, 뭐 하냐'고 질문세례를 퍼부을 때 무척 난감한데 한술 더 떠 그들의 눈빛은 마치 건강한 자신을 병자 취급하는 듯해 불쾌감까지 느낀다고 말해 외국인에 대한 도민사회의 편견을 꼬집었다(김현종 2007).

121) 1990년대 말 한국에 와 서울 영등포구에 사는 중국동포 김 모씨(66)는 "텔레비전이나 영화에서 중국동포의 억양을 희화화하거나 비하하는 경우를 종종 목격한다"라고 하면서, "차별금지법이나 혐오 발언 처벌 등의 법적 장치가 필요하다고 생각

하는 이유"라고 덧붙였다. 베트남에서 한국으로 유학을 왔다가 한국인 남편을 만난 이주여성 김민경 씨는 "어느 날 버스에서 내 옆에 앉은 여성이 나를 보더니 '너무 깜짝 놀랐다'고 해서, 내가 몸집이 크지도 않고, 이상한 옷을 입지도 않아서 놀랄 이유가 없는데 왜 그랬는지 내가 더 놀랐다"고 말했다. 김씨는 어느 날 시아버지와 함께 간 시장에서 한 상인이 '남편이냐'는 질문을 받고 "물론 외국인과 한국인이 결혼한 커플 중에 남편이 나이가 많은 경우도 있다. 하지만 다 그런 건 아니지 않나"며 불쾌해했다. 그는 "러시아 친구보다 내가 한국말을 더 잘하는데 내게 말을 걸지 않고, 그 친구는 '미국에서 왔니'란 말을 가장 많이 듣는다"며 "한국인이 서양인을 정말 좋아해 친구가 되고 싶어 하지만 동양인은 그렇지 않은 것 같다"고 말했다. 아울러 "모국인 베트남 친구들을 공공장소에서 만나면 마스크를 쓰고 대화하더라도 마스크 탓에 얼굴을 잘 볼 수 없는데도 외국어가 들린다는 이유로 우리를 뚫어지게 쳐다보곤 한다"고 말했다(양태삼 2021). 피부색, 옷차림, 경제력, 장애 등과 관련된 편견에 대해서는 EBSstory(2015)를 참고할 것.

122) 1990년대 말 한국에 와 서울 영등포구에 사는 중국 동포 김 모(66) 씨는 "과거보다 나아지긴 했으나 차별의 시각이 여전하다"며 특히 2017년을 기점으로 중국 동포를 조직의 명칭이 없는 폭력배로, 이들이 사는 지역을 범죄 소굴로 묘사한 영화가 잇따라 개봉한 것을 대표적 차별 사례로 꼽았다....김 씨는 "사람이 사는 곳이라면, 특히 인구 20만 명에 이르는 곳이라면 범죄 같은 부정적인 일이 일어날 수밖에 없다"며 "중국 동포가 다른 국적 외국인보다 특별히 범죄율이 높은 것도 아닌데 억울할 따름"이라고 말했다. 형사정책연구원의 2017년 자료에는 중국 동포의 인구 10만 명당 범죄자 검거 인원 지수는 1천923명으로 전체 조사대상 16개국 가운데 7번째인 평균이었고, 한국인의 절반 수준에 그쳤다(양태삼 2021).

123) 이런 이유에서 신정아 교수는 "미디어에서 조선족을 대하는 방식은 편견의 공장"이라며 "(문화콘텐츠의) 조선족에 대한 캐릭터 재현 방식이 차별을 조장하고 정작 조선족들의 삶이나 생각, 세대 문화에는 관심이 없다는 게 문제"라고 했다. 신 교수는 "콘텐츠 안에서 한국인과 (중국동포가) 동등한 지위를 획득해야 한다"며 "검증되지 않고 과장된 부분에 대해서 모니터링을 통해 막아야 하는데 인종차별이나 혐오에 대한 제재 방안은 별로 없다"고 말했다(이혜리 2019).

124) 참고로 종교인에 대한 신뢰도 다른 나라에 비해 낮은 편이다. 타 종교인에 대한 신뢰수준의 16개국 평균은 4점 만점에 2.29점이었고, 국가별로는 1.93~2.83점의 분포를 보였다. 타 종교인에 대한 신뢰수준이 상대적으로 높은 국가는 뉴질랜드(2.83), 오스트레일리아(2.83), 미국(2.77)이었고, 낮은 국가는 그리스(1.93), 일본(1.95), 중국(1.98)이었다. 우리나라의 타 종교인에 대한 신뢰도는 2.12점으로 16개국 평균(2.29)보다 낮았고, 16개국 중 11위에 해당하여 다른 국가에 비해 타 종교인에 대한 신뢰도가 낮게 나타났다(성영애·김민정 2020: 84).

125) 인종, 민족, 국적, 종교, 출신지역·학교, 장애여부 등의 기준에서 자신과 다른 사

람, 특히 경쟁·적대 관계에 있는집단 성원에 대해서 경계하고, 위협적이라고 여겨지면 적대감정을 드러내고 비정상적이라고 여겨지면 멸시하고 역겨워하는 감정을 드러낸다.

126) 인간은 '사회적 동물'이라고 한다. 한사람 한 사람이 저마다 다른 모습과 개성을 가지고 있다. 그 개인이 모여 사회를 이루면, 서로 사랑하며 살고 싶어 하는 "본능적 욕구"를 갖게 된다. 누구도 혼자서 고립하여 살 수 없으며, 관계 속에 있어야 마음이 행복하고 건강한 삶을 살 수가 있다. 에드워드홀(Edward. T. Hall)은 인간관계의 물리적, 심리적 거리에 대해서 4단계의 정의를 내린 바 있다. 1단계는 친밀한 거리(0-46cm)로 아주 가까운 거리에서 서로를 만나는 것이다. 스킨쉽이 가능하고 친밀감이 깊은 부모자녀 관계, 형제 등으로 자기 방어를 위한 최소한의 사적 공간을 갖게되는 것이라고 한다. 2단계는 개인적 거리(46cm-120cm)로 경계심이 없는 친한 친구나 직장 동료와의 거리로 카페나 식당 등에서 차나 식사를 같이 할 수 있고 아주 사소한 이야기도 나눌 수 있는 관계이다. 3단계는 사회적 거리(120cm-360cm)로 테이블을 앞에 두고 조금 떨어져서 공적인 이야기를 하는 거리이다. 주로 업무적인 일이나 지극히 사무적인 일을 주고 받는 관계이며, 정서적 친밀감이 배재되고 이성적인 판단과 서로의 목적을 위해 만나는 관계의 거리이다. 4단계는 공적거리(360cm 이상)로 주로 연설이나 강연 등을 통해서 만나는 관계를 말한다. 이런 관계를 통해서 배움을 얻거나 정보를 주고 받거나 상호작용이 아닌 주로 한방향의 소통을 통해서 이루어지는 관계적 거리를 말한다. 심리적 거리가 가까운 사람은 만나서 밥을 같이 먹고 차를 마시며 소소한 이야기를 하다보면, 마음이 더 가까워지고 서로를 더 이해하게 된다. 그래서 다소 서먹했던 관계도 마음의 벽 허물어지며 어느새 10년지기처럼 친해지기도 한다(Hall 1966).

127) 사회통합실태조사의 다른 항목을 보더라도, 국내 거주 외국인(이민자와 노동자)와의 사회적 거리는 처음 만나서 낯설거나 자신과 다른 사람과 비슷한 정도 멀다(아래 〈표〉 참조).

〈표〉 집단별 감정적 거리에 대한 인식

		① 0℃	② 25℃	③ 50℃	④ 75℃	⑤ 100℃	평균온도 (점, ℃)
청년층	2020	1.2	11.7	42.8	38.2	6.0	3.4점
	2021	3.7	9.3	23.6	41.1	22.2	64.6℃
고령층	2020	1.6	15.8	45.6	33.1	3.8	3.2점
	2021	5.2	10.1	28.4	40.9	15.4	61.2℃
이성(異性)	2020	3.3	14.5	44.0	30.9	7.3	3.2점
	2021	7.4	11.9	30.9	36.4	13.3	58.1℃
나와 정치적 의견이 다른 사람	2020	4.8	29.0	50.4	15.2	0.6	2.8점
	2021	5.8	15.5	30.9	32.5	15.2	57.9℃
장애인	2020	3.5	20.5	49.6	23.6	2.8	3.0점
	2021	9.5	17.4	33.7	31.9	7.5	53.0℃
나와 종교가 다른 사람	2020	7.9	26.6	51.9	12.6	1.1	2.7점
	2021	10.1	17.7	36.0	28.2	8.1	52.2℃
국내 거주 외국인	2020	7.8	32.3	51.6	7.9	0.4	2.6점

	2021	14.5	28.4	36.6	17.4	3.2	44.0℃
북한이탈주민	2020	10.0	32.9	48.6	8.2	0.3	2.6점
	2021	21.4	27.0	33.0	15.2	3.4	41.2℃
처음 만난 낯선 사람	2020	15.5	43.2	37.1	4.1	0.1	2.3점
	2021	19.6	30.5	32.3	14.0	3.6	40.9℃
동성애자	2020	36.7	35.4	23.0	4.4	0.4	2.0점
	2021	41.2	25.6	19.9	10.4	3.0	31.5℃
전과자	2020	54.2	30.1	12.9	2.7	0.1	1.6점
	2021	63.7	16.5	11.2	5.8	2.8	21.9℃

출처: 통계청, 사회통합실태조사, 각 연도

128) 윤인진(2016)은 동아시아연구원과 고려대 아세아문제연구소가 2005년, 2010년, 2015년에 걸쳐서 실시한 한국인의 국가정체성 조사와, 윤인진 외(2014)가 실시한 북한이탈주민에 대한 국민의식 및 차별 실태조사를 사용하였다.

129) 2005년부터 2015년간의 변화 양상을 살펴보면 우리나라가 외국인이 살기에 좋은 나라라고 생각하는 비율은 2005년에 1.2%에서 2010년에 30.4%, 2015년에 35%로 크게 증가했다. 자녀가 외국인과 결혼하는 것에 대해서도 찬성하는 비율이 2005년에 30.2%, 2010년에 32.5%, 2015년에 44.3%로 점진적으로 증가했다. 외국인 노동자로 인한 내국인 일자리의 위협과 외국인 이주자로 인한 범죄율 증가와 같은 문제에 대해서 우려하는 사람들이 그렇지 않은 사람들보다 많지만, 그 비율의 차이는 시기별로 큰 변화를 보이지 않았다. 반면에, 출신국에 따라 외국인을 대하는 느낌이 다르다는 인식은 2005년에 39.8%, 2010년에 45.2%, 2015년에 46.9%로 점차 강해졌다. 외국인이 한국 국적을 보다 쉽게 취득해야 한다고 생각하는 비율은 2005년에는 30%에서 2010년에 40.7%로 증가했다가 2015년에 34.2%로 감소했다. 이런 결과는 앞서 살펴본 대로 우리나라가 외국인을 받아들이는 데 한계가 있다는 생각을 가진 사람들과 한국이 단일민족·단일문화 국가로 남아야 한다고 생각하는 사람들의 비율이 증가하는 것과 맥락을 같이 한다(윤인진 2016).

130) 이런 점에서 2021년은 이민자에 대한 차별이 줄어들었다고 단정하기 어렵다.

131) 이번 조사 결과만으로 우리 사회에 이민자에 대한 차별이 줄었다고 보기에는 무리가 있다. 지난 2년 동안 펜데믹의 영향으로 사회적 관계 자체가 비대면으로 진행된 경우가 많아져서 조사결과에 상당한 영향을 미쳤을 것으로 보인다(여성가족부 2022: 239).

132) 교육 현장을 보면, 학생들이 얼마나 경쟁에 시달리는지 보기가 딱할 정도다. "요즘 중·고교는 방학을 준비하거나 방학에 들어간 학교가 많다. 그러나 우리나라 학생들에게 방학은 방학이 아닌 지 오래다. 우리의 학생들의 일상은 입시와 시험 환경에 포위된 채 피로가 가시지 않은 몸으로 교복을 주섬주섬 입고, 아침밥을 거른 채 학교로 달려가 종일 한 자세로 딱딱한 책걸상을 끌어안고 있다. 종일 단편지식 암기와 공식을 적용한 문제풀이를 무한반복하고 있다. 이도 모자라 방과후에 또 아이들은 학원가를 전전하고 있다"(신남호 2019).

133) 회사 차원에서는 다른 회사와의 경쟁에 대처하기 위한 신제품개발, 품질개선, 인건비 절감, 판로개척 및 확장 등이 중요하고, 개인 차원에서는 능력개발, 인사관리 등을 통한 실적 제고가 중요하게 된다.

134) 2015년 조사에서는 '참는다'(75.3%)가 가장 많고, 다음은 가족, 친구와 상의한다 (23.6%)로 나타났으며, 2018년 조사에서도 '참았다'가 78.1%로 가장 많고, 다음으로 '가족, 친구와 상의한다'(24.7%), 그 다음으로 '상대방에 사과 요구(9.2%)'의 순이었다. 2021년 조사에서도 '참았다'가 79.9%, 다음으로 '가족이나 친구와 상의했다' 27.2%, '상대방에게 사과를 요구했다' 9.3% 등으로 나타났다(여성가족부 2022).

135) 음주나 도박 또는 마약 등과 같은 개인적인 일탈행위도 할 수 있고, 테러행위에 가담할 수도 있고, 비슷한 경험을 한 이민자들과 집단행동(집회나 시위)을 할 수도 있다(CGN 2008). 최기남·이선제(2006)도 참고할 것.

136) 특히 파키스탄 부모 자녀 29.4%, 필리핀 17.1%, 일본과 태국 15.9% 등으로 다른 국적 부모자녀보다 많았다.

제2장 국제이주민 정책

137) 이하는 이 자료에 주로 의존하여 서술하였다.

138) 2010년부터 여성가족부가 베트남과 필리핀, 캄보디아, 몽골 등 국제결혼 상대국 현지에서 민간단체와 함께 추진해왔던 〈결혼이민예정자 현지사전교육 및 상담사업〉이 작년 말, 대폭 축소 또는 폐지되는가 하면, 국제결혼 상대국 현지 동향파악과 현안 해결을 위해 파견됐던 '결혼이민관제'도 2016년부터 완전히 중단됐다 (이정복 2017).

139) 다문화 이해 교육은 다문화학생과 일반학생이 다름을 존중하고 어울려 살 수 있도록 학교교육과정을 통해 다문화 감수성 제고, 반편견 교육 등을 실시하도록 되어 있다.

140) 세계시민교육은 세계평화, 인권, 문화다양성 등에 대해 폭넓게 이해하고 실천하는 책임 있는 시민양성교육으로, UN 지속가능발전목표(SDGs) 및 유네스코 교육 2020의 의제로 세계시민교육에 포함되어 있다.

141) 무지개다리사업은 문화다양성 증진 및 정책환경 개선 일환으로 2012년에 시범운영 한 뒤, 2013년부터 전국으로 확대 실시하였다. 2017년에는 25개 지역으로 확대되었고, 2020년에는 26개 지역에서 추진하였다.

142) 2021 중앙행정기관 외국인정책 시행계획, pp. 82-85.

143) 재한외국인 처우기본법이 제정되고 외국인정책기본계획이 시행되기 시작한 2008

년에 행정안전부는 지방행정연수원에서 "국내 체류 또는 거주 외국인이 100만 여명에 도달하는 등 급속한 다민족·다문화 사회로 진입하고 있어 외국인과 상호 공존할 수 있는 방안을 모색하기 위하여 금년에 처음으로 2회에 걸쳐 다문화사회 관리과정을 신설·운영한다. 먼저 오는 3월 10일부터 14일까지 5일간 다문화 관련 업무를 담당하고 있는 자치단체 5~6급 공무원 40여명을 대상으로 제1기 다문화사회관리과정을 운영한다"고 발표했다. 주요 교육 내용을 보면, 2007년 지방의 국제화포럼에서 표창 받은 자치단체 우수사례 발표, 방송국 PD의 다문화 프로그램 제작 경험담, 외국인의 한국사회 경험담 등 사례와 실무 위주다. 현장방문도 포함되어 있는데, 구로구와 안산시의 외국인 집단 거주지역을 방문하여 현장 강의를 청취하고 질의응답 시간을 통해 현장 접목을 시도함으로써 교육생의 관심을 유발하고 교육효과를 증대하는데 역점을 두었다(행정안전부 2008). 이외에도 경찰공무원(경찰청, 경찰교육원, 중앙경찰학교) 대상 다문화 이해 교육, 중대장 이상 간부장교의 지휘관 시간에 장병대상 교육, 사관학교 학생 대상 교육과정과 간부 보수교육과정에서 다문화인식개선 교육, 다문화가정자녀를 접하는 교사 대상 다문화 이해 교육, 다문화거점학교 교사 대상 다문화교육 연수가 있고, 2007년부터 서울대 중앙다문화교육센터에서 해오던 다문화 이해 직무교육을 2008년부터는 시도교육청에서 진행했으며, 2009년부터 전국 교육대학에서, 2007년부터는 사범대학 20곳에서 다문화교육강좌를 개설하고 예비교사 대상 다문화이해 교육을 실시하고 있다(구정모 2011). 학교에서 일하는 교원에 대해서는 의무적으로 다문화 이해 교육을 받도록 되어 있으나, 일반공무원은 물론 다문화가족을 상대하는 업무에 종사하는 공무원조차 다문화 이해 교육은 권고사항에 지나지 않아, 실제 교육받은 공무원은 극소수일 것이다. 이런 이유에서 2022년 9월 더불어민주당 박주민 의원이 주민센터나 가족센터 등에서 다문화가족 지원이나 민원 업무에 종사하는 공무원은 반드시 다문화 이해교육을 듣도록 하고, 국가나 지방자치단체가 주관해야 하도록 하기 위해 '다문화가족지원법 일부개정법률안'을 대표 발의하기도 했다(이상서 2022).

144) 2021 중앙행정기관 외국인정책 시행계획. p. 384. 2018년 8,251명, 2019년 8,645명, 2020년 8,400명(추정)이었다.

145) 공식적으로 집계한 실적을 보면, '차이를 즐기자' 문화 다양성 주간 홍보 동영상(15초)을 열차(KTX, SRT) 내에서 송출하였고, 문화다양성 주간 기념 온라인 연속 강연 5회(세바시와 협력. 2021년 9월 11일 기준 유튜브 조회수 83만), 무지개다리 사업 26개의 지역주관기관 행사로 온라인 오프라인 총 71개 프로그램에 12만명이 참여한 것으로 발표했다. 2021 중앙행정기관 외국인정책 시행계획, p. 418.

146) 2021 중앙행정기관 외국인정책 시행계획, p. 426.

147) 법무부가 주관하는 '동포에 대한 인식개선 추진' 사업(과제번호 4-4-②-⑤)은 국

민의 국내체류 동포에 대한 인식을 개선하기 위한 것이 아니라 국내체류 동포들이 한국의 법과 제도를 잘 지켜서 국민들에게 나쁜 인식을 주지 않도록 하는 '국내체류 동포 대상' 사업이다. 2021 중앙행정기관 외국인정책 시행계획, p. 311.

148) 초중고 학생, 현직 교원, 예비교사 대상 다문화 이해 교육에 대해서는 교육부 (2022).

제3장 다문화사회의 종교갈등

149) 사회갈등지수 = 사회갈등요인(소득불균형)/갈등관리시스템(민주주의 성숙도와 정책수행능력). 사회갈등지수가 클수록 사회갈등이 심하다는 것을 의미함.

150) 조사분석을 수행했던 박준 삼성경제연구소 수석연구원은 "한국은 지역 간, 노사 간, 이념 간, 공공정책 목표 간 갈등이 원만히 관리되지 못하고 물리적으로 표출되며 갈등의 목표도 비현실적인 경우가 많다"고 지적하면서 이 같은 사회갈등으로 발생한 경제적 비용을 연간 82조~246조원으로 추산했다. 이어서 박 연구원은 "한국의 사회갈등지수가 10%만 낮아지더라도 1인당 GDP가 1.8~5.4% 높아지고, OECD 평균수준(0.44)으로만 개선되더라도 7~21% 증가하는 효과를 가져올 수 있다"고 주장했다(박준 2013).

151) 사회적 결속지수가 높을수록 해당 사회는 구성원들이 함께 공공의 복지와 상호신뢰, 긍정적 동기부여 등을 늘리기 위해 노력하기 때문에 갈등 비용이 적다고 할수 있다. 스위스 국제경영개발원(IMD)는 국제경쟁력보고서를 발간하기 위해서 1989년 설립되어, 1994년부터 보고서를 발표했으며, 1996년부터는 세계경제포럼(World Economic Forum)과 공동으로 작업하고 있다. 대상국가는 1989년에는 32개국(OECD 회원국 22개국, 기타 10개국), 1994년 44개국, 2004년 51개국, 2007년 55개국, 2008-2012년 59개국, 2013년 60개국이다(IMD 홈페이지).

152) 공무원과 전문가들도 사회갈등 해결에서 정부의 역할이 중요하다는 점을 강조하고 있다(임동진 2011).

153) 종교갈등은 비단 한국만의 현상도 아니고 최근에 등장한 새로운 사회현상도 아니다. 이미 오래전부터 서구사회에서 있었다. 현대사회에서의 종교갈등이 갖는 특징은 자유민주주의적 자본주의와 인민민주주의적 사회주의 간의 정치경제적 경쟁과 대립이 물러난 뒤 생긴 빈 공간을 민족갈등, 인종갈등과 함께 종교갈등이 채우게 되었다는 점이다. 세계적 수준의 종교갈등에 대해서는 제3장의 〈부록 1〉을 참고할 것.

154) 1980년 이후 크고 작은 불교사찰 방화, 불상파괴, 불교에 대한 공개적 비방 사건

과 같은 사적 영역에서의 종교갈등이 30여건 발생했다. 월간 〈기독교사상〉 1998년 11월호에 실린 훼불일지 참고.

155) 한국의 경우 네거티브 선거운동의 정도에 대한 분석이 없으나, 미국과 크게 다르지 않으리라 짐작된다.

156) 일반적 정치인의 태도와 달리, 종신직 미국 사법부 법관들은 인기 없는 결정에 따르는 대중적 비난을 두려워하지 않는 경향이 강하다고 한다(Weaver 1986: 376-377).

157) 이러한 비난회피이론은 정부예산 절감(이은미·고기동 2016), 복지국가 해체(Pierson 1996; Bonoli 2012), 위기상황 대처(박치성·백두산 2017), 기타 각종 정부정책 결정과정(Howlett 2014; Kang & Reich 2014; Twight 1991; 김현준 2008)에 적용되고 있다.

158) 다문화갈등에 대한 기존연구는 이론적 토대가 부족하고, 소수사례에 대한 기술적(記述的) 사례연구방식에 편중되어 있다는 한계도 있다(하혜영 2008).

159) 한반도에 이슬람교가 처음 소개된 것은 9세기 통일신라시대로 알려져 있다. 11세기 고려시대에는 이슬람제국 아랍상인들과 교역이 있었으며, 조선시대 세종대왕시절에는 궁중행사에 무슬림대표를 초청하여 꾸란을 낭송하였다고 한다. 일제시기에는 소련의 소수민족인 투르크계 무슬림에 의해 이슬람교가 전파되었으며 1940년대에는 이들이 서울에 이슬람성원을 건립한 것으로 알려져 있다. 그러나 한국에 본격적으로 이슬람교가 전파된 것은 한국전쟁 시기 터키군을 통해서였다(한국이슬람교 중앙회, 홈페이지).

160) 1990년대 이후 우즈베키스탄, 인도네시아, 말레이시아, 방글라데시, 파키스탄 등 무슬림이 다수를 점하는 이슬람권 국가로부터의 이주민은 1995년 8,300여 명, 2004년 62,600여 명, 2010년 67,800여 명, 2012년 104,500여 명, 그리고 2015년 138,000여 명으로 20년 사이 15배 정도 증가하였다(법무부 출입국외국인정책본부, 출입국 통계연보, 각 연도).

161) 한국인 무슬림 수가 많지 않은 이유는 유교적 전통, 현대의 남녀동등 사상, 일부 일처주의의 헌법조항, 예배의식의 용어 및 교리의 토착화 등과 같은 어려움에서 기인한 바가 크다(한국민족문화대백과; 두산백과; 한국이슬람중앙회).

162) 2007년의 경우 인도네시아 출신과 방글라데시 출신 이주민 수의 합이며, 2012년의 경우 인도네시아, 우즈베키스탄, 방글라데시, 파키스탄 출신 이주민 수의 합임(법무부 출입국외국인정책본부, 출입국 통계연보, 각 연도).

163) 예를 들면, 1961년부터 1974년까지 파키스탄에서 한국 최초의 이슬람권 선교사로 활동했던 전재옥은 귀국 후 인터뷰, 논문, 단행본 등을 통해 무슬림을 향한 사랑과 존중에 입각한 선교와, 이슬람과 기독교가 대립을 넘어선 화해와 일치를 주장했다(전재옥 2001, 2003; 김영남 2008; 유인화 2003; 최형근 2004).

164) 한 예로 미국 CIA 보고서를 인용한 것이라며 등장했던 이른바 '이슬람화(化) 8단계 전략'의 골자는 '한 사회에 무슬림 인구가 1% 미만인 경우 평화를 사랑하는 그룹으로 위장해 잠복하고, 20%가 넘으면 폭동과 소요사태가 일어나며, 100%에 이르면 인종청소와 대학살이 시작된다'는 것이다(김도흔 2009; 강승빈 2015). 그런데 주장과는 달리, 이 '8단계 전략'은 CIA 보고서에 나오는 것이 아니라, Peter Hammond가 2005년에 펴내고 2009년, 2010년 개정판으로 낸 『Slavery, Terrorism & Islam』(Xulon Press)에 포함되어 있는 내용으로, CIA의 『World Fact Book』에 수록된 각국 종교인 비중을 인용했을 뿐이다. 더욱 큰 문제는 남아공출생으로 아프리카와 동유럽지역에서 선교활동을 하고 있는 Hammond의 저서 자체가 사실과 다른 과장이나 왜곡, 근거 없는 허위사실이 많다는 비판을 받고 있다는 점이다(https://vishumenon.com/2014/01/21/1008/. 검색일자: 2017. 6. 13).

165) 한국이슬람대책협의회에는 위에서 언급한 단체 이외에도 대한예수교장로회총회(합동), 대한예수교장로회총회(고신), 대한예수교장로회총회(대신, 백석)의 이단 및 이슬람대책 관계자들도 참석하였다(컵뉴스 2017).

166) 이런 표현들은 범교단이슬람대책위원회와 리버사이드선교회 소속의 한 목사가 "이슬람의 한국진출"이라는 기고문에서 부제로 뽑아낸 구절이다(강승빈 2015).

167) 담당자의 요청에 따라 여기서는 담당자의 인적 사항은 밝히지 않았다.

168) 인종, 민족, 에스니시티, 종교 등의 이유로 차별과 이에 따른 불평등이 나타나거나 정체성에 대한 억압이 이루어질 경우 개인 간의 갈등은 물론 집단 간 갈등도 발생할 가능성이 크다(Stewart 2009; Neyberg et al. 2014).

169) Fox(2004)는 미국의 정치불안 테스크포스(Political Instability Task Force)와 조지메이슨대학이 공동으로 1955년부터 2004년까지 발생한 혁명전쟁(revolutionary war), 민족집단갈등(ethnic conflict), 인종학살·정치적살인(genocide and politicide)의 빈도와 지속일수를 수집한 국가실패 데이터세트(State Failure dataset)를 활용하여 1960년부터 2004년까지의 종교갈등의 빈도를 분석한 것이다. 종교갈등은 갈등 당사자의 쌍방이 서로 다른 종교(종파)집단에 속하거나 어느 일방이 국가이고 다른 일방이 종교집단인 경우를 의미한다.

170) 2005년 전후한 시기부터 국민 대비 신자의 비중이 줄어들고 있음에도 불구하고, 그 비율은 여전히 40%를 넘어서고 있다(〈표 3=3〉).

171) 권위주의 군사정권기 동안에 발생한 종교갈등이 대부분 사적 영역에서 나타났다면, 1987년 정치적 민주화 이후 종교갈등은 사적 영역에서 발생한 것조차 쉽사리 공적 영역으로 확산되고 격화되었다(김정수 2012).

172) 종교집단 간 갈등은 경제적 이익이나 사회적 기반을 둘러싼 경쟁에서 기인한 것도 있지만, 주로 교리가 다른 종교를 인정하지 않는 편협한 태도나 공격적인 선교

활동에서 기인한다. 예를 들면, 동국대 훼불사건(2000년 6월), 경남 산청군 암자 세 곳의 불상 훼손 사건(2000년 8월), 1998년 말부터 각급 학교와 공원, 한문화 운동연합이 공공장소에 대규모 기증한 단군상(설치, 훼손)을 둘러싼 개신교와의 갈등(2000년 4월) 등이 그것이다. 다른 한편, 특정 종교집단과 국가 간의 갈등은 국가(정부)의 특정 종교에 대한 편향성 내지 차별에서 발생하였다. 예를 들면, 김 영삼 대통령의 국방부 중앙교회 방문예배, 국립공원관람료 징수, 템플스테이 지 원예산 삭감, 조계종 총무원장 승용차 트렁크 수색 등에 대한 불교계의 기독교인 대통령 및 고위공직자에 의한 헌법파괴적 종교차별이라는 비난, 불교계에 대한 정부의 지나치게 편파적인 재정지원 특혜라는 기독계의 비난 등이 그것이다(안국 진·유요한 2010; 이진구 2015).

173) 1980년 이후 크고 작은 불교사찰 방화, 불상파괴, 불교에 대한 공개적 비방 사건 등이 30여건이 발생했다. 월간 〈기독교사상〉 1998년 11월호에 실린 훼불일지 중, 범인이 기독교신자로 판명된 사례에는 ①1982년 5월, 명진홍은 불교를 공공 연하게 비난하는 종교모임을 서울에서 열고, "예수 천당, 불교지옥"이라는 기치 를 내걸고 불교계를 심히 자극시켰고, 양식있는 시민들의 비판을 받은 사건, ② 1984년 2월, 서울 삼각산에 소재한 무량사와 일선사의 법당 벽화에 빨간 십자가 가 그려져 있었고, 벽화와 절 밖에 있는 불상에 오물이 칠해졌고, 마애불이 훼손 된 사건, ③1987년 12월, 제주 탐라교회 신도 양산하는 관음정사와 대각사에 불 을 질러 전소시킨 사건, ④1989년 4월, 서울 삼각산 바위에 새겨진 마애불에 빨 간 십자가를 칠하고 불상을 파괴한 사건, ⑤부산 베델교회 신도 표차종은 석굴암 의 불상이 '우상숭배'의 대상이고 이단종교의 산물이라고 공언하면서 석굴암 불 상을 훼손시키려 접근했으나 차단당한 사건, ⑥1995년 6월, 한 기독교 광신자가 광주의 미륵정사에 침입하여 불상과 법당을 손상시킨 사건, ⑦1995년 9월, 기독 교 광신자 박오순이 제주도의 다섯 군데 불교사찰에 들어가 불상을 불태우거나 큰 손상을 입힌 사건, ⑧1995년, 한 개신교 목사의 신분을 가진 사람이 전남 강진 무위사에 들어가 후불 탱화에 빨간 십자가를 그린 사건, ⑨1996년 서울 삼각산 화계사 위쪽 약 100미터 지점에 위치한 참선을 위해 건축된 콘크리트 건물에 빨 간 십자가가 그려진 사건과 5월의 화계사 대적광전 본존불 방화 사건, ⑩1998년 8월, 충북 청주 보현사에 근처 청북교회 신도가 훼불한 사건, ⑪1998년 6월26일, 제주 삼양교회 교인 김수진에 의한 제주 원명선원 훼불사건(대웅전 천불상중 750 개 불상 두부와 삼존불을 무참히 파손).

174) 개신교의 복음주의와 공격적인 선교가 다른 종교와의 갈등을 더욱 부추긴다는 연 구들이 맞다면, 이슬람교와의 갈등도 개신교에 의해 촉발될 가능성이 크다.

175) 기독교에 한정해서 보면, 냉전기에 해당하는 1960년대부터 1980년대 중반까지는 기독교집단이 한 당사자인 종교갈등 중 86.6%, 탈냉전기에 해당하는 1980년대 중 반 이후 2004년까지는 76.1%가 기독교 내 종파 간 갈등이었다(Fox 2007). 반면,

이슬람교의 경우에는 1950년과 1996년 사이 총 674 갈등년수(conflict years) 중에서 63.5%가 동일한 이슬람교 내 종파 간 갈등이었다(Fox 2004).

176) 영국계 미국인 버나드 루이스가 1990년 논문에서 처음 언급한 용어를 미국 정치학자 새뮤얼 헌팅턴이 같은 제목의 책을 써서 널리 알려졌다. 헌팅턴은 냉전 종식 후 국제질서의 가장 큰 갈등은 이념이 아니라 종교적 부흥에 있으며, 미래에 가장 많은 신도를 차지하는 이슬람과 기독교 문명 간의 대결이라고 주장하였다 (Huntington 1996).

177) 연구자는 빅 데이터 공통기반인 '혜안(www.insight.go.kr)'을 활용하여, '무슬림'과 '무슬림+갈등'에 대한 키워드 데이터를 수집하여 집단지성분석, 감성분석, 연관검색어분석을 실시하였다. 수집기간은 2016.7.1.일부터 12.3일까지 최대 6개월이고 수집채널은 네이버와 다음의 하위메뉴(블로그, 뉴스)와 SNS(트위터)로 하였다. '무슬림'에 대한 키워드 데이터는 총 26,457건이고 연관어로는 돼지고기, 히잡, 증오범죄, 프랑스, 프랑스, 공공장소 등이 상위로 표출되었고 나쁘다, 전쟁, 금지, 논란 반발 등 부정의견이 23,432건(88.6%)로 대부분이었다. 그럼에도 '무슬림+갈등'으로 범위를 좁힌 키워드 데이터는 같은 기간에 총 823건에 불과하였다. 역시 부정적 의견이 89.3%(735건)으로 대부분이었는데, 수집건수가 가장 많은 뉴스 채널에서 이슬람, 프랑스, 부르키니와 함께 기독교가 네 번째로 높은 연관어로 나타났다.

178) 여성가족부의 국민다문화수용성 조사연구(2015)에 의하면, 외국인 노동자나 이민자를 이웃으로 삼지 않겠다는 응답자와 종교가 다른 사람을 이웃으로 삼고 싶지 않다는 응답자가 각각 31.8%, 13.5%로, 일본(각각 36.3%, 32.6%)이나 터키(각각 30.5%, 36.8%)를 제외하고는 가장 많았고, 호주(각각 10.6%, 3.9%), 네덜란드(각각 19.6%, 2.7%)이나 스웨덴(각각 3.5%, 3.7%)과 같은 서유럽국가, 칠레(각각 7.6%, 5.8%)나 콜롬비아(각각 4.7%, 6.5%)와 같은 남미 국가들보다 많았다. 한국인의 낮은 다문화수용성은 문화나 종교가 다른 외국인과의 갈등 가능성이 서구나 다른 지역의 다문화사회보다 갈등 가능성이 클 수 있다는 것을 의미한다.

제4장 선발 다문화사회의 국제이주민 정책

179) 국제이주민이 인구 중 차지하는 비중은 선진국의 경우 2000년 기준 평균 8.7%에 달하고, 미국과 캐나다의 북미지역의 경우 12.9%이었다(International Organization for Migration 2005: 396).

180) 특히 후자 6-7장.

181) 2006년에 발표된 외국인정책특별위원회의 자료에 의하면, 2010년에는 한국 국

내에 체류할 외국인이 124만여명에 이를 것으로 예상하고 있다(조혜영 외 2007: 3).

182) '다문화'(multicultural)라는 용어는 원래 미국에서 생성된 것으로, 1941년 헤럴드 트리분지 7월호의 서평에서 민족주의(nationalism)에 근거한 편견과 행동을 버리고 대신 다문화적 생활양식(a multicultural way of life)을 수용할 것을 촉구하면서 처음으로 사용되었다. '다문화주의'(multiculturalism)라는 용어는 캐나다의 '복수언어주의와 복수문화주의 위원회'(the Canadian Commission on Bilingualism and Biculturalism)가 1965년 보고서에서 처음으로 사용한 뒤, 1971년부터는 캐나다의 다인종·다민족사회에 대한 정부의 공식정책을 지칭하게 되었다. 미국에서는 1970년대 초 언론에서 사용되기 시작했고, 1980년대에 이르러서는 전사회적으로 확산되었다. 이처럼 '다문화적'(multicultural)이라는 개념의 사전적 의미는 '다양한 문화의' '다양한 문화와 관련 있는' '다양한 문화를 포함하는' '다문화주의이론의' 등으로, 이질적인 문화의 존재 자체를 지칭하기도 하지만 이질적인 문화에 대한 인정과 존중이라는 의미가 강하다. 국내에서 다문화사회와 다문화주의를 정책지향점으로 받아들여야 한다는 입장을 취하고 있는 논자에는 김혜순(2007) 등이 있다.

183) 소수인종을 이루고 있는 국제이주민을 성적소수자나 여성 또는 장애인 혹은 하위문화집단 등과 마찬가지로 사회적 소수자집단(social minorities)의 하나로 포함시킬 경우 자칫 국제이주민에 대한 지원정책(예, 차별시정조치)이 역차별이라는 비판을 면할 수 있다는 장점이 있다. 이에 대해서는 Parekh(2005)를 참조할 것.

184) 인류학을 포함한 사회과학계에서는 인종을 사회적 구성물(social construct)로 보며, 인종의 구분기준이 특정 사회집단에 대한 통제라는 목적에 맞게 선택되기 때문에 자의적일 수밖에 없고 따라서 분석적인 개념으로는 부적합하다고 본다 (Stephan 2007: 214; Mevorach 2007: 219-240).

185) 언어능력, 직업기술, 교육수준, 연령, 직장경력 등의 각 영역에 대해서 일정한 점수를 부여한 뒤, 어느 정도 이상의 점수를 받은 이민신청자들에게만 이민을 허용하는 제도를 의미한다.

186) 대략 1950년대말부터 1973년 오일쇼크로 새로운 이민이 중단될 때까지 다문화사회에 들어온 이들이 국제이주민 1세대를 구성하고, 이들의 자녀들이 2세대를 이룬다.

187) 이와 함께 적지 않은 유럽국들은 부족한 일손을 메우기 위한 방법으로 불법체류자를 묵인하기도 한다.

188) OECD에 의하면, 2000년 현재 OECD 회원국에 거주하는 외국 출생자(foreign-born)는 OECD 회원국 전체 주민의 7.5%이며 15세 이상 주민(85백만 명)의 9%에 해당한다. 15세 이상 국제이주민 8천만 명 중 약 40%(31.4백만 명)가 미국에

거주하고 있으며, 나머지 중 8백만 명은 독일에 거주하고 있다. 유럽연합 회원국(15개국)에는 유럽연합 25개국으로부터의 이주민(약 1/3)을 포함하여 전체 국제이주민의 약 38%가 거주하고 있다(OECD, Migration News, Vol. 14, No. 2). 따라서 미국과 유럽연합 회원국에서 거주하는 국제이주민이 전체 국제이주민의 80% 정도 차지하고 있는 셈이다. 국제이주민 특히 외형적으로 본국인과 다른 국가 (출신)의 비중이 높을수록 사람들의 눈에 쉽게 보이기 때문에 그들의 행동이 사회문제로 부각될 가능성이 크다고 할 수 있다.

189) 미국의 경우 1960년대 이전까지는 이민자들이 주로 유럽에서 왔지만, 1960년대 이후 특히 1980년대 이후에는 이민자의 수도 급격히 많아졌지만 이들의 대부분이 필리핀, 한국, 멕시코 등 개도국 출신이었다. 외국 출생 거주자의 수와 비중은 1960년 968만 명(5.4%) -> 1970년 975만 명(4.8%) -> 1980년 1,408만 명(6.2%) -> 1990년 1,977만 명(7.9%) -> 2000년 2,838만 명(10.1%) -> 2004년 3,424만 명(11.6%) 등으로 최근에 올수록 급격히 늘어났음을 알 수 있다. 또한 1970년대에 150만 명 정도에 지나지 않던 중남미 출신 이민자들이 1980년대에는 거의 300만 명으로 늘어났다. 그 결과 2004년 현재 1,160만 명의 영주권자 가운데 310만 명이 멕시코 출신으로 가장 많고, 다음으로 인도와 필리핀이 각각 50만 명, 그 다음이 중국, 도미니카, 베트남 출신으로 각각 40만 명 정도다(Moody 2005).

190) 선발 다인종·다민족 사회가 이처럼 많은 이민자들을 받아들인 것은 최근의 한국과 마찬가지로 본국인들이 회피하는 3D업종의 부족한 노동력을 보충하기 위한 것이었다. 또한 이들 서유럽국가들이 이들 특정 개도국들로부터 이민자들은 받아들인 것은 구식민지였거나 또는 현재 정치·군사·경제적인 이해관계를 가지고 있기 때문이다(Moody 2005: 3). 유럽이나 북미 또는 호주 등의 선진국들은 민주주의와 자본주의적 발전을 앞서 실현하고 세계를 지배한데서 오는 우월의식(ethnocentrism)이 강한데, 자국이 지배했던 식민지 국민에 대해서는 특히 더욱 강할 수 있다. 저개발국과 개도국 출신 이주민들에 대한 사회통합정책이 어떻게 전개될지를 예측하게 한다.

191) 유럽의 다문화사회는 지역적 특색이 강하고 이러한 지역균열은 언어와 인종의 차이와 중첩되는 경우가 적지 않다. 그 결과 동화주의를 지향할 경우 그 속에 포함해야할 지배적인 가치관이나 문화적인 실천을 어느 집단의 것으로 할지를 둘러싸고 논란과 갈등이 없지 않았다(Phalet and Kosic 2005).

192) 이 양극의 대응방식 사이에 쌍방향 통합방식(two-way integration)이 있을 수 있으며, 주로 단기체류 외국인에게 적용되는 배제주의(segregation)가 있을 수 있다(International Organization for Migration 2009).

193) 유럽 각국별 비교 평가는 British Council and Migration Policy Group(2007)을 참조할 것.

194) 중국계 이주민은 소수인종으로 간주되지 않아 적용되지 않았다.

195) 그러나 1990년대 초반에 성인 이민자를 위한 네덜란드어 습득과정을 개설한 곳은 일부 도시에서 한정되어 있었고 전국적으로 시행된 것은 신규 이민자를 대상으로 하는 시민통합법(Civic Integration of Newcomers Act)이 통과된 1998년부터였다. 이 법에 의해 새로이 들어온 국제이주자는 네덜란드어 과정, 사회교육, 직업에 대한 정보 등을 의무적으로 이수하도록 했고, 결석하거나 성적이 나쁠 경우 벌금을 물도록 했다(Vasta 2007: 717-718).

196) 1990년에 비하면, 9%가 줄어든 것으로, 이러한 감소는 매년 6만명이 귀화한 점과 국제이주민의 사망으로 어느 정도 설명되기도 하지만, 1990년 이후 22만명 정도가 프랑스 경제사정의 악화로 인해 본국으로 귀환했기 때문이기도 하다. 앞의 글, 2쪽. 그럼에도 불구하고, 프랑스는 유럽연합 회원국과 OECD 회원국 가운데 유일하게 국제이주민의 수가 줄어드는 국가가 되었다.

197) 이러한 이민제한정책으로 말미암아 1990년 이후 이주노동자, 난민, 가족재결합이민 등을 포함한 합법이민자 수는 1990년 102,400 명에서 1994년 69,300 명, 1995년 56,700 명, 1996년에는 55,600 명으로 계속 줄었다(Hamilton 2004: 2).

198) 다만, 다음 두 가지를 지적하고자 한다. 하나는 분석대상인 각국의 국제이주민 정책은 2006년을 전후한 시점이라는 점과, 각 영역에서 점수가 높을수록 국제이주민의 통합 정도가 높고 전체 평균에서 점수가 높을수록 전반적인 통합 정도가 높다는 것을 의미한다는 점을 지적하고자 한다. 여기서 평균 점수가 높을수록 다문화주의에 가깝고 낮을수록 동화주의에 가깝다고 봐도 무리는 없을 것이다.

199) 스웨덴의 경우에도 사정이 프랑스보다는 나은 편이지만 네덜란드와 별로 다르지 않다(ILO 2006).

200) 다른 자료에 의하면, 1994년 기준 모로코 출신과 터키 출신 국제이주민 자녀의 중퇴율은 각각 39%, 35%로 프랑스나 독일보다 높았다. 최근에는 나아져 21세기 초 국제이주민 자녀의 중퇴율은 15~20%로 독일 수준에 근접하고 있다(Koopman 2008; European Science Foundation(General Science) 2008).

201) 프랑스에서는 교사의 경력(seniority), 교육수준, 연례평가 등에 기초한 점수에 따라 학교를 선택할 수 있기 때문에 경력이 많고 우수한 교사는 부유한 백인들이 모여 사는 파리지역의 학교로 가고, 국제이주민이 밀집해 살고 있는 빈민촌에는 경력과 경험이 부족한 젊은 교사들이 부임하는 경향이 있다(Haddad and Balz 2006: 28).

202) 조사연구결과에 의하면, 언어소통능력이나 학력 또는 연령 등 직무나 학업의 수행에 영향을 미치는 변수를 통제하더라도 국제이주민은 본국인과 다른 노동시장으로의 접근성이나 노동조건에 접하거나 학업성취도를 보이고 있기 때문이다. 예

를 들면, 프랑스에서는 언어소통능력에 거의 문제가 없음에도 불구하고 전문직이나 관리직 등 고위직에서 국제이주민은 인사나 직무에서 차별을 받고 있으며, 네덜란드에서는 미숙련-반숙련 생산직이나 판매서비스직 등 하급직에서 차별을 받고 있다(OECD 2008; European Commission 2008) 참조.

203) 이후 프랑스 국민의 인종주의적 성향은 다소 약화되기는 한 듯하다. 프랑스 국가인권위원회(National Consultative Commission on Human Rights)가 2005년 11월 (프랑스 주요 도시에서 인종폭동이 발발한 직후) 1,013명을 대상으로 조사한 바에 의하면, 33%가 자신이 '인종주의자'('상당히'와 '약간'의 합)라고 답했는데, 이는 2004년에 비해 9%가 많아진 것이라고는 하나 1990년대에 비하면 상당히 약화된 것이다(This French Life 2006).

204) 물론 국제이주민 특히 국제정치군사적인 이유나 집단의 규모 등으로 인해 가시성이 높아진 집단(예, 모슬렘집단)에 대한 서발다문화사회 국민들의 의심과 경계심은 선입견 때문이거나 일부 구성원의 잘못된 태도나 행동을 과도하게 일반화하는데서 나타나는 것이다. 이 과정에서는 매스미디어의 영향은 거의 절대적이라 할 수 있다(van Dijk 1992: 201-257).

205) '혐오범죄'(hate crime)는 일반적으로 인종(race), 종교(religion), 성적 취향(sexual orientation), 장애(disability), 종족(ethnicity), 국적(nationality), 연령(age), 성(gender identity), 또는 소속정치집단(political affiliation) 등과 같은 특정 집단에 속한 구성원에 대한 왜곡된 인식으로 인하여 발생하는 범죄를 의미한다.

206) 미국의 예를 보면, 1996년에 미국의 영방수사국(FBI)에 보고된 혐오범죄는 모두 8,000건 정도였는데, 이 가운데 3천여 건이 흑인을 대상으로 하는 범죄이었으며, 나머지는 반백인주의(anti-white), 반유태주의(anti-Jewish), 반동성애(anti-gay), 또는 반히스페닉(anti-Hispanic) 혐오에 따른 범죄였다. 가해자가 밝혀진 7,330건 가운데 58.6%가 백인이었고 20.6%가 흑인이었고, 9,652명의 피해자 가운데 52%가 인종적인 이유 때문에 발생했다. 또한 미연방수사국의 혐오범죄 통계에 의하면, 2006년에는 총 7,722건의 사건(incidents), 9,080건의 공격(offenses)이 있었으며, 이 가운데 5,499건은 사람에 대한 공격이었고 이 중 46%는 위협(intimidation), 31.9%는 단순한 모욕(assaults)이었다. 3,593건은 재산에 대한 공격이었는데, 이 중 81%가 절도(vandalism) 또는 파손(destruction)이었다(US FBI 2006).

207) 다른 유럽국가에서도 이들과 유사한 인종주의적 내지 국수주의적이고 반이민 노선을 걷는 정당들이 1990년대 후반 비약적인 성장을 하였다. 예를 들면, 1971년 스위스민주당(Democratic Party)과 농민당(Bauern-, Gewerbe-und Buergerpartei)이 합당하여 만든 스위스인민정당(Swiss People's party)은 1999년 선거에서 반이민자, 반유럽통합을 내세워 통합 이전(10~15%)의 두 배에

가까운 득표(26%)를 하였고 2007년 선거에서는 29%를 얻어 제1당이 되었다. 1973년에 감세를 내세워 창당한 노르웨이의 진보당(Progress Party)은 1973년 선거에서 5%를 얻는데 그쳤으나 이후 반이슬람 정서를 적극 동원하여 1989년에는 13%, 2005년에는 22.1%의 득표를 하여 제1당이 되었다. 1956년 자유주의와 민족주의를 강령으로 내세워 창당한 오스트리아의 자유당(Austrian Freedom Party)은 1980년대까지는 10% 이하로 득표를 했으나 1994년 선거에서 22.6%를 얻어 세상을 깜짝 놀라게 했으며, 1999년에는 26.9%를 얻어 연립내각에 참여했다. 이외에도 덴마크(인민당, Danish People's party)와 이탈리아(국민연합, National Alliance)에서도 반이민, 특히 반이슬람을 내세운 극우인종주의정당이 선거에서 상당한 지지를 얻어 제3당 또는 연립내각에 참여하는 사례도 있었다. 극우 인종주의 정당에 대해서는 다음의 자료들을 참고하기 바란다(Betz and Immerfall 1998; Williams 2006; Weinberg, and Merkl 2003; Schain, Zolberg, and Hossary 2002).

208) 선발다문화사회의 대부분은 전쟁과 테러로 점철된 국제사회기독교권과 이슬람권의 대립과 갈등에 의해 본국인과 국제이주민간의 관계가 더욱 불편해지기도 하고 편견도 심화되기도 했다. 특히 모슬렘들의 경우 과격 이슬람세력의 테러나 반서방적인 행태로 말미암아 거주국 국민들의 의심과 공격을 많이 받았다(International Helsinki Federation for Human Rights 2005).

209) 이외에도 국제이주민을 위한 정책(예, 거주국 언어교육과 사회적응 프로그램, 국제이주민집단의 자체 교육 또는 방송시스템 지원 등) 자체에 문제가 있을 수 있다. 예를 들면, 네덜란드는 국제이주민의 거주국 언어습득과 사회적응을 돕기 위한 프로그램을 운영하였으나 지나치게 초보적이고 기본적인 내용만을 포함하고 있어 학력수준이 낮은 국제이주민이나 전업주부들에게는 별로 도움을 주지 못했다. 또한 모국어로 진행되는 언어강습이나 일반교과는 강사와 교과내용이 부실하여 학생들의 학습능력증진에 별로 도움을 주지 못했다(Vasta 2007: 717). 그러나 정책의 기획이나 시행과정에서의 문제점이나 한계보다는 거주국의 기업인과 국민의 국제이주민에 대한 편견과 차별 또는 거리두기로 인한 비협조가 보다 근본적인 요인이라 할 수 있다.

210) 초국적주의와 그 영향에 대해서는 Portes(2003), Waldinger(2008), Castles(2000) 등을 참조할 것.

211) "2005 civil unrest in France," http://en.wikipedia.org/wiki/2005_civil_unrest_in_France. 규모는 작지만 2007년에도 유사한 성격의 인종갈등이 발생했다. "2007 civil unrest in Villers-le-Bel," http://en.wikipedia.org/wiki/2007_civil_unrest_in_France

212) "2005 Cronulla riots," http://en.wikipedia.org/wiki/2005_Cronulla_riots.

213) 2002년 반이슬람주의자인 중도우파정당 지도자 핌 호르튄(Pim Fortuyn)과 200

4년 이슬람 문화권의 여성억압을 비판하는 영화를 제작한 테오 반 고호(Theo v an Gogh)에 대한 테러암살 사건이 발생하였다. "Theo van Gogh (film direct or)" http://en.wikipedia.org/wiki/Theo_van_gogh_(film_director); "Pi m Fortuyn'" http://en.wikipedia.org/wiki/Pim_Fortuyn. 국제사회에서의 이슬람권과 기독교권의 격심한 갈등과 경제적 세계화로 인한 실업률의 상승과 빈부격차의 심화라는 상황에서 이와 같은 국제이주민집단의 격렬한 저항과 테러는 다시 극우 인종주의집단에 의한 국제이주민 또는 외국인에 대한 차별의 심화라는 악순환을 낳고 있다. 2001년 과격이슬람근본주의자에 의한 미국에 대한 9·11테러공격과 이에 대한 미국정부의 극단적인 대응이 사태를 더욱 악화시켰음은 주지의 사실이다. 9·11테러사건에 대해서는 "September 11 attacks," ht tp://en.wikipedia.org/wiki/September_11_2001_Terrorist_Attack을 참조할 것.

214) 가장 대표적인 사건은 2001년의 뉴욕 세계무역센터(World Trade Center)에 대한 테러사건이지만, 이외에도 2004년 3월 스페인 마드리드 철도 테러사건, 2005년 7월 영국 런던 지하철 테러사건 등도 선발다문화사회 본국인들의 국제이주민 특히 모슬렘에 대한 의심과 차별을 강화하는 계기가 되었다(International Helsinki Federation for Human Rights 2005; Open Society Institute 2007 - 프랑스와 네덜란드). 9·11테러로 시작된 과격이슬람분자들에 의한 선발다문화사회에 대한 일련의 테러공격은 미국을 비롯한 서방권에 의한 아프간 전쟁, 이라크 전쟁, 중동분쟁에서의 친이스라엘 적인 태도로 말미암아 촉발된 측면이 강하다.

215) 예를 들면, 한국사회학회(2007)를 참조할 것.

216) 국제이주민의 적응실태와 한국에 대한 불만과 태도에 대해서는 조현성 외(2008), 김이선 외(2006) 등을 참조할 것.

제5장 사회통합 개념과 이론

217) 북한이탈주민은 한국전쟁 이후 매년 10명 내외였으나, 1990년대 중반부터 크게 늘어나기 시작하여 2002년에는 1천명을 넘어섰고, 2006년에는 2000명을 넘어섰으며, 2009년 2900여명을 정점에 도달했다. 이후 점차로 줄기 시작하여 2020년에는 229명으로 천명 이하로 떨어졌고, 2022년에는 67명(잠정)이었다. 2022년 12월말 현재 북한이탈주민의 수는 33,882명이다(통일부 2023). 북한이탈주민의 보호와 정착을 위해 1997년에 이전의 「귀순북한동포보호법」을 폐지하는 대신 「북한이탈주민의 보호 및 정착지원에 관한 법률」을 제정하였다.

218) 국제정치학에서 많이 연구하는 평화에 대해서 어떤 학자는 '전쟁이 없는 상태'라
고 정의하기도 하고, 다른 학자는 '국가간 갈등을 생산적으로 해결하고, 전지구적
과제를 해결하기 위해 서로 협력을 잘 하는 상태'로 정의하기도 한다. 이들이 각
각 제안하는 세계평화 구축방안은 다를 수밖에 없을 것이다.

219) 일부 논자들은 소속감, 신뢰, 협력의지를 사회통합의 핵심요소로 제시하고 있으
며(예, 이희길, 2013), 사회통합정책의 궁극적인 목표는 구성원의 협력의사를 심
어주고 실천하는 분위기를 조성하기 위한 것이라고 하는 논자도 있다(예, 노대명
2009; 사회통합위원회 2012; 강신욱 외 2012 등). 그러나 이들도 경험적인 자료
에 근거하여 이러한 주장을 펼치는 것은 아니다.

220) 예를 들면, 사회 안전도, 평등이나 기회균등, 4대보험 가입 등 객관적인 조건이나
특성

221) 예를 들면, 사회적응, 사회적 참여, 차별, 언어능력, 삶의 만족도, 귀속감 또는 소
속감, 신뢰, 정서적 유대감, 협력의사나 행동 등이 그것이다.

222) 본 보고서에는 사회통합의 핵심적 특징 또는 구성요소로 한국사회에 대한 소속감
(귀속감, 정체성, 긍지), 신뢰(시민사회 내 구성원 간 수평적 신뢰와, 정부·엘리트
와 국민·대중 간 수직적 신뢰), 그리고 국가나 사회 등 공동체가 공동의 목표를 추
구하거나 위기에 처했을 때 적극 참여하고 협력하려는 의지로 파악하고, 이 중에
서도 궁극적인 요소는 협력의지로 보고자 한다. 특히 국가가 이민자의 사회통합을
위해 귀중한 자원과 노력을 투입하는 궁극적인 목표는 이민자들도 내국인과 마찬
가지로 국가적 목표나 위기극복의 과제에 적극 동참하게 하는 것이어야 한다. 그
렇지 않다면, 국가가 굳이 귀중한 자원과 노력을 투입할 이유가 없을 것이다.

223) 예를 들면, 사회 안전도, 평등이나 기회균등, 4대보험 가입 등 객관적인 조건이나
특성

224) 예를 들면, 사회적응, 사회적 참여, 차별, 언어능력, 삶의 만족도, 귀속감 또는 소
속감, 신뢰, 정서적 유대감, 협력의사나 행동 등이 그것이다.

225) 이재열 외(2014)도 사회통합의 개념을 정확하게 정의하고 관련자 간의 합의가 이
루어져야 한다는 점을 지적하고 있다. "문제는 어떤 개념으로 사회통합을 정의하
는가에 따라 무엇이 측정되어야 하는가에 대한 내용이 달라지고 그에 따라 실태
파악과 정책적 해결방안이 달라진다는 점이다(이재열 외 2014: 120).

226) 본 보고서에는 사회통합의 핵심적 특징 내지 구성요소로 한국사회에 대한 소속감
(귀속감, 정체성, 긍지), 신뢰(시민사회 내 구성원 간 수평적 신뢰와, 정부·엘리트
와 국민·대중 간 수직적 신뢰), 그리고 국가나 사회 등 공동체가 공동의 목표를 추
구하거나 위기에 처했을 때 적극 참여하고 협력하려는 의지로 파악하고, 이 중에
서도 궁극적인 요소는 협력의지로 보고자 한다. 특히 국가가 이민자의 사회통합을
위해 귀중한 자원과 노력을 투입하는 궁극적인 목표는 이민자들도 내국인과 마찬

가지로 국가적 목표나 위기극복의 과제에 적극 동참하게 하는 것이어야 한다. 그렇지 않다면, 국가가 굳이 귀중한 자원과 노력을 투입할 이유가 없을 것이다.

227) 사회통합영향변인 중에서 국가나 사회의 개입으로 이민자의 사회통합을 촉진할 수 있는 변인을 사회통합정책변인(지표)으로 삼는다.

228) 본 연구는 기존의 설문조사를 활용할 것이다. 그런데 이들 조사에는 협력의사를 측정할 수 있는 문항이 없기 때문에, 여기서는 신뢰와 소속감을 사회통합의 주요 지표로 할 것이다. 여기서 신뢰는 이웃(사람), 지역사회, 또는 한국인에 대한 신뢰와 같은 수평적 신뢰와, 한국정부 또는 국가기관에 대한 신뢰의 수직적 신뢰, 이 두 가지를 포함한 개념이다. 소속감은 한국사회에 대한 소속감으로 측정한다. 다만 다문화가족실태조사에서는 신뢰와 소속감을 묻는 문항이 없기 때문에, 신뢰와 소속감에 영향을 미치는 '삶(생활)의 만족도'를 대리변수로 삼을 것이다.

229) 장용석 외(2012: 397)도 "사회통합 그 자체는 안정적인 상태를 의미하므로 갈등이 표출되는 불안정한 상황과 비교하여 직접적인 관찰이 어려울 뿐만 아니라 표면적으로 안정적일지라도 이면에 놓여 있는 불안정 요소를 완전히 배제하기 어렵다"고 지적하고 있다.

230) 챈과 동료(2006)들은 다음의 세 가지 조건을 충족시킬 때 사회구성원들이 서로 밀착/결속되어 있다고 볼 수 있다고 설명한다. 그 세 가지는 ①다른 사회구성원을 신뢰하고 도우며 서로 협력하고(trust, help, and cooperate), ②사회구성원들이 공통의 사회적 정체성이나 함께 살고 있는 사회에 대한 소속감을 가지고 있으며(common identity or sense of belonging to their society), ③①과 ②에서 나타난 주관적인 감정(subjective feeling)이 객관적인 행동(objective behavior)으로 표현하는 것 등이다. 사회구성원들이 잘 밀착/결속되어 있다는 것은 서로 신뢰하고 도우며 협력한다하는 것의 다른 표현일 수 있다. 왜냐하면 서로 신뢰하지도 않고 돕지도 않으며 협력하지도 않는데, 잘 밀착/결속되어 있다고 말하기 어렵기 때문이다. 또한 사회통합에서 공통의 사회적 정체성이나 소속감이 필수적인 요소인 것은 한 사회 내에서 비교적 장기간이고 반복적으로 관찰되는 전반적인 밀착성/결속성을 측정하기 때문이다. 테러공격이 발생했을 때 서로 돕는 것과 같이 일회성 또는 단기간의 신뢰·도움·협력 행위는 공통의 사회적 정체성이나 소속감 없이도 (동정심 등과 보편적인 인간본성을 근거로) 자생적으로 나타날 수 있기 때문에 공통의 사회적 정체성이나 소속감 없이 이루어지는 일회성 내지 단기적인 협력행동에 가담한 이들에게는 사회통합이라는 개념을 적용할 수 없고 또한 적용하지도 않는다. 마지막으로, 행동으로 발전하지 않는 신뢰·도움·협력심이라는 마음의 상태는 아무런 의미가 없기 때문에, 사회통합은 행동을 유발하는 마음의 경향으로서의 신뢰·도움·협력을 의미한다(Chen et al. 2006: 289).

231) 일부 연구자들은 다른 문화에 대한 인정과 존중 내지 다문화수용성을 사회통합(개념)의 구성요소로 보고 있으나, 이는 사회통합을 실현하는 경로 또는 방법(정

책수단)과 사회통합 자체(즉, 소속감, 신뢰, 협력의사)를 혼돈하는 것이다(Chen et al. 2006: 292-293). 그것은 무엇보다도 사회통합(상태)은 다문화주의적 정책만이 아니라 동화주의적 정책으로도 실현할 수 있기 때문이다. 다문화주의와 동화주의 중에서 어느 것이 이민자의 사회통합에 보다 효과적인 것인지는 해당 사회 구성원들의 지배적인 (보편적인) 가치와 규범에 달려 있다. 자민족중심주의(ethno-centrism)나 순혈주의가 지배적인 사회에서는 다문화주의가 성과를 거두기 어려울 것이고, 민주주의가 지배적인 사회에서는 동화주의를 지향하는 사회통합정책은 성공하기 어려울 것이다.

232) Boix and Posner(1998)는 서구의 사회적 결속 등을 포함한 사회자본(social capital)에 대한 논의가 대부분 사회적 자본이 사회갈등을 줄이고 민주주의를 활성화하는 등 정치·사회발전에 기여하기 때문이라는 점을 지적하고 있다.

233) 협력과 조직의 성과 간의 관계에 대한 서구의 연구를 잘 정리한 것으로는 Smith et al.(1995) 등이 있다.

234) 이외에도 타인에 대한 공감(empathy), 학습효과 또는 사회화에 따른 직감(일상적인 호혜행동에 대한 보상 경험의 결과) 등을 언급하는 연구자도 있다(Jordan et al. 2014),

235) 감정적 차원과 인지적 차원에 더하여 행동적 차원을 포함하는 이도 있다(원숙연 2001),

236) 역사적으로 존재했던 모든 사회나 집단 또는 조직에는 지배자와 피지배자 간의 수직적 분업(또는 관계)과 피지배자 간의 수평적 분업(또는 관계)이 함께 존재한다. 따라서 구성원 간의 결속을 의미하는 사회통합은 상하 간의 수직적 상호작용과 대등한 구성원 간의 수평적 상호작용을 동시에 고려해야 한다는 것을 뜻한다. 이런 점들을 고려하면, 사회통합은 수직적, 수평적으로 잘 결속/밀착하여 상호작용하고 있는 구성원들이 가지고 있는 심리적 상태의 특성 즉 신뢰감, 소속감, 협력의사와, 이러한 심리적 상태가 표현된 행동으로 구성되어 있다고 할 수 있다(이희길 2013; Chan et al. 2006).

237) 사회통합은 경제·법률·정치 등의 측면에서 진행되는 제도적 체계통합과 구분되는 개념으로써 체계통합에 대해 인간이 구체적으로 어떻게 행동과 의식의 차원에서 대응하는가라는 문제의식에 기반하고 있으며 체계통합의 결과이자 전제로서의 인간통합이라고 이해한다(신명숙 2013: 168).

238) 지역사회통합이 다차원적 성격을 내포함에도 불구하고, 국내에서는 물리적 측면 및 심리사회적 측면의 통합 개념을 명확히 구분한 연구는 찾아보기 힘들다. 오히려 사회적응, 삶의 만족 등의 개념으로 지역사회통합을 포괄적으로 연구했을 뿐이다(민소영 2009: 40).

239) 통합이 잘 이루어진 사회는 공동체성이 잘 유지되는 사회이다..... 잘 통합된 공동

체를 '사회의 질'이 높은 사회라고 정의하기도 한다. 사회의 질은 개인들 간 관계로 이루어진 사회에서 "개인의 잠재력과 복지를 극대화할 수 있는 상생적 관계 맺기가 가능할 수 있게 공동체의 사회, 경제, 문화생활에 참여할 수 있는 정도"를 핵심요소로 한다..... 한편 '통합'은 지향하는 '가치로서의 통합'과 이를 달성하기 위한 '기능으로서의 통합'으로 구분하여 설명할 수도 있다. '가치'로서의 통합은 '기계적 균형'이나 '결과의 평등' 혹은 '평준화'가 아니라, 다양한 개인이나 지역들이 고유한 개성과 능력, 그리고 특성을 유지하면서 서로 어울려 '역동적인 조화와 상생'을 이루는 것이다. 통합이 잘 이루어진 사회는 달리 표현하면 '공정한 사회'이다. 여기서 공정하다는 의미는 출발과 과정에서 공평한 기회를 주되 결과에 대해서는 스스로 책임진다는 것을 뜻한다(이재열 외 2014: 122, 131-132).

240) 다원적 행위자의 확대와 더불어 다양성이 증대된 사회에서 통합은 적어도 극단적인 보편성의 추구의 배제라는 개념을 내포하고 있다. 이러한 측면에서 사회통합의 의미는 사회적 응집이나 결속 강화에 더 가까운 의미라고 할 수 있다(장용석 외 2014: 293). 기존의 사회통합 연구는 사회 전반 혹은 사회를 구성하는 개인의 객관적인 상태를 관찰하는 데 초점을 맞추고 있다..... 이러한 구조적 차원의 접근 방법은 다음과 같은 한계가 있다. 첫째, 사회구성원 혹은 구성원의 집합이 지니고 있는 다양한 속성과 그들 간의 관계를 파악할 수 없다...... 사회통합의 세부적인 동학과 구성원들의 심리상태에 관한 폭넓은 이해가 불가능하다. 예를 들면, 평등의 정도, 복지 수준, 민주화 등과 같은 제도적 차원 혹은 사회 전체적인 차원에 대한 개념 정의와 측정만으로는 사회통합의 복잡하고 중층적인 역동성을 담아내기 어렵다 ..... 기존의 여러 주요연구에서 제시하는 사회통합 개념과 구성요소들은 사회통합을 구현하기 위해 적절하다고 생각하는 상태를 나타내며, 사회통합 그 자체를 의미하지 않는다. 오히려 어떤 사회적 조건에서 개인이 사회적 유대와 결속을 강화하기 위해 노력하는지 혹은 반대로 그러한 노력을 철회하는지에 대한 접근이 사회통합을 설명하기 위한 더 적절한 방법일 수 있다. 그러므로 사회통합에 대한 막연한 정의나 구조적인 접근보다 관찰 가능한 행태나 인식에 기반을 둔 귀납적인 방법이 유용할 수 있다. 이는 사회통합을 규범적으로 정의하기보다 사회적 현상에 대한 관찰을 바탕으로 하여 통합성이나 응집성이 결여된 특정한 상태에 대한 규정으로부터 연구가 출발되어야 함을 의미한다. 바람직한 상태로서의 사회통합은 개념적인 항상성(恒常性)을 내포한다. 그러나 현실세계에서의 사회통합은 지향점과 내재적 가치, 그리고 우선순위가 끊임없이 변화하는 정도의 문제이다. 따라서 사회통합에 대한 본질적인 정의를 찾는 이론적 작업과 함께 사회통합에 대한 사회구성원들의 구체적인 인식을 실증적으로 고찰할 필요가 있다(장용석 외 2012: 295-296) ..... 사회통합은 사회적 관계를 전제로 하며, 사회적 관계는 둘 이상의 개인 간 형성된 물질적·비물질적 교환관계를 의미한다. 교환이 이루어지기 위해서는 사회구성원 간의 상호 신뢰가 전제되어야 한다...... 베르나르

(Bernard, 1999)와 젠슨(Jenson, 1998)은 사회적 결속(social cohesion)을 공식적·격식적 차원과 실질적·행태적 차원으로 분류한다. 구조적 차원에서의 사회적 배제는 정상적인 교환관계로부터의 격리, 인간으로서의 존엄성, 사회적 참여, 경제적 복지 등과 같은 기본적인 권리가 (제도적으로) 부인된 상태를 말하고 ...... 반면 행태적인 측면에서 포용성의 증가는 정치, 사회, 경제 각 분야에서 집단이나 국가 혹은 개인 간 사회적 상호 작용에서 나타나는 동태적인 인지적 불일치이 감소를 의미한다(장용석 외 2012: 298-299) ..... 행복은 사회통합을 통해 창출되는 가치이다 .... 행복은 사회적 산물임과 동시에 오직 사회적 관계를 통해서만 창출되는 가치이므로 배제보다는 사회적 유대와 결속의 강화를 통해 달성될 수 있다(장용석 외 2012: 299).

241) 사회통합은 국민들의 집합적 정서로서의 결집력 또는 귀속감을 의미하고 .....국내에서 사회통합으로 번역되는 영어표현(social inclusion, integration, cohesion) 중에서 세 번째 의미로 사용하고 있다. 즉 사회통합은 '공동체의 구성원들이 공동체에 대한 소속감을 갖고 공동의 비전을 공유하며, 다양한 배경을 가진 구성원들이 동등한 기회를 누리도록 하고, 다양한 배경을 가진 개인들이 강력하고 긍정적인 관계를 발전시켜나가도록 하는 것'으로 정의한다(노대명, 2009b: 6, 8). 노대명, 2009b. 사회통합의 현황과 향후 정책과제. 보건복지포럼. 4월호.

242) (사회통합 개념의) 정의를 시도한 여러 학자들의 견해를 종합해 보면, 사회통합의 조건과 상태로서의 통합을 구분하고 있음을 알 수 있다. 먼저, EU는 조건으로서 격차 및 배제의 축소, 사회자본 강화로 나눈다. 하나의 (소)공동체 내에서의 강한 연대는 사회 전체의 통합에 부정적인 영향을 미칠 수 있음에 주목한다(Berger-Schmitt, 2000). 반면, 캐나다의 경우 신뢰감, 희망, 호혜성을 사회통합의 주요 구성요소로 보고, '사람들이 자발적인 동반자 관계에 협력하고 참여하려는 의사'를 사회통합의 핵심으로 본다. CCSD(The Canadian Council on Social Development)가 사용하는 지표 체계는 사회통합의 조건과 구성요소를 구분한다. 조건에는 경제적 조건(소득분포, 소득양극화, 빈곤, 고용, 이동 mobility), 생활 조건(건강 관리, 교육, 거주), 삶의 질(보건, 개인과 가족의 안전, 경제적 안전, 가족상태, 생활시간, 환경, 자연환경, 의사소통 관계망)을 포함하고 있다. 구성요소에는 협력의지와 참여를 포함하고 있다(이희길, 2013: 94).

제6장 이민자의 사회통합 영향요인 분석

243) 2013년 8월 21일 전국경제인연합회가 주최한 제2차 국민대통합 심포지엄에서 '한국사회 갈등의 현주소와 관리방안'이라는 주제로 박준 삼성경제연구소 수석연

구원이 발표한 논문에 의하면, 2010년 기준 데이터를 중심으로 사회갈등지수를 산출할 경우 한국의 사회갈등 수준은 0.72로 OECD 27개 회원국 중 터키(1.27) 다음으로 높았고, 사회갈등으로 인한 경제적 비용은 연간 82조에서 246조원에 달한다고 한다. 사회갈등지수를 OECD 회원국 평균수준으로만 개선되어도 1인당 GDP가 7~21% 증가하는 효과를 거둘 수 있다는 것이다(박준 2013).

244) 통계청의 외국인고용조사결과(2012~2014, 매년 5월 실시)에 의하면, 5년 이상 한국에 체류하고 있는 외국인의 비율은 영주(F-5) 68~74%, 재외동포(F-4) 51%, 결혼이민자(F-2-1, F-6) 41~47%, 방문취업(H-2) 26~33%, 전문인력(E-1~7) 18~23%, 유학생(D-2) 10~12%, 비전문취업(E-9) 5~6%의 순으로, 영주자를 제외하면 재외동포(특례비전문취업 제외한 외국국적동포)가 가장 높고, 다음으로 결혼이민자이다. 영주자격이나 국적의 취득을 희망하는 외국인의 비율은 결혼이민자 70~77%, 재외동포 35~36%, 방문취업 26~34%, 전문인력 2~8%, 비전문취업 2~3%로, 결혼이민자가 가장 높고, 다음으로 재외동포이다(통계청, 2012; 2013; 2014).

245) 박철민(2012)은 사회통합을 지역사회통합(community integration) 개념으로 한정하여 '지역사회 연관 활동의 수행정도'(community invlovement)로 정의하고, 장애인 등 '소수자들이 일반시민들이 참여하는 지역사회활동에 동등하게 참여하는 것, 일반시민들과 함께 지역사회에서 정기적으로 만나는 것, 일반시민들이 이용하는 지역사회자원을 똑같이 이용하는 것' 등을 포함하였다. 그리고 친구나 주변의 절친한 사람의 방문, 친목회 및 자원봉사 활동 등 사회활동, 종교활동 및 레저활동 참여, 마트, 병원, 공원, 식당, 복지시설 등 공공시설 방문 등을 대리지표(또는 측정도구)로 사용하였다. 지역사회 활동참여나 지역사회시설방문 여부나 빈도를 사회통합으로 간주하는 개념정의가 갖는 가장 큰 문제점은 활동이나 참여의 질, 즉 인간관계의 질적 수준을 간과한다는 것이다. 곧 보겠지만, 사회통합의 핵심 또는 궁극적인 목표는 상호신뢰나 공통의 소속감에 기반을 둔 협력 또는 지원이이어야 하기 때문이다.

246) 이러한 이유에서 여기서는 상태로서의 사회통합은 수식어 없이 '사회통합', 과정으로서의 사회통합 중에서 상태로서의 사회통합에 영향을 미치는 요인은 '사회통합 영향요인', 사회통합에 영향을 미치기 위한 이민자나 국가 또는 사회의 노력(전략과 행동)은 '사회통합정책요인'으로 사용할 것이다.

247) 장용석 외(2012)도 "사회통합 그 자체는 안정적인 상태를 의미하므로 갈등이 표출되는 불안정한 상황과 비교하여 직접적인 관찰이 어려울 뿐만 아니라 표면적으로 안정적일지라도 이면에 놓여 있는 불안정 요소를 완전히 배제하기 어렵다"고 지적하고 있다.

248) 사회적 정체성은 자아 정체성(self identity)을 구성하는 요소의 하나로, 특정 집단과의 관계 즉 구성원이라는 측면에서 인식(또는 정의)하는 자신을 의미한다. 대

부분의 사람들은 다양한 집단의 구성원이지만, 일부 집단만이 자신의 정체성을 규정하는데 동원된다. 이 경우의 자아정체성은 같은 집단에 속하는 다른 구성원들과 공유한다. 다른 구성원과 사회적 정체성을 공유한다고 해서 그 집단의 모든 구성원을 알고 있다거나 접촉한다는 것을 의미하지는 않지만, 그들과 많은 특성이나 집단 전체와 관련된 사건을 공유하고 있다고 믿는다는 것을 의미한다(Deaux 2001). 반면, 소속감(sense of belonging 또는 belonging-ness)은 자신보다 큰 그 무엇에 속해서 그것의 한 부분이 되고 싶은 욕구에서 기인하는 것으로, "자신이 특정 집단이나 조직에 소속되어 있다는 느낌"(이명현·이형룡 2012: 1287), 또는 "개인이 각각 스스로가 속했다고 생각하는 조직의 구성원 중 하나임에 대한 지각 혹은 그러한 조직에 소속된 것에 대한 지각'(Mael & Ashforth 1992), 또는 "조직과 연결되어 있다는 느낌이자 스스로를 조직의 부분으로서 인지하는 심리상태"(Rousau 1998)를 의미한다. 이것은 다른 구성원과의 관계가 단순히 알고 있다거나 익숙하다는 차원을 넘어 따뜻한 감정(affection)으로 서로 인정하고 받아들인다는 ㄷ것을 의미한다. 이러한 특성을 갖는 소속감이 없으면 자신의 정체성을 명확하게 규정(인식)하기 어려워 다른 사람과 소통하고 관계를 맺기가 어려워진다(Fiske 2004). 소속감은 사회적 정체성의 선행요인으로 규정하거나((Niland 2015) 양자는 함께 가는 경향이 있다(Rovai 2002)는 점을 고려하여, 본 논문에서는 소속감을 사회통합의 지표로 삼고자 한다.

249) 최근의 연구에 한정해서 보더라도, 소방방재청, 행정안전부, 시도 및 시군구 재난관리과 등의 조직 간 협력이 재난관리 업무성과에 긍정적인 영향을 미쳤다는 연구(황은하·장덕훈 2011) 협력적 노사관계가 기업성과에 긍정적인 영향을 미친다는 연구(엄동욱·이정일·김태정 2008; 나인강 2008; 황보작·허찬영·주용준 2011), 기술력이 부족한 기업이 외부 연구기관이나 기업과의 협력을 통해 성공적인 기술혁신을 이루었다는 연구(김종 2012; 양동우·김다진 2010) 등이 있다.

250) 협력할 의사(willingness to cooperate)가 실제 행동으로 옮겨지기 위해서는 적절한 상황(개인의 처지, 환경 등)을 필요로 한다.

251) 자기가 베푼 호의에 대해 상대방으로부터 직접 혜택을 받을 것이라는 기대(direct reciprocity), 상대방으로부터 직접 혜택을 받지 못하지만 제3자나 사회로부터 혜택을 받을 것이라는 기대(indirect reciprocity), 보상이나 처벌 등 협력을 유인하는 인센티브 제공하는 제도적 조건(institution-based cooperation) 등 계산지향성(calculation-based cooperation)이라는 측면에서 대인협력을 설명할 수 있지만(Gardner, Griffin and West 2009; Rand and Norwak 2012; Jordan, Peysakhovich, and Rand 2014), 대부분 단기적인 협력에 국한되고 이러한 협력이 반복적으로 이루어지기 위해서는 상대방이나 제도에 대한 신뢰가 전제되어야 한다.

252) 신뢰는 협력의사에 영향을 미치는 요인일 뿐만 아니라(최대정·박동건 2002:

131-132; 이주호·이한재·권경득 2013: 371; Axelrod 1984; Mayer et al. 1995; McAllister 1995; Smith, Carroll, and Ashford 1995: 10-11; Parks et al. 2013), 거래비용 절감, 위험감수, 정보교환, 조직몰입, 조직성과 등 협력 이외의 다른 성과를 가져오는 중요한 요소다(Quigley et al. 2007; Jeffries & Becker 2008; Balliet et al., 2012).

253) 신뢰나 소속감 이외에도, 협력을 가능케 하는 요인에는 처벌(Balliet & Van Lange 2013), 자원의 평등한 분배(Cozzolino 2010), 절차적 정당성(Rudolph and Riely 2014), 정치사회적 관계와 불평등·양극화 정도(Boix and Posner, 1998), 사회적 환경의 특성(예를 들면, 안정성·접근용이성·의존성, 최대정·박동건 2002), 개인이나 조직에 대한 긍지(pride, Dorfman et al. 2014) 등이 있다. 이러한 요인들은 외부에서 협력하는 주체에게 압력을 가하는 객관적(또는 환경적) 조건이지, 본 논문에서 강조하는 주관적 심리적 조건이 아니다.

254) 본 장에서 활용하는 서베이 데이터에는 협력의사를 파악할 수 있는 문항이 없고, 국가소속감의 영향요인으로 볼 수 있는 문항이 부족하기 때문에, 사회신뢰에 초점을 맞추고자 하는 것이다.

255) '위험에도 불구하고 신뢰 대상이 신뢰자의 이해에 부합되게 행동할 것이라는 주관적인 기대와 그러한 기대를 근거하여 자발적으로 자신을 취약한 상태에 두려는 성향'(Mayer et al. 1975; 이주호·이한재·권경득 2013, 368), '위험으로 인해 발생하는 취약성을 기꺼이 받아들이려는 의지, 즉 위험감수 의지'(박통희·원숙연 2003) 등과 같이 정의하는 이들도 있다.

256) 신뢰는 크게 사람에 대한 신뢰와 법·제도·기관·조직·집단에 대한 신뢰의 두 가지로 나눌 수 있다. 사람에 대한 신뢰는 다시 두 사람 간의 신뢰(one-to-one trust), 특정적 신뢰(particularized trust), 일반화된 신뢰(generalized trust. social trust) 등의 세 가지 유형으로 구분된다. 전자는 구체적이고 일상적인 관계를 가진 두 개인 사이에 형성·유지되는 신뢰로, 이해관계를 따져 상호이익이 존재한다고 판단될 때 형성되기 때문에 계산적 신뢰(calculative trust)라고도 한다. 반면 특정된 신뢰는 특수한 이해관계나 인구사회학적 특성을 공유하는 사람들 사이에서 나타나는 집단지향적인 신뢰로서, 내집단 구성원들이 사회화과정을 통해 공동의 가치와 행동양식을 갖게 됨에 따라 높은 수준의 집단정체성(group identity)을 발전시킬 때 형성되는 신뢰다. 마지막으로, 일반화된 신뢰 또는 사회신뢰는 전혀 알지도 못하고 유사성도 없는 사람들 사이에 나타나는 신뢰로서, 특정 개인이나 집단보다는 '보통 사람'으로 추상화된 형태를 갖는다. 알지 못하는 다른 사람이 나의 이해관계를 고려하여 협력적 행동을 취할 것이라는 믿음은 나도 역시 상호성의 원칙에 입각해 그 사람의 이해를 보전하고 증진하는 데 협조해야 한다는 의무감으로 발전한다(김욱진 2014). 신뢰를 두터운(thick) 신뢰와 얇은(thin) 신뢰로 나누는 경우도 있다(Newton, 1997). 얇은 신뢰는 일반화된 신

뢰(사회신뢰), 두터운 신뢰는 특정적 신뢰와 대체로 일치한다(박종민·김왕식 2006: 153).

257) 사회적 자본(social capital)은 Putnam(2000)에 따르면 "개인들 사이의 연계, 그리고 이로부터 발생하는 사회적 네트워크, 호혜성과 신뢰의 규범"을 말한다. 사회적 신뢰는 네트워크와 같은 구조적인 요소와 신뢰·호혜성과 같은 문화적인 요소로 구성되어 있다(이병기 2009).

258) 개성이론에서는 사회신뢰 이외에도 낙관주의(optimism), 협력에 대한 믿음 (belief in cooperation), 자신감(confidence)이 개성의 구성요소로 본다 (Delhey & Newton 2003: 95).

259) Inglehart(1999)와 Putnam(2000)도 사회신뢰, 행복감, 건강(well-being) 간의 밀접한 관계가 있음을 강조하고 있다(Delhey & Newton 2003: 96).

260) 「2012 체류외국인 실태조사」는 영주권자(F-5) 조사와 귀화자 조사로 구성되어 있고, 영주권자 조사는 한국계 중국인, 중국, 대만, 일본, 베트남, 미국, 캐나다, 필리핀, 태국 출신들을, 귀화자 조사는 한국계 중국인, 중국, 베트남, 필리핀, 캄보디아 출신들을 대상으로 수행했다. 조사 대상 출신국가를 제한한 것은 영주권자와 귀화자 모두 위의 국가출신들이 전체의 95%를 넘게 차지하기 때문이다. 조사의 대표성을 최대한 확보하기 위해 법무부 출입국·외국인정책본부에서 제공한 영주권자 및 귀화자 모집단 리스트를 바탕으로 다단계지역집락표집방법을 사용해 각각 50개의 시군구에서 영주권자와 귀화자를 표본·추출하였다. 현지조사는 조사대상자의 모국어로 번역된 설문지와 한글본 설문지를 조사원이 직접 가지고 조사 대상 가구를 일일이 방문해 면접조사를 하는 방식으로 시행되었다. 조사에 응한 응답자는 영주권자가 774명이고, 귀화자가 618명이다. 결혼이민자나 외국국적동포가 아닌 이민자와 비교하기 위해 전경옥 외 2011; 정기선 외 2013, 또는 전기택 외 2012 등과 같은 자료를 활용하였다.

261) 변수가 너무 많아 표로 정리하여 제시하지 않았다.

262) 문제가 된다고 생각할수록 사회신뢰는 낮다.

에필로그

구성원 간 신뢰가 없는 조직에서는 국가든 학교든 기업이든 가정이든 다른 사람 특히 약자에 대한 존중, 배려, 양보도 어렵고, 다름에 대한 관용과 포용이 어렵다. 공동의 목표에 대한 합의와 이를 달성하기 위한 협력도 기대하기 어렵다. 이런 조직에서는 갈등을 예방하기도 어렵고 일단 발생하면 당사자 모두의 피해나 후유증은 최소로 하고 혜택은 최대로 하는 생산적인 해결방법을 찾기도 어렵다. 게다가 조직의 리더(중앙정부나 지방자치단체의 장, 당대표, 기업 대표이사, 학교장, 가장 등)가 구성원의 신뢰를 받지 못하면 갈등은 더욱 빈번하고 해결은 더 어려워진다. 언젠가부터 한국사회가 이렇게 되어버렸다. 가족이나 이미 잘 알고 있는 사람을 제외한 나머지 모든 사람과 기관에 대한 신뢰는 바닥이고, 다른 나라와 비교해도 나쁜 편에 속한다. 그러니 개인이나 집단 간 갈등과 공공기관을 한 당사자로 하는 공공갈등도 빈번하고, 갈등이 발생하면 쉽게 격화되고 당사자 모두에게 이득이 되는 생산적인 해법을 찾기 어려워 장기전으로 발전하거나 비슷한 성격의 갈등이 반복된다. 이것이 갈등공화국의 실제 모습이다.

구성원 간 신뢰가 없는 사회가 경쟁방식으로 공직 등 사회적 지위나 경제적인 부 또는 보상을 배분하는 방식을 채택하고 있다면, 갈등이 발생하거나 격화될 가능성이 커진다. 사회구성원 대다수나 주요 정책 결정(예, 국가정책)에 강한 영향력을 미치는 상층·중상층 사람이 남보다 먼저 부자가 되어 다른 사람에게 무시당하지 않고 나아가 떵떵거리며 사는 것을 삶의 가장 중요한 가치요 목표로 삼고 남보다 먼저 그 목표를 달성하기 위해 가능한 모든 수단과 방법을 동원한다면, 사회 전체가 갈등으로 몸살을 앓을 가능성은 더 커진다. 중상층 사람은 더 높이 올라가거나 더 많이 얻기 위해 불공정 경쟁을 하고, 중하층이나 하층 사람은 달리 생활(생계)수단을 확보할 방법이 없어 '불공정' 경쟁에 합류할 수밖에 없기 때문이다. 게다가 사회구성원 간 경쟁과 갈등을 공정하게 감시하고 경쟁의 규칙을 위반한 플레이어를 엄격하게 처벌해야 하는 국가기관이 편파적이거나 무능력하면 경쟁은 쉽게 갈등으로 발전하고, 일단 발생한 갈등은 걷잡을 수 없을 정도로 빠르게 격화되고 반복된다.

경쟁에서 이겨서 남을 호령하면서 살기 위해서 자신의 능력을 최대한 개발해야 하지만, 그게 어려우면, 경쟁상대의 약점을 과장하기도 하고 없는 약점도 만들어 퍼뜨리고 진실을 왜곡하기도 하며 매도를 한다. 한국 사회에서 사회적 지위가 높거나 부자가 된 사람치고 도덕적이고 공정하게 살아온 사람은 드물다. 주요 공직자 청문회에서 하자가 하나도 없이 통과한 후보자가 '가뭄에 콩 나듯' 한 것만 봐도 알 수 있다. 그렇다고 사회적 지위가 낮거나 경제적으로 여유롭지 못한 사람은 도덕적이고 공정하다는 뜻은 아니다. 아마도 여건이 되면 이들 대부분은 똑같이 그렇게 할 것이다. 그러나 사회적 지위가 높거나 부유한 사람은 지켜야 할 것도 많고, 성공에 따른 자신감으로 더 높이 올라가고 더 많이 얻으려고 할 것이어서 그간 사용했던 비도덕적이고 불공정한 방법을 계속 활용할 가능성이 더 크다. 그간 쌓아놓은 인맥이나 정보가 있어 성공 가능성도 더 크다. 그래서 능력을 개발하는 것보다 진실을 왜곡하거나 과장하여 상대의 허물을 만들고 상대의 잘못이 있으면 과장하는 방법이 상대를 이길 수 있는 빠르고 쉬운 방법인지라 더 많이 사용될 가능성이 크다.

다른 나라에 비해, 한국인이 국제이주민과 다른 문화에 대한 관용이나 수용성이 떨어지고 편견과 차별이 심한 것도 위에서 설명한 한국 사회와 한국인의 특성에서 기인한다. 사회적 지위와 경제적인 부를 배분하는 방식으로 경쟁을 택하고 있고, 경쟁이 수단과 방법을 가리지 않고 경쟁의 규칙 준수를 감독하는 국가기관이 편파적이기까지 하니 가족과 이미 잘 알고 있는 친인척이나 친구를 제외한 누구도 믿지 않으려 하고, 그래서 사회적 지위나 경제적 부의 배분에서 불이익을 주거나 배제하려는 경향은 더 강해질 수밖에 없다. 이런 이유에서 한국인 대다수는 대부분 빈곤하고 정치적으로 민주화가 되지 않아 인권침해도 빈번한 국가 특히 중국, 개발도상국, 또는 이슬람권에서 온 국제이주민을 믿지 않는다. 대신 돈 벌기 위해 '하자 있는' 한국인과 결혼도 마다하지 않으며 한 푼이라도 더 벌려고 '불법' 체류하기도 하고 범죄도 저지르는 사람으로 여기거나 일자리나 경제적 부(예, 세금, 송금)를 빼앗아 간다고 생각한다. 그래서 이런 국제이주민은 본국으로 돌려보내야 한다고 주장한다.

이것이 이 책에서 분석한 한국 사회와 한국인의 모습이고, 국제이주민에 대한 태도의 기원이다. 이러한 한국 사회와 한국인에 대한 국제이주민의 태도는 이중적이다. 한편으로는 불신하고, 다른 한편으로는 기대치를 낮추어 적응하는 것이다. 아직까지는 전체 인구 중 국제이주민 출신이 차지하는 비중이 서유럽 국가와 비교가 되지 않을 정도로 작고, 국제이주민 중에서도 장기체류자의 비중은 더욱 작고, 국제이주민 출신 중 국적을 취득하여 정치적 시민권을 행사할 수 있는 사람은 더더욱 작아서 국제이주민 스스로 자신의 인권과 권리를 쟁취하기 위해 집단행동을 하지 않는다. 그래서 아직은 한국 사회는 국제이주민 때문에 혼란스럽거나 큰 어려움을 겪지 않고 있다. 한국 사회와 정치에 아무런 영향력을 가질 수 없고, 그래서 자신에 대한 편견과 차별을 없애기 어렵다는 것을 잘 알고 있기 때문에, 국제이주민 대다수는 아예 기대치를 낮추어 (그래도 고국보다는 낫다는 생각으로) 현재 수준과 대우에 만족하면서 살아간다. 불만이 없어서 조용히 사는 것이 아니다.

한국 사회는 초저출산과 고령화 경향으로 말미암아 생산가능인구가 크게 줄어들고 있다. 부족한 노동력을 메꾸기 위해서는 외국인력을 더 많이 받아들일 수밖에 없다. 그 결과, 한국 사회에서 살아가는 국제이주민은 지금보다 더 많아질 것이고, 국제결혼 등으로 한국에 정착하여 사는 국제이주민 출신과 그 자녀도 꾸준히 늘어날 것이다. 짧게는 20-30년, 길게는 반세기 후에는 국제이주민 출신이 전체 인구 중 10%를 넘어설 것이고, 이 중 대한민국 국적을 가진 이도 많아질 것이다. 늦어도 그때까지는 한국 사회와 한국인은 지금과 달라져야 한다. 국제이주민과 다른 문화에 대해서 개방적이고 수용적인 분위기가 되어야 하고, 그것도 겉으로만 개방적이고 수용적인 척하는 것이 아니라 마음속으로 국제이주민과 그들 문화를 받아들여야 한다. 이렇게 되지 않으면, 한국도 서유럽의 다문화사회가 겪고 있는 테러나 폭동을 피하기 어려울 것이다. 따라서 한국인의 국제이주민에 대한 편견과 차별을 줄이기 위해 최선의 노력을 해야 한다. 그것이 효과를 거두려면 다음과 같은 점을 염두에 두어야 한다.

먼저, 한국인은 경쟁상대를 누르기 위해 자신과 구별하게 만드는 기준이면 성별이든 출신지역이든 나이든 학력이든 소득이든 주택이든 그 어떤 것이든 동원하여 그것(예, 여성, 호남출신, 고령, 저학력, 저소득, 임대주택 등)에 대한 부정적인 이미지 즉 고정관념과 편견을 만들어내거나 자극한다. 달리 표현하면, 한국사회에서 발생하는 갈등의 근저에는 경쟁에서 이겨서 상대를 누르고 떵떵거리며 살고 싶다는 태도가 작동하고 있다. 국제이주민 특히 특정 국가나 종교권에서 온 국제이주민에 대한 편견의 밑바닥에도 이런 태도가 작용하고 있다. 따라서 일반인 대상이든 학생 대상이든 다른 문화에 대한 이해, 관용, 수용을 가르치고 생활화하도록 하는 다문화교육으로는 국제이주민에 대한 편견과 차별을 줄이기 어렵다. 남보다 우월한 위치를 차지하여 남을 호령하고 지배하면서 살고 싶은 한국인의 태도를 근본적으로 바꾸지 않는 한, 국제이주민에 대한 편견과 차별을 줄이기 어려울 것이다. 다문화교육을 제대로 받아 국제이주민과 다른 문화에 대한 관용과 수용성을 머릿속에 넣었다고 하더라도, 그래서 생각할 여유를 가질 수 있는 설문조사나 시험 때는 '정답'을 적지만, 실제 말과 행동은 다를 수 있다. 한국의 교육이 입시 위주로 일상에서의 실천과는 무관한 경우가 많아서 더욱 그럴 가능성이 크다. 따라서 국제이주민에 대한 편견과 차별을 실질적으로 줄이기 위해서는 한국인의 위계와 지배에 대한 태도를 근본적으로 바꾸기 위한 정책과 실천이 필요하다.

다음, 한국인의 가치와 규범은 관습과 같은 비공식제도처럼 무의식으로 작동하는 경우가 많아서 본인도 왜 특정한 것을 좋아하고 특정한 방식으로 행동하는지를 잘 모를 때가 있으며 의식적으로 주의를 기울여 조심하지 않으면 자기도 모르는 사이에 말이나 행동으로 표현된다. 통계청이 2013년부터 매년 실시하는 사회통합 실태조사 결과를 보면, 대다수 국민은 성소수자나 마약중독자 또는 전과자에 대한 편견을 전혀 문제가 아닌 듯이 자연스럽게 표현하고 있다. 그것은 이 집단에 대한 '편견'은 우리가 피해야 할 그런 종류의 도덕적으로 나쁜 편견이 아니라 그것을 말이나 행동으로 표현해도 다른 사람에게 지탄받지 않는다고 생각하기 때문인 것 같다. 반면, 여성이나 특정 지역 출신에 대한 편견처럼 한국 사회구성원 대다수가 도덕적으로 나쁜 것이기 때문에 말이나 행동으로 나타내면 안된다고 생각하는 편견은 말이나 행동으로 표현하면 사회적으로 비판받거나 소외될 수 있다. 이처럼 특정 지역(출신)에 대한 편견처럼 사회적으로 부도덕하다고 합의된 특정 집단에 대한 태도(즉 편견)는 양식 있는 사람이라면 마음속에 그런 편견을 간직하고 있다고 하더라도 말이나 행동으로 나타나지 않으려고 노력을 한다. 이런 종류의 편견을 내재적 편견(또는 암묵적 편견 implicit bias)이라고 하는데, 이러한 종류의 편견도 의식적으로 자신을 성찰할 시간적 심리적 여유가 없으면 자신도 모르게 말이나 행동으로 표출될 수 있다. 특히 경쟁상대나 자신이 낮게 보는 집단에 대한 편견은 그것을 의식하고 조심하면 밖으로 드러내지 않지만. 조금이라도 방심을 하거나 허용적인 상황에서는 말이나 행동으로 표출된다. 겉으로는 사회적 소수자의 인격을 존중하는 듯하지만, 속으로는 멸시하거나 경멸하기도 하고, 핑계를 댈 수 있는 상황에서는 편견을 노골적으로 말이나 행동으로 표현하기도 하는 것이다.

어떤 경우에는 사회구성원 대다수가 '편견'으로 생각하고 비판하지만, 자신과 비슷한 태도를 가진 사람 즉 내집단 사람의 지지를 염두에 두고 특정한 종류의 편견을 자극하거나 선동하기도 한다. 이러한 예로 정치인이 선거에서의 승리라는 정치적 목적을 이루기 위해 특정 집단에 대한 편견을 선동하는 것이나 인플루엔서(influencer)가 조회수를 늘려서 더 많은 수익을 위해 편견을 이용하는 것을 들 수 있다. 국제이주민 특히 빈곤하고 비민주적인 나라에서 왔거나 이슬람권 국가에서 온 국제이주민에 대한 편견도 이런 이유에서 동원될 수 있다.

내재적 편견을 줄이기 위해서는 개인은 편견의 대상을 대하기 전후 내재적 편견을 말이나 행동으로 표현하지 않도록 각별한 주의를 기울이고 노력해야 한다. 특히 자신과 같은 태도를 가진 사람들과 함께 있을 때는 특정한 편견에 대해서 허용적일 가능성이 커서 더욱 조심해야 한다. 그리고 편견의 대상과 관련된 의사결정을 할 때는 시간적으로나 심리적으로나 여유를 가지고 차분하게 진행해야 한다. 이 점은 국가를 비롯한 주요 기관(특히 검경찰을 포함한 공권력, 대민서비스 부서, 교육기관과 언론기관)의 리더 위치에 있는 사람들은 특히 유념해야 한다.

마지막으로, 국가나 시민사회 내 어떤 사람이나 기관이 편견을 자극하고 동원하여 자신의 이익을 챙기려고 하지 않는지 잘 감시하고 견제해야 한다. 최근 몇 년 사이 남녀갈등이 격심했던 배경에는 일부 성차별주의자들이 다른 성에 대한 편견을 선동하였고, 인천과 대구 그리고 경기도 연천에서 발생한 주민과 이슬람교도 간의 갈등에서도 특정 종교집단이 이슬람교에 대한 편견을 이용하였다는 것은 잘 알려져 있다. 사적 이익을 위해서 편견을 자극하고 차별을 유도하는 행위를 막기 위해서는 국제이주민을 포함한 사회적 소수집단에 대한 차별을 금지하는 법을 하루빨리 도입해야 한다. 포괄적인 차별금지법이 없으면, 쉽사리 정치문제로 비화할 것이고 전국적인 범위의 갈등으로 발전할 것이기 때문이다.

갈등 공화국과 국제이주민

한국인은 국제이주민을 이웃처럼 사랑할 수 있을까

초판 1쇄 발행 / 2023년 2월 25일

지은이 / 정영태
펴낸이 / 윤미경
펴낸곳 / 도서출판 다인아트
　　　　출판등록 1996년 3월 8일 제87호
　　　　인천광역시 중구 제물량로232번안길 13
　　　　tel. 032+431+0268 / fax. 032+431+0269
　　　　e-mail. dainartbook@naver.com
마케팅 / 이승희
디자인 / 장윤미

ISBN 978-89-6750-137-2 (03340)